STRATEGIC
BRAND
MANAGEMENT

战略品牌管理

祝合良 ◎ 著

首都经济贸易大学出版社
Capital University of Economics and Business Press
·北 京·

图书在版编目(CIP)数据

战略品牌管理/祝合良著. --北京:首都经济贸易大学出版社,2013.10

ISBN 978-7-5638-2153-2

Ⅰ.①战… Ⅱ.①祝… Ⅲ.①品牌战略—企业管理 Ⅳ.①F273.2

中国版本图书馆 CIP 数据核字(2013)第 228530 号

战略品牌管理

祝合良 著

出版发行 首都经济贸易大学出版社

地　　址 北京市朝阳区红庙（邮编 100026）

电　　话 (010)65976483 65065761 65071505(传真)

网　　址 http://www.sjmcb.com

E-mail publish@cueb.edu.cn

经　　销 全国新华书店

照　　排 北京砚祥志远激光照排技术有限公司

印　　刷 人民日报印刷厂

开　　本 787 毫米×1092 毫米 1/16

字　　数 420 千字

印　　张 24.25

版　　次 2013 年 10 月第 1 版 2019 年 1 月第 1 版第 2 次印刷

书　　号 ISBN 978-7-5638-2153-2/F·1231

定　　价 39.00 元

前　言

改革开放近30多年来，中国经济取得了长足的发展。目前，中国经济总量位居世界第二，仅次于美国；进出口贸易总额居世界第二位；是世界上第一制造大国，100多种产品产量位居世界第一。但与之极不相称的是，中国在国际市场竞争中严重缺乏具有自主知识产权和国际竞争力的自主品牌。也许大家注意到这样一种现象，自1995年中国内地企业首次入选世界500强以来，每年入选世界500强的企业日益增多。2013年，已有79家企业进入了世界500强，可时至今日，在由世界最著名的品牌评估机构英国Interbrand公司与美国《商业周刊》每年联合发布的《全球最具价值100品牌》评估报告中，中国至今还没有1家企业的产品品牌列于其中。造成这种局面的原因是多方面的。其中主要原因在于政府对自主品牌的支持不够，企业对品牌缺乏足够的认识，品牌运营与管理水平普遍偏低，对品牌管理方面的研究和人才的培养严重滞后。

为了尽快扭转这种局面，自党的"十六大"以来，党中央、国务院、各大部委以及各级政府都开始非常重视中国自主知名品牌的建设。党的十六届五中全会提出要将"形成一批拥有自主知识产权和知名品牌、国际竞争力较强的优势企业"作为我国"十一五"时期经济社会发展的主要目标。党的"十七大"报告中进一步明确要"加快国际知名品牌的建设"；党的"十八大"报告中再次强调品牌在国际竞争力中的核心作用。因此，培育国内与国际知名品牌，发展品牌经济已经成为各级政府关注的重大事情。从国际经验来看，培育国内与国际知名品牌，需要构建多层次的政府支持体系。

为了尽快扭转这种局面，各类企业需要从思想上加强对品牌的认识，从注重产品经营的思路转变到注重品牌经营的轨道上来；需要掌握和提高品牌运营与管理方面的知识和能力；需要从战略上做好品牌的识别规划与品牌要素的选择，吸取多种营销思想开展品牌营销工作，学会和运营品牌组合管理，提高自主品牌的竞争力。

为了尽快扭转这种局面，理论界更需要重视对品牌创建与管理方面的研究；各类教育机构需要加强对品牌管理人才的培养。

在西方国家，为了帮助企业创建强势品牌，尤其是世界级品牌，近半个世纪以来，理论界进行了不断的探索，提出了许多有价值的理论和主张。20 世纪 60~80 年代，主要提出了基于广告传播的品牌创建理论。其中比较有代表性的理论有：全球著名广告学专家罗塞尔·瑞夫斯（Rosser Reeves）1961 年提出的独特的销售主张（USP—Unique Selling Proposition）理论；被誉为 20 世纪全球最伟大的广告人大卫·奥格威（David Ogilvy）1962 年提出的品牌形象理论；全球著名营销与品牌专家杰克·特劳特（Jack Trout）1969 年提出的定位理论。这些理论影响至今。

20 世纪 90 年代以来，品牌创建与管理理论更是层出不穷。其中比较有代表性的理论有：全球著名的品牌专家戴维·阿克（David A.Aaker）1991 年系统提出的品牌资产管理理论；全球著名的品牌专家科普菲尔（Jean-Noel Kapferer）1992 年率先提出的基于品牌识别的品牌创建理论；全球著名品牌专家凯文·莱恩·凯勒(Kevin Lane Keller)1993 年系统提出的基于顾客价值创造的品牌创建理论；全球著名的品牌专家、整合营销理论的开创者唐·E. 舒尔茨（Don E.Schultz）等 1993 年提出的基于整合营销传播创建品牌的理论；全球著名的品牌专家安德烈亚斯·布赫霍尔茨（Andreas Buchholz）和沃尔夫拉姆·韦尔德曼（Wolfram Wordeman）1999 年提出的基于消费者购买决策动机圈的品牌创建理论；全球著名的品牌专家、体验营销的开创者伯恩德·H. 施密特（Bernd. H.Schmitt）1999 年系统提出的基于体验营销的品牌创建理论。

进入 21 世纪，品牌创建与管理理论进一步推陈出新。其中比较有代表性的理论有：全球著名的品牌专家莱斯利·德·彻纳东尼（Leslie De Chenatony）2001 年提出的基于内外部关系协调发展的品牌平衡发展理论；全球著名的品牌专家戴维·阿克等 2001 年提出的品牌领导模式创建理论；全球著名的品牌专家阿尔·里斯（Al Ries ）和劳拉·里斯（Laura Ries）2004 年提出的基于品类创新的品牌创建理论；全球著名的品牌专家道格拉斯·B. 霍尔特（Douglas B. Holt）2004 年提出的文化式品牌创建模式创建偶像品牌理论以及全球著名的品牌专家戴维·阿克 2004 年系统提出的品牌组合战略规划与管理理论。

近年来，国外品牌理论界开始将品牌研究的重点从产品品牌转向到对服务品牌的研究。与国外研究相比，国内理论界对品牌创建与管理理论的研究比较晚，目前还没有形成比较系统的品牌创建与管理理论。已有的研究成果大多集中在对国外品牌理论的引进与消化上。

本书试图在吸收国内外现有研究成果的基础上，结合大量的经典案例，对品牌创建与管理理论进行一次全面系统的总结和阐述，以期对我国自主品牌的建设和品牌管理人才的培养起到积极的推动作用。

本书的出版得到北京市“长城学者”培养计划和国家社会科学基金项目“加快我国商贸流通业知名品牌建设的对策研究”等的大力支持。

本书的写作，得到了我在美国哥伦比亚大学留学的导师，全球著名的品牌专家伯恩德·H. 施密特教授的指导，是他把我带进了品牌管理这一广阔的天地，首先我对他表示衷心的感谢。本书的写作，参阅了国内外大量经典的书籍和文献资料。书中引用的案例在参考有关资料的基础上整理而成。本书的出版，得到了家人和首都经济贸易大学出版社的大力支持，在此一并表示最衷心、最诚挚的谢意。

由于作者水平有限，本书的不足之处在所难免，欢迎有识之士提出宝贵意见。联系方式：zhubrand@163.com。

祝合良

2013 年 9 月

CONTENTS

目录

第一章

品牌与品牌资产

本章学习要点

随着品牌重要性的不断提高，品牌日益成为社会各界关注的重大话题。随着人们对品牌认识的不断深化，品牌的内涵已发生了深刻的变化。为了使读者对品牌及其重要性有全面的了解，本章首先介绍了品牌的不同释义、品牌内涵的演变、品牌与产品的关系、品牌的分类等；然后介绍了品牌资产这一重要概念；最后对品牌与品牌资产的基本作用及品牌力的表现进行了阐述。

第一节　品牌的含义及其演变

自20世纪90年代以来，品牌管理日益成为西方管理学领域中最热门的话题之一。如今，不论是经济领域，还是政治、文化、科技、教育、体育等领域；不论是传统的制造业，还是现代服务业；不论是国家，还是个人，都非常重视品牌的创建和管理。这种趋势，绝非一种偶然现象，而是历史发展的必然选择。究其原因，固然很多，但归根结底主要在于人们逐渐认识到品牌资产具有任何有形资产和其他无形资产不可替代的作用。譬如，据国际著名的英国品牌咨询机构Interbrand公司的调查研究发现，在企业可创造收入来源的三种资产——有形资产、品牌和其他无形资产当中，品牌具有比任何有形资产和其他无形资产创造更多价值的能量。根据市场的不同，有的多达70%的收入要归功于品牌。[①] 而且种种迹象还表明，随着信息技术和网络技术的不断进步，以及全球化浪潮的不断加快和注意力经济的不断发展，品牌的力量将会进一步显现出来，也许人们将不得不生活在品牌至上和品牌制胜的世界中。因此，人们对品牌的关注比以往任何时候都积极，会更加注重品牌的创建与管理。

一、品牌的不同释义

提到品牌，人人都可以说长道短，似乎是一个很简单的问题。但到目前为止，对品牌的含义一直没有一个统一的、权威的解释，而是众说纷纭。从已有的研究成果来看，对品牌的释义主要有以下几种不同的角度和表述。

（一）从品牌的构成要素和基本功能方面来看

从品牌的构成要素和基本功能方面来界定品牌的含义，实质上是从品牌提供者或输入的角度来解释品牌。其中最具代表性和最经典的表述当属美国市场营销协会的定义。该协会认为，“品牌是一种名称、术语、标记、符号或设计，或是它们的组合运用，其目的是借以辨认某个销售者或某群销售者的产品或服务，并使之与竞争对手的产品或服务区别开来。”[②]这也是目前人们看到和听到的最普遍的一种说法。

（二）从品牌的象征意义和内涵来看

从品牌的象征意义和内涵来看，品牌具有复杂的象征意义和丰富的内涵。被誉为20世纪最伟大的广告人大卫·奥格威（1955）认为，“品牌是一种错综复杂的象征。它是品牌属性、品牌名称、包装、价格、历史、声誉、广告风格的无形总和。”市场营销大师菲利普·科特勒（Philip Kotler）也认为，品牌是一个复杂的象征，其内涵包括6个方面：

---

① ［英］莱斯利·德·彻纳东尼著，蔡晓煦等译：《品牌制胜——从品牌展望到品牌评估》，中信出版社，2002年版，第4页。

② ［美］菲利普·科特勒著，洪瑞云等译：《市场营销管理》（亚洲版，第二版），中国人民大学出版社，2001年版，第422页。

1. 属性。品牌首先使人们想到某种属性，例如，奔驰牌汽车意味着价格昂贵、做工精湛、马力强大、高贵、转卖价值高、速度快等等。公司可以采用一种或几种属性为汽车做广告。例如，多年来，奔驰的广告一直强调“世界上工艺最佳的汽车”。

2. 利益。品牌不只意味着一整套属性，因为顾客不是在买属性，他们买的是利益。属性需要转化为功能性或心理性利益（情感性利益和自我表现性利益），或两种利益的组合。例如，奔驰汽车突出耐久的属性可转化为功能性利益；昂贵的属性可转化为心理性利益；制作精良的属性可转化为功能性和心理性利益。国内外经验表明，品牌的心理性利益远远大于品牌的功能性利益。

3. 价值。品牌也说明了品牌供给者的价值，例如，奔驰代表着高绩效、安全、声望及其他东西。品牌的营销人员必须分辨出对这些价值感兴趣的购买者群体。

4. 文化。品牌文化是品牌的重要的内涵。例如，奔驰汽车代表着德国文化，即高度组织、效率和高质量。塑造品牌必须加强品牌文化建设。

5. 个性。品牌也反映一定的个性。如果把品牌当做一个人、动物或物体，它应该能让人们想到它具有什么样的个性。例如，奔驰车可能会让人想到一位严谨的老板、一头狮子或庄严的建筑。

6. 用户。品牌暗示了购买或使用产品的消费者类型。如果我们看到一位20来岁的秘书开着一辆奔驰车时会感到很吃惊。我们更愿意看到开车的是一位50多岁的高级经理。

当受众可以识别品牌这6个方面的含义时，我们可以把这样的品牌称之为深度品牌；否则只是一个肤浅品牌。例如，奔驰就是一个深度品牌，因为我们能从6个方面理解它。由于品牌有6个层次的含义，因此，营销人员必须考虑品牌的深度层次。人们常犯的错误是只注重品牌属性，而忽视品牌利益和其他方面。品牌在本质上代表着卖者对交付给买者的产品特征、利益和服务的一贯性的承诺。虽然品牌有6个层次的含义，但最持久的含义是其价值、文化和个性。

从美国市场营销协会和市场营销大师菲利普·科特勒对品牌的界定和解释中可以看出，他们所讲的品牌，是针对产品和服务品牌而言的。而对于其他类型的品牌如组织品牌、个人品牌、地理品牌等的产生和发展，未能进行有效的概括。

(三)从品牌所包含的各种关系来看

从品牌所包含的关系来看,品牌是各种关系的总和。较早从品牌所包含的各种关系角度界定品牌含义的有美国著名咨询专家希尔·山姆(Hill Sam)等。他与同事在1998年第2期的《战略与商业》(Strategy & Business)杂志上联合撰文指出,品牌就是"在供应商和买家之间创造一种互动的承认关系,它超越孤立的交易和特殊的个体。"2001年,英国著名的品牌管理专家莱斯利·德·彻纳东尼在其所著的《品牌制胜——从品牌展望到品牌评估》一书中作了较好的总结。他认为:"品牌就是通过它的员工,在顾客和品牌之间、员工和员工之间、员工和顾客之间或员工和拥有者之间所进行有关各种关系的一种积极的活动。"[①]很显然,在他看来,不仅要重视品牌的外部关系,而且要重视品牌的内部关系,使二者之间保持协调和平衡。目前,国内品牌界的有识之士也认识到品牌是一种复杂的关系符号,它是产品、企业与消费者及其相关利益者之间的关系的总和。同时,强势品牌的建设还离不开政府、媒体的支持,因此,在品牌所包含的关系中,要重视和处理好企业与政府、媒体的关系。

从品牌所包含的各种关系的角度来认识品牌,表明人们已经充分认识到品牌不仅仅包含产品或服务,更是一种关系,如承诺关系、情感关系、合作关系和支持关系等。

(四)从品牌所创造的价值来看

从品牌所创造的价值来看,品牌是一种最重要的无形资产。资产和技能是企业维持竞争优势的基础。企业所拥有的资产可以分为有形资产和无形资产两部分。如今越来越多的企业意识到,无形资产是企业最重要的资产,而在无形资产中,品牌又是最重要和最具价值的无形资产。因为,品牌是企业可以长期维持竞争优势和赚取利润的源泉。尤其是20世纪80年代中期以来发生的一系列品牌并购事件,一些品牌资产的价值以高于企业有形资产数倍甚至十几倍的价格被转让,于是品牌被认为是最有价值的无形资产。品牌资产的概念也由此而产生。当然,品牌不仅能够为企业创造价值,更是因为它能够为顾客提供价值。

① [英]莱斯利·德·彻纳东尼著,蔡晓煦等译:《品牌制胜——从品牌展望到品牌评估》,中信出版社,2002年版,第一章。

（五）从体验营销的角度来看

从体验营销的角度来讲，品牌就是一种体验。著名的品牌管理专家伯恩德·H.施密特1999年在其所著的《体验营销》（Experiential Marketing）[①]一书中认为，大多数品牌理论家把品牌当作公司产品的一种静态"识别符"（identifier），他们的公式是：Brand = ID（Identity），即品牌代表所有权和质量保证，它可以用来区别于一种产品与另一种产品，以及用来区别有品牌的产品与无品牌的一般产品。从体验营销的角度来看，传统的品牌理论具有很大的局限性。其中关键的问题是，它忽视了品牌最本质的东西，那就是，品牌作为一种感觉、情感和认知联想的丰富资源，可以产生令人难忘的和有益的品牌体验。如今，在许多行业，品牌的名称和标识已经不再是驱动顾客选择的依据。一些研究成果还表明，在今天，打造品牌以及关注品牌的知名度、认可度和美誉度已经不够了，企业要创建品牌，品牌的基本要素虽然必需，但最为关键的是品牌要成为体验的提供者，即品牌必须吸引消费者的五官，打动他们的心灵和启发他们的思想，要关心顾客所需要并使其对品牌产生亲近感，这样就可以把品牌融入到消费者的日常生活之中。因此，从体验营销的角度来看，品牌就是一种体验，其公式就是：Brand = EX（Experience）。当然，品牌要成为体验的提供者，需要利用各种交流工具、活动和联系来为顾客提供一种全面的顾客体验。

除了上面介绍的几种主要观点以外，关于品牌的其他解释下面再作些简要概述。

（六）关于品牌的其他多种解释

著名的品牌管理专家来斯利·德·彻纳东尼认为，人们关于品牌的解释实质上可以分三大类：一是从输入的角度对品牌进行解释，即从品牌提供者的角度对品牌进行解释；二是从输出的角度对品牌进行解释，即从消费者理解的角度对品牌进行解释；三是从时间的角度对品牌进行解释。

1. 从输入的角度对品牌所作出的解释，除了上面提到的美国市场营销协会的定义以外，还有如下一些解释：

（1）从法律方面来看，品牌是确保有法律效力的所有权声明。据此，品牌

① Bernd H. Schmitt. Experiential Marketing—How to Get Customers to Sense, FEEL, THINK, ACT, and RELATE to Your Company and Brands, The Free Press, 1999, P21 ~ 22, P30 ~ 31.

是一种法律工具，如有效的商标注册为品牌提供了一些法律保护。

（2）从公司在品牌建立中的主导作用来看，品牌意味着公司品牌。从多方面因素来看，如今品牌的建立越来越朝着公司品牌方向发展。为此，管理公司品牌需要有一种不同于传统的领域品牌或产品品牌管理的方法。传统的领域品牌或产品品牌管理主要注重消费者和分销商，不太注重员工与消费者之间的相互影响、员工之间的相互影响，以及相关利益者对公司的影响。与之相对照，公司品牌管理不仅要处理好公司的外部关系，而且要处理好公司的内部关系。使外部传播的信息，在内部能够得到一致的执行。这就要求管理公司品牌需要把更多的重点放在内部品牌管理上，让员工的价值观与品牌的核心价值联系起来。

（3）从传播信息的角度来讲，品牌可视为一种速记工具。美国博思管理顾问公司的博思等人在《营销商业》（Marketing Business）杂志 1999 年第 5 期上率先撰文认为："品牌就是一种传递关键数据到市场影响抉择的速记方法。在多数以消费者为中心的产业中，品牌是一个取得差异化和竞争优势的重要手段，当顾客缺乏数据作出感性的产品选择或在竞争者之间产品差异性很小或没有的时候，它们的影响力最显著。"已有的研究成果表明，大脑最多能够同时处理 7 比特信息。为此，在创建品牌的过程中，品牌经营者要视品牌为一种速记工具，为消费者处理品牌信息提供便利。在任何品牌传播方式中应强调信息传播质量而非数量。

（4）从降低风险的角度来看，品牌是一种风险减弱器。一般来说，顾客在品牌消费的过程中，主要存在这样几方面的风险：①性能风险（该品牌会满足功能方面的要求吗？）；②财务风险（顾客会从该品牌中得到不菲的价值吗？）；③时间风险（顾客将不得不花费更多时间去评估不知名的品牌吗？如果该品牌被证明不适用，那么顾客将浪费掉多少时间？）；④社会风险（顾客选择该品牌之后，他们的同类团体会把他与什么样的社会关系相联系？这样的联系是提高还是削弱他们对顾客的看法？）；⑤心理风险（该品牌在符合顾客的自我印象方面，顾客拥有它感觉适合吗？）。由于品牌消费存在这些风险，因此，消费者在对竞争性品牌之间作出选择时，主要考虑的是哪种品牌的风险最小。而消费者感觉风险最小的方法往往是看他周围的消费群体，如此一来，要利用品牌作为风险减弱器，品牌经营者则应当按照相似的风险认知方法来细分目标市场。

(5)从消费者对品牌利益的联想来看，品牌就是一种定位。品牌管理者常常这样认为：品牌就是一种定位。这是因为，一提到某一品牌，消费者能够很快地将品牌与某种或某些功能性利益联系起来。例如汽车，提到宝马，就觉得它性能好；提到沃尔沃，就觉得它安全可靠；提到奔驰，就觉得它制作精致。因此，打造品牌，要有一个清晰的定位，让品牌在消费者的心目中占据一定的空间。品牌定位虽然是品牌管理者作出的，但是它必须以顾客为中心，关注顾客所关心的品牌利益，而不是关注品牌经理们所重视的益处。因此，成功的品牌定位，既要从输入的角度来考虑，也要从输出的角度来考虑。

(6)从品牌情感价值的表现来看，品牌犹如人的个性。品牌创建者发现，将品牌定位在功能性利益上，容易被竞争者模仿。为了保持品牌的独特性，必须赋予品牌以情感价值和情感性利益。于是，品牌就有了人物个性的特征，品牌就成了消费者表现自我和实现自我价值的个性化的象征工具，当消费者需要在竞争性品牌之间作出选择时，就根据其个性的适合程度来决定。

(7)从创造价值的角度来看，品牌是由一系列价值所组成的价值链。例如，著名的英国维珍(Virgin)品牌就是由品质、创新、富有情趣、超物所值和喜好挑战5个价值所组成的价值链。品牌作为价值链，为我们提供了使某品牌区别于其他品牌的基础。

(8)从战略的角度来看，品牌是战略管理者为了使世界变得美好而拥有的一种视界或远景(Vision)。从这个意义上来讲，品牌充当了战略导航的角色。好的品牌远景由3个互相联系的元素组成：①品牌所展望的未来；②品牌的核心目的，即品牌存在的理由——除营利以外的目的；③品牌所具有的价值观。例如，沃尔玛在20世纪90年代初展望十年后成为世界第一大企业；它的核心目的是“给普通人提供和富人一样的购物机会”；它的价值观就是“尊重个人，服务顾客，追求卓越”。

(9)从品牌创造的额外收益来看，品牌就是提供附加值。品牌所提供的附加值可以以功能性价值为基础，也可以以心理性价值为基础，但都必须确保其比竞争性品牌具有更好的价值和优势。

(10)从品牌所反映的价值观、精神面貌和目标来看，品牌是一种识别(Identity)。品牌识别是一个系统结构，它是由一系列要素所组成的识别系统。按照戴维·阿克(David A. Aaker)[①]的观点,从广度上来讲,品牌识别是由品牌作为产品、组织、个人与符号4个不同的角度所构成的系统;从深度上来讲,品牌识别是由品牌精髓、核心识别和延伸识别3个层次所构成的系统。按照科普菲尔的观点,品牌识别是由体格(Physique)、个性(Personality)、文化(Culture)、关系(Relationship)、反映(Reflection)和自我形象(Self-image)6个要素所组成的系统;按照莱斯利·德·彻纳东尼的观点,品牌识别是由品牌远景与文化、品牌定位、品牌主张、品牌个性、品牌关系5个要素相互影响所组成的系统。品牌作为识别的观点,如今已经成为战略品牌管理的基石。

2. 从输出的角度对品牌所作出的解释,主要有以下两种观点:

(1)从消费者对品牌的反应来看,品牌是消费者对某种事物的一种印象。由于品牌是消费者对其的一种印象,因此,品牌创建者必须审视消费者的观点,并采取行动鼓励消费者对品牌形成好的印象。消费者对品牌的印象与其对品牌的参与程度和记忆中固有的信息相关。

(2)从品牌的个性加以推断,品牌是消费者与其发生的种种关系。这就意味着,品牌关系是基于品牌个性的观点而自然延伸出来的一种结果。研究表明,品牌与消费者的关系,取决于品牌的价值观。例如,品牌具有创新的价值观,可以使品牌与消费者建立值得信赖的关系;品牌具有团队工作的价值观,可以使品牌与消费者建立合作、开放的关系;品牌具有关爱的价值观,可以使品牌与消费者建立友善的关系;品牌具有乐趣的价值观,可以使品牌与消费者建立随意的、亲近的关系。因此,品牌管理者要考虑如何利用品牌的价值观去强化品牌与消费者的某种特定关系。在此基础上,品牌管理者还要评估消费者对其与品牌关系的看法,从而进一步提炼品牌关系、发展关系,创建强势品牌。

3. 从时间角度对品牌所作出的解释。从时间的角度来看,品牌是动态的提供品。这就意味着,品牌必须不断演进,以满足顾客不断变化的需要,从而在不断变化的市场环境中保持有利地位。品牌在演进的过程中,虽然其外围价值会发生变化,但是品牌的核心价值应该很少改变。

---

① 由于翻译的原因,国内有人和有的书中将 David A. Aaker 译为大卫·艾克或大卫·爱格、戴维·阿克。本书中无论是正文还是注释,凡提到大卫·艾克或大卫·爱格、戴维·阿克,都指的是同一个人。

关于品牌演进的规律，固特异公司（Good Year，1996）认为，按时间序列，以及保护品牌和与消费者的关系来看，品牌的演进顺序分为6个阶段，它们分别是：无名气的商品⟶参照物⟶个性⟶偶像⟶公司品牌⟶品牌作为政策（支持与消费者相关的社会和政治问题）。根据品牌专家孔德（Kunde，2000）先生的观点，按时间序列以及消费者对品牌的参与程度，品牌的演进顺序分为5个阶段，它们分别是：产品⟶概念品牌⟶公司品牌⟶品牌文化⟶品牌信仰。

二、品牌内涵的变化

从前面的介绍来看，对品牌的释义可谓五花八门。之所以如此，从表面上来看，是由于人们看待品牌的角度不同；但从根本上来看，是由于品牌内涵在发生变化。而品牌内涵的变化又主要与时代的变迁和人们对品牌的认识程度不同有着密切的联系。

从品牌演变的历史来看，品牌内涵的变化大致经历了四个阶段。

（一）标识阶段

最初或原始意义上的品牌是指产品的一种标记或符号，它用来表示产品的来源和物主的身份。它是由品牌的英文单词Brand一词的本义“烙印、火印、印记、标记”衍生出来的。很显然，最初的品牌功能在于区别产品和声明一种特殊的权益或资产。由于如此，最初意义上的品牌只是从品牌所有者（或供给者）的角度来界定，而没有涉及与消费者的关系。据考证，我国在汉朝时期，就使用了产品的标记；西方在古希腊、古罗马时代，游牧民族最先在自己的牲畜上打上独特的烙印作标记，以证明牲畜的所有人和便于在交换时与他人的牲畜相区别。从标记或符号这层意义上来讲，中国可能是世界上最早使用品牌的国家了。但这种意义上的品牌，只是现代意义上品牌的雏形。虽然，现在还有许多品牌所有者这样想、这样做，但这种做法只是最原始、最简单的品牌使用方式。

（二）标识、传播和象征阶段

产业革命以后，现代意义上的品牌得以产生和发展。在这一发展过程中，交通运输业在早期起到了关键性的作用。这是因为，随着产业革命的兴起和大生产的出现，产品要求销往更远的地方，交通运输的发展可以使得这种需求变为实现。与此同时,为了让消费者对产品质量产生信赖感,品牌就不仅具有标识的作用,还要具有传播的价值。尔后,随着人们消费水平的不断提高,品牌的象征意义和情感价值日益显现出来,品牌的无形资产日益占据越来越重要的地位。于是出现了品牌与它所代表的产品和服务相分离的现象,并对产品和服务起保护作用。以品牌为基点,产品和服务的种类开始延伸;消费者为了显示自己的地位、身份和表现自己的价值,积极地挑选和消费属于自己的品牌。这一阶段大约经历了1个多世纪。人们逐渐意识到,品牌不仅属于品牌的所有者(或供给者),同时还属于注重品牌的消费者。另外,在这一阶段,在品牌供给者争夺品牌主导权的过程中,发生了激烈的争斗。从18世纪初到19世纪末,首先是批发商占据了近1个世纪的品牌主导权;从19世纪末到20世纪60年代,制造商通过自创品牌、扩大广告宣传和建立营销渠道等手段占据了品牌的主导权;从20世纪70年代开始,随着零售商地位的不断崛起,一方面零售商自有品牌迅速发展,另一方面,零售商对制造商和供应商的品牌发展起着日益重要的影响。

(三)品牌资产阶段

20世纪80年代中期以来,随着品牌地位的进一步提高和品牌作用的进一步加强,人们越来越认识到,品牌是一种重要的无形资产。企业能否创建自己的品牌,不在于你拥有了什么,而在于消费者对你怎么样,你与消费者建立了什么样的情感关系。因此,在这一阶段,品牌的终极所有者不在于品牌的供给者,而在于品牌的消费者。与此同时,品牌越来越具有独立性。品牌可以当做资产来运作,可以通过连锁或特许等方式进行大规模的品牌扩展,品牌企业可以成为虚拟企业,自己可以不生产产品,让别的企业通过贴牌生产的方式为自己服务。品牌可以成为企业称霸世界的工具。

(四)品牌体验阶段

20世纪90年代末以来,随着市场竞争的不断加剧和品牌意识的不断提高,为了满足消费者品牌消费日益个性化和多样化的需求,品牌体验的思想日益盛行,于是越来越多的企业意识到,创建品牌,就是要为顾客提供全面的客户体验。因为,只有体验才是最具个性化的、最感性的,最能体现消费者的自我价值,最能与市场需求的新趋势相适应。现在,越来越多的人认识到品牌就是一种体验。

三、品牌与产品

从品牌产生的历史和现状来看，品牌与产品密不可分。从品牌最原始的含义即品牌是产品的一种标记或符号来看，早期的品牌是产品构成中的一部分，主要起到标识的效果。因而，早期的品牌概念要小于产品的概念。由于如此，在早期的市场营销理论与实践中，把品牌作为有形产品的组成部分。但随着品牌作用的不断增强和品牌内涵的不断变化，现代意义上的品牌开始日益与它所代表的产品和服务相分离，甚至品牌可以进行独立运作，于是，品牌与产品的关系发生了质的变化。可以说，今天人们所谈论的品牌，虽然与产品密切相关，但是它已远远超过产品的范畴。换言之，今天人们所讲的品牌概念远远大于产品的概念。二者之间的关系可以用图 1 －1 来表示。

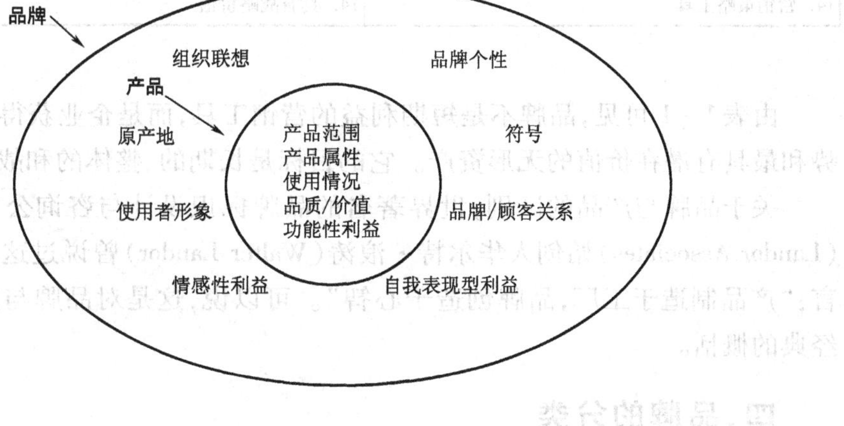

图 1 －1　品牌远非产品

从图 1 －1 可见，现在所讲的品牌，除了包含产品本身所具有的基本特性以外，还包含品牌使用者形象、品牌原产地、品牌组织联想、品牌个性、品牌符号、品牌与顾客的关系、品牌的自我表现型利益和品牌的情感性利益等丰富内涵。

进一步讲，品牌与产品的区别具体还可以用表 1 －1 来表示。

表1-1　品牌与产品的具体比较

产　品	品　牌
1. 依赖制造商、中间商、服务商	1. 依赖消费者
2. 具体的(包含有形商品、服务、人、组织、创意)	2. 既是具体的也是抽象的,具有综合性
3. 是实现交换的东西	3. 是与消费者沟通的工具
4. 五个层次(核心利益、基础产品、期望品、附件产品、潜在产品)	4. 除了产品识别要素外,还包括其他非产品识别要素
	5. 除提供功能性利益外,更多的是提供自我表现型利益和情感性利益
5. 提供功能性利益	
6. 具有功能意义	6. 具有功能意义,更具有象征意义
7. 实实在在的	7. 具有个性,活生生的
8. 注重价格	8. 注重价值,提供附加值
9. 有形的	9. 既是有形的,也是无形的
10. 可以仿造,容易模仿	10. 仿造侵权,具有独特性
11. 有生命周期	11. 可以经久不衰,世代相传
12. 只从事某一类型	12. 可以扩展、兼并、延伸
13. 随消费而逝	13. 可以积累品牌资产
14. 营销策略工具	14. 具有战略价值

由表1-1可见,品牌不是短期利益的营销工具,而是企业获得长期竞争优势和最具有潜在价值的无形资产。它的目标是长期的、整体的和战略性的。

关于品牌与产品的区别,世界著名的品牌标识设计与咨询公司浪涛公司(Landor Associates)始创人华尔特·浪涛(Walter Landor)曾说过这样的经典名言:“产品制造于工厂,品牌创造于心智”。可以说,这是对品牌与产品关系最经典的概括。

四、品牌的分类

品牌可以从不同的角度和依据不同的标准进行划分,人们所谈论的品牌,往往有各种不同的类别。

(一)根据品牌主体的不同进行划分

根据品牌的主体即拥有者的不同进行划分,可以将品牌划分为个人品牌、组织品牌、地理品牌和事件品牌等。其中,个人品牌即单个自然人的品牌。组织品牌包括企业品牌、非营利性机构品牌、慈善机构品牌和政党品牌等。在组织品牌中，最主要的是企业品牌。地理品牌包括国家品牌、城市品牌、旅游胜地品牌等。地理品牌对旅游业和产品感知质量的好坏有着非常重要的影响。事件品牌指通过举办某种活动或开展某种事件而形成的品牌，主要包括体育、艺术、服装表演等事件品牌。从品牌的主体来看，品牌的范围非常广泛。

（二）根据品牌产品生产经营所属环节的不同进行划分

以品牌产品生产经营所属环节的不同进行划分，可以将品牌分为制造商品牌和中间商品牌两大类。其中，制造商品牌是指由制造商自行设计、生产和制造的品牌；中间商品牌是指由中间商根据消费者对某类商品的需求信息，自行设计产品，自设生产基地或选择合适的生产企业进行加工生产，最终由中间商使用自己的商标并在本企业销售的品牌。一般来说，将制造商生产的面向全国市场销售的品牌称为公众品牌（National Brand）；将中间商拥有的品牌称为自有品牌或私有品牌（Private Brand）。在中间商品牌中，主要是零售商自有品牌。20 世纪 80 年代以来，零售商自有品牌得到了迅速发展。欧美许多国家的大型超市、连锁商店、百货商店几乎都出售标有自有品牌的商品。目前全球最大的零售企业——美国沃尔玛集团 30% 的销售额和 50% 以上的利润来自于其自有品牌。据 AC Nielsen 咨询公司近年的连续调查，零售商自有品牌的增长速度快于制造商品牌的增长速度。

（三）根据品牌创始地的不同进行划分

根据品牌创始地的不同进行划分，可以将品牌分为在线品牌与离线品牌两大类。

所谓在线品牌是指以网络为载体的品牌，也称为网络品牌。如著名的在线品牌有亚马逊、谷歌、百度、新浪、搜狐、阿里巴巴、淘宝网等；所谓离线品牌是指不以网络为载体的品牌，也就是传统意义上的品牌。随着网络经济的发展，出现了离线品牌以网络为工具进军在线品牌的现象。与此同时，也出现了在线品牌向离线世界转移的现象。这样一来，纯粹的在线品牌和离线品牌之间的差异已经大大缩小或者模糊了。

（四）根据品牌的自主性不同进行划分

根据品牌的自主性不同进行划分，可以将品牌分为自主品牌与嫁接品牌。

自主品牌是指企业拥有独立所有权和使用权的品牌。一般地，大多数企业的品牌都是自主品牌。自主品牌的获得主要有 3 个途径：①企业通过自身努力独立创建起来的，如著名的可口可乐、微软、摩托罗拉、联想、海尔、五粮液、全聚德等品牌都是企业通过自身努力独立创建起来的；②通过兼并、收购而取得的，如“欧莱雅”收购“小护士”、“宝洁”收购“吉列”、“联合利华”收购“京华”等，这些被收购过来的品牌，就成为收购企业的自主品牌；③通过合资、合作方式而形成的，如“索爱（Sony Ericsson）”手机品牌，就是索尼（Sony）公司和爱立信（Ericsson）公司共同投资而创立起来的品牌。

嫁接品牌是指通过特许受权的方式而使用的品牌。这种品牌的使用者，在特许受权期间和范围内，拥有特许方品牌的使用权，但不拥有特许方品牌的所有权。如市场上存在的贴牌生产、加盟连锁，就是通过嫁接品牌的方式开展生产经营活动的。

（五）根据品牌广度（知名度辐射范围）的大小进行划分

根据品牌知名度辐射范围的大小进行划分，实质上就是从品牌影响的广度上进行划分，可以将品牌分为地区性品牌、国内品牌和国际品牌。

地区性品牌是指在一个较小的区域之内生产销售的品牌。这些品牌产品在一定的地区范围内生产和销售，受产品特性、地理条件和文化特性的影响，其辐射范围不大，知名度不高。

国内品牌是指产品辐射全国，在国内市场上拥有一定知名度的品牌。如面向全国销售的家电品牌海尔、康佳、长虹、TCL 等就是我国著名的国内品牌。

国际品牌是指产品辐射全球，在国际市场上拥有一定知名度的品牌。如面向全球销售的可口可乐、微软、麦当劳、万宝路、奔驰、宝马、阿玛尼等就是著名的国际品牌。

除了上述几种分类外，还有如下一些分类方法：

根据品牌强度的不同，可以将品牌分为顶级品牌（Top Brands）、强势品牌（Strong Brands）、弱势品牌（Weak Brands）、核心品牌（Core Brands）和延伸品牌（Extension Brands）等。

根据品牌深度（内涵）的不同，可以将品牌分为深度品牌（Deep Brands）和肤浅品牌（Shallow Brands）。

根据品牌地位的不同，可以将品牌分为领导品牌、挑战品牌、跟随品牌和利基品牌等。

根据品牌之间关系和扮演的角色的不同，可以将品牌分为驱动品牌、担保品牌、战略品牌、副品牌和银弹品牌等。

根据品牌层次的不同，可以将品牌分为公司品牌、产品大类品牌、产品线品牌和子品牌等。

由于这些类型的品牌，在后文中将有进一步的阐述，因此，这里只作简单提及。

五、品牌与商标

关于品牌前面我们已经介绍了许多，下面对品牌与商标的关系进行简要的介绍。商标是指由文字、图形或二者的组合所构成，用以区别不同的经营者所提供的不同产品或服务的显著标记，是法律意义上的品牌的具体表现形式，是品牌的一个重要组成部分。按是否登记注册，商标可分为注册商标与未注册商标。商标是否需要注册，一般采取自愿的原则，但对药品、烟草制品必须强行注册。注册商标是无形资产，受到法律保护；未注册商标不是无形资产，不受法律保护。如果他人将未注册的商标进行注册并被核准后，原使用人就不得再使用该商标。

商标有不同的类别。按商标注册所有人的多少不同，可分为集体商标和独占商标；按商标知名度的高低，可分为驰名商标和一般商标；按商标使用范围和目的不同，可分为统一商标和分商标；按提供商标的主体不同，可分为证明商标（专门组织提供）和普通商标（企业提供）；按商标申请人的国籍不同，可分为本国商标和外国商标等。

六、一般商标与驰名商标

一般商标与驰名商标是根据商标知名度的高低来划分的。驰名商标是国际通行概念，但对于什么是驰名商标各国没有统一的界定。根据中国 2003 年 4 月颁布的《驰名商标认定和保护规定》，驰名商标是指在中国为相关公众广为知晓并享有较高声誉的商标。驰名商标是一个法律概念，需要取得法定认可。

驰名商标一般具有高质量、高知名度、高美誉度等特点，驰名商标必须经过权威机构予以确认，并向社会公众进行公告。我国驰名商标在征询有关部门和专家意见的基础上，按照规定的条件和要求由国家工商行政管理总局所属的商标局进行认定。

七、品牌与名牌

20世纪90年代以来，随着公众品牌意识的提高，“名牌”一词广泛出现在各种媒体报道、政府有关文件、各种有关会议和大量的评选活动之中。然而，严格来讲，“名牌”一词的说法是不妥当的。原因主要有3：①它不是国际通用语言；②它是个相对的概念和模糊的概念，难以科学地衡量；③使用名牌概念，容易造成只注重提高“品牌知名度”而忽视“品牌知名度”之外的其他品牌资产的内涵，不利于品牌的平衡发展。因此，我们提倡创建强势品牌，而不只是创名牌。

第二节　品牌资产的含义及其结构

20世纪80年代中期以来，随着品牌作用的不断增强，品牌市场效应的日益突出，尤其是品牌附加值的日益提高，为反映和测量品牌这种无形资产的市场效应及其价值，诞生了品牌资产的概念，并成为营销学界谈论和研究最多的话题之一。与此同时，品牌资产的概念也成为营销学界最流行、最重要的概念之一。20世纪90年代以来，品牌资产的概念传入我国。今天，无论是国内还是国外，品牌资产都是理论界和实业界关注最多的话题之一。

一、品牌资产的不同释义

20世纪80年代中期以来，品牌资产的概念虽然成为营销学界最流行、最重要的概念之一，然而，直到今天，理论界还没有得出一个权威的、统一的品牌资产的定义以及对品牌资产的测量方法。

品牌资产，英文为Brand Equity，国内也有人称之为品牌权益。在早期，品牌资产在国外被称为品牌财产（Brand Asset）。由于品牌权益容易让人联想到品牌经营者以自我利益为中心，而不能够准确地表达品牌资产丰富的内涵，因此，品牌权益的概念没有流传开来。与此同时，由于品牌财产是个财务概念的说法，具有浓厚的财务意义色彩，也不能准确地表达品牌资产丰富的内涵。因此，目前在国内理论界大多数人都把Brand Equity译为品牌资产，而在西方，研究和提到品牌资产，大都使用Brand Equity，而不使用Brand Asset。

品牌资产，简单而言，就是指品牌所产生的市场效应。从已有的研究成果来看，对品牌的这种市场效应，主要从两个层面三种不同的角度来解释：一是从消费者层面来解释品牌的市场效应；二是从企业层面来解释品牌的市场效应。从企业层面来解释，又可以分为品牌的产品市场效应和品牌的金融市场效应。相应地，对品牌资产的定义也就有两个层面三种不同角度的解释。其中，从消费者层面理解品牌资产的定义可以概括为基于消费者的或顾客心智（Customer mindset）的品牌资产概念模型；从企业层面理解品牌资产的定义又分为基于产品市场效应的品牌资产概念模型和基于金融市场效应的品牌资产概念模型。其中，基于产品市场效应的品牌资产概念模型主要反映品牌在产品市场上的竞争力，即品牌力；基于金融市场效应的品牌资产概念模型主要反映品牌资产在财务上的价值，即品牌评估的价值。下面对这两个层面三种不同角度的品牌资产的概念模型作进一步的阐述。

（一）基于消费者层面的品牌资产概念模型

迄今为止，在品牌资产的定义中，大多数学者都是从消费者层面和角度来定义品牌资产的。因为，无论从理论还是从实际情况来看，如果品牌对于消费者而言没有任何意义或价值，那么它对于生产商、零售商、投资者和其他相关利益者都没有任何意义。因此，人们常说，品牌虽然由生产商、零售商提供，但真正的品牌属于消费者。相应地，品牌资产的核心就成为如何为消费者建立品牌的内涵。

基于消费者层面的品牌资产的概念，目前最具代表和最具影响力的定义当属著名的品牌管理专家凯文·莱恩·凯勒教授和戴维·阿克教授的定义。

1. 凯文·莱恩·凯勒的品牌资产概念模型。凯文·莱恩·凯勒教授（1993）较早明确地提出了“基于顾客的品牌资产”（Customer－based brand equity）概念。他认为，理解顾客的需要和要求，并设计产品和项目来满足他们，是成功营销的核心所在。同样，就品牌营销而言，营销人员面临的两个最基本的问题是：①不同的品牌对顾客来说意味着什么；②顾客对品牌的认识将如何影响其对营销活动的反应。因此，他认为，“基于顾客的品牌资产”就是指由于顾客对品牌的认识而引起的对该品牌营销的不同反应。

该定义包括 3 个重要组成部分：①不同的反应；②顾客对营销的反应；③对品牌的认知。首先，品牌资产来自顾客反应的差异。顾客对品牌资产有积极的和消极的两种不同反应。当一个品牌拥有积极的以顾客为本的品牌资产时,它就能对其营销活动产生积极的影响。如它能使顾客更容易接受其品牌延伸,减少对价格上涨和减少广告投入的不良反应,或者更愿意在新的分销渠道中找到该品牌等等;如果一个品牌拥有消极的以顾客为本的品牌资产时,顾客对其品牌营销活动就会反应冷淡。其次,顾客对品牌资产的不同反应,会直接体现在与该品牌营销活动有关的顾客观念、喜好和行为中。再次,顾客对品牌资产的不同反应,从根源上源于顾客对品牌的认知。也就是说,品牌资产尽管受营销活动的影响,但最终还是取决于顾客对它的认知程度。

由此可见,在凯文·莱恩·凯勒看来,顾客心理的"品牌知识"(Brand Knowledge)是创建品牌资产的关键。而要让顾客对品牌产生认知,就要找到一种能使品牌知识留在顾客记忆中的方法。心理学的"关联网络记忆模型"为此提供了很好的思路。该模型认为,记忆是由节点和相关的链环组成的。在这里,节点代表储存的信息和概念,链环代表这些信息要领之间连接的强度。任何信息都可以被储存在记忆网络中,包括语言、图像,抽象的或者文字含义上的信息。

根据关联网络记忆模型,信息的回忆或回想是通过一种名为扩展性激活的概念产生的。在任意的时间点上,任何一个信息节点都可以成为一个激活源,因为节点要么代表了一个外部的信息(如一个人看到或听到一个词或词组),要么意味着收到了一个正在被处理的内部信息(如一个人正在思考一些概念)。一旦记忆中的一个特定的节点被激活,就会从这个节点扩展到记忆中与之相连的其他节点中。当这一特定点的节点激活达到一定程度时,该节点的内容将被回忆起来。这种激活扩散与同被激活的节点相连的链环的数量和强度有关:与拥有最强链环的激活节点相连的概念最容易被激活。

与关联网络记忆模型相类似,品牌知识这一概念也是由记忆中的品牌节点和与其相关的品牌链环所组成的。品牌知识由两部分内容组成,即品牌知名度(Brand awareness)和品牌形象(Brand image)。根据关联网络记忆模型,品牌形象就是顾客记忆品牌的品牌节点,它是指顾客对品牌的感觉,它反映顾客记忆内关于该品牌的联想。品牌联想是记忆中与品牌节点相关联的其他信息节点,它包含顾客心目中的品牌含义。该联想有着不同的形式,如反映产品本身的性能,或与产品本身无关的某些方面。品牌知名度就是顾客记忆品牌的品牌链环,它与记忆中品牌节点的强度有关,反映了顾客在不同情况下确认品牌的能力。品牌知名度又由两部分组成:①品牌确认(Brand Recognition)——

反映顾客对以前与该品牌有关经历的识别能力；②品牌回忆（Brand Recall）——反映顾客在给出产品目录（该目录可满足顾客的需求）或其他搜索方式的提示下，能够回忆起该品牌的能力。例如，提到苹果计算机这一品牌，顾客脑海里会联想到“用户友好”、“富有创造性”、“很多学校使用”、“美国制造”等信息，在顾客脑海里形成了品牌形象，这些就是品牌节点。公司可以通过有效的营销活动，不断强化品牌链环，提高品牌知名度。当消费者对品牌有高度确认能力和熟悉度，并在记忆里形成强有力的、正面的、独特的品牌联想之后，基于顾客的品牌资产便产生了。

由此可见，要建立品牌资产，提高品牌知名度和建立强有力的、积极的、独特的品牌联想二者缺一不可。

那么，如何提高品牌知名度呢？简单地说，一方面就是通过重复性的接触，增加品牌的熟悉度，提高品牌确认能力；另一方面通过适当的产品类别或其他相关的购买或消费暗示建立强有力的联想，提高品牌回忆能力。进一步讲，提高品牌知名度有两种常见策略：一是选择好品牌要素；二是运用各种沟通手段，如广告、促销、赞助、公共关系等，将品牌与相应的产品类别或其他线索匹配起来。

如何建立强有力的、积极的、独特的品牌联想，以提高品牌形象呢？简单地说，一方面取决于营销人员控制的信息来源，另一方面取决于消费者的亲身经历和其他信息渠道，如媒体信息、口碑、重大事件等等。

进一步讲，一是要提高品牌联想的强度。为此，一方面提供的信息要与消费者具有相关性，另一方面提供的信息要具有一致性。二是提高品牌联想的美誉度。为此，一方面提高品牌联想的吸引力，这就需要让消费者相信品牌具有满足消费者需求的相关属性和利益，另一方面提高品牌联想的沟通力，这就要求产品和其他营销活动能够传递这些属性和利益。三是提高品牌联想的独特性。这就要求增加品牌特有的属性和功能。

凯文·莱恩·凯勒教授认为，基于顾客的品牌资产建立起来之后，可以获得多种利益，如提高品牌忠诚度、增加品牌收益、赢得竞争时间、有利于品牌延伸等等。

2. 戴维·阿克的品牌资产概念模型。戴维·阿克教授在综合前人研究的基础上，对品牌资产作了专门的系统研究，提出了品牌资产的“5维度”概念模型。他认为，“品牌资产是指与品牌名称和标识相联系的一系列资产（或负债),它可以增加(或减少)产品或服务给公司或顾客提供的价值”,并认为品牌资产可以分为5类:它们分别是品牌知名度(Brand Awareness)、品牌忠诚(Brand Loyalty)、感知质量(Perceived Quality)、品牌联想(Brand Associations)和其他品牌专有资产(Other Proprietary Brand Assets)。其中,前4类是品牌资产的主要组成部分,品牌忠诚是品牌资产的核心。下面对这5类品牌资产要素进行适当的介绍。

(1)品牌知名度。品牌知名度是指潜在购买者认知或回想起某品牌是某类产品的能力,它反映品牌呈现在消费者头脑中的强度。品牌知名度涉及产品类别与品牌本身的联系,也就是说,如果品牌宣传不与产品类别相联系,那么品牌宣传效果将大打折扣。例如,在广告宣传牌上写着“李宁”,能够使“李宁”名气更大,但对提高“李宁”品牌知名度的作用可能很小。如果在广告宣传牌上写着“李宁运动服”,将“李宁”与“运动产品”联系起来,那么这则广告将大大提高“李宁”品牌的知名度。

戴维·阿克认为,品牌知名度包括从品牌认知到品牌主导4个不同层次,这4个不同的层次构成品牌知名度金字塔①。具体如图1-2所示。

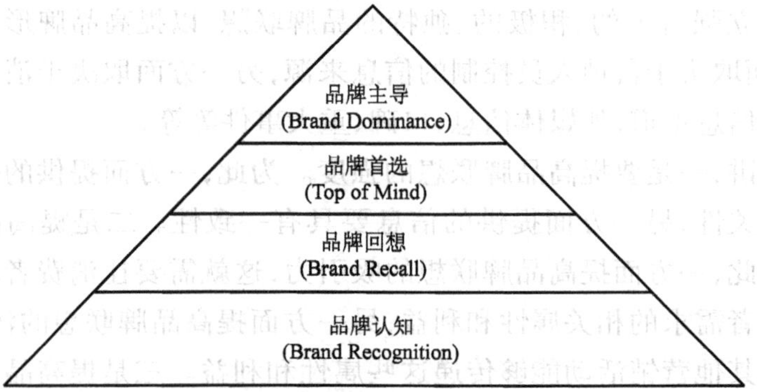

图1-2 品牌知名度金字塔

下面对这4个层次进行逐一介绍。

① 戴维·阿克教授在其1991年出版的《管理品牌资产》一书中认为,品牌知名度是从品牌认知的不确定状到确信该品牌是该类产品的唯一品牌的连续统一体。这个连续统一体将品牌知名度分为品牌认知、品牌回想、品牌首选3个不同的层次。而在其1996年出版的《创建强势品牌》一书中认为,品牌知名度包括品牌认知、品牌回想、品牌首选和品牌主导4个层次。本书采纳其最新的观点。

①品牌认知(Brand Recognition)。从品牌知名度金字塔可见,在品牌知名度金字塔的最底层是品牌认知。也就是说,品牌认知是品牌知名度的最低水平。品牌认知是指顾客曾经接触过某品牌,它反映顾客从过去对品牌的接触中产生出一种熟悉感。顾客认知某品牌,并不一定记得曾在某地接触过该品牌,也不一定能够说出该品牌与其他品牌有何不同,它是何种产品类别的品牌,它只表明过去曾经接触过该品牌。

心理学研究表明,认知本身可以使人对几乎所有的事物产生好感。因此,消费者出于本能往往会青睐他们认知的品牌,而不是未知的品牌。这样,消费者在挑选品牌时,熟悉的品牌往往占有优势。当然,消费者对熟悉的品牌产生喜爱也不仅仅只是本能的反应。当消费者看到熟悉的品牌时,他们会认为公司为支持该品牌一定投入了不少资金,因为好的公司不会对劣质产品进行投资,因此,当消费者见到熟悉的品牌时,就会认为该品牌信誉不错,购买时值得信赖。例如,英特尔制造的微处理器是全球最有价值的品牌。1978 年,英特尔率先生产出 8086 微处理器芯片,并获得 IBM 公司的同意用在其第一台个人电脑上。英特尔的这一代芯片和接下来的几代芯片(1982 年的 286、1985 年的 386 和 1989 年的 486)确立了该行业的标准,并成为主导品牌。1991 年初,英特尔没有为 X86 系列争取商标保护,使得竞争对手钻了空子,它们把“克隆”产品取成类似 AMD386 这样的名字,暗示它们和其他任何 386 驱动的个人计算机一样高效。这种状况引起了混乱。为了应对这一商业挑战,英特尔公司在 1991 年春天开始了一个令人瞩目的为元件作品牌宣传的计划(Intel Inside),这一活动的预算大约为 1 亿美元。该宣传计划推出之后很短的时间,Intel lnside 的标志就变得无所不在,如著名的电脑制造商 IBM、康柏、惠普等销售的电脑上都标有“Intel lnside”标识,这一活动取得了意想不到的成功。之所以能够取得巨大的成功,在很大程度上是“Intel lnside” 品牌宣传的结果。因为消费者推测,像 IBM、康柏、惠普这样的行业领导者都采用英特尔制造的芯片,这个部件一定很重要,因而英特尔公司也应该是一家优秀的供应商。于是购买电脑时,就愿意挑选比较熟悉的有英特尔品牌标识的电脑。这样一来,英特尔芯片销售取得了令人瞩目的成功。

值得指出的是,品牌认知虽然是品牌知名度的最低水平,但是在消费者选择品牌时,也是很重要的。

②品牌回想(Brand Recall)。这是品牌知名度的第二个层次。品牌回想就

是指当提及某类产品时，消费者头脑中便出现该品牌。品牌能否被回想，是顾客购买商品和经营者洽谈交易的决定性因素。引起品牌回想的因素有很多，但明确的品牌定位是引起品牌回想的重要因素。

③品牌首选（Top of Mind）。这是品牌知名度金字塔的第三层次。品牌首选是指消费者在未被提供帮助时能够想到的第一个品牌。毫无疑问，第一品牌在消费者心目中的地位高于其他品牌，消费者已经将其铭记在心。

④品牌主导（Brand Dominance）。品牌主导位于品牌知名度金字塔的顶端，是指消费者在想起品牌时，能够回想起的唯一品牌，即该品牌完全主导了消费者的购买决策和行为。

（2）品牌忠诚。品牌忠诚是指顾客对品牌所持有的态度，它反映顾客对品牌感情深浅的状况。它是品牌资产的核心组成部分，它直接影响到品牌的生存和发展。顾客对品牌忠诚具有不同的层次或等级，它可以通过品牌忠诚度来反映。品牌忠诚度就是顾客对品牌感情深浅的程度。譬如，顾客对某品牌漠不关心，而只看重该品牌产品的特征、价格、方便与否的话，该品牌忠诚度就可能很低，或者没有品牌忠诚者。相反，即使竞争对手提供的产品性能更好、价格更优惠、使用更方便，而顾客仍然继续愿意购买原有品牌的产品，那么，该品牌忠诚度就很高。

戴维·阿克认为，品牌忠诚度从低到高可以分为5个层次，它们分别是"无品牌忠诚的购买者"、"习惯型的购买者"、"满意型的购买者"、"朋友型的购买者"和"忠贞型的购买者"。这5个层次的品牌忠诚度构成品牌忠诚度金字塔形，如图1－3所示。

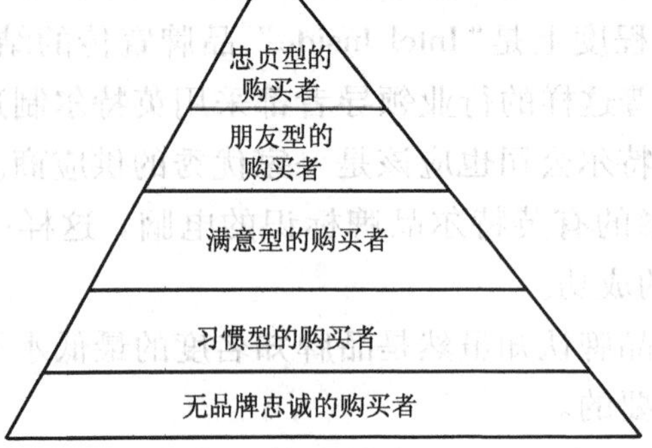

图1－3 品牌忠诚度金字塔

下面对5个层次的品牌忠诚度逐一进行介绍。

①无品牌忠诚的购买者。即品牌忠诚度最低的购买者,这类购买者处于品牌忠诚度金字塔的最底层。他们对品牌漠不关心,在购买决策中,购买哪种品牌无所谓,品牌对其购买决定几乎没有任何影响。这类购买者通常是价格的追随者和品牌的转换者。价格便宜和购买便利是他们的首选。

②习惯型的购买者。他们处于品牌忠诚的第二个层次。他们是那些对产品满意或至少没有意见的顾客。一般地,这类顾客不会出现不满意而转换去购买别的品牌。但是如果竞争对手提供了明显可得的实惠,如产品性能价格比更好,有高价值的赠品和消费者心仪已久的奖品,这类习惯型的购买者中的部分购买者会进行品牌转换。但由于更换品牌需要付出一定的精力去了解,同时,购买新品牌要冒一定的风险,因此,大部分购买者还是习惯购买老品牌以免折腾。

③满意型的购买者。他们处于品牌忠诚的第三个层次。他们是那些对产品感到满意,同时觉得转换购买新品牌需要花费较多成本的顾客。转换购买新品牌需要花费较多的时间、精力和金钱,同时还存在产品适应性的风险。很显然,竞争对手要争取到这部分顾客,要么提供更多的诱因,要么告诉他们,更换新品牌的花费是值得的,他们可以获得更多的补偿。

④朋友型的购买者。他们处于品牌忠诚的第四个层次。他们是那些真正喜欢品牌的忠诚顾客。他们对品牌的偏好,建立在对品牌标识、使用体验、高质量的品质认定等引发的品牌联想的基础之上。这类购买者之所以称为朋友型的购买者,是因为他们与品牌之间有一种情感性的联系。他们与品牌之间的关系就像亲人、朋友关系。据报道,广东湛江一位小朋友天天喝乐百氏奶,每天睡觉前不拿出乐百氏漂亮的海报看几眼就睡不着觉;可口可乐改配方招致反对者的游行,后不得不改回原来的口味。这些都说明,品牌已经成了他们情感与心灵的依托,他们对原品牌已经情有独钟。

⑤忠贞型的购买者。他们处于品牌忠诚的最高层次。这类购买者以使用自己喜爱的品牌为骄傲。他们忠贞的品牌不仅满足了他们对产品功能性的需求,而且是他们实现自我的象征。他们对忠贞的品牌十分自信,并愿意将它们介绍给别人。这种忠贞型顾客的价值不在于他们购买了多少产品,而在于他们对其他顾客和市场本身的影响。典型的忠贞型的顾客,如有的哈雷-戴维森(Harley Davidson)的用户将哈雷-戴维森标志文在身上。2013年3月,据多

家媒体报道，乌克兰一家人，通过多次手术，耗费巨资，将自己的面貌变成芭比娃娃的形象。这些品牌之所以使顾客变成忠贞的使用者，最重要的是它们有个性。

当然，并非每个产品和市场上的品牌忠诚度的层次顺序都是如图 1-3 所示有规律地演进。另外，品牌忠诚度也并不总是以某种单一的形式出现，有时是多种情形并存。例如，有的顾客喜欢某一品牌，但在购买时，并不一定就买那一种品牌。

(3)感知质量。感知质量是消费者根据预定的目的和相关选择对产品或服务的全面质量或优越性的一种感知。由于感知质量是感知出来的，因此，感知质量与客观质量、产品质量、生产质量有所不同。感知质量虽然是建立在产品特征等基础之上，但它是消费者对品牌质量的一种概括性的、总体性的感知，因此，感知质量与具体质量会有所不同。同时，由于感知质量是消费者根据预定的目的和相关选择作出的判断，因此对同一事物，人们的感知结果也会有所不同。一般地，影响感知质量的因素主要有产品质量、服务质量、感知价格和感知环境等。

(4)品牌联想。品牌联想是指与品牌记忆相联系的任何事情。例如，提到麦当劳，人们就联想到麦当劳叔叔、金黄色的拱门标识、快餐、儿童开心乐园、孩子生日聚会、麦当劳汉堡包、干净的就餐环境、紧张的生活方式、麦当劳广告、麦当劳连锁店等事情。这些品牌联想是消费者作出购买决策和形成品牌忠诚度的基础。因此，品牌联想是品牌资产的重要组成部分。

影响品牌联想的主要因素是品牌定位和品牌名称。准确的品牌定位可以产生强有力的品牌联想，品牌名称的根本价值就在于它的系列联想，它向人们展示品牌的内涵。戴维·阿克认为，主要由品牌名称、标识和品牌定位所产生出来的品牌联想，大致有 11 类①。它们分别是：

①产品属性或特性。最常见的品牌定位战略就是将定位目标与产品属性或特性联系起来，因此，很多品牌定位就是要在细分市场上找到一种竞争对手还未诉求的重要的产品属性或特性，这对于联想是很有效的。因为如果产品

① 2001 年，戴维·阿克在其与人合著的《品牌领导》一书中认为，由品牌识别所构成的品牌联想，可以分为品牌作为产品、品牌作为组织、品牌作为个人与品牌作为符号 4 大类，共 12 个方面的联想。这里采纳其 1991 年独著的《管理品牌资产》一书的观点。

属性或特性能够有意义，可以产生联想，那么它将直接转换成顾客需要购买该品牌的原因。佳洁士之所以在美国市场上长期占有40%左右的市场份额，与其经过美国牙医协会认可的防蛀功能产品属性密不可分。在不同的产品领域中，不同的品牌可以与不同的产品属性或特性相联系。很多企业试图将一个品牌和多种产品属性或特性相联系，他们不愿意错过任何一个细分市场。如果多种产品属性或特性能够相互支持的话，这种做法倒是很好。但是在一个品牌定位中，涉及的产品属性或特性太多，可能会造成定位混乱，甚至相互矛盾，从而给人一种定位不清的感觉。因此，品牌定位与产品属性或特性联想要相宜。

②无形性。很多公司在品牌竞争中，往往注重产品有形性方面的比较，但是，以有形性的产品特性进行比较往往存在这样的问题：第一，基于产品的具体特性的定位容易受到攻击，因为总会有竞争对手在某些方面超过你；第二，如果总在某个产品具体特性方面进行竞争，最终可能失去顾客的信任，因为，产品特性会发生变化，例如，现在没有人会相信阿司匹林药效是最好的；第三，消费者并不只是根据某个产品具体特性来作出购买决定的，他们可能还会觉得产品特性上的某些细微差别并不是那么重要，或者他们不愿意或没有能力对这些信息进行细致入微的分析。这样，创造品牌的无形性联想更为有效。产品的无形性是一个综合的属性，如感知质量、感知价值、技术领先、产品健康等等，它能够把客观属性综合起来，创造更好的品牌联想。

③顾客利益。绝大多数的产品特性实际上就是为顾客提供的利益，因此二者之间往往存在着一一对应的关系。例如，防蛀功能既是佳洁士品牌的产品特性，也是佳洁士品牌提供给顾客的利益。易于驾驶是宝马的产品特性，也是满足驾驶者驾驶乐趣的顾客利益。但有时候，区别是产品属性联想占主导还是顾客利益联想占主导是很重要的。顾客的利益可以分为理性利益与心理利益两个方面。其中，理性利益与产品特性紧密相连，它能帮助顾客作出理性的购买决定；而心理利益是“态度—信息”处理过程的结果，与顾客购买或使用品牌的感觉相关。例如，“海飞丝”洗发水，去头屑是其理性利益，使用它让消费者产生自信的感觉则是其心理利益。实验研究结果表明，品牌宣传同时诉求理性利益与心理利益比单纯诉求理性利益或心理利益效果要好得多。

④相对价格。在有些产品市场上，产品有不同的价格档次。这时，人们往

往根据品牌所处的价格档次来评价品牌。例如，啤酒就有低价、中低价、中高价、高价品牌之分。因此，品牌在根据相对价格进行定位时，必须明确其所处的档次，然后制定品牌的产品价格。品牌制定什么样的相对价格必须与其品牌形象相适应。例如，低价品牌的形象，想制定相对高的价格来提升品牌地位，消费者就会对其怀疑和不信任。同样，高价品牌的形象，通过品牌延伸，制定较低的价格去抢夺低端市场，很容易破坏高端品牌的形象，产生不好的联想。因此，品牌定位要注意相对价格的联想。

⑤使用/应用场合。使用/应用场合也是创造品牌联想的一条途径。1984年，美国营销专家对咖啡市场作过一项研究，发现人们可以在9种场合下饮用咖啡：

- 新的一天开始时饮用
- 两餐之间单独饮用
- 两餐之间与他人同饮
- 午餐时饮用
- 晚餐时饮用
- 晚宴时与他人同饮
- 晚间饮用
- 夜间为保持头脑清醒时饮用
- 周末休息时饮用

这项研究表明，品牌的使用场合存在明显的差别。因此，品牌在制定多重定位战略时，可以考虑“使用定位”战略，作为第二或第三重定位战略，以扩大品牌市场。例如，蒙牛在成功开发早餐奶之后，率先推出晚餐奶，占领了更多的液态奶市场。

⑥使用者/顾客。使用者/顾客联想，就是将品牌与产品的使用者/顾客相联系，这是一种有效的品牌定位方法。因为，这种定位方法将定位与细分市场战略匹配起来了，例如，百事可乐在与可口可乐的竞争中，曾经始终处于下风，后来通过与青年一代使用者相联系，大大提高了其品牌竞争力。值得指出的是，强有力的使用者/顾客联想，也可能限制品牌的发展，例如，娃哈哈品牌的儿童消费者联想，在一定程度上限制了该品牌的发展。

⑦名流与常人。社会名流常常能够让人产生强有力的联想。品牌和社会名流联系在一起能把联想转化到品牌之中。在创建品牌的过程中，技术水平、

设计能力和生产能力至关重要。如果公司生产出来的产品能够得到社会名流的认可，将大大提高品牌的形象。例如，20 世纪 80 年代中期，耐克面临着来自锐步公司的严峻挑战，锐步一度占据了运动鞋市场第一的位置。后来，耐克公司开发出飞人乔丹（Air Jordans）篮球鞋后才重新夺回第一的位置。飞人乔丹篮球鞋利用空气减震这一专利技术，将加压的气袋放在鞋里，第一年的销售量就超过 10 亿双，获得了极大的成功。而其成功的关键因素是获得大名鼎鼎、具有非凡魅力的篮球运动员迈克尔·乔丹的认可，在耐克运动鞋广告中，迈克尔·乔丹令人激动的表演使得鞋的销量飙升。

当然，与品牌相连的人并不一定都必须是社会名流，只要与品牌个性相适应，常人甚至虚构人物都能够产生强有力的品牌联想，例如，万宝路男人（Marlboro man）个性鲜明，与万宝路品牌个性相符，已成为重要的品牌联想。又如，米其林轮胎巨人的卡通形象，对米其林轮胎的安全性能产生了很好的联想。值得指出的是，与那些随着时间的消逝将不断变老和不断变化的真实人物相比，与虚构人物相关的联想更容易为公司所控制。

⑧生活方式与个性。生活方式与个性是品牌联想的重要内容。因为消费者对品牌往往赋予诸多相似的个性和生活特征，例如，百事可乐公司曾经作过一次调查，发现自己被认为是富有激情、勇于创新、虽有点毛糙但富有进取心并且成长较快的公司。基于这项调研，百事可乐公司利用和强化了这种个性，结果赢得了青年消费者的青睐。从某种程度上来讲，一个品牌就代表着一种生活方式或个性。

⑨产品类别。产品类别联想是品牌定位的重要武器，它以开创性的品类赢得消费者的芳心。例如，七喜软饮料，最初不管公司如何强调其产品具有清心、爽口的味道以及解渴的功能，在很长时间里消费者始终认为七喜是混合型饮料。后来公司将其重新定位为味道更佳的、非可乐的软饮料，结果大获成功。

⑩竞争对手。参照竞争对手进行定位是定位战略的主要手段。参照竞争对手进行定位有两个方面的好处：其一，经过多年的发展，竞争对手可能已经形成稳固的、非常鲜明的形象，如果参照竞争对手进行定位，在向市场传递本企业的定位的过程中，竞争对手的形象能够起到桥梁纽带的作用。例如，可以通过比较广告传递参照竞争对手的情况，在广告中直接标明竞争对手的名称，在一种或多种产品特性上与竞争对手直接进行比较。其二，有时消费者如何

看待公司形象并不重要，重要的是消费者认为你的产品比竞争对手的产品要好或者同样好。在产品同质的情况下，参照竞争对手进行定位是很好的定位战略。因此，利用竞争对手进行联想是创建品牌的重要手段。

⑪国家或地理区域。国家可以成为强有力的标志，因为它与产品、原材料、生产能力等有着紧密的联系。例如，德国与啤酒和高档汽车紧密相连，意大利与鞋子和皮制品紧密相连，法国与时装和香水紧密相连。因此，要充分利用品牌与国家的联想发展品牌。由于历史、自然条件、技术水平等差异，人们对不同国家的产品和服务认知程度存在明显的差异。例如，1988 年，在美国中部城市作了一项关于电视机和汽车的调查研究。在此项调查研究中，要求被调查者评价描述所调查的 4 个国家的模型。结果，无论电视机还是汽车，日本在经济性、工艺以及技术方面的得分都最高，而美国在服务方面得分最高，德国的产品声望很高。此外，美国与德国相比，美国的电视机更具有技术优势，而德国的汽车更具有技术优势。在品牌全球化的过程中，与国家相关的联想变得既复杂又重要。

(5)其他品牌专有资产。其他品牌专有资产主要包括专利权、商标、渠道关系等。这些资产也可以创造价值，例如，如果专利权独树一帜，并贴近消费者，可以防止直接竞争；商标可以防止竞争对手采用类似的名称、标识和包装以混淆消费者的耳目；渠道关系可以增强品牌业绩。

戴维·阿克教授在对品牌资产这一概念的解释中进一步强调：①品牌资产是系列资产，因此，对品牌资产的管理包括创造和增加这些资产的投资；②品牌资产所包含的每类资产都以非常不同的方式创造价值，为有效地管理品牌资产和为品牌创建活动制定可靠的决策，了解强势品牌创造价值的不同方式十分重要；③品牌资产既为顾客创造价值，也为公司创造价值；④品牌资产必须与品牌名称与标识相联系。如果品牌名称或标识发生变化，部分或全部资产或负债会受到影响，甚至会全部丧失，尽管也有可能部分资产会转移到新的品牌名称和标识上去。

戴维·阿克教授认为，上述品牌资产既可以为顾客创造价值，也可以为企业创造价值。戴维·阿克教授品牌资产概念模型可用一简图来表示，如图 1-4 所示[①]。

---

① 戴维·阿克著，吕一林译：《创建强势品牌》，中国劳动社会保障出版社，2004 年版，第 7 页。

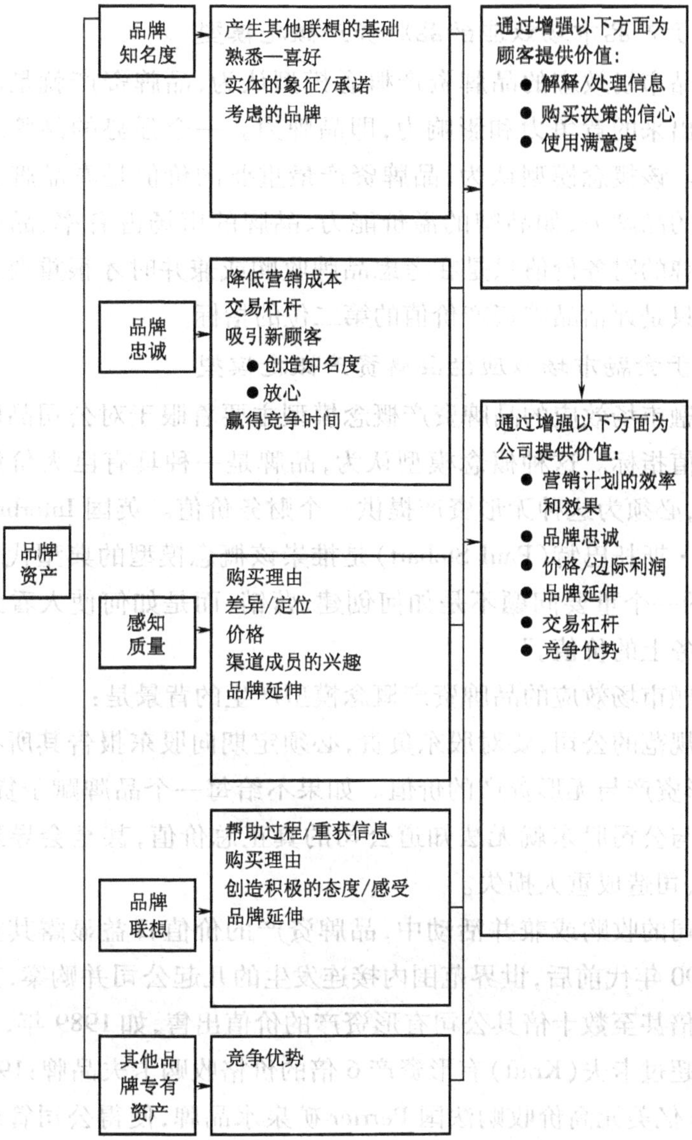

图 1-4　戴维·阿克的品牌资产概念模型

从戴维·阿克教授对品牌资产的定义来看,他虽然并没有明确提出基于顾客的品牌资产的定义。但从他提出的5个维度的品牌资产结构来看,他的定义中充分体现了顾客认知品牌对创建品牌资产的重要性。因此,我们可以把戴维·阿克教授的品牌资产的定义归为基于顾客的品牌资产的定义范畴。

（二）基于产品市场效应的品牌资产概念模型

基于产品市场效应的品牌资产概念模型认为，品牌资产就是品牌在产品市场上表现出来的竞争力和影响力，即品牌力。一个强势的品牌应该具有强劲的品牌力。该概念模型认为，品牌资产最重要的价值是看品牌在产品市场上表现出来的品牌力，如品牌的溢价能力、品牌的市场占有率、品牌的延伸能力等等。品牌的财务价值只是在考虑品牌收购或兼并时才很重要，因此，品牌的财务价值只是评估品牌资产价值的第二位的指标。

（三）基于金融市场效应的品牌资产概念模型

基于金融市场效应的品牌资产概念模型主要着眼于对公司品牌提供一个可衡量的价值指标。这种概念模型认为，品牌是一种具有巨大价值的可交易资产。为此，必须为这种无形资产提供一个财务价值。英国 Interbrand 公司执行董事保尔·斯托巴特（Paul Stobart）是推崇该概念模型的典型代表，他认为："关于品牌的一个重要问题不是如何创建、营销，而是如何使人看到它们的成功以及在财务上的价值。"

基于金融市场效应的品牌资产概念模型产生的背景是：

1. 一家规范的公司，要对股东负责，必须定期向股东报告其所有资产的价值，包括有形资产与无形资产的价值。如果不给每一个品牌赋予货币价值，公司管理人员与公司股东就无法知道公司的真正总价值，甚至会导致价值被低估，从而对公司造成重大损失。

2. 在公司的收购或兼并活动中，品牌资产的价值日益显露其重要性。例如，20 世纪 90 年代前后，世界范围内接连发生的几起公司并购案，其品牌资产的价值以数倍甚至数十倍其公司有形资产的价值出售，如 1989 年，菲利普·莫里斯公司以超过卡夫（Kraft）有形资产 6 倍的价格收购卡夫品牌；1991 年，雀巢公司花费 25 亿美元高价收购法国 Perrier 矿泉水品牌，使得公司管理人员开始非常重视品牌资产的财务价值。

3. 随着连锁业的发展，为了使品牌店体现品牌资产的价值，特许方或授权方在收取特许费或加盟费时，需要对品牌资产进行财务价值的评估。

因此，评估品牌资产的财务价值主要出于这样 3 个方面的目的：①向公司的投资者或股东提交财务报告，说明公司经营绩效；②为企业制定并购决策提供依据；③为特许经营收取特许费或加盟费提供依据。

可见,基于金融市场效应的品牌资产概念模型最重要的价值在于告诉人们,应该寻找合适的品牌资产的财务价值评估方法。

二、品牌资产的总体结构

如前所述,品牌资产的含义可以从以上两个层面三种不同的角度来理解。但是,品牌资产本身不是孤立地存在的,它们在消费者心理的反应和在产品市场与金融市场上的效应存在着严密的逻辑关系。无论从实际观察还是从理论研究来看,企业的营销与品牌管理活动是品牌资产产生的前提。在企业的营销与品牌管理活动的影响下,顾客对品牌的心理认知是品牌资产形成的源头。在此基础上,当企业的营销与品牌管理活动使得消费者认可企业的品牌时,品牌在市场上的表现通常是,首先在产品市场上可以获得比无品牌产品更好的业绩,如较高的市场占有率、较高的销售额、消费者重复购买等等,然后在金融市场上获得较高的股价、并购价或授权价。如此一来,在企业营销和品牌管理活动的影响下,品牌资产形成的内在逻辑表现为:品牌的顾客认知——→品牌的产品市场绩效——→品牌的金融市场效应。相应地,上述两个层面三种不同的角度的品牌资产概念模型的提出也是遵循这样的逻辑提出来的。

如果说,品牌资产像一座金字塔,那么,消费者层面的品牌资产,构成品牌资产金字塔的最底层;然后通过营销与品牌管理活动,形成金字塔中间层面的产品市场效应的品牌资产;进而形成金字塔顶端的金融市场效应的品牌资产。从营销与品牌管理活动对三个方面品牌资产形成的影响来看,越是往上,营销与品牌管理活动的影响力越弱,而营销与品牌管理以外的其他因素作用力会增强。这种逻辑和结构可以用图 1 -5 来表示。

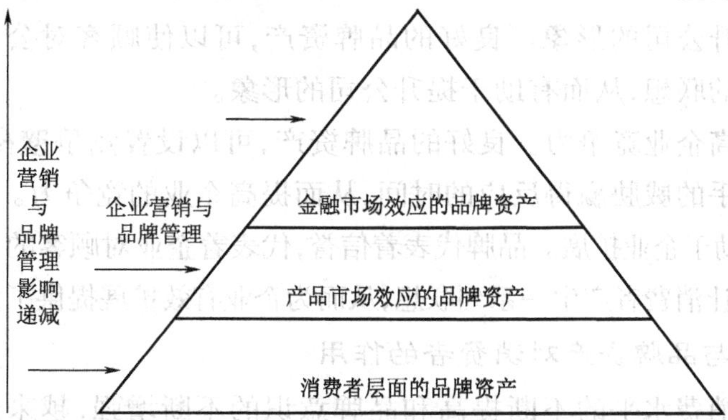

图 1 -5　品牌资产的金字塔结构

第三节 品牌与品牌资产的作用

一、品牌与品牌资产的基本作用

从前面介绍品牌与品牌资产的含义来看，品牌与品牌资产具有多重含义。同样，品牌与品牌资产也具有多种功能和作用，归纳起来主要有两个维度：一是对企业的作用，二是对消费者的作用。下面分别加以介绍。

（一）品牌与品牌资产对企业的作用

随着市场竞争的不断加剧，越来越多的企业开始重视品牌建设，之所以如此，是因为品牌及其资产对企业具有多方面的作用。从长期来看，品牌是企业获得持续竞争优势的重要战略工具，它能够给企业带来巨大的、长期的投资回报。具体来看，品牌及其资产对企业的作用主要有以下几个方面：

1. 可以节省市场营销费用。具有品牌资产的产品或服务，不仅可以吸引新顾客，而且可以留住老顾客。如果该品牌具有较高的知名度和忠诚度，企业不需要花费多大的市场营销费用，就可以达到很好的效果。因此，具有品牌资产的产品或服务可以节省大量的市场营销费用。

2. 可以增加产品或服务的附加值。品牌可以满足消费者的心理需要和自我实现的需要，因此，有品牌的产品或服务比无品牌的产品或服务附加价值高，从而可以溢价销售。如果是强势品牌，则可以获得更高的溢价，从而为企业获得更高的收益。

3. 可以提升公司的形象。良好的品牌资产，可以使顾客对公司产生良好的印象和丰富的联想，从而有助于提升公司的形象。

4. 可以提高企业竞争力。良好的品牌资产，可以设置竞争壁垒，可以为企业面对竞争对手的威胁赢得反应的时间，从而提高企业的竞争力。

5. 可以有助于企业扩展。品牌代表着信誉，代表着企业对顾客的一致性承诺。品牌资产，可以让消费者产生一系列联想，从而为企业有效扩展提供了条件。

（二）品牌与品牌资产对消费者的作用

随着人们消费水平的不断提高和品牌意识的不断增强，越来越多的人开始注重品牌、消费品牌。为什么越来越多的人愿意购买有品牌的产品呢？其原因是多方面的。从根本上来说，是因为品牌对消费者具有很重要的作用。具体来说，主要有以下几个方面：

1. 有助于消费者快速作出购买决策。随着社会生产力水平和人们消费水平的不断提高，市场上的商品越来越丰富。为了节省时间，消费者在挑选商品时，往往主要看品牌。因此，品牌成为影响消费者购买决定的重要因素。尤其是一些高科技产品，面对扑面而来的规格参数和专业术语，消费者往往很难搞懂。而不同的制造商提供的产品在技术上又难以区分，这时，只有品牌才能让消费者放心，促使他们作出购买决定。

2. 简化购买行为。品牌本身具有识别功能，这样一来，有了品牌，消费者就很容易辨认产品，使购买行为变得容易，从而可以节省时间和精力。

3. 有助于表现自我。品牌提供了消费者表现自我的途径。因为品牌具有情感性利益和自我表现性利益，因此，是消费者表现自我、实现自我的一种重要方式。有人曾经问苹果电脑公司的老总斯蒂夫·乔布斯，为什么公司要推出五颜六色的电脑？他回答说，人们购买电脑，并不在意电脑内存有多少兆，而是想通过电脑的颜色来表现自我。苹果电脑公司是在通过推出五颜六色的电脑来满足消费者的心理需要，实践证明这种心理需要将日益成为消费者购买决定的核心。

二、企业日益关注品牌的原因

许多年前，美国著名的广告与品牌研究专家拉里·莱特(Larry Light)曾经说过："未来的营销之战将是品牌之战，是为获得品牌主导地位而进行的战争。企业和投资人将把品牌视为企业最有价值的资产……拥有市场比拥有企业更重要，而拥有市场的唯一途径是拥有占据市场主导地位的品牌。"拉里·莱特的这段话，实际上已经精练地概括了为什么今天的企业日益关注品牌。

如前所述，品牌与品牌资产对企业具有多方面的作用，因而企业关注品牌、加强品牌的建设，积累品牌资产是理所当然的事情。但长期以来，这个理所当然的事情并没有被我国的企业界所重视，而如今为什么会有越来越多的企业日益关注品牌呢？简单而言，就是未来营销战的方向和品牌资产重要性日益增强的结果。进一步来讲，主要有以下几方面深层次的原因：

（一）国内市场国际竞争的加剧

我国改革开放以来，人们就在谈论品牌、关注品牌。但直到今天，国内企业在国内市场上有影响力的国家品牌并不多，在国际市场上有影响力的品牌更是凤毛麟角。与此同时，国内许多曾经有名的“中华老字号”在不断地消失。据了解，全国老字号企业已从新中国成立时候的6 000多家减少到目前的1 600多家。这1 600多家老字号企业，生产经营有一定规模和效益的只占很少比例，多年来保持原状的占绝大部分，长期亏损，面临破产和倒闭的占相当部分。与这种局面相对应的是，外资企业大量涌入中国，它们凭借资金、技术、管理和品牌的优势大举抢占我国的国内市场。相对而言，外资企业的资金、技术和管理的威胁是有限的，因为我们可以通过借款、引进、学习来改变，而外资企业的品牌威胁最大。因为品牌具有自主性、独特性，你引进的越多，嫁接的越多，就越是给他人做嫁衣裳，因而外资企业的品牌对国内市场的威胁就越大。由于如此，面对着对外开放不断扩大的现实，越来越多的国内企业意识到只有自创品牌才是真正的实力。可以说，这是越来越多的企业日益关注品牌的重要背景。

（二）国内市场竞争重心的转移

目前，中国营销理论界和实际部门有一种看法，中国市场经济发展到今天，已经经历了两个时代：一个是广告力时代，另一个是营销力时代，如今正迈向一个新的时代，那就是品牌力时代。

在广告力时代，由于我国市场处于发育阶段，企业经营管理对每个方面要求还不是很高，谁的广告做得好、叫得响，往往谁就能成名，谁就能赚钱。因此，广告成为企业最重要和最有效的传播手段和赚钱工具。最典型的例子就是20世纪90年代初诞生的标王大战，即1994年开始出现的标王企业在中央电视台黄金时段抢播广告的广告大战。一些昔日的标王企业，如孔府家酒、秦池、爱多通过抢夺标王，进行大肆的广告宣传，取得了巨大的经济效益。例如，1994年，孔府家酒斥资3 079万元夺得“标王”，销售额大增；1995年，秦池出价6 666万元夺得“标王”，销售额暴增5倍。1996年，秦池出价3.212 11亿元再度获得“标王”，震惊全国。遗憾的是，许多昔日的标王企业，如今已纷纷落马消亡。

随着一些标王企业的纷纷落马，到20世纪90年代末，不少商家逐渐认识到，主要依靠广告打天下是远远不够的，广告作为一种常规的营销手段，应该与产品、价格、渠道、促销、公关等手段一起使用才能促进企业更好地发展。于是,企业竞争进入了营销力时代。商家比拼的不再只是广告,而是营销能力,谁的营销做得好,谁的企业就活得好,于是在全国出现了营销热。

进入21世纪,随着对外开放的不断扩大和国际品牌纷纷进入中国市场,国内企业亲眼目睹了世界一流品牌企业,挟品牌之雄风横扫天下,如入无人之境。于是一些有识之士认识到,最终要与跨国企业争天下,必须拿起品牌的武器,与之抗衡。如今,越来越多的企业意识到目前市场的竞争已经迈向了品牌力竞争的时代。

这种认识是非常正确的,尤其是随着网络经济的快速发展,信息多如牛毛,品牌的威力将更加显现。

(三)消费者选择的多样性增加

2000年,美国著名品牌管理专家杰克·特劳特(Jack Trout)和史蒂夫·瑞夫金(Steve Rivkin)在其合著的《差异化或死亡》(Differentiate or Die,华夏出版社将本书译为《与众不同》)[①]一书中写道:最近几十年来,商业领域的一个重大变化就是产品选择的惊人增加。据估计,在美国有100多万个商品标准库存单位(SKU_s—Standard Stocking Units)。其中,超级市场平均有4万个标准库存单位,但平均下来,一个家庭80%~85%的需求却只从150个标准库存单位中选取。这就意味着39 850个标准库存单位的商品在日常消费中被消费者忽视了。

现在,这种产品选择多样化的惊人增加在我国一点也不比美国差,而且可以肯定的是,这种选择的多样性还在以较快的速度增加。那么,这种产品选择多样性的惊人增加意味着什么?意味着市场竞争的残酷性和激烈程度;意味着企业如果稍有闪失,就很难再东山再起。面对消费者选择多样性的大幅度增加企业该怎么办?杰克·特劳特和史蒂夫·瑞夫金认为,要想在残酷的选择时代,抢占顾客的眼球,就必须实行差异化或区隔,否则,就面临着死亡。而要实行差异化或区隔,从战略角度来讲,最好的思路就是要建立自己的品牌。因为,品牌是你不同于竞争对手最明显和最具竞争力的地方。从策略角度来讲,他们认为主要有这样几个方面:①成为第一,因为第一的东西容易进入消

---

① Jack Trout with Steve Rivkin. Differentiate or Die, John Wiley & Sons, Inc. 2000. P2~3.

费者的心智之中,容易让消费者觉得它与众不同;②拥有特性;③市场领先;④保持传统;⑤搞专业化,拥有专长;⑥形成偏爱;⑦拥有独特的制作方法;⑧成为新一代的代表等。

(四)品牌力的日益突出

所谓品牌力,就是指品牌在市场上所表现出来的影响力和竞争力。进一步来讲,就是品牌在市场上所表现出来的区隔力、吸引力、扩展力、渗透力、激发力、适应力、联想力和溢价力。由此可见,品牌力是一种综合的竞争力。这种综合的竞争力往往只有强势品牌才具有。因此,我们不仅要创建品牌,更重要的是要创建强势品牌。

强势品牌是指对经营环境具有极好的适应性并因此而生存和发展起来的品牌,在市场上处于强势地位。按照可口可乐公司前总经理唐纳德·基欧(Donald Keough)的观点,强势品牌的特征是品牌个性独特,品牌形象恰当且具有吸引力,对外传递信息一致,品牌本身完整,能够经受时间的考验,品牌的发展能够适应新的市场需求。[①]

强势品牌的区隔力,就是强势品牌所表现出来的差异性。这种差异性可以通过品牌定位和品牌个性来反映,这是品牌力的基础和核心。强势品牌的吸引力,就是强势品牌在市场上对消费者的影响力,也可以称为强势品牌的市场力,它可以左右消费者的购买行为和忠诚度;这种吸引力可以通过品牌的市场占有率、消费者对某品牌的重复购买率等指标来反映。强势品牌的扩展力,就是强势品牌对其他企业的感召力和自身的延伸力与辐射力;这种扩展力可以通过加盟者的多少、贴牌企业的数量、分销商的多寡、品牌延伸的程度和范围等来反映。强势品牌的渗透力,就是强势品牌跨越国界、跨越文化的穿透力;这种渗透力可以通过品牌跨越国界的多少、品牌文化的冲突情况等来反映。强势品牌的激发力,就是强势品牌打动消费者的内心和激发员工积极性的力。强势品牌的适应力,就是强势品牌适应市场需求变化的能力;它可以通过品牌危机的管理能力、品牌的生命周期等来反映。强势品牌的联想力,就是强势品牌能够给消费者带来品牌联想的程度;它可以通过品牌联想度等指标来反映。强势品牌的溢价力,就是强势品牌比一般品牌能够创造更多的价值;

① [英]保罗·斯图伯特主编,尹英等译:《品牌的力量》,中信出版社,2000年版,第3页。

这种溢价力可以通过品牌的价格和品牌资产的价值来体现。

从目前的市场来看，强势品牌的影响力和竞争力日益显露出来。具体表现为：

1. 强势品牌能占有更多的市场份额。已有的研究成果表明，20%的强势品牌占有80%的市场份额，而80%的弱势品牌只能分到20%的市场份额。这就意味着大量默默无闻的企业，只能在极其有限的市场空间中苦苦经营。要想摆脱这一窘境，最佳之策就是塑造强势品牌。正所谓得品牌者得天下。

2. 强势品牌不但可以成就企业自身，而且还可以左右其他企业。世界著名的WPP集团公司总裁斯帝芬·金（Stephen King）曾经说过："产品是工厂生产的东西，而品牌是顾客购买的东西。产品可以被竞争者复制，而品牌是独一无二的。产品可能会很快地过时，而成功的品牌却是永恒的。"斯帝芬·金的这一番话精辟地道出了产品与品牌的本质差别。众所周知，企业的发展离不开产品，但从产品与品牌的差别来看，仅仅依赖于产品是非常危险的。从根本上来讲，企业的发展要靠品牌。当然，企业创建品牌并非一日之功和自然而成，从生产产品到创建品牌不是一个简单的、必然的过程，它需要付出艰苦的努力和代价，需要有效的经营和管理。但是一个企业如果能够从产品经营发展到品牌经营，那么，该企业就能够获得长足的发展。可口可乐公司前董事长罗伯特·士普·伍德鲁夫说过："只要'可口可乐'这个品牌在，即使有一天，公司在大火中化为灰烬，第二天早上，全世界新闻媒体的头条消息就是各大银行争着向'可口可乐'公司贷款。"这就是说，可口可乐公司凭借这块金字招牌，即使一夜之间它的所有工厂都化为灰烬，却能够迅速从银行获得贷款，东山再起，重振雄风。这就是强势品牌的力量，它可以成就它的企业。因此，在西方，品牌被称为经济的"原子弹"。

强势品牌不但可以成就企业自身，而且还可以左右其他企业。主要表现为：①强势品牌可以左右贴牌生产企业。目前，在经济全球化的背景下，已经大量出现了产品生产与品牌经营相分离的现象，即强势品牌企业主要负责产品的设计与开发以及市场的开拓和实现，通过品牌授权给贴牌生产企业进行加工生产。如法国的皮尔·卡丹品牌就不在国内生产服装，而将生产基地设在中国；耐克也是如此，委托中国企业进行加工生产。这些品牌企业主要管理产品的设计与开发和市场订单与销售，中国企业负责加工生产，但生产出来的产品要贴上它们的商标。有人把这种运作模式称为哑铃模式，即品牌企业把设计与开发和订单与销售这两个主导营利的环节(两个重头)加以控制,把加工生产这一薄利中间环节授权给劳动力便宜的国家和地区企业进行生产。从这种运作模式不难看出,企业生产什么产品无关紧要,但有没有强势品牌却是最主要的。②强势品牌可以左右加盟企业。强势品牌通过开展特许经营,连锁加盟企业。按照惯例,加盟企业在加盟品牌特许方时,应该向品牌特许方交纳一定的加盟费。这样,品牌企业通过加盟连锁的办法,在不需投资的情况下,就可以迅速扩大企业的规模。另外,在特许授权期间,加盟企业还必须按照品牌特许方的要求开展经营活动。因此,强势品牌可以左右加盟企业。

3. 强势品牌具有强大的分销能力。对于任何一个企业来说,无论何时、何地,分销和销售都是关系到企业生死存亡的关键环节之一。因此,随着市场竞争的加剧,现代企业营销战略的重点无不都在关心营销渠道的建设。而要占领或控制渠道关系,强势品牌能够占有很强的竞争优势。强势品牌往往是消费者购买的对象,从而就很容易成为分销商和零售商经营的对象。因为既然强势品牌是消费者购买的对象,分销商和零售商为了满足市场的需要,自然愿意采购强势品牌的产品。因此,强势品牌的产品往往容易获得分销商和零售商的青睐,具有强大的分销能力。

4. 强势品牌具有强大的延伸能力。强势品牌不仅可以使已有的产品名扬天下,而且可以使新产品迅速成长。这就是强势品牌的延伸能力。强势品牌的这种延伸能力,不但可以在同一行业内进行延伸,而且还可以跨行业进行延伸,如世界著名品牌英国维珍(Virgin)公司的维珍品牌堪称品牌延伸的楷模。该公司1970年成立,从唱片业起家,现在凭借维珍品牌的赫赫名声,其经营范围已经渗透到几十个门类,在全球22个国家开设了100多家公司。品牌资深人士彼得·加布里尔(Peter Gabriel)曾经对维珍公司的总裁理查德·布朗逊(Richard Branson)先生这样说过:"太不可思议了,维珍已经无处不在。早晨你伴着维珍收音机起床;穿的是维珍牛仔裤;购物去的是维珍购物广场;喝的是维珍可乐;去美国你可以乘坐维珍亚特兰大航班。不久你将会被提供维珍生日、维珍婚礼和维珍葬礼。我想你应该把维珍公司改名为从头到尾公司。维珍将伴你一生。"①国内著名的品牌海尔,从家电起家,曾经将品牌延伸到90多

① Bernd H. Schmitt. Experiential Marketing—How to Get Customers to SENSE, FEEL, THINK, ACT, and RELATE to Your Company and Brands, The Free Press, 1999, P10。

个门类 17 000 多个品种。由此可见,强势品牌具有强大的延伸能力。

5. 强势品牌可以跨越国界和文化。品牌的创建离不开本土文化,品牌的跨区域、跨国界发展离不开当地文化,否则,就会出现品牌文化的冲突。强势品牌往往可以轻松地跨越国界和文化,因为强势品牌本身就具有丰富的文化内涵。例如,可口可乐畅销世界,同时,把美国的文化传播到全世界。麦当劳、肯德基遍布世界各地,它们把美国的快餐文化传播到世界各地。文化是人类共同的精神财富,强势品牌由于具有丰富的文化内涵,自然很容易融入到当地文化中去,因而强势品牌也就很容易被当地人们喜爱。当然,强势品牌在跨国经营的过程中,要注意调整自己的产品和营销活动去迎合当地的文化和口味,以免造成水土不服。

6. 强势品牌可以打动消费者的心,激发员工的心。俗话说得好:得人心者得天下。在商场上,可以说,得消费者的心得市场,得员工的心得企业。这就意味着,市场就是消费者的心,企业就是员工的心。而要打动消费者的心,激发员工的心,关键在品牌。因为,产品是无情的,是冰冰凉的,只具有实用价值,而没有情感价值和心理价值。而品牌却不同,它可以满足消费者的心理需求,它可以与消费者进行情感上的交流。既然市场是消费者的心,而品牌又能够满足消费者的心理需求,当然,打动消费者的心主要靠品牌。

同样的,企业的人、财、物都是具体的,物质待遇都是实实在在的和有限的,而品牌却是有情感的。一个企业如果拥有强势品牌,就职者就愿意涌入,在职者就乐意工作,因为人们都乐意与强势品牌沾上边。因此,我们不难看到,强势品牌企业不仅能吸引优秀员工,而且能激发高昂的士气和雇员的忠诚。许多高级职业经理都渴望为一流品牌企业效力,他们认为:为强势品牌公司服务的经理一定是个好的经理。

7. 强势品牌具有很强的适应力。品牌创建并非一日之功。强势品牌的创建更是要久经考验。因此,人们看到强势品牌往往具有很强的处理品牌危机的能力和具有较长的品牌生命周期。例如,世界第一强势品牌可口可乐,创建于 1886 年,如今已有 120 多年的历史。又如,世界著名强势品牌万宝路,创建于 1924 年,如今已有近 90 年的历史。对英国的 Interbrand 公司每年发布的 100 个世界最有价值的品牌进行研究发现,36% 的品牌具有 100 年以上的历史;28% 的品牌具有80 ~ 100 年的历史;25% 的品牌具有 50 ~ 80 年的历史;只有 6% 的品牌具有 50 年以下的历史。据波士顿咨询集团公司研究发现,在

1929 年领先的 30 个强势品牌,到 1998 年依然有 27 个居于市场前列。我国也有不少老字号企业到今天依然是市场中的强势品牌,譬如,国内著名的强势品牌同仁堂,创建于 1669 年,如今已有 340 多年的历史;又如,国内著名的强势品牌全聚德,创建于 1864 年,如今已有 150 多年的历史。这些强势品牌,之所以能够生存下来和发展起来,一个很重要的原因,就是它们能够做到与时俱进和与市俱进,具有很强的适应能力。

8. 强势品牌不但自身有价,而且可以获得更多的溢价。品牌是一种重要的无形资产,它不但自身有价,更可贵的是,它还能够创造更多的价值。因此,在西方,一些投资者把强势品牌公司的股票作为最主要的投资对象。

事实上,一些著名的企业,其品牌资产的价值,比其他有形资产的价值还要高。尤其是一些世界顶级品牌,其资产价值已高达数百亿美元,富可敌国。例如,2012 年美国《商业周刊》与英国 Interbrand 公司合作公布的"全球最具价值的 100 品牌"排名,前 10 大品牌的价值均在 200 亿美元之上。具体情况见表 1－2。

表 1－2　2012 年度全球最有价值的前十大品牌

（单位:百万美元）

排　名	品牌标识	品牌名称	国　家	主要业务	品牌价值
1	Coca-Cola	可口可乐	美国	饮料	67 394
2	Microsoft	微软	美国	软件	61 372
3	IBM	国际商用机器	美国	计算机	53 791
4	GE 通用电气公司	通用电气	美国	多样化	44 111
5	intel	英特尔	美国	半导体芯片	33 499
6	Disney	迪斯尼	美国	娱乐	27 113
7	M i'm lovin' it	麦当劳	美国	快餐连锁	25 001

续表

排　名	品牌标识	品牌名称	国　家	主要业务	品牌价值
8	NOKIA Connecting People 诺基亚	诺基亚	芬兰	移动电话	24 041
9	TOYOTA	丰田	日本	汽车	22 673
10	Marlboro	万宝路	美国	卷烟	22 128

（资料来源：引自美国《商业周刊》，2012 年 3 月 12 日）

从 2001 年起，美国《商业周刊》与 Interbrand 公司合作每年公布一次“全球最具价值 100 品牌”排名，这一方面大大提高了这些品牌的影响力，另一方面也告知人们品牌资产的巨大价值。根据排名结果进行统计，近年全球最具价值 100 品牌的品牌资产价值总和均在 1 万亿美元以上。

在我国，国内强势品牌资产的价值也日益受到人们的关注。其中，北京名牌资产评估有限公司每年公布中国最有价值品牌报告做得最早，影响力也最大。从 1995 年起，每年公布一次中国最有价值的品牌报告。在 2012 年，其公布的第 18 届中国最有价值的品牌报告中，海尔以 962.80 亿元人民币的价值再次荣登榜首。其中前十大品牌资产的价值依次如表 1－3 所示。

表 1－3　2012 年中国最有价值的十大品牌　（单位：亿元人民币）

排名	品牌标识	品牌名称	品牌价值	公司名称
1	Haier	海尔	962.80	海尔集团公司
2	Gome 国美	国美	661.26	国美电器集团公司
3		五粮液	659.19	四川省宜宾五粮液集团有限公司
4	中国一汽	中国一汽	630.08	中国第一汽车集团公司
5	美的 Midea	美的	611.22	美的集团

续表

排名	品牌标识	品牌名称	品牌价值	公司名称
6	TCL	TCL	583.26	TCL 集团股份有限公司
7		金融街	408.08	金融街控股股份有限公司
8		茅台	373.46	贵州茅台集团
9	CCAG 中国长安	长安	346.30	长安汽车(集团)有限责任公司
10	TSINGTAO BEER 青岛啤酒	青岛	323.12	青岛啤酒股份有限公司

（资料来源:北京名牌资产评估有限公司 2012 年 9 月 17 日公布的评价报告）

由于品牌资产价值巨大,因此,在英国,品牌资产的价值必须列在企业资产负债表上。由于品牌可以创造价值,因此,国内外投资者在投资股票时,往往把强势品牌公司的股票作为主要的投资对象。例如,被称为股神的沃伦·巴菲特,其炒股成功的重要秘诀,就是买卖强势品牌企业的股票。20 世纪 80 年代后期,他通过伯克希尔·哈撒韦公司购买了可口可乐公司9 300 万股股票,一举成为该公司的最大股东,对其拥有 7% 的股权。在之后的 6 年时间里,这笔投资为巴菲特带来了近 3 倍的利润。他认为:“可口可乐是全世界最有影响力的品牌,产品价格适中,人均消费量几乎每年都在上升,其他产品无法与之相比。”由于看好强势品牌,沃伦·巴菲特为此获得了丰厚的回报,他感到非常幸运。

今天在市场上,我们可以看到,强势品牌产品往往可以卖出很高的价钱,具有很强的溢价能力。据英国 Intrebrand 公司的研究,市场领导品牌的平均获利率是第二品牌的 4 倍。因此,企业要提高营利能力,必须打造强势品牌。

(五)品牌经营危机与失败的教训

从品牌产生的历史可知,品牌的出现是为了让产品相互区别开来,并帮助产品脱颖而出,同时,让消费者放心购买。历史事实表明,由于品牌的出现,使得大规模生产的产品得以顺利流通,品牌保护了产品免遭失败。然而,具有讽刺意味的是，曾经成就产品的品牌本身开始不断地遇到了麻烦，并成为自身成功的受害者。难怪现在有人说，如果今天产品惨遭失败，过错将不在产品自身，而一定是出在品牌身上。值得指出的是，一旦品牌遇到了麻烦，损坏的将不仅仅是产品，还可能使整个公司陷入困境。因此，今天创建品牌，不只是为了保护产品免遭失败，而是关系到公司的命运。

令人遗憾的是，今天的企业比以往任何时候都关注品牌，品牌也比以往任何时候都重要，但是品牌危机与失败的例子却经常发生。不仅是小品牌经常出问题，而且大品牌有时也出大麻烦。像可口可乐、麦当劳这样的全球领导品牌也曾遭受过品牌危机的打击（关于可口可乐曾经遭遇的品牌危机参见本章案例 1－1）。对于可口可乐、麦当劳这样的全球领导品牌来讲，也许能够承受偶尔遇到的、代价昂贵的品牌危机，但对于许多小公司而言，小小的失败也可能是致命的打击。因此，品牌经营危机与不断失败的现实警示我们，辛辛苦苦创建起来的品牌，如果经营得不好，管理不到位，由此造成的损失将是巨大的。

从国内外情况来看，品牌经营危机与失败的原因主要有以下几个方面：

1. 忽视产品的质量。忽视产品的质量是品牌经营危机最常见的一种，也是品牌经营出现突发性危机的典型表现。21 世纪以来，尤其是 2005 年以来，品牌危机事件频发。例如，2005 年 3 月，国内外一些世界著名品牌频频遭受品牌危机。先是 3 月 5 日，世界著名食品品牌“亨氏”辣椒酱中被检出苏丹红一号；接着 3 月 7 日，世界最大的日用品公司宝洁公司的 SK－Ⅱ被江西一女性消费者状告含腐蚀性成分；此后 14 日，上海家乐福被曝光曾销售过含有苏丹红的“坛坛乡风味辣椒萝卜”；16 日，百胜宣布肯德基新奥尔良烤翅和新奥尔良烤鸡腿堡调料中被发现含有苏丹红一号；22 日，强生婴儿油被指含有有害成分；同日，联合利华旗下的“立顿”速溶茶被发现含有超标氟化物。由于这些危机事件接二连三地出现在同年 3 月，因此被称为品牌危机“黑三月”。2008 年 9 月，三鹿毒奶制品事件，更是让国人震惊。连续多年成为中国第一奶粉品牌的“三鹿”，因在其奶粉中发现化工原料三聚氰胺有害物质，被媒体曝光之后轰然倒下。这些危机出现之后，在全国范围内引起了一场品牌信任危机，不少人对品牌的信任和崇拜产生了怀疑。像这样的危机，如果处理得当、处理及时，有可能是品牌化危机为契机的一次好机会。但如果处理不当、不及时，品牌必将夭折。

2. 新产品更新不当。如当今世界第一品牌可口可乐，1986 年推出新可乐替代旧可乐引发美国百万消费者上街游行抗议遭遇的品牌危机就是如此。

3. 品牌欺骗。如前所述，品牌不同于产品，它既是具体的，又是抽象的。因此，品牌有丰富的想象空间。于是，一些企业往往将品牌的营销过程看作是掩盖产品真相的过程，欺骗消费者。或者是品牌创建起来之后，缺乏诚信等，结果使品牌败下阵来。例如，美国安然公司，短短的15年，从一个无名小卒发展成为美国第七大公司和世界上最著名的能源供应商，2001年破产前有21 000名员工，在40个国家设有分公司。曾经6年荣获《财富》杂志授予的"美国最富创意的公司"，具有良好的公司形象和健康的品牌形象。由于虚报财务账目，出现财务丑闻，结果于2001年12月被迫申请破产。15年打造的公司品牌毁于一旦。品牌欺骗的情况在我国更是屡见不鲜，譬如，当年一些标王企业，之所以轰然倒下，主要是品牌欺骗。目前，市场上大量存在的傍名牌现象，也是品牌欺骗。品牌欺骗对品牌发展有百害而无一利。

4. 品牌盲目延伸或盲目扩展。品牌有时会出现这样的倾向：一旦在某领域获得成功，就高估自己的重要性和能力，开始大举延伸，进入到相关或不相关产品领域，结果不少品牌延伸失败。例如，让消费者迷恋得将品牌标识文身的哈雷-戴维森(Harley Davidson)，是个极具典型的男子汉品牌形象，但它却试图销售香水，品牌形象与产品毫不相干，结果延伸失败。又如，IBM在电脑领域获得成功，因复印机的兴起，于是进军复印机行业，结果被施乐等品牌打得头破血流，最终被迫将这一业务卖给柯达公司。在我国，由于市场机会较多，目前国内很多强势品牌都在大力延伸。例如，做家电的进军房地产，做白酒的进军汽车业，做IT的进军手机，凡此等等，目不暇接，但不少品牌已经重病缠身。之所以会出现这种情况，根本的原因在于，品牌盲目延伸，品牌在消费者心目中的形象就会越来越模糊，品牌区隔就越来越少，品牌的内涵就会逐渐被稀释，品牌就会变得越来越疲劳，从而丧失强势品牌或领导品牌的地位。因此，要警惕：成功导致自大，自大导致失败。

5. 品牌盲目构想。即一些品牌公司根据自己的设想推出消费者不认可的产品，结果造成品牌失败。例如，雷诺兹烟草公司，拥有骆驼(Camel)、沙龙(Salem)、多柔(Doral)等多个著名品牌。为了进一步发展，在各界宣传吸烟有害健康的情况下，于1988年总共花费了3.25亿美元推出命名为"Premier"品牌的无烟香烟。推出后不久，问题就显现出来：一是香烟味道不好；二是产品宣传被认为有欺骗性；第三，也是最根本的问题在于，吸烟者并不喜欢无烟产品。因此，产品推出4个月之后，只好停产。由此造成了巨大的损失。又如，1992年，百事可乐公司觉得消费者对饮料产品的纯洁有新的需求，于是认为市场需要一种清澈的可乐，从而自以为是地推出"水晶百事可乐"。产品推出来之后，消费者发现"水晶百事可乐"与以前的百事可乐味道相差太远，销量一直不佳。1年之后，该品牌产品只好停产。由此可见，企业自己觉得产品构想很好，但是如果得不到消费者的认可，只能是妄想，品牌不可能创建起来。

6. 品牌冲突。随着世界经济全球化和一体化的发展，跨国公司可以比以往更快地进入到新的市场。与此同时，一些品牌很快得到世界的公认。如可口可乐、微软、麦当劳、迪斯尼、万宝路、耐克、阿迪达斯、索尼、佳能、诺基亚等，已成为世界公认的品牌。但是，不少跨国公司在全球化的过程中，把全球化理解为一元化。它们认为，在一个市场获得的成功在另外一个市场也可以取得同样的成功，在本国获得的成功在他国也可以取得同样的成功。于是，用同样的产品、同样的广告、同样的传播手段去打造同一品牌，结果造成品牌冲突，使品牌经营不利。例如，肯德基在我国香港、百事品牌在我国台湾就遇到广告宣传上的麻烦。造成品牌冲突的原因主要有文化上的差异、法律上的差异、消费水平上的差异、消费习惯的不同等。如不同地区的消费者，有不同的产品口味，例如，美国人喜欢吃冷饮食，中国人喜欢喝热茶。因此，虽然产品概念可能是通用的，但它必须适应不同文化、法律、消费水平和消费习惯等方面的差异。简而言之，打造国际品牌，应该有全球化的思维，但同时要注意本土化运营，做到因地制宜。

7. 品牌跟风。即总是跟在领导品牌的后面，缺乏创新性和差异性。理论与实践经验表明，品牌差异化是创建强势品牌的关键，反之，品牌跟风或雷同是品牌经营之大忌。因此，品牌跟风最容易问题缠身，品牌也难以成长壮大。例如，汉堡王进军快餐行业，想与麦当劳一争高低，它们曾请市场调研公司去调查，结果发现，快餐业的特点就在于"快"（其实这一特点根本用不着去调查）。于是汉堡王总想在"快"字上做文章，超过麦当劳。殊不知，麦当劳第一快餐品牌的形象早已进入消费者的心智之中，作为后来者，你怎么能够在这方面有突出表现呢？作为后来者，如果一味跟风，难免就要失败。这就意味着，如果你的品牌不能第一，要想造就强势品牌，最好是寻找差异化之路。

品牌经营危机与失败的原因还有很多，但从根本上来说，就是对消费者关心不够、理解不够，尤其是忽视了品牌与消费者的情感联系。我们应该知道，真正的品牌存在于消费者的心智之中。正如杰克·特劳特所言:“在营销世界里,没有客观的现实,也没有最好的产品,只有一样东西——现有的、潜在的顾客心智中的认知。”因此,要避免品牌经营危机与失败,必须关心消费者、理解消费者,重视与消费者建立深厚的情感关系。

总之,市场竞争所面临的环境和正反两方面的现实告诉我们,现在是应该重视品牌的时候了。愿国内企业多创造一些世界级品牌,少一些品牌经营危机与失败的事件。

案例 1-1

可口可乐的品牌失误[①]

——新可乐的经典败笔

一提到世界上最成功的品牌,很多人可能都会想到可口可乐。这是完全可以理解的。因为可口可乐不仅是世界上最知名的品牌,每天售出十多亿瓶饮料,而且在美国《商业周刊》和英国 Interbrand 公司联合公布的《世界最具价值 100 品牌》中,到 2012 年为止,可口可乐已经连续 12 年位居榜首。

然而,1985 年,当可口可乐公司决定终止最受欢迎的传统可口可乐而推出新可口可乐时,却遭到了有史以来最大的品牌危机。

一、新可乐的由来

要想理解可口可乐公司为什么会做出这种隐藏灾祸的决定,有必要了解一下两大饮料巨头的竞争情况。

可口可乐与百事可乐之间的竞争由来已久。从 19 世纪 90 年代开始,双方在激烈的竞争中,可口可乐曾经一度一直处于领先地位。到了 20 世纪 50 年代,可口可乐销售量以 5:1 的比例超出百事。但在接下来的 10 年里,百事可乐通过重新定位,把自己的品牌定位为年轻人的可乐,成功地缩小了与竞争对手可口可乐的差距。

① 参见马特·黑格著,战凤梅译:《品牌失败》,机械工业出版社,2004 年版。

到了20世纪70年代，百事可乐又下了一次赌注，这一次它推出了“百事挑战”。通过盲试，在消费者不知道可口可乐和百事可乐品牌的条件下，看消费者究竟喜欢哪种饮料。让可口可乐公司感到惊恐的是，参与测试的人都更喜欢稍甜的百事可乐。

百事公司在20世纪80年代继续它的攻势，将“百事挑战”引向全球，预示着“百事新一代”的到来，它还签约雇用像唐·约翰逊(Don Johnson)和迈克尔·杰克逊(Michael Jackson)这样的知名人物来开辟目标市场。这种策略一直沿用到21世纪，最近的形象代言人有布兰妮·斯皮尔斯(Britney Spears)和罗比·威廉姆斯(Robbie Williams)。

到1981年罗伯托·戈伊苏埃塔(Roberto Goizueta)当上董事长时，可口可乐品牌龙头老大的地位开始变得岌岌可危。它的市场份额不但输给了百事可乐，而且还输给了可口可乐公司生产的其他品牌的饮料，如芬达、雪碧等。而健怡可乐(Diet coke)的巨大成功又像一把双刃剑，使得含糖可乐的市场缩小。当1983年健怡可乐坐上仅次于可口可乐和百事可乐之后的第三把交椅时，可口可乐的市场份额滑至历史最低点——不到24%。

显然应该采取措施以重拾可口可乐至高无上的领导地位。时任公司董事长的罗伯托·戈伊苏埃塔对“百事挑战”现象作出的第一个反应就是1984年推出的广告宣传攻势，突出赞扬可口可乐的口感没有百事可乐甜的特点，电视广告由比尔·科斯比(Bill Cosby)充当代言人，他在当时是享誉全球的人物，年龄较大，与“百事新一代”形象代言人迥然不同。这种努力意欲将可口可乐与百事可乐区分开来的效果十分有限，可口可乐的市场份额仍然没有起色，而百事可乐总能吸引新客户，其市场份额在节节攀升。可口可乐日益担心失去其市场老大的地位。

可口可乐意识到自己的问题出在产品身上。“百事挑战”已经无数次地强调：可口可乐总是在口感上输给百事。这一点也被健怡可乐的成功所证明，该种可乐在口味上与百事更接近。所以比较合理的反应就是可口可乐开始研制新配方，一年后他们配置出了新可乐。有了新配方之后，可口可乐在其发祥地亚特兰大市进行了20万次的口感测试以检验其进展情况，结果是非常可喜的，它不但口感好于传统可口可乐，而且较之于百事可乐人们更喜欢它。

为了保持可口可乐的领导地位，避免出现让自己生产的两种可乐产品同时出现在货架上进行竞争，于是，可口可乐公司决定抛弃传统可口可乐，而代之以新可乐。

二、新可乐的市场风云

1985年4月23日，公司宣布推出新可乐，几天后，传统可口可乐停止生产。当公司宣布这两个决定之后，大多数美国人立即决定要抵制这个新产品。这两个决定至今被称为"历史上最大的营销失误"。结果是新可乐销售低迷，公众因买不到传统可口可乐而愤怒情绪持续高涨。不到3个月，可口可乐除了恢复最初的品牌和配方之外别无选择。当可口可乐公司宣布恢复原产品的决定时，时任公司首席执行官的唐纳德·基奥(Donald Keough)这样说道："事实再简单不过，我们在新可乐的消费者研究方面所投入的所有时间、金钱、技术都没有估量到许多人对传统可口可乐的那种深切、持久的感情。这种对传统可口可乐的激情——是的，是这个词，激情——让我们非常吃惊，这是一个奇妙的美国之谜，一个可爱的美国之谜，它就像爱、尊严或爱国精神一样是无法衡量的。"

三、品牌比产品本身重要得多

经过新可乐事件，可口可乐公司认识到品牌比产品本身重要得多。此前它在所进行的大多数测试中，都是在品尝者不知情的情况下进行的，因此得到评定的唯一因素是口感。公司最终上了百事可乐的圈套，而这样做的结果是出让了它最关键的品牌资产：原创性。

当19世纪80年代可口可乐被推出时，它是市场上唯一的产品，同时首创了一种新产品种类。在20世纪的大部分时间里，可口可乐在形形色色的广告宣传中充分利用它"原创"的优势。1942年，美国到处可见这样的杂志广告："唯一像可口可乐的就是可口可乐本身，它是真正的东西。"

可口可乐公司推出新可乐之后便与它最初的营销努力背道而驰。可口可乐的首份广告于1886年出现在《亚特兰大日报》(Atlanta Journal)上，它将可乐宣传成"新流行的冷饮柜饮料，由奇妙的可口植物和著名的可乐坚果制成"，自那之后，可口可乐的中心产品从来没有用"新"这个词来形容过。

到1985年可口可乐百年之时，人们最不愿意将可口可乐与"新"这个词联系起来。这个公司比其他任何公司都更能让人联想起美国遗产。50年前，曾获全球新闻界最高奖——普利策奖的威廉·艾伦·怀特(William Allen White)这样称道：可口可乐是"美国所代表的本质——体面的、诚实制作的、全球分销的、不断尽力完善的事物"。可口可乐甚至参与了美国太空旅行的历史，人们大张旗鼓地举着书写着“欢迎回到地球——可口可乐之乡”的标志迎接阿波罗宇航员。

将一个品牌的重要性归结为口感是完全错误的，像许多知名品牌一样，象征意义要比产品本身重要得多。而且，如果有哪种饮料能代表“新”，那也是百事可乐，而非可口可乐，即使百事只不过比可口可乐年轻10岁。

如果你告诉世界你有“真正的东西”，你就不能接着提出“新的真正的东西”，否则这种自相矛盾的营销信息会打垮自己。所以，虽然围绕新可乐的推出进行了大张旗鼓的宣传，它却注定要失败。

当可口可乐重新推出传统可乐，在美国市场上将其定位为“经典可乐”时，媒体的兴趣重新回到了品牌偏好上，它被视为一件富有意义的事件而被美国广播公司的新闻节目和其他美国电视网络当做重要新闻播出。数月之内可口可乐重新回到老大的位置而新可乐则几乎销声匿迹。

具有讽刺意味的是，通过新可乐的失败，人们对传统可乐的忠诚度反而加深了，以至于有人认为可口可乐公司推出新可乐这一事件是为了加强公众对传统可口可乐的喜爱而故意实施的营销策略。当然，可口可乐完全否认这是公司故意为之。

案例思考题

可口可乐公司推出新可乐失败有哪些值得总结的教训？

复习思考题

1. 解释品牌的多重含义。
2. 简述品牌与产品的主要区别。
3. 什么是强势品牌？
4. 什么是驰名商标？
5. 解释品牌资产的多重含义。
6. 简述凯文·莱恩·凯勒的品牌资产概念模型的主要内容。

7. 简述戴维·阿克的品牌资产概念模型的主要内容。
8. 简述品牌知名度的层次及其主要内容。
9. 简述品牌忠诚度的层次及其主要内容。
10. 简述品牌联想的主要内容。
11. 简述品牌的基本作用。
12. 简述品牌力的主要表现。
13. 简述品牌经营危机与失败的主要原因。
14. 为什么越来越多的企业重视品牌建设？

第二章

品牌识别的规划与管理

本章学习要点

品牌识别是创建强势品牌的基础，是指导品牌创建工作的指示器，是战略品牌管理的核心，同时也是建立和积累品牌资产的重要来源与载体。因此，要创建强势品牌必须要有一个丰富而清晰的品牌识别。这样一来，规划和管理好品牌识别就成为创建强势品牌的首要任务。本章首先介绍品牌识别的规划；然后介绍品牌识别的实施；最后介绍品牌识别的管理。

第一节　品牌识别的规划

一、品牌识别的含义

品牌识别是继品牌形象、品牌定位和品牌个性之后于20世纪90年代初逐渐兴起来的一个重要的品牌概念。它的出现源于品牌管理思想的改变。当时，品牌管理者希望从以往过多地关注品牌的表象——“品牌形象”转变到关注品牌的核心和持久的内涵，于是借着“识别（Identity）”的本义，产生了“品牌识别”这一概念。品牌管理学者对这一概念进行过多方面的论述,但从目前来看,最具代表和影响性的观点,当属戴维·阿克的见解。他认为,品牌识别就是指品牌战略者渴望创造或保持的一系列独特的品牌联想。这些联想代表着品牌所表达的事物和理念,暗示着品牌对顾客的承诺①。从这一定义可见,品牌识别不是简单地建立或设计某一标识物,关键在于要让它能够引发一系列的联想,突出品牌的本质,以积累品牌资产。因此,戴维·阿克强调,构建品牌识别的最终目的或方向,主要是让品牌识别通过形成功能性、情感性或自我表现利益的价值主张建立品牌与顾客之间的关系。

要让品牌识别产生这些效用,就必须让品牌识别与顾客产生共鸣,让顾客对品牌产生一种认同感,与竞争者形成差异,并能够代表品牌主体现在和将来可以做些什么。为此,要构建品牌识别,首先必须对顾客、竞争者和品牌本身进行战略性分析。从品牌识别发挥作用的条件来看,这种战略性品牌分析应该考虑三个方面的内容:一是顾客分析。包括对顾客购买倾向或市场动态、顾客购买动机、市场细分、未满足的需求进行分析。二是竞争者分析。包括对竞争者品牌形象与定位、竞争者集群定位、竞争者的优势与劣势进行分析。三是品牌自身分析。包括对现有品牌形象、品牌传统、品牌自身的优势与劣势、品牌灵魂、与其他品牌的联系进行分析。可见,战略性品牌分析是品牌识别规划的前提。由于篇幅所限,这里不再对战略性品牌分析作进一步的论述。

二、品牌识别与品牌形象的关系

品牌识别与品牌形象是两个密切相关的概念。品牌形象是指根植于消费者记忆中的品牌联想所折射出来的一种对品牌的感觉②。这种感觉是由品牌联想所引起的,而品牌识别就是要创造或保持的一系列独特的品牌联想。由此可见,二者都有品牌联想的内涵。同时,二者都是建立和积累品牌资产的重要载体,因而具有十分密切的关系,不少人常常将二者混为一谈。事实上,品牌识别与品牌形象有很大的不同。其区别主要表现在以下三个方面:

第一,在品牌联想的创造方面,品牌识别具有主动性,而品牌形象具有被动性。如前所述,品牌识别是品牌战略者希望创造或保持的一系列的品牌联

---

① David A. Aaker. Building Strong Brands, The Free Press, 1996, P68.

② Kevin Lane Keller. Strategic Brand Management, Prentice Hall, 1998, P93.

想，这就意味着品牌战略者可以通过建立品牌识别及其系统，积极主动地去创造或保持品牌联想，诱导顾客如何看待自己的品牌，显然，品牌识别是品牌联想的主动传递者；而品牌形象是消费者通过品牌联想对品牌所产生的一种感觉，它说的是消费者自身如何看待品牌，很显然，品牌形象是对品牌联想所作出的一种反映，因而具有被动性。

第二，在引发品牌联想的时间方面，品牌识别着眼于未来，而品牌形象反映的是过去或现在。如前所述，品牌识别是品牌战略者希望创造或保持的一系列的品牌联想，很显然，品牌识别着眼于未来，它反映品牌战略者希望未来能够创造或保持独特的品牌联想以吸引顾客。由于如此，品牌识别可以为品牌提供前进的方向、目标和意义，是指导品牌创建工作的指示器；而品牌形象是消费者对已经存在于记忆中的品牌联想所产生出来的一种对品牌的感觉，因此，它是对品牌过去或现在的联想所产生出来的一种感觉。

第三，在创建品牌的价值方面，品牌识别具有战略性，而品牌形象具有战术性。由于品牌识别着眼于未来，能够不断地创新，因此，它可以在环境变化中不断地存在和发展，从而可以为品牌战略创造持续的竞争优势；而品牌形象是对过去或现在的品牌联想所作出的反映，因而品牌经营者在树立品牌形象时，往往采取战术性的措施进行维持或改进。而且，品牌形象需要做哪些方面的改变或增加，可以通过品牌识别来提示。这是因为，品牌识别着眼于未来，具有一定的启发性，因此，它可以为品牌形象需要做哪些方面改变或增加进行提示。①

三、品牌识别的构架

自品牌识别这一概念产生以来，品牌识别应该由哪些方面构成一直存在着不同的见解。其中理论界最具有代表性的观点有两个：一是科普菲尔的菱角模型；二是戴维·阿克的品牌识别系统模型。

（一）科普菲尔的菱角模型

科普菲尔的菱角模型认为，品牌识别由 6 个要素所组成，它们分别是体格（Physique）、个性（Personality）、文化（Culture）、关系（Relationship）、反映（Re-

① David A. Aaker, Erich Joachimsthaler. Brand leadership, The Free Press, 2000, P40.

flection）和自我形象（Self－image）。其中，体格和个性构成品牌图像的发送者，反映和自我形象构成图像的接收者，文化体现识别的内部性，关系体现识别的外部性。该模型的具体图形如图2－1所示。①

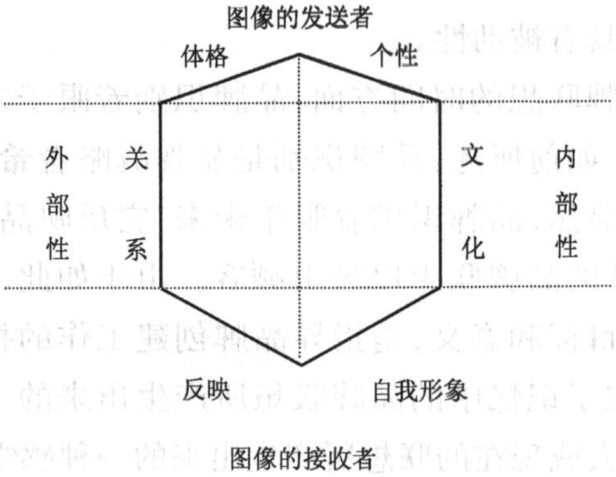

图2－1 科普菲尔品牌识别菱角模型图

（二）戴维·阿克的品牌识别系统模型

戴维·阿克的品牌识别系统模型认为，品牌识别是一个系统结构。从广度上来讲，品牌识别是由品牌作为产品、品牌作为组织、品牌作为个人和品牌作为符号4个不同的角度所构成的系统。其中，品牌作为产品包含的识别要素有产品范围、产品属性、品质/价值、用途、使用者、原产地6个方面；品牌作为组织包含的识别要素有组织属性、本土化与全球化两个方面；品牌作为个人包含的识别要素有品牌个性、品牌与顾客的关系两个方面；品牌作为符号包含的识别要素有视觉形象与寓意、品牌传统两个方面。也就是说，一个完整的品牌识别可以由12个品牌识别要素来构成。当然，并非所有的品牌识别都需要从这4个不同的角度和12个识别要素方面来构建。事实上，对有些品牌来讲，只要从某一角度来构建品牌识别就可能是可行的、合适的。但树立从多角度、多层面构建品牌识别的观念是有益的。其好处主要是可以明确、丰富和区别某一品牌识别。

从深度上来讲，品牌识别的结构是由品牌精髓、核心识别和延伸识别3个

① Jean－Noël Kapferer. Strategic Brand Management, The Free Press, 1992, P43.

层次所构成的[①]。品牌识别发挥作用的条件是它所形成的价值主张和为子品牌提供信誉保障，品牌识别的最终目的或努力方向是建立品牌与顾客之间的关系。戴维·阿克将品牌识别的结构与品牌识别发挥作用的条件及最终的目的统一归入品牌识别系统之中。

戴维·阿克的品牌识别系统模型的具体内容如图2－2所示。

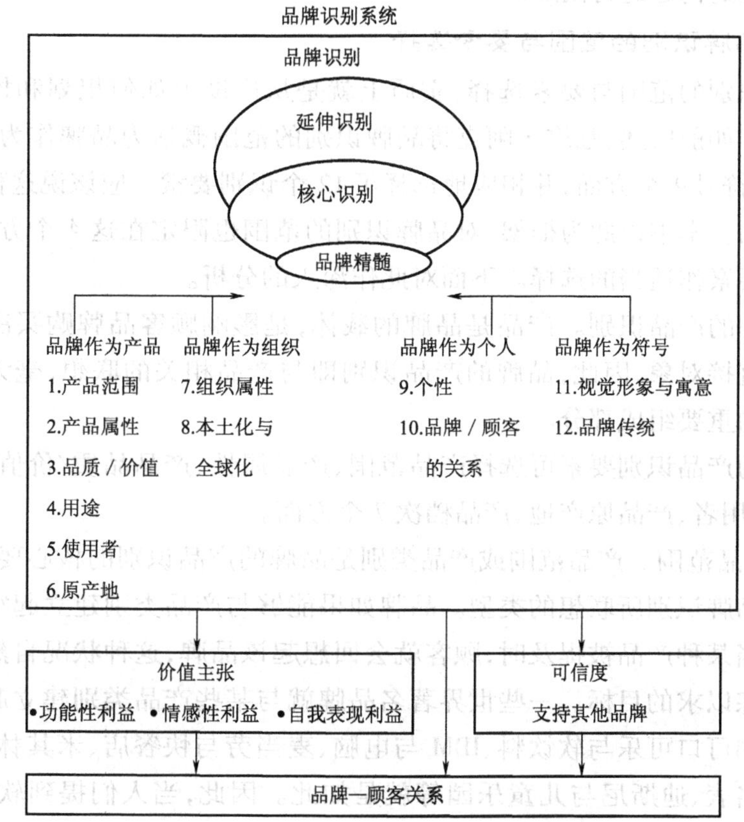

图2－2　戴维·阿克的品牌识别系统模型

从以上两个模型来看，品牌识别是一个由多种识别要素所构成的系统，相

① David A. Aaker, Erich Joachimsthaler. Brand Leadership, The Free Press, 2000, P43～49. 在戴维·阿克的《创建强势品牌》一书中，品牌识别结构不包含品牌精髓。对此可参见 David A. Aaker. Building strong brands, The Free Press, 1996, P79, P85～P89.

比较而言,戴维·阿克的品牌识别系统模型所反映的内容要深刻和全面得多。

四、品牌识别系统的构建

如何构建有效的品牌识别系统,是品牌识别规划和管理的首要内容。下面我们以戴维·阿克的品牌识别系统模型为基础,从广度和深度两方面对品牌识别系统的构建进行阐述。

(一)品牌识别的范围与要素选择

品牌识别的范围与要素选择,实质上就是从广度上如何规划和构建品牌识别系统。如前所述,戴维·阿克将品牌识别的范围概括为品牌作为产品、组织、个人和符号4个方面,并相应地选择了12个识别要素。应该说这种概括是比较全面的。本书以此为框架,对品牌识别的范围也限定在这4个方面,对品牌识别的要素作适当的选择。下面对此作深入的分析。

1. 品牌的产品识别。产品是品牌的载体,是影响顾客品牌购买决策和品牌体验的直接对象,因此,品牌的产品识别即与产品相关的联想,毫无疑问是品牌识别的重要组成部分。

品牌的产品识别要素可选择产品范围、产品属性、产品品质/价值、产品用途、产品使用者、产品原产地、产品档次7个方面。

(1)产品范围。产品范围或产品类别是品牌的产品识别的核心要素,因为它能影响品牌识别所联想的类型。品牌如果能够与产品类别建立起牢固的联系,那么,当某种产品被提及时,顾客就会回想起该品牌,这种状况自然是品牌建立者梦寐以求的目标。一些世界著名品牌就与某些产品类别建立起了牢固的联系。如可口可乐与软饮料、IBM与电脑、麦当劳与快餐店、米其林与轮胎、劳力士与名表、迪斯尼与儿童乐园等就是如此。因此,当人们提到软饮料时,就容易想到可口可乐;提到电脑,就容易想到IBM;提到快餐店,就容易想到麦当劳;提到轮胎,就容易想到米其林;提到名表,就容易想到劳力士;提到儿童乐园,就容易想到迪斯尼。

将品牌与产品类别建立起联系,最好的结果是在人们提到某种产品时,能够很快地回想起某品牌,而不是在人们提到某品牌时,想起该品牌是经营某类产品。这两种结果是有很大区别的。譬如,提到电脑想到IBM与提到IBM想到电脑是有本质区别的。前者意味着品牌与产品类别建立了牢固的联系,在顾客心目中,某品牌就是某类产品的代词;后者意味着品牌与产品类别建立了一定的联系,但不是牢固的联系。从实际情况来看,品牌要与产品类别建立起牢固的联系,是非常不容易的,它需要品牌围绕某一核心理念和某类产品进行长年累月地打造。因此,从经营范围来看,要打造强势品牌,最好是专业化经营,而不应搞多样化经营。从多年来“世界最具价值 100 品牌”的排行情况来看,80% 以上的品牌都是以专业化经营见长。目前,我国企业之所以没有打造出一批强势品牌,与其经营的多样化倾向和不能够与产品类别建立起牢固的联系具有密不可分的关系。而造成这一结果的根本原因在于很多企业把经营企业与打造品牌混为一谈。经营企业可以多元化,而打造品牌应注重准确定位和专业化。

如果企业要做大,要进行多元化或多角化经营时怎么办?从产品识别的角度来讲,品牌经营者就应该想办法让顾客联想到品牌经营的主要产品类别或主要营利产品。例如,海尔集团以经营家电产品为主,目前还经营着其他门类的众多产品,从打造强势领导品牌的角度来讲,海尔应该更多地引导消费者形成对海尔品牌生产各种优质电器的联想;又如,娃哈哈集团目前经营着多个门类多个产品,要打造娃哈哈这个强势品牌,就应该引导消费者想到纯净水、果奶、非常可乐这些主要营利产品,而不是八宝粥、娃哈哈平安感冒液等产品。

(2)产品属性,即产品的性质或特点,这也常常是品牌的产品识别的主要元素。因为产品属性常常可以让顾客联想到品牌的功能性或情感性的利益。因此,品牌经营者要关心如何将产品的属性转化为品牌的功能性或情感性的利益,这可以通过提供好的产品、好的服务、好的购物环境等来实现。例如,麦当劳快餐店以提供快速食品为特色,为了将这一特色转化为顾客的利益,麦当劳快餐店要求员工做到顾客排队购买食品的等待时间不得超过 2 分钟;当顾客点完所需要的食品后,服务员必须在 1 分钟内将食品送到顾客手中。这样,麦当劳快餐店的快餐形象就有效地树立起来了。

值得指出的是,强调产品的属性或产品特色主要适用于品牌产品线较单一的情形。如果品牌有延伸的打算或品牌麾下的产品众多时,就不宜突出具体产品的属性或特色。否则,就会使品牌的延伸力大打折扣。

(3)产品品质/价值。产品的品质本应属于产品的属性,但由于它的重要性非同一般,因此,单独进行分析。在每个竞争领域,产品的品质都至关重要。要么它是竞争者进入市场的先决条件(你必须提供最低限度的质量水平才能生存),要么它是竞争者取胜的关键(你必须拥有最好的质量才能取胜)。因此,许多品牌都将产品质量作为一种核心识别要素。例如,吉列牌剃须刀就强调自己是“男人可以得到的最好的剃须刀”;沃尔沃汽车就强调自己是“最安全”的汽车;米其林轮胎就强调自己是最好的轮胎。好的品质能够给消费者产生一种值得信赖的联想。值得指出的是,这里所指的产品品质,是一种消费者认可的产品品质即感知质量,而非一种技术上的产品品质即客观质量。也就是说,从技术上看,某种产品的品质非常不错,但是如果得不到消费者的认可,这样的品质也难以成为品牌识别的要素。因此,产品品质的好坏,要以得到消费者的认可为最终标准。

与产品品质密切相关的是产品价值。以合理的价格为顾客提供高质量的产品,就是为顾客提供价值,这样,可以使顾客产生一种物有所值或物超所值的感觉,从而使得品牌获得价格上的竞争优势。例如,沃尔玛零售店提出的“天天低价”的口号与提供的物有所值的商品,为沃尔玛树立一种有价值的零售店的形象作出了巨大贡献。今天,随着价格竞争的愈演愈烈,越来越多的企业开始从注重打价格战转向打价值战,以赢得消费者的认可,从而创造出强势品牌。

(4)产品用途。产品的特殊用途也可以成为品牌产品识别的重要元素。事实上,一些成功的品牌就是抓住了产品的特殊用途,并围绕这一点不懈地努力而树立起来的。例如,我们在第一章中曾提到,通过研究发现,喝咖啡有9种不同的场合,于是雀巢咖啡近年在广告中不断提示在工作场合喝咖啡。这样做,可以让上班族在口渴、疲倦时想到雀巢品牌。又如,星巴克咖啡提供了一个轻松体验的场所,让顾客自己动手调配所需要的咖啡,结果赢得了很多消费者的青睐。因此,突出产品的用途或特定的消费情景,也是提高品牌识别的重要途径。如果品牌能够成功地与产品用途联系起来,能让消费者需要这种产品时率先想到这个品牌,就可以提高品牌的消费力。

(5)产品使用者。让产品使用者成为品牌识别的要素,就是要根据使用者类型对品牌进行定位,将品牌与产品使用者有机地结合起来,让使用者产生一种“我自己的品牌”的感觉。这样做有利于增进使用者的归属感。例如,不少品牌请形象代言人做广告,就是要让同类消费者产生一种归属感。同时,这样做还可以体现品牌的个性。

(6)产品原产地。将产品原产地作为品牌识别的重要元素,就是要将品牌与一个能够为品牌增强信誉的国家或地区联系起来。例如,前面提到的法国香水、意大利首饰、瑞士手表、德国啤酒、俄罗斯伏特加酒等，这些国家的产品闻名于世，与其国家原产地联想具有密切的关系。譬如，法国的夏奈尔香水、瑞士的斯沃琪手表、德国的贝克啤酒等就被消费者认为是非常值得信赖的品牌。之所以将品牌与产品原产地联系起来能够增强品牌信誉，给顾客产生一种信赖感，是因为产品原产地生产该类产品具有优良或悠久的传统，往往代表着该品牌产品质量更高、更地道。随着市场竞争的加剧，近年来国内外出现了争夺产品原产地的现象。为了与产品原产地联系起来增强品牌信誉，一些国内外企业往往通过品牌联姻或联合品牌战略来打造自己的强势品牌。

值得指出的是，国内外研究表明，品牌的原产地效应与产品类别密切相关。也就是说，在同一原产地，人们对与之相关的不同类别产品有不同的评价。例如，人们对日本的电子产品的评价就比对日本的食品评价更高，对法国的时装评价就比对法国的电子产品评价更高。因此，品牌要与产品的原产地相联系，必须考虑到产品的类别。

(7)产品档次。将产品档次作为品牌识别的一个要素，就是要将品牌与产品档次结合起来，让消费者产生一种自我实现的感觉。在讲究档次、身份、气派的行业，鲜明的产品档次识别是品牌识别最重要的一环。在这类行业，一个品牌最好定位于一个价格区间与相应档次的市场，不应高、中、低档通吃。而且各个档次要泾渭分明，否则品牌就会丧失应有的地位。例如，派克笔原来定位高档产品，后来向低档产品延伸，并以不同的式样、颜色来区别不同档次的钢笔，以为这样做消费者能够从中看出差别。事实上，消费者根本不加区别，结果派克笔丧失了原有的地位。

2. 品牌的企业识别。品牌的企业识别就是指与企业组织属性和企业品牌战略相关的联想。如前所述，很多品牌可以通过产品识别来建立品牌与顾客之间的关系。但是在产品同质化的情况下，品牌继续着眼于产品识别来建立品牌与顾客之间的关系，就很难打造出强势品牌。要走出这一困境，就必须拓宽品牌识别的视野，其中，从企业层面规划品牌识别就是一条很好的途径。

与品牌的产品识别相比，品牌的企业识别通常更为重要。这是因为：①产品可以是相同的，但生产产品的企业却可以是不同的。这就意味着，产品可以被仿制，但企业却很难被复制，因此，从企业层面能更好地规划出差异化的品牌识别，而差异化的品牌识别可以成为企业竞争的利器。②企业作为一种组织，是一个整体，其特性可以涵盖多种产品类别，因而，从企业层面规划品牌识别有利于打造出整体品牌形象,可以提升品牌的信誉度,形成一个强势的主品牌。③从企业层面规划品牌识别有助于更好、更全面地体现品牌的价值主张。因为品牌的企业识别不仅能够提供品牌的功能性利益,而且能够更好地体现品牌的情感利益和自我表现性利益。④从企业层面规划品牌识别有助于更好地建立品牌与顾客的关系。因为"公司品牌"比"产品品牌"更能满足顾客的心理需要。⑤从企业层面规划品牌识别有助于提高企业的凝聚力。⑥从企业层面规划品牌识别有助于品牌延伸,提高品牌的延伸能力,从而产生品牌的规模经济与范围经济效应。例如,西门子品牌,通过建立企业层面的品牌识别,形成了强大的延伸能力,目前旗下的产品有10万多种,销往100多个国家和地区,产生了巨大的规模经济与范围经济效应。品牌的企业识别之所以比产品识别具有更大的延伸能力,是因为品牌的企业识别比产品识别所引发的联想更抽象、更主观,与具体的产品种类联系不那么密切,因而具有更大的包容性和延伸力。因此,可以说,品牌的企业识别通常比产品识别具有更大的影响力。

值得指出的是,品牌的企业识别虽然很重要,但并非处处都要强调。例如,当品牌识别的重心适宜放在产品识别时,品牌的企业识别就可以不出现,否则,就会适得其反。例如,当公司采取一品一牌(一种产品适宜使用一种品牌名称)的品牌战略时,品牌识别的重心就应该放在产品识别上,而品牌的企业识别就可以不出现。尤其是当公司提供互不相干的新产品时,品牌的企业识别就更不应该出现,否则公司主品牌就会深受其害。

(1)品牌的企业识别发挥作用的形成条件。从企业层面规划品牌识别对打造强势品牌虽然具有非常大的作用,但是要发挥品牌的企业识别的作用,需要具备一定的条件。这些条件主要包括:①企业必须要有顾客认同的、独特的企业文化;②要有认同企业文化的员工,以确保他们愿意主动地为顾客服务;③要有体现企业文化的活动,最好能够让顾客参与其中的活动,亲身感受和体验到企业文化,从而得到顾客的认可;④企业要有自己独特的资产或技能,以显示企业的差异性。不难看出,企业如果具备这些方面的特性或条件,就可以为品牌的企业识别的差异化,品牌的企业识别所体现的价值主张和品牌识别的方向以及建立品牌与顾客的关系奠定基础,从而使企业层面规划出来的品牌识别有效地发挥作用。

(2)品牌的企业识别的要素。在条件具备的情况下,品牌的企业识别要最终发挥作用，就必须选择好品牌的企业识别要素。与品牌的产品识别要素一样，品牌的企业识别的要素也很多。如何选择好品牌的企业识别的要素呢？简而言之，就是要选择能够引发独特的品牌联想、充分体现品牌的价值主张和能够有效地建立品牌与顾客关系的识别要素。为此，从实际情况来看，可供选择的品牌的企业识别的要素主要有企业文化、企业领袖、企业的创新性、企业的成长性、企业的地位、企业的社会责任感、品牌的本土化与全球化战略等。

①企业文化。对文化和企业文化的内涵人们有不同的认识，但普遍认为沙因(Schein)对文化的定义和对组织文化三个层次的分析最全面和最具权威性。根据沙因对组织文化三个层次的分析，我们把企业文化也分为三个层次：

一是表层的企业文化。即通过"可见的外化事物"暗示的企业文化，这是人们最容易观察得到的企业文化层次。企业"可见的外化事物"有商标、建筑物、办公室、企业故事、公开的文件、技术、着装风格、礼仪、礼节、庆典活动和行为风格等。由于这些"可见的外化事物"只是从表面上暗示企业的文化，因此，要深入了解企业文化，还必须进一步挖掘。

二是中层的企业文化，即企业的价值观，也就是企业群体成员共同分享的价值观念，它是企业行为体系和价值体系的核心，是企业的精神支柱，因而，是企业文化的核心内容，是企业做大、做强、做久的基石。国内外研究表明，成功的企业都拥有清晰的企业价值观，失败的企业往往缺乏应有的企业价值观。企业的价值观有些是众多企业所共有的，我们可以称之为共同的企业价值观；有些是单个企业所特有的，我们可以称之为核心价值观。因此，企业的价值观有共同价值观和核心价值观之分。例如，美国学者彼得斯和沃特曼对美国众多成功的企业进行大量研究后发现，它们都拥有这样一些共同的价值观：一是相信自己是"最佳"的经营者；二是认识到战略实施中每个细节的重要性；三是认识到人才的重要性；四是认识到优秀质量与服务的重要性；五是认识到企业中大部分成员应该是革新者；六是认识到非正式沟通的重要性；七是认识到经济增长与利润的重要性。这些共同的企业价值观为企业的成功经营提供了一般性行动的指南。但是，企业要在竞争中获胜，并赢得竞争优势，只有共同的企业价值观是不够的，还必须拥有自己的核心价值观，即企业最根本的、具有独特性的价值观，它应该是激励员工永远进取的永恒的东西。例如，沃尔玛的核心价值观是超越顾客的期望；迪斯尼的核心价值观是崇尚想象力和乐趣；宝洁公司的核心价值观是追求一流的产品；惠普公司的核心价值观是尊重人。

一般说来,共同的企业价值观有助于品牌为顾客提供功能性的利益;企业的核心价值观有助于品牌为顾客提供情感性的利益。当企业品牌由产品品牌发展到公司品牌时,企业的核心价值观可以与品牌的核心价值观相统一。

三是深层的企业文化,即企业成员所持有的基本假设,也就是企业成员所持有的无意识的观念,它从根本上决定企业成员的感觉、思考和理解方式。因此,这是理解企业文化的根本。譬如,企业成员可能会公开拥护企业的价值观,但是他们的行为却可能遵循自己的一套价值观。要理解这样的行为,就需要深入地发掘企业成员所持有的基本假设。因为每个人都有自己的想法,在头脑中都有自己的蓝图或方案,并以此为标准看待未来。这样,他们在企业行为上就会出现差异,而当品牌的核心价值观与员工行为出现差异时,就要分析企业员工所持有的基本假设。

从企业文化的内涵来看,它是品牌的企业识别的重要因素。这是因为企业文化无论从表层、中层还是深层来看,都强烈地暗示着品牌的价值观。另外,国外的研究成果表明,强大的企业文化,可以激励员工,并且可通过员工的一致行动增强品牌的稳定性,提高投资者和顾客对品牌的信任水平,从而提高品牌的表现水平。因此,选择品牌的企业识别要素,首先要考虑企业文化。

②企业领袖。企业领袖是企业品牌价值观的高度浓缩,是品牌的感性体现。例如,杰克·韦尔奇之于通用电器、比尔·盖茨之于微软、柳传志之于联想、张瑞敏之于海尔,等等,他们的言行举止直接代表公司品牌的形象,反映公司品牌的价值观,对公司的品牌联想起着不可估量的引导作用。在西方,企业领袖比影视明星、体育明星、政治明星更耀眼、更受公众的尊重,因此,魅力十足的企业领袖应该成为品牌的企业识别的重要元素。

为了发挥企业领袖良好的品牌识别效果,对企业领袖不能只是进行一些无意识、不系统、短期或应急式的宣传,更应该注意形象设计和包装,然后围绕设计和包装过的形象展开宣传,以使企业领袖形象为品牌添光彩。

企业领袖形象的塑造可从多方面展开,如卓越的价值观、非凡的胆略、创新精神、富有生活情趣、热衷体育运动等都可以作为企业领袖形象塑造的基点。但更要抓住以下一些重点:对消费者,企业领袖应该是“顾客至尊、重视消费者的潜在需求、诚信、有亲和力”;对竞争者,企业领袖应该是“尊重对手、懂得维护行业整体利益、懂得竞争与合作的关系、尊重行业游戏规则”;对合作伙伴,企业领袖应该是“善于创造双赢或多赢、尊重合作伙伴的利益、多为合作伙伴考虑、言出必行”；对社区，企业领袖应该是“关心社区事务、自觉承担社区责任、作社区的好公民”；对政府与社会，企业领袖应该是“铁肩担道义，以推动国家、民族进步为己任，以推动科技进步、创造更多利税与就业机会为崇高追求”；对媒体，企业领袖应该是“乐于接受采访、提供采访便利”；对员工，企业领袖应该是“以人为本，尊重员工，关心员工生活待遇，让企业成为员工的精神家园，重视员工的合理化建议，富有远见卓识和人格魅力，让员工在知识、技能、人品上不断进步”；对股东，企业领袖应该是“确保投资回报、勤业敬业、对股东高度负责、积极配合股东监督、主动接受董事会领导、具有战略眼光和敏锐的市场洞察力”。在我国目前体制不顺、制度不健全的情况下，打造强势品牌，更应该发挥企业领袖的识别作用。

当然，塑造企业领袖形象将其个人形象与公司品牌形象捆绑在一起也存在风险。因为个人行为具有随机性，而公司品牌形象强调统一性；人才具有流动性，而公司品牌经营强调专业性和稳定性。于是，个人形象与公司品牌形象之间有一定的矛盾，这样一来，塑造企业领袖形象将其个人形象与公司品牌形象捆绑在一起就存在一定的风险，需要慎重使用，而不是每个品牌塑造都要使用企业领袖这一企业识别要素。

是否需要使用企业领袖作为公司品牌识别的要素，主要应考虑以下几个方面的因素：

第一，充分考虑品牌的产品类别和企业所在的行业是否需要。如果品牌所涉及的产品或服务是大众化的、时尚的、需要注入文化内涵的，企业属于新兴行业或高科技行业，需要通过不断的媒体曝光才能吸引公众的注意力，就可以较多地考虑利用企业领袖这一识别要素。如果品牌所涉及的产品或服务的对象较为特殊，企业属于较为传统的行业，往往需要更为务实、可靠的品牌形象出现在公众视野中，过分突出企业领袖可能反而不利于品牌发展，要少用企业领袖这一识别要素。

第二，企业领袖的个性是否与品牌形象相统一，是否与企业所应承担的社会责任相一致。

第三，企业领袖是职业经理人还是企业所有者，如果是职业经理人，必须考虑好其离职后对公司品牌形象带来的负面影响，并尽可能事先做好预防措施。

③企业的创新性。为了满足不断增长的消费者的需要，给消费者一种有

活力、进步、时尚、现代、值得信赖的感觉和联想，强调企业的创新性是打造强势品牌惯用的手段。尤其是那些经营顾客重视技术和创新产品的公司，企业的创新性是强势品牌联想的关键。实践经验表明，一个企业的产品或服务也许不是最好的，但是，如果它拥有创新性的信誉，顾客就可能更愿意购买该企业品牌的产品或服务。例如，在购买打印机的过程中，许多顾客愿意购买惠普打印机，主要原因在于惠普在顾客心目中拥有技术领先的信誉，尽管顾客购买的那种打印机并不一定是最先进的。

品牌竞争如逆水行舟，不进则退。如果企业创新能力不足，一方面会使顾客产生一种该品牌比竞争品牌差的感觉，另一方面还会使顾客产生一种品牌在走下坡路的感觉。这样，对品牌竞争就非常不利。尤其是对那些历史悠久的老品牌来说，更要避免长时间没有产品、技术、服务、包装等方面的创新。因为如果不能适时地突出企业的创新性，就会使顾客产生一种落伍和枯燥的感觉。适时地推出创新性的产品或服务，是老品牌或成功品牌有力进行防守的重要武器。例如，曾经红遍全国的家电品牌长虹，1999 年、2000 年表现不佳，在新品研发上没有新举措，使人产生一种落伍的感觉。2001 年，长虹率先推出"精显"彩电与背投电视，一下子就改变了其僵化、衰退的形象，迅速提升了品牌的活力感、高科技感、进步感和现代感，后来又由于创新不足，至今没有很好振作起来。

对于后起之秀与品牌挑战者来讲，要让消费者对品牌发展前景产生良好的预期，突出企业的创新性则是胜出的有力武器。从实践经验来看，一旦企业的创新能力得到消费者的认可，可以产生立竿见影的胜出效果。例如，"统一"鲜橙多在果汁领域挑战"汇源"，就是凭借其品类创新，从而获得了成功的超越。

④企业的成长性。如果企业现有的产品、技术等还谈不上领先，企业的规模实力也谈不上很大，那么，企业的成长性可以作为品牌的企业识别的重要因素。企业的成长性可以通过销售额增长速度业内领先、企业拥有广阔的发展前景等方面来体现。利用这一识别要素对于正在发展中的中国市场和成长中的中国品牌来讲非常有效。因为目前中国的品牌长寿的不多，往往是各领风骚三五年。同时，中国目前的消费者心态也很不成熟，企业经营一有风吹草动就觉得品牌的质量不行了，对品牌的认同感就急剧下降，因此，强调企业的成长性，可以显现品牌的成长性、锐气与活力，使品牌迅速崛起。例如，起步较晚

的奶品行业的品牌“蒙牛”、快餐行业的品牌“小肥羊”、家电零售业的品牌“国美”电器等迅速崛起而闻名天下,主要得益于突出企业的成长性。

当然强调企业的成长性,需要以事实为基础。企业必须通过销售额猛增、技术突破、市场突破等方面的表现,让顾客明显感觉到企业的成长性,从而联想到品牌的锐气。

⑤企业的地位。企业的地位就是指企业在市场当中所处的位置。企业不同的地位,其品牌会给顾客带来不同的感受。成功并在市场当中处于领先地位的企业,其品牌往往容易得到顾客的青睐。譬如,在现实生活中,大多数人对一些品牌企业的文化、领导者、创新性、成长性等很不了解,但一旦耳闻这些企业在市场当中的地位和影响力,就可能认同这些企业的品牌。比如,很多人对微软、麦当劳、雀巢等企业的文化、领导者、创新性、成长性等并不了解,但这些企业在全球IT业、快餐业与食品业的领导地位,使得人们对这些品牌十分忠诚,并愿意购买它们的产品。改革开放以来,一大批世界著名品牌进入中国市场,有些品牌虽然没有做过多的宣传,但很快就在国内得到经销商与消费者的认同,其主要原因,得益于它们在市场中的地位和影响力。同样,人们对国内著名品牌企业如海尔、海信、美的、康佳、TCL等的企业文化、领导者、创新性、成长性等了解也不多,但它们在家电行业中的霸主地位广为传闻,因而,其产品和品牌深受消费者的推崇。

可见,发展品牌的企业地位识别,塑造品牌的王者之相,是提升品牌的重要途径。如何树立品牌的企业地位呢?可采取的策略主要有:

第一,强调企业的市场占有率。通过突出企业的销售量或销售额显示企业的主导地位,这是一种最常见的策略。例如,容声冰箱曾一度强调自己“连续8年全国销量第一”,有效地树立了企业在市场中的地位和品牌形象。

第二,强调企业的财力,即通过突出企业的总资产显示企业的领先地位。例如,美国《财富》杂志每年评出的500强,就很好地宣扬了这些企业在世界市场中的地位,顾客跟它们打交道,就觉得很有信心。

第三,强调企业品牌的价值,即通过企业品牌价值的评估排名显示企业的领导地位。这种策略最能够突出企业的品牌地位。目前国内外一些著名的品牌评估机构,每年对国内外著名品牌价值进行评估排名,能够在很大程度上提高企业的地位和品牌的影响力。

第四,强调企业管理的水平,即通过介绍企业先进的管理思想和方法突出企业的地位。例如,通用电器(GE)凭着世界顶尖的管理水平使公众对通用电器品牌尊崇不已,研究通用电器品牌管理思想的每篇文章、每本书籍都有效地提高了通用电器的企业和品牌地位。联想集团董事长柳传志经常在各种场合讲解联想的管理思想,就为联想企业和品牌增色不少。

第五,强调企业技术的先进性,突出企业的领先地位。对于一些技术性要求高的行业和企业来讲,可以通过强调企业技术的先进性突出企业的领先地位。例如,索尼、惠普依靠技术领先的地位使品牌获得了较高的溢价与利润率。

第六,强调企业的专业性,突出企业的专业地位。如果一个企业不能够在总体上处于行业的领先或主导地位,可以通过强调企业在某一方面的专业性,突出企业的专业地位。

第七,强调企业的渠道优势,突出企业的流通主导地位。例如,戴尔公司通过直销模式,强调企业的渠道优势,突出企业的流通主导地位,迅速提升了该公司的品牌地位。又如,格兰仕强调自己高效低成本的营销网络,促使其品牌占据了微波炉市场的主导地位。

除此以外,企业还可以从研发优势、战略联盟、国际合作等方面强调企业的优势地位,以打造强势品牌。

⑥企业的社会责任感。今天,人们关注一个企业,不只是看它规模有多大,实力有多强,产品或服务有多好,而且是越来越注重企业对社会的责任感。譬如,是否热衷于环境保护、关爱社区、无偿资助教育或慈善活动等。因为在公众看来,具有社会责任感的企业往往更容易与公众进行沟通,因而更值得信赖、更值得尊重。于是,在环境保护、社区建设、义务教育和慈善活动等日益受到社会各界关注的情况下,越来越多的企业开始强调自己的社会责任感,以引起人们的注意。例如,麦当劳品牌在世界快餐业内享有显赫的地位,与其公司采取"减少废物,再使用,再循环"的环保措施而赢得消费者尊敬密不可分。又如,美国运动鞋品牌锐步(Reebok)在与耐克品牌国际化的竞争过程中,一度处于困境状态。公司通过分析之后,没有遵循一般运动产品品牌从"力量、激情、速度、强壮、健康、意志"等品牌识别的角度去创建品牌的老思路,而是从社会责任感层面构建企业品牌识别,干了一些似乎与运动鞋应有的特质风马牛不相及的事情,如采取向第三世界的制鞋工人提供安全保障和劳保福利等措施,结果赢得了当地政府、媒体与公众的关注和敬仰,使其品牌销售额大幅度提

升，摆脱了经营的困境。

⑦企业的本土化与全球化战略。随着世界经济全球化和一体化的不断加快，很多企业都在走向国际化，这样一来，在企业国际化的进程中，就要处理好企业的本土化与全球化的关系。

企业采取本土化还是全球化战略会影响到品牌的本土化或全球化联想。对于区域性品牌来讲，强调品牌的本土化不失为一种较好的选择。通过强调品牌的本土化，突出品牌的本地传统和特色，可以拉近品牌与当地顾客的关系，有利于与全国性或国际性大品牌相竞争。

对于国际性大品牌来讲，突出品牌的全球化战略非常重要。一般来讲，国际性大品牌往往拥有较高的地位和很好的声誉，更容易赢得顾客的认同。因此，希望能够通过品牌的全球化战略创建出国际性大品牌是众多企业追求的目标。

值得指出的是，品牌在全球化战略实施的过程中，必须处理好本土化与全球化的关系。处理好这一问题的关键在于如何将当地文化融合到全球化品牌当中去，让当地顾客对品牌产生亲近感和认同感。

3. 品牌的个性识别。品牌的个性识别是指从品牌个性的角度所创造的品牌联想。与品牌的其他识别要素相比，品牌的个性识别更有趣、更人性化。

(1)品牌个性的含义与特征。品牌个性是指一个特定的品牌所拥有的一系列人性特征。由于品牌个性具有人性特征，而人性又具有性别、年龄、社会阶层、气质、性格等特征，因此，品牌个性也就具有这些方面的特征。例如，提到可口可乐，人们对它有一种“正宗、真实”的感觉；提到百事可乐，人们对它有一种“年轻、充满活力和激动人心”的感觉；提到奔驰，人们对它有一种“庄重、威严”的感觉；提到宝马，人们对它有一种“潇洒、悠闲”的感觉；提到万宝路，人们对它有一种“男人的力量和气派”的感觉；提到耐克，人们对它有一种“充满活力”的感觉；提到海尔，人们对它有一种“开拓创新、敢为人先、服务周到、海纳百川”的感觉；提到康佳，人们对它有一种“现代、时尚”的感觉，凡此等等。

(2)品牌个性的范围。人的个性具有多方面的特征，与之相似，品牌的个性也具有多方面的特征。品牌个性究竟具有哪些方面的特征呢？品牌专家们一直在不断地对此进行研究。1997 年，美国加州大学的詹尼弗·阿克教授根据西方人格理论的“大五(Big Five)”模型提出的品牌个性“大五”理论最具影响力。詹尼弗·阿克教授通过对 1 000 多位受访者进行问卷调查，在 60 个具有个性特征的品牌研究的基础上，将品牌个性总结为5大类或5个基本方面，它们分别是："真诚"、"兴奋"、"信任"、"精细"和"粗犷"。其中每个大类之下又有不同的品牌个性侧面，如"真诚"分为"脚踏实地的"、"诚实的"、"健康的"和"愉悦的"品牌个性4个侧面，每个侧面又具有不同的特性。如"真诚"大类下的"诚实的"品牌个性侧面表现为"真诚的、真实的、合乎伦理的、体贴的、有同情心的"5个品牌特性。品牌个性5大类共有15个侧面、64个不同的特性。通过检验，60个被考察的品牌，93%的品牌个性属于这5大类之中。詹尼弗·阿克教授的品牌个性"大五"理论可以简略地用表2－1来表示。

表2－1　詹尼弗·阿克的品牌个性"大五"分类

真诚 (Sincerity) 如柯达、贺曼、坎贝尔	• 脚踏实地的：家庭导向的、小城镇、传统的、蓝领、全美的 • 诚实的：真诚的、真实的、合乎伦理的、体贴的、有同情心的 • 健康的：原创的、名副其实的、永葆青春的、经典的、老套的 • 愉悦的：感情丰富的、友好的、热心的、幸福的
兴奋 (Excitement) 如保时捷、绝对伏特加、贝纳通	• 大胆的：追逐潮流的、令人兴奋的、反传统的、炫目的、煽动性的 • 活泼的：酷的、年轻的、有活力的、开朗的、具有冒险精神的 • 有想象力的：独特的、幽默的、令人惊奇的、美感的、有趣的 • 时尚：特立独行的、紧随时代的、创新的、积极进取的
信任 (Competence) 如美国运通、CNN、IBM	• 可靠的：勤奋的、安全的、有效的、值得信赖的、仔细的 • 智慧的：技术的、团结的、严肃的 • 成功的：领导者的、自信的、有影响力的
精细 (Sophistication) 如凌志、奔驰、露华浓	• 上流社会的：富有魅力的、外形美观的、自命不凡的、精细的 • 有魅力的：女性化的、流畅的、性感的、温柔的
粗犷 (Ruggedness) 如李维、万宝路、耐克	• 户外的：男性化的、西部的、活跃的、运动的 • 结实的：粗犷的、强健的、直截了当的

资料来源 David A. Aaker, "*Building strong brands*", The Free Press, 1996, P144.

根据品牌个性的“大五”理论，詹尼弗·阿克教授还设计了一套品牌个性测量表。在测量过程中，受访者根据7分等级对个性特征适应于各品牌的描述性程度进行打分（1 = 毫无描述性；7 = 极具描述性），再将所有的结果平均，得出总结性量表。

从品牌个性测量结果来看，一些品牌只在某类个性方面比较突出，如柯达在“真诚”个性方面比较突出，万宝路、耐克在“粗犷”个性方面比较突出，而另一些品牌在多类个性方面都比较突出，如李维（Levi's）品牌不仅在“粗犷”个性方面特别突出，而且在“真诚”、“兴奋”、“信任”个性方面也都比较突出。

詹尼弗·阿克教授的品牌个性5大类、15个侧面和64个不同特性的分类研究，为品牌个性的塑造提供了战略性的选择空间。品牌战略管理者可以根据这些品牌个性的类别、侧面和特性，结合品牌的实际情况和需要进行有机地组合和选择，塑造出不同个性的强势品牌。需要指出的是，品牌个性的选择，一定要体现品牌的核心价值观。

詹尼弗·阿克教授在对品牌个性的研究中还发现这样的特征：①品牌个性与消费者对品牌的态度具有显著相关性。例如，苹果电脑所具有的“兴奋”、“信任”的品牌个性，与消费者对苹果电脑的正面态度高度相关。在品牌个性5大类中，与消费者正面态度最具相关性的品牌个性是“真诚”和“信任”，其次是“兴奋”。由于如此，为了获得消费者的正面认同，许多著名品牌都在“真诚”、“信任”和“兴奋”品牌个性方面大做文章。②不同的产品类别，品牌的个性识别效果不同。例如，对李维（Levi's）品牌而言，“粗犷”的品牌个性能够产生积极的驱动效果，而对麦当劳品牌而言，只会产生消极的驱动效果。

（3）品牌个性的驱动因素。就像一个人的个性可以通过他周围的人和物观察出来一样，品牌的个性也可以通过与产品相关和不相关的特性得以体现。

与产品相关的特性包括产品类别、产品包装、产品价格、产品属性等。它们是品牌个性最基本的驱动因素。其中，产品类别有时会直接影响到品牌个性。例如，银行业倾向于突出“胜任”的品牌个性；运动产品倾向于突出“强健”的品牌个性。

对品牌个性起驱动作用的与产品不相关的特性包括使用者形象、赞助活动、年龄、标识、广告风格、原产地、公司形象、CEO身份和品牌形象代言人等。

归纳起来，品牌个性的驱动因素如表2－2所示。

表2-2 品牌个性的驱动因素

与产品相关联的特性	与产品不相关联的特性
产品类别	使用者形象
包装	赞助活动
价格	年龄
产品属性	标识
	广告风格
	原产地
	公司形象
	CEO 身份
	品牌形象代言人

在品牌个性的驱动因素中，要特别发挥具有沟通作用的驱动因素的作用，以便使品牌个性深入人心。

(4)品牌个性的价值。突出品牌个性是强势品牌的基本特征。因此，要打造强势品牌，应该充分发挥品牌个性的作用。

品牌个性具有多方面的价值。大致说来，主要有以下几个方面的作用：

第一，有助于形成差异化的品牌识别。如前所述，品牌个性具有多种特性，这样，它就可以作为品牌差异化的基础，形成差异化的品牌识别。人们发现，强势品牌往往具有不同的个性，特别是在产品同质的情况下，品牌个性所形成的差异化识别更加重要。因此，从战略的角度来看，品牌个性往往作为核心或延伸识别的一部分。

第二，有助于指导品牌传播。品牌个性是人类个性和生活方式的反映，具有生动性的特点，尤其是在品牌形象代言人的引领下，往往具有煽动性，因此，通过品牌个性的宣扬有利于指导品牌传播，容易得到消费者的认可。值得指出的是，为了发挥品牌个性的传播指导作用，在品牌个性的塑造过程中，至少要塑造一个与有效沟通相关的个性。

第三，有助于建立品牌资产。品牌个性可以通过三种方式创建品牌资产：

一是通过自我表达方式创建品牌资产。随着消费水平的不断提高和消费个性化日益突出，品牌已经成为消费者表达自我识别的工具。事实上，在19世纪，人类社会学家就已经发现人们希望通过产品和品牌来表现自我。消费者这种自我识别可能是他们的实际识别或是他们向往的理想识别，如工作选择、朋友、态度、观点、活动和生活方式等等，这些识别需要通过不同的方式来表达，而品牌提供了一种自我表达识别的工具。这也是为什么越来越多的人喜爱、赞赏、探讨、购买和使用品牌的重要原因。例如，一个人可以通过购买高价的品牌来表达生活质量高品位的自我识别。同样，一个人可以通过购买便宜的品牌来表达节俭的自我识别。最典型的例子之一就是美国的哈雷—戴维森品牌，众多消费者喜爱该品牌，甚至把哈雷—戴维森标识文在自己的身上。之所以如此，就是因为通过它能够向人们表达“个人自由、男子气概和美国传统”的品牌个性。

已有的研究成果表明，与人一样，品牌在不同的环境和角色下可以体现不同的个性。例如，苹果电脑在家可能被视作友好、有趣和松弛，但在工作环境中，这种个性可能被理解为外行，甚至被理解为萎靡不振。也就是说，人们对一个品牌的感觉能随着环境的变化而变化。这就意味着，通过品牌个性表达自我时，还应做到品牌个性与自我表达相符合。

二是通过建立品牌与顾客的关系创建品牌资产。研究成果表明，品牌个性是影响品牌与顾客的关系的两大基本元素之一，而且品牌个性可以拓展这种关系的广度和深度。

哈佛大学的苏珊·福尼尔（Susan Fournier）教授基于品牌个性对品牌与顾客之间的关系作了深入的研究。她发现基于品牌个性基础之上的品牌与消费者之间的关系有 11 种可能的形式，它们分别是：①忠诚的伙伴；②一时的接触；③秘密关系；④重新建立的关系；⑤被安排的撮合；⑥顺便的撮合；⑦社会支持；⑧儿时的好友；⑨不能共患难的朋友；⑩被束缚/依赖；⑪专业化的友谊。

对上述这些关系质量如何进行评价，苏珊·福尼尔教授还提出了衡量品牌关系质量的 7 个尺度。这 7 个衡量尺度分别是：①行为依存。品牌与消费者行为之间相互影响的程度，这可以通过交互作用的频率、重要性以及参与程度来反映。例如，“在一段时间里消费者没有使用该品牌，就会觉得像是丢失了什么东西似的”就是这一尺度的反映。②个人承诺。品牌和消费者互相忠于对方，长期存在提高和保持关系质量的欲望，如果关系受到损害就会感到内疚。例如，“不论条件好坏，我都会一直使用这个品牌”就是这一尺度的反映。③爱和激情。品牌和消费者之间存在着爱和激情，双方之间牢固的情感纽带关系无法忍受分离。例如,“如果找不到这个品牌,我会非常沮丧”就是这一尺度的反映。④怀旧关联。这种关联主要是建立在对过去美好时光的回忆之上。例如,“这个品牌让我想起我曾做过的事或我曾去过的地方”就是这一尺度的反映。⑤自我概念关联。品牌和消费者双方拥有共同的兴趣、活动和见解。例如,“这个品牌和我的自我形象类似”就是这一尺度的反映。⑥亲密。品牌和消费者相互十分了解。例如,“我很了解这个品牌”就是这一尺度的反映。⑦伙伴质量。反映了一方对另一方表现和态度的评价。例如,“这个品牌把我当做尊贵的顾客对待”就是这一尺度的反映。

不难看出,通过建立品牌与顾客之间的关系有利于提高品牌的忠诚度。

三是通过表现功能性利益创建品牌资产。品牌个性除了前述两种方式创建品牌资产以外,还可以通过表现和暗示品牌功能性利益创建品牌资产。例如,劲量电池兔宝宝拥有乐观、不屈不挠的个性,从不缺少精力,暗示它比其他电池使用的时间更长。

品牌个性通过以上三种方式创建品牌资产,可以形成持久的竞争优势。

4. 品牌的符号识别。品牌的符号识别是指通过品牌的符号创造出品牌的联想。任何代表品牌的事物都可以成为品牌符号。如果加以归纳的话,作为品牌识别的符号主要有三类:一是视觉形象;二是寓意;三是品牌传统。

包含视觉形象的品牌符号主要有品牌名称、品牌标识、品牌包装等,这类视觉形象符号往往容易记忆,可以产生强烈的品牌联想。例如,看到可口可乐的经典易拉罐与可乐瓶、麦当劳的金色拱门、柯达的金黄色包装、耐克的钩形标徽、海尔的小兄弟、娃哈哈的小孩童……人们就能够想起这些品牌。因为这些视觉形象符号很有特色,容易记忆,其所产生的品牌识别与品牌联系由来已久。人们只需一瞥,就能想起该品牌。

如果品牌符号中包含有某种寓意,代表某种功能性、情感性或自我表达性利益,它将更有意义。例如,“雀巢”咖啡、“劲量”电池、“金利来”领带、“报喜鸟”西服、“春兰”空调、“喜之郎”果冻等品牌,其品牌标识都含有一定的寓意,提到这些品牌,往往使人产生丰富的联想,从而喜欢这些品牌。

形象生动、意义深刻的品牌传统有时可以代表品牌的精髓,能够产生极强的品牌联想。例如,中华老字号“全聚德”品牌符号中的“仁德至上”的品牌传统,一百多年来流传甚广,提到该品牌,人们往往赞不绝口。

以上从四个方面对品牌识别的范围作了必要的介绍。当然,并非所有的品牌识别都需要从以上四个方面进行构建。对某些品牌而言,可能只需一个方面就可以了。但是,每个品牌识别规划最好都从这四个方面加以考虑,以便从中选择出最适合的识别范围和要素并加以实施。

(二)品牌识别内涵的提炼

上面我们从广度上对品牌识别的规划做了必要的介绍,这为品牌识别的构建打开了思路。但是,要抓住品牌识别的核心,有必要对品牌识别的内涵进行提炼,即从深度上构建好品牌识别系统。按照戴维·阿克的观点,从深度上来讲,品牌识别系统是由品牌精髓(Brand Essence)、核心识别(Core Identity)和延伸识别(Extended Identity)所构成。下面对此作必要的分析。

1.品牌精髓。

(1)品牌精髓的含义。品牌精髓,又称为品牌的核心价值,是指品牌所特有的本质。例如,"耐克"的品牌精髓就是"专一敬业,超越自我","维珍"的品牌精髓就是"反传统";"微软" 的品牌精髓就是"帮助人们发挥潜能";迪斯尼的品牌精髓就是"崇尚想象力和重视心理健康",等等。品牌精髓代表了一个品牌最中心、最持久的要素。如果把品牌比作一个地球仪,品牌精髓就是中间的那根轴心,不管地球仪如何旋转,轴心是始终不动的。是否拥有品牌精髓,是品牌经营成功与否的一个重要标志。

(2)品牌精髓的作用:

第一,品牌精髓可以精炼地概括出品牌视界,抓住品牌灵魂,从而有利于明确品牌前进的方向。品牌精髓一般只需要一两个词语就能够将品牌视界概括出来。如将前面提到的耐克品牌,"超越"一词就精炼地概括出了该品牌的视界和灵魂。品牌一旦拥有了这种视界和灵魂,公司员工的凝聚力就能够增强,品牌前进的方向就会更加明确。同时,当简单、可信、独特的品牌精髓转化为简单、可信、独特的品牌信息时,品牌还容易被消费者接受。

由于品牌精髓具有这种导向作用,因此,如果你公司的品牌至今还没有一套清晰的核心价值,现在就应该弄清楚它们是什么并将其提炼出来;如果你公司的品牌已经有了一套核心价值,但却不尽如人意时,现在就要对其进行修改和调整,使其真实地反映品牌的宗旨;如果你公司的品牌现有的核心价值已经能够如实反映品牌的宗旨,你就要将它清楚地写出来,让公司的每个员工都能够了解它、宣扬它。

值得指出的是,品牌精髓虽然只需要用一两个词来概括,但它与广告语是大不一样的。二者的区别主要体现在3个方面:①品牌精髓反映了品牌识别的内容,其主要功能之一是与企业内部人员进行交流和激励,而广告口号反映的是品牌定位或传播目标,其作用是与企业外部人员进行沟通;②品牌精髓是永恒的,至少存在相当长的时间,而广告口号则寿命有限,需要及时进行更新;③品牌精髓更能跨越市场和产品类别,而广告口号则局限在一定范围。

第二,它是核心识别要素有机结合在一起的黏合剂。核心识别是品牌识别的重心,它一般要通过2~4个识别要素来体现,如何将核心识别要素有机地结合在一起,品牌精髓可以起着黏合剂的作用。

(3)品牌精髓的提炼。对品牌经营者来讲,提炼出自己的品牌精髓不是一件容易的事情,有时虽然提炼出来了但未必可行。因为提炼品牌精髓不只是简单地把一堆反映核心识别的词汇串在一起,相反,提炼品牌精髓、突出品牌视界、抓住品牌灵魂,需要很高的视界。一般地,提炼品牌精髓要考虑到如下4个方面:

一是品牌精髓要能与顾客产生共鸣。为此,品牌精髓应具有强大的感召力,能够唤起顾客的联想,能够给人们以启迪。这里特别指出的是,要让品牌精髓与顾客产生共鸣,必须考虑品牌与所处的文化体系相关的价值。如果你的品牌某个或某些核心价值能够融入到品牌所处的文化之中,品牌就能够找到一种强有力的使人产生购买动机、与人进行感情联络的方法。例如,美国人崇尚独立精神和个人言论自由,苹果公司通过"独立思考,不同凡响"的口号去呼应美国人的独立精神和崇尚个人言论自由的价值观,无论消费者购买哪一款苹果电脑产品,都有机会感受到独立性这一美国的核心价值观,结果是苹果电脑赢得了众多美国消费者的喜爱。

二是品牌精髓要准确地表达品牌的价值主张。为此,品牌精髓应告诉人们,品牌是什么,它能够表现什么样的功能性利益;或者品牌做什么,它能够体现什么样的情感性或自我表现性利益。这是提炼品牌精髓的关键。例如:

——告诉人们品牌是什么,能够体现品牌功能性利益的品牌精髓有:

"沃尔沃"——"安全"

"宝马"——"驾驶的乐趣"

"潘婷"——"健康亮泽"

"舒肤佳"——"有效去除细菌、保持家人健康"

——告诉人们品牌做什么，能够体现品牌情感性或自我表现性利益的品牌精髓有：

"可口可乐"——"酷、自由、美国生活方式"

"百事可乐"——"年轻、未来一派、紧跟时代的步伐"

"耐克"——"专一敬业，超越自我"

"维珍"——"反传统"

"微软"——"帮助人们发挥潜能"

"诺基亚"——"科技、人性化"

"海尔"——"真诚、人性、创新"

"海信"——"创造完美、服务社会"

从国内外众多最有价值的品牌的核心价值的主张来看，品牌核心价值的主张主要围绕以下多个方面来进行(见表2－3)。①

表2－3　品牌核心价值主张的基本范围

• 社会	• 实用性
• 创新精神	• 紧迫感
• 多样性	• 安全性
• 信任	• 完整性
• 粗犷	• 质量
• 团队合作	• 公正
• 竞争性	• 诚信
• 关系	• 发展
• 专一敬业	• 创造性
• 快乐	• 责任感
• 简单	• 培育性
• 指导原则	• 价值
• 反应能力	• 可靠性
• 乐观的前景	• 人
• 少说多做	• 精确性
• 家庭	• 可购性
• 娱乐	• 知识
• 正宗	• 清洁
• 公开	• 有保障
• 业绩	• 技术先进
• 舒适	• 顾客关注焦点
• 健康	• 教育

① ［美］迈克·莫泽著，于洪彦等译：《品牌路线图》，商务印书馆，2005年版，第18～19页。

三是品牌精髓要具有独特性。即品牌精髓中应该包含独特的价值主张，具有可明显察觉与认知的鲜明特征，以便与竞争品牌相区别。否则，就是给竞争对手做嫁衣裳。

四是品牌精髓要有现实性。即提出的品牌核心价值要有相应的资源作支持，具有可执行性，否则，这一核心价值就难以贯彻始终。例如，如果一个品牌将核心价值定位于“创新”、“科技”，那么它就必须有足够的、持续的技术优势来支持这一价值主张，否则这一价值主张就会越来越弱化。

在此基础上，再考虑品牌精髓用何种方式进行表述。戴维·阿克认为，品牌精髓的表达最好不要超过 5 个方面。因为，如果太多，那就不是品牌精髓了。再说，陈述太多，消费者也记不住和理解不了那么多。

2. 核心识别。核心识别，简单而言是指品牌识别中最重要的识别要素，是品牌精髓或品牌核心价值的具体化，代表着品牌永恒的本质。例如，“沃尔沃”汽车的核心识别——“在尊重人性价值和爱护环境的同时，为拥有者倍添尊贵感受，让驾车成为时尚而愉快的人生体验。”“米其林”轮胎的核心识别——“为了解轮胎的驾驶者准备的技术先进的轮胎”；“土星”汽车的核心识别——“世界一流的品质，尊重并以朋友的方式对待顾客”；“海尔”品牌的核心识别——“质量高、服务好、个性化、速度快”。这些都充分体现了各自品牌的本质。

一个成功的品牌，其本质应该具有独特性和价值性，因此，核心识别应该由体现品牌独特性和价值性的要素构成。如产品的品质、广告语、品牌与顾客的关系等识别要素往往能够体现品牌的独特性和价值性，可以成为品牌的核心识别要素。

由于核心识别代表了品牌永恒的本质，因此，核心识别一般具有长久性，不能轻易改变。由于如此，当品牌进行延伸跨越新产品、新市场时，品牌的核心识别最有可能被保持下来。

3. 延伸识别。所谓延伸识别，是指核心识别以外的所有品牌识别要素。戴维·阿克认为，一般地，要完整地表达品牌的内涵，需要 6 ~ 12 个品牌识别要素来说明。如上所述，核心识别一般由 2 ~ 4 个品牌识别要素构成，因此，构建品牌的延伸识别是非常必要的。虽然它没有核心识别那么重要，但是它可以从相对次要的方面表达品牌的内涵以达到品牌识别的完整性。值得一提的是，品牌个性虽然常常不能归入核心识别要素而作为延伸识别要素，但它非常有用，它对于表达品牌的内涵和引发品牌联想起着十分重要的作用。

为了对品牌识别的内涵有更明确的了解，下面列举世界三大著名品牌的品牌识别构架。具体见案例2－1、案例2－2和案例2－3。

案例2-1

维珍的品牌识别[①]

品牌精髓

反传统

核心识别

服务品质：自始至终在轻松幽默的气氛中提供一流服务

创新精神：最先提供充满创意的高附加值的服务

富有情趣：一个富有情趣的公司

物超所值：所有的服务都有价值，不一定非要花高价才能享受

延伸识别

挑战者：以富有创意的服务挑战陈腐的官僚做派的老牌公司

个　性：

不受拘束

幽默感，有时有些出格

挑战权威的斗士

有实力，做事漂亮、水准高

维珍的符号：

布朗逊和他引人注目的生活方式

维珍的飞艇

维珍手写字体的商标

价值主张

功能性利益：以轻松幽默的方式提供充满创意、物超所值的服务

① ［美］大卫·艾克、爱里克·乔瑟米赛勒著，曾晶译：《品牌领导》，新华出版社，2001年版，第53页。

情感性利益：

与挑战者站在同一阵营的自豪感

富有情趣的美好时光

自我表现性利益：敢于挑战权威，有点出格，不受拘束

品牌与顾客的关系

顾客是有情趣的伴侣

案例 2-2

麦当劳的品牌识别[1]

核心识别

价值提供：麦当劳提供由一定价格水平的产品、特价优惠以及购买体验构成的价值

食品质量：全世界任何一家麦当劳的食品都是热腾腾、好味道的

服务：快速、准确、友善和绝不争辩

清洁程度：在柜台两面的操作过程都保持清洁

使用者：家庭和儿童是重点，同时为众多顾客群服务

延伸识别

方便：麦当劳是最方便的快餐店——靠近人们的居住、工作和聚会地点；以高效、节约时间的服务为特色；出售易于食用的食品

产品范围：快餐、汉堡、儿童娱乐产品

子品牌：巨无霸、欢乐餐、超值套餐

公司的公民责任与义务：罗纳德·麦当劳儿童慈善会

罗纳德·麦当劳屋

品牌个性：家庭导向、纯美国式、纯粹、健康、开心、有趣

① ［美］戴维·阿克著，吕一林译：《创建强势品牌》，中国劳动社会保障出版社，2004年版，第69页。

关系:包括家庭/趣味联想,同时麦当劳是开心时段的一个组成部分

罗纳德·麦当劳儿童慈善会使人对麦当劳产生尊敬、喜爱和崇拜的感情

标识:金色拱门

人物:麦当劳叔叔;麦当劳玩偶和玩具

价值体现

功能性利益:提供美味汉堡、炸鸡和饮料;外加儿童乐园、奖品、赠品和游戏

情感性利益:儿童——通过生日聚会、与麦当劳叔叔和其他人物的联系,以及特殊家庭时光的感觉获得乐趣

成人——通过与经由麦当劳温情的广告加强的家庭活动和体验的联系获得温暖

案例 2-3

耐克的品牌识别①

品牌精髓

专一敬业,超越自我

核心识别

产品推动力:运动和健康

使用者类型:顶尖运动员,以及对健身和健康感兴趣的人

表现:建立在卓越技术基础之上的、表现出众的鞋

强化生命力:通过运动增强人们的生命力

延伸识别

品牌个性:令人兴奋、勇敢、冷静、创新和进取;深入健康、健身和追求卓越表现

关系的基础:追求最好的服装、鞋和其他相关事物的,具有强有力男子气概的人

① [美]戴维·阿克著,吕一林译:《创建强势品牌》,中国劳动社会保障出版社,2004年版,第69~70页。

子品牌:乔丹鞋和其他许多子品牌

标识:形状符号

口号:“想做就做(Just do it)”

组织联想:与运动员及其体育活动相关联,并支持这些运动员,创新性

代言人:顶尖运动员,包括迈克尔·乔丹、安德烈·阿加西、迪恩·桑德斯、查尔斯·巴克利和约翰·麦肯罗

传统:在俄勒冈州开发跑鞋

价值体现

功能性利益:能够改进运动、提供舒适的高科技运动鞋

情感性利益:运动表现出众的喜悦;感性投入、积极和健康

自我表现性象征利益:通过使用与一位明星运动员相联系的,有强烈个性的鞋实现自我表现

第二节 品牌识别的实施

品牌识别的实施一般分为这样几个步骤:①制定和诠释品牌识别;②进行品牌定位;③制定和实施品牌创建计划;④对品牌创建活动的效果进行追踪。制定和实施品牌创建计划以及对品牌创建活动的效果进行追踪,在后面几章中会有详细的介绍,这里仅对制定和诠释品牌识别以及品牌定位进行必要的阐述。

一、制定和诠释品牌识别

制定和诠释品牌识别就是根据品牌识别的要素精心设计和诠释品牌识别,这样可以使品牌识别的内容更加丰富,同时也可以使品牌识别的结构更加清晰、完整。否则,仅仅列举品牌识别的要素,就过于抽象和模棱两可,无法指导决策者判断哪些行动是有利于品牌的。

品牌识别诠释出来之后,就要通过恰当的途径将它们传播给组织成员、合作者和消费者。这是实施品牌识别的关键任务之一。为了达到理想的效果,品牌识别应当进行多次传播。归纳起来,品牌识别传播的途径主要有:①制作

品牌识别的音像资料，如录像带、VCD 或 DVD 盘；②编制品牌识别手册；③整理和编制品牌故事或典故；④出版品牌书籍和案例资料；⑤制作广告片；⑥制作电视剧；⑦利用品牌发言人的演讲；⑧举行研讨会；⑨建立网站。

二、品牌定位

我们在前面已经提到过世界著名的品牌标识设计与咨询公司浪涛公司始创人华尔特·浪涛曾经说过这样的话："产品制造于工厂，品牌创造于心智。"而要将产品上升为品牌，关键在于恰当的品牌定位。可以说，品牌定位是实施品牌识别最重要的环节。

(一)品牌定位的含义

品牌定位是定位理论在品牌营销与管理领域中的应用。定位概念最初是由世界著名的营销和品牌专家杰克·特劳特于 1969 年在其发表的《定位：同质化时代的竞争之道》一文中首次提出的。1972 年，杰克·特劳特和他的合作伙伴阿尔·里斯[1]在美国著名的刊物《广告时代》上发表了有关定位的系列文章，引起了人们的高度关注。1981 年，他们二人合著出版了《定位》一书，得到了理论界和实务界的高度肯定。定位思想被评为有史以来对美国营销影响最大的观念。定位概念最初提出来之后，首先在广告界和营销界引起了巨大的反响，20 世纪 80 年代初迈克尔·波特将其引入到企业战略领域，开创了竞争战略的新天地。20 世纪 90 年代摩根士丹利将其引入到投资领域，如今定位思想在品牌营销与管理领域发挥着重要的指导作用。

按照阿尔·里斯和杰克·特劳特的观点，定位就是要在预期顾客的心智(mindest)中给产品定位，它不是对产品采取什么行动，而是对预期顾客的心智采取行动，就是要将产品定位在预期顾客的头脑之中。因此他们认为，定位是针对现有产品的创造性的思维活动。

从定位的本义出发，戴维·阿克对品牌定位作了比较经典的概括。他认为，"品牌定位是品牌识别与价值主张的组成部分，旨在积极地同目标受众进行沟通，并展示本品牌相对于竞争品牌的优势所在。"从这一定义可见，戴维·阿克强调品牌定位有 4 大特征：

---

① 本书所引用的阿尔·里斯与艾·里斯为同一人名。

1. 品牌定位要反映品牌识别与价值主张。由于品牌定位主要用来与目标受众进行沟通和展示本品牌的优势，因此，品牌定位主要反映品牌识别与价值主张中包含的沟通元素和自身的优势。如果提炼出来的品牌识别与价值主张恰恰能够充分反映品牌识别的沟通元素和自身的优势，那它本身就可以当做品牌定位。但在通常情况下，品牌定位只能部分地反映品牌识别与价值主张，因为在大多数情况下，品牌识别的元素并不局限于沟通元素，因此，品牌定位一般不能用品牌识别与价值主张来替代。值得指出的是，随着市场的变化，在不改变品牌识别和价值主张的条件下，可以通过改变品牌定位来加强与目标受众的沟通，树立品牌形象。例如，海尔在"真诚、人性、创新"的品牌识别不变的条件下，通过定位于"冰箱名牌"—"家电名牌"—"中国名牌"—"世界品牌"四个阶段的不同定位，逐渐树立起国际性大品牌的形象。

2. 品牌定位要锁定特定的目标受众。这一点充分反映了定位的本义，即要对预期的顾客采取行动。品牌定位锁定的特定目标受众与品牌目标细分市场并不完全相同，品牌定位锁定的特定目标受众往往只是该品牌目标细分市场的一部分。例如，百事可乐锁定的特定目标群是年轻人，但其目标市场并不止只是年轻人，还包括自认为自己年轻的人。品牌定位锁定的特定目标受众可能有主次之分，例如，丰田佳美品牌定位锁定的主要目标受众是男性驾驶者，女性驾驶者是次要目标受众。但是，不论目标受众是主是次，都应当给予应有的重视。特别是在品牌定位时，不要让次要目标受众产生反感。

3. 品牌定位要做到与目标受众进行积极的沟通。即通过积极沟通重点改变或巩固品牌形象或品牌—顾客关系。品牌定位要反映战略制定者希望形成的品牌联想。如果现有的品牌定位所形成的品牌形象与战略制定者所希望达到的品牌形象不一致，品牌定位就要通过积极的沟通改变或巩固品牌形象或品牌—顾客关系。例如，通过重新定位强化品牌形象。

4. 品牌定位要做到充分展示品牌自身的优势。即品牌定位要能够展示本品牌不同于竞争品牌的优势所在，例如，本品牌与竞争品牌相比有何与众不同之处。由于品牌定位要展示自身的优势，因此，差异化定位是品牌定位最重要的手段之一。

（二）品牌定位的关键

从品牌定位的定义来看，品牌定位应该表达品牌的价值主张，要得到目标受众的认可，要展示本品牌自身的优势。而要达此目的，在品牌定位时首先必须明确品牌的核心价值和价值主张，同时，还必须了解竞争对手的情况和自身的优势，更为重要的是要弄清特定目标受众的心智状况以便得到目标受众的认可。弄清目标受众的心智状况格外重要，因为品牌定位就是要在目标受众的心智中占据应有的位置。因此可以说，弄清目标受众的心智状况是品牌定位的关键。

那么，目标受众的心智会是怎样的呢？或者说目标受众的心智有什么特点呢？从已有的研究成果来看，目标受众的心智状况往往具有以下几个方面的特点：

1. 心智具有有限性。心理学研究表明，人的心智空间是有限的，这就决定了人的大脑不能装载太多的信息，所以，人的认知具有选择性。也就是说，人的大脑记忆库近似高度选择的过滤器，这样一来，我们为品牌定位，就是让品牌闯过这个过滤器，让目标受众的心智得到认可。因此，在品牌定位的过程中，切忌定位的目标太广，要学会取舍。要明白“少就是多，舍就是得”的道理。目前，在品牌定位的过程中，弥漫着一种品牌“融合”的倾向，一方面是把具有多种功能的产品融合在一起，集合在一个品牌名下。这种瑞士军刀式的思维，在高科技产品领域表现得非常明显，例如，从1945年美国人特德·霍尔（Ted Hall）发明飞行小汽车以来，很多厂家一直想把汽车和飞机融合起来，但我们今天所看到的是，汽车有很多种类型，飞机也有很多种类型，而飞行小汽车则没有也不可能发展起来，因为飞行小汽车只不过是试图解决一个无法解决的问题：汽车必须足够重才能在路上开，飞机必需足够轻才能在天上飞。类似的例子还有很多，如电脑电话、互动电视、互动电话、智能手机等等，推出这些融合产品的品牌市场状况都不是很好。从人类心智空间的有限性来看，这些融合产品的品牌定位存在着问题，即品牌定位下的产品融合越多，人类的心智就会越混乱。从人类心智空间的有限性来看，品牌定位最好建立在产品分化而非融合的基础上。另一方面就是品牌盲目延伸，即在同一品牌名下涵盖众多的产品，结果给消费者造成另一种混乱。因此，根据人类心智的有限性，品牌定位应该做到少而精。

2. 心智憎恶迷惑，只愿处理简单的信息。由于人类心智的有限性，因此，人们心智憎恶迷惑，只愿处理简单的信息。这样一来，在品牌定位时，应清除所有与之无关的信息，把信息简单化，直接触及问题的实质。这样才有利于与特定的目标受众进行有效的沟通。一些最有力的品牌定位就是集中在某一个词上，如佳洁士——防蛀；沃尔沃——安全。

3. 心智缺乏安全感。人类心智往往缺乏安全感，这是因为人们在行为过程中存在认知风险。行为科学家发现，人们在行为过程中存在5种认知风险：①金钱风险，例如，人们购买商品时，可能在想，我可能是在浪费金钱；②功能风险，例如，我买的这件商品也许没那么神奇，或者没有说明书上说得那么好；③生理风险，例如，我买的这件商品看起来有点危险，可能会伤害我；④社会风险，例如，我购买这件商品，我的朋友会怎样看待我；⑤心理风险，例如，我购买这种商品是不是有种负罪感，这样做会不会有点不负责任。

由于人类心智往往缺乏安全感，因此，在品牌定位时，要做到简单真实。

4. 心智很难改变。心理学家发现，人们对那些跟自己的经验毫无关系的东西往往充耳不闻。也就是说，人们往往只愿意学习那些与已存知识有关的新知识，只认知原有熟悉的事物。例如，施乐在消费者的心智中代表复印机，当施乐试图说服消费者购买施乐电脑时，结果几十亿美元付之东流。又如，大众汽车在消费者的心智中代表着经济型小汽车，当它想说服消费者"大众不仅仅是一辆辆像甲壳虫这样的经济型小汽车也能生产大中型汽车"时，消费者模糊了。1968年，大众只生产经济型小汽车时卖掉了56万辆，而到1993年，大众汽车大、中、小型汽车都生产时，却只卖出4万多辆，这就是试图改变消费者心智的代价。通常地，心智认知一旦建立，就很难对其进行改变。这就意味着，品牌定位一旦有效地确立起来，不应轻易改变。

5. 心智很难失去焦点。综观历史，大多数大公司和大品牌在消费者心智中都占有一个清楚的认知。当百威啤酒公司最初宣布："这瓶百威专门为你而酿！"的时候，消费者确切地知道它说的是什么。后来百威在这个令人骄傲的家族名下摆上了10多个新品种，如百威普通啤酒、百威淡啤、百威生啤、百威清啤、百威冷酿啤酒、百威干酿啤酒和百威冰酿啤酒等等，当百威啤酒公司再对消费者说"这瓶百威专门为你而酿！"时，就引发了这样一个问题："你说的是哪一瓶呢？"原本清晰的认知现在已经完全失去焦点。难怪啤酒之王的百威追随者已经门可罗雀了。

之所以在一个品牌门下会推出众多的产品，是因为很多企业把经营企业与经营品牌混为一谈。企业面对的是人、财、物，是组织，当企业拥有足够的资源时，可以多元化，可以搞规模经济或范围经济；而品牌针对的是产品，是消费者的心智，它往往强调一一对应，才有利于在消费者心智中占据理想的位置。因此，在一般情况下，企业不应该以规模经济或范围经济的眼光来看待它们的品牌，不能随便搞品牌延伸。如果公司品牌与产品品牌名称相同，还可以适当考虑品牌延伸问题。理论和实践经验都表明，从消费者心智的角度来看，你往这个品牌上贴的东西越多，消费者的心智就会越混乱，因为消费者的心智很难失去焦点。例如，雪佛莱曾经是美国有名的家庭用车，而现在，雪佛莱成了既大又小、既便宜又贵、既是跑车又是轿车和卡车的一种怪物。

心智很难失去焦点的特点告诉我们，品牌定位要聚焦于一个概念，并把它推入心智，而不能盲目延伸。

（三）品牌定位的策略

如前所述，品牌定位是使产品上升为品牌的关键，也是实施品牌识别的关键环节。而要发挥品牌定位的关键作用，制定恰当的品牌定位策略就显得格外重要。

品牌定位的策略多种多样，通常地，品牌定位的一般策略主要有差异化定位、比附定位、目标群体定位、档次定位、质量/价格定位、文化定位、情感定位、经营理念定位、自我表现定位和消费情景定位等。下面分别加以阐述。

1. 差异化定位。差异化定位是最常用的品牌定位策略。心理学研究成果表明，具有差异性的事物能够引起人们的注意，能够被思维所赏识，能够加深大脑的记忆，从而能够在人们的心智中占据重要的位置，因此，品牌的差异化定位常常最为有效。

从实际情况来看，品牌的差异化定位主要有如下一些具体策略：

（1）首席定位。首席定位是指树立品牌在同行业或同类产品中处于第一地位的一种差异化定位。第一显然与众不同，例如，在品牌定位中强调自己是“正宗的”、“原创的”、“第一家”、“第一款”、“第一种”等就是首席定位策略的运用。以新概念、新产品或新的利益点进入消费者的心智形成第一品牌的概念会有很大的优势。因为第一品牌可以起到先入为主的作用，后来者往往难以超越。前面我们提到，消费者的心智很难改变。实际上，后来者的跟进，往往只会强化第一品牌的概念。例如，百事可乐在找到准确的定位之前，与其他可乐一样，只能跟在可乐饮料第一品牌可口可乐之后，强化可乐饮料的概念。直到百事可乐找到了准确的定位之后，才逐渐摆脱可口可乐的阴影，与可口可乐相抗衡。另外,处于第一地位的品牌,它的名字往往容易成为某个品类的代名词,从而牢固占据消费者的心智。例如,可口可乐开创了可乐软饮料,便成为可乐饮料的代名词,抢占了消费者购买可乐饮料的心智;施乐第一个推出普通纸复印机,它就成了普通纸复印机的代名词,抢占了消费者购买普通纸复印机的心智。由此可见,一步领先并占据领导地位之后,往往可以长期领先。因此,首席定位这种差异化定位策略具有非常大的影响力。当然,通过首席定位树立第一品牌的地位,也许要经过很长一段时间才能被市场所接受。例如,微波炉发明于1946年,但是直到20世纪70年代中期才被人们所接受。尤其需要指出的是,当你通过首席定位确立了自己第一地位时,还必须坚持,否则后来者就会抢走你的第一概念,夺取你的第一地位。

如果现有的领先品牌占据了第一的位置,后进的品牌想要超越它怎么办?实践经验表明,后进品牌试图通过改进产品或服务的质量,比现有的领先品牌做得更好,往往也难以超越现有的领先品牌。因为,领先品牌已经占据了消费者心智中第一的位置,消费者往往认为它更专业,对于后进品牌的改进行为,消费者往往只把它当做模仿行为。因此,在市场上经常看到,领先品牌经常被模仿,但往往难以超越。要想超越该怎么办呢?著名品牌专家杰克·特劳特和阿尔·里斯曾经给出了很好的建议,那就是"如果你不能成为某类产品中的第一,你就应该努力去创造一个新的品类,成为新品类的第一"。例如,可口可乐诞生之初,当时的主流饮料是酒类,其品类价值具有精神麻醉作用,可以缓解人们的工作和生活压力。在不能成为现有主流饮料第一的情况下,可口可乐明确提出与其对立的策略——"提神醒脑",开创了可乐软饮料新品类,从而占据了新品类的第一位置。后来七喜通过"七喜非可乐"的品牌定位,通过创造汽水这一新的饮料品类,使七喜成为美国第一汽水饮料品牌。近两年,在国内品牌经营比较成功的凉茶品牌王老吉,也是通过开创可以预防上火的凉茶饮料这一新品类而发展起来的。

经验表明,要成功地开创一个新的品类品牌,最好采用与原有品类相对立的策略,寻找原有品类的不足,凸显新品类的价值。例如,前面提到的可口可乐,将可乐定位为"提神醒脑"的饮料,实质上同时也把酒类饮料归为麻醉和抑制饮料的类别中去了。由于品牌创造新品类也是为了占据第一的位置,因此,我们把品牌创新品类方法也归为首席定位策略之中。值得指出的是,市场上有第二、第三、第四位等等的品牌,但不能有第二、第三、第四之类的品牌定位。

因为有了首席定位之后，第二、第三、第四之类的品牌定位是不可能成功的。在同一行业中，在市场上处于第二、第三、第四位等等的品牌，必定要有独特的地方，即在某方面处于第一，否则就不可能在消费者心智中和市场上占据应有的位置。

（2）领导定位。领导定位是指强调品牌领导地位的一种差异化定位。这种定位方法是一种非常有效的差异化定位方法。心理学研究表明，人类倾向于把“大”等同于成功、地位和领导，并且尊敬和羡慕最大。因此，强调品牌的领导地位，容易得到消费者的青睐。市场上突出品牌的领导地位有多种形式，例如，可以强调品牌的销量领先、技术领先、性能领先等来创建品牌。

（3）特性/利益定位。特性/利益定位是指通过强调品牌的某种特性/利益来占据消费者心智的一种差异化定位。特性是一个人或某个事物的性格、特征或与众不同的特点。人和事物是各种特性的混合体，每个人在性别、体型、智力、技巧和魅力方面都是不同的。同样的，每个产品，根据它所属的品类，也具有一系列不同特性。这些特性往往代表不同的利益，例如，每种牙膏，在防止蛀牙、防止牙斑、口味、洁白牙齿和保持口气清新方面都是不同于其他牙膏的特性和利益。一个产品要想做到具有独特之处，就必须有一个广为人知的特性和利益。例如，佳洁士牙膏以防止蛀牙的特性和利益广为人知，沃尔沃以性能安全的特性和利益名扬天下。宝洁公司的“象牙”香皂所具有的“可漂浮于水面”和“99.44%的纯度”的两大特性，使得“象牙”香皂自1881年诞生以来至今130多年畅销不衰。“象牙”香皂所具有的这两大特性表明“象牙”香皂不含有害物质，而且很温和，特别适合儿童使用。实事上，“象牙”香皂在广告宣传的过程中就经常出现儿童的形象以强化“象牙”香皂纯度高以及温和的特性，增强消费者的信心。因此，通过特性/利益定位是创造品牌差异化定位的又一把利器。

值得指出的是，你不能拥有竞争对手已经占有的同一特性和利益，而必须找到另一个不同的特性和利益来进行品牌定位，否则就是模仿，而模仿往往没有多大效力。最有效的方法是去寻找一个与领导品牌相反的特性和利益，并以此为基点同领导品牌进行竞争来提升自身的形象和影响力。例如，可口可乐强调自己是正宗的、真正的、原创的可乐，自然是中老年人的选择；而百事可乐把自己定位为年轻人的可乐，结果成功地占据了很大的可乐市场份额，并一度把可口可乐逼得不知所措。

经验表明，通过特性/利益定位创建品牌，特性最好是简单的，同时要以利益为导向。很多成功的品牌由于特性突出、利益明显，从而在预期顾客的心智中"占有一个字眼"，定位非常清晰。下面是一些著名的汽车品牌在消费者心智中占有的字眼。例如：

宝马——"驾驶乐趣"

沃尔沃——"安全"

本田——"可靠"

奔驰——"精湛的工艺设计"

卡迪拉克——"大气"

法拉利——"速度"

（4）传统优势定位。传统优势定位是指通过突出品牌的传统优势而进行的一种差异化定位。如前所述，消费者心智缺乏安全感，品牌如果拥有悠久的历史，具有传统优势，消费者在进行购买选择时会有一种安全感。此外，品牌具有历史传统，往往具有文化内涵，同时，也给消费者一种历史上领导者的感觉，这样的品牌容易得到消费者的认可。例如，中国的老字号品牌之所以得到很多消费者的关注和认同，主要依靠其历史传统优势。因此，具有传统优势的品牌，可以通过传统优势定位塑造品牌。如泸州老窖公司拥有始建于明代万历年间（公元1573年）的老窖池群，所以用"国窖1573"的历史定位来突出品牌传承的历史与文明。

2. 比附定位。比附定位是指攀附名牌、比拟名牌来给自己的品牌定位，以沾名牌之光而使自己的品牌生辉。比附定位主要有3种方法：

（1）甘居"第二"。就是明确承认同类中另有最负盛名的品牌，自己只不过是第二而已。这种策略会使人们对公司产生一种谦虚诚恳的印象，相信公司所说的是真实可靠的，这样较容易使消费者记住这个通常难以进入人们心智的序位。如美国阿维斯（Avis）出租汽车公司强调"我们是老二，我们要进一步努力"，从而赢得了很多忠诚的客户。

（2）攀龙附凤。即承认同类产品中已卓有成就的品牌，企业自身的品牌自愧不如，但在某地区或在某一方面还可与这些最受消费者欢迎和信赖的品牌并驾齐驱，平分秋色，如内蒙古的宁城老窖，宣称"宁城老窖——塞外茅台"就是典型的攀龙附凤。

（3）高级俱乐部策略。在企业品牌不能取得第一或攀附成为第二品牌的情况下，便可以采用此策略，即借助群体的声望，打出入会限制严格的俱乐部式的高级团体牌子，强调自己是这一高级群体中的一员，从而提高自己的地位形象，如宣称自己是某行业的三大公司之一，50 家大公司之一，十大驰名商标之一等就是这种策略。美国克莱斯勒汽车公司宣布自己是美国“三大汽车之一”，使消费者感到克莱斯勒和第一、第二汽车品牌一样都是知名轿车品牌，从而收到了良好的效果。

3. 目标群体定位。该定位策略是指直接以某类消费群体为诉求对象，突出产品专为该类消费群体服务，来获得目标消费群的认同。把品牌与消费者结合起来，有利于增进消费者的归属感，使其产生“我自己的品牌”的感觉。如金利来定位为“男人的世界”；哈药的护彤定位为“儿童感冒药”；百事可乐定位为“青年一代的可乐”等就是目标群体定位策略的运用。

4. 档次定位。该定位策略是指按照品牌在消费者心中的价值高低将品牌分出不同的档次，如高档、中档和低档，不同档次的品牌带给消费者不同的心理感受和情感体验。在现实中，常见的是高档次定位策略，高档次的品牌传达了产品高品质的信息，往往通过高价位来体现其价值，并被赋予很强的表现意义和象征意义。如劳力士、欧米茄品牌给消费者独特的精神体验和表达“高贵、成就、完美、优雅”的形象和地位。

5. 质量/价格定位。该定位策略是指结合质量和价格进行定位。质量和价格通常是消费者最关注的要素，而且往往是相互结合起来综合考虑的，但不同的消费者侧重点不同。如果选购品的目标市场是中等收入的理智型的购买者，则可定位为“物有所值”的产品，作为与“高质高价”或“物美价廉”相对立的定位。戴尔电脑采用直销模式，降低了成本，并将降低的成本让利给顾客，因而，戴尔电脑总是强调“物超所值，实惠之选”；雕牌洗涤用品用“只选对的，不买贵的”的广告词暗示雕牌的实惠价格，这些都是既考虑了质量又考虑了价格的定位策略。

6. 文化定位。该定位策略是指将文化内涵融入品牌，形成文化上的品牌差异。这种文化定位策略不仅可以大大提高品牌的品位，而且可以使品牌形象更加独具特色。中国文化源远流长，国内企业对文化定位要予以更多的关注和运用。目前，运用文化定位的国内企业也有不少成功的案例。例如，珠江云峰酒业推出的“小糊涂仙”酒，就成功地实施了文化定位。他们借“聪明”与“糊涂”反衬，将郑板桥的“难得糊涂”的名言融入酒中，由于把握了消费者的心理,将一个没什么历史渊源的品牌在市场上运作得风生水起。又如金六福酒实现了“酒品牌”与“酒文化”的融合,把在中国具有亲和力与广泛群众基础的“福”文化作为品牌内涵,使金六福品牌名扬天下。

7. 情感定位。该定位策略是指通过消费者对产品的情感体验而进行的定位。这种定位用恰当的情感唤起消费者内心深处的认同和共鸣,以改变消费者的心理。浙江纳爱斯的雕牌洗衣粉,借用社会关注资源,在品牌塑造上大打情感牌,其制作的“下岗片”,就是较成功的情感定位策略,“……妈妈,我能帮您干活啦”的真情流露引起了消费者内心深处的震颤以及强烈的情感共鸣,因此,“纳爱斯”和“雕牌”更加深入人心;又如,美加净护手霜“就像妈妈的手温柔依旧”,让人们的内心掀起阵阵涟漪,觉得美加净的呵护就像妈妈一样温柔;再如,丽珠得乐的“其实男人更需要关怀”也是情感定位策略的绝妙运用。

8. 经营理念定位。该定位策略是指企业用自己具有鲜明特点的经营理念作为品牌的定位诉求,体现企业的内在本质,并用较确切的文字和语言描述出来。一个企业如果具有正确的企业宗旨,良好的精神面貌和经营哲学,那么,企业采用理念定位策略就容易树立起良好的品牌形象,借此提高品牌的价值,特别是情感价值。例如,“IBM 就是服务”是美国 IBM 公司的一句响彻全球的口号,是 IBM 品牌的精髓所在;TCL 的“为顾客创造价值”也是经营理念定位的典型代表。

9. 自我表现定位。该定位策略是指通过表现品牌的某种独特形象,宣扬独特个性,让品牌成为消费者表达个人价值观与审美情趣、表现自我的一种载体和媒介。自我表现定位体现了一种社会价值,能给消费者一种表现自我个性和生活品位的审美体验和快乐感觉。

10. 消费情景定位。该定位策略是指将品牌与一定的消费环境结合起来,以唤起消费者在特定的情景下对该品牌的联想,从而产生购买欲望和购买行动。例如,雀巢咖啡的广告不断提示在工作场合喝咖啡,让上班族在口渴、疲倦时想到雀巢;喜之郎果冻在广告中推荐“工作休闲来一个,游山玩水来一个,朋友聚会来一个,健身娱乐来一个”,让人在这些快乐和喜悦的场合想起喜之郎品牌。

以上对品牌定位的策略作了适当的阐述,品牌经营者可以根据自身的地位、资源和价值取向以及竞争对手的情况从中选择恰当的品牌定位策略,以实现自己的品牌识别。

第三节　品牌识别的管理

一、品牌识别管理的含义

品牌识别管理是指根据时间和市场的变化，适时地对品牌识别进行恰当的调整。如前所述，一般来讲，品牌的识别尤其是品牌的精髓和核心识别不要轻易变动。然而，随着时间和市场的变化，在某些特殊的情况下，对品牌的识别进行适当的调整以保持品牌的生命力也是很有必要的。

二、品牌识别调整的原因

随着时间的推移、技术的进步、生产力的发展、社会形态与生活方式的转变，消费观念和审美心理也必然会发生变化。因此，如果一个品牌的识别不能灵活地引入新的内容，赋予品牌时代的特征，就会显得老气、缺乏活力。这样的品牌难免会被消费者淡忘，甚至会被无情地抛弃。反之，就可以继续保持品牌的生命力。例如，在青少年中"酷"文化盛行的今天，可口可乐不失时机地向其品牌识别中注入"酷"的元素，以张扬品牌的个性，强化品牌自由自在的核心价值，继续保持了品牌的生命力；诺基亚在"科技、人性化"的核心价值观的主导下，通过"科技以人为本"的广告宣传和在品牌宣传中不断地注入时尚的元素，保持了其在手机行业中的领导地位。

此外，品牌延伸之后，原有的品牌识别不能促进新产品的销售，或者品牌开展国际化经营之后，原有的品牌识别不能适用跨民族、跨文化的需要，都需要对原有的品牌识别进行适当的调整。

因此，在品牌发展的过程中，对品牌的识别进行适时的调整是很有必要的。

三、品牌识别调整的原则

如何对品牌识别进行适当的调整呢？一般来讲，可遵循以下几条基本原则：

（一）微调原则

品牌识别要因时进行调整，并且应尽量以微调为主，切忌作外科手术式的大动作，使品牌识别面目全非。当然，如果原有品牌旗下的主营业务发生了很大的变化或原有的品牌识别是失败的，就必须进行大的调整，甚至要彻底改变原有的品牌识别。例如，摩托罗拉原有品牌旗下的产品是汽车音响，后来公司经营以无线通信为主业，这时摩托罗拉的品牌识别就自然要进行重大调整；又如，万宝路原来的品牌识别是按女士香烟规划的，但一直未成功，后来，万宝路定位为男士香烟，其品牌识别自然要彻底改头换面，于是树立了"阳刚、豪迈、勇敢、激情、进取的男子汉气概"的品牌形象，结果大获成功。

（二）渐变原则

如果品牌识别确有必要作较大调整，应尽可能分阶段进行，减少每一阶段调整的幅度，以免让消费者产生突兀感，无法接受。

（三）不抵触原则

不抵触原则是品牌识别管理最基本的原则。如前所述，由于多种原因，对品牌识别进行适当的调整有时是很有必要的。但即便如此，在正常情况下，构建新的品牌识别不能与原有的品牌识别相冲突。如沃尔沃近几年不断地为品牌识别注入一些新元素，如时尚、现代、美观，推出新的广告语"焕发激情魅力，安全始终如一"，这些都与原先的核心价值"安全"并不抵触，而是从多方面丰富其品牌联想，结果沃尔沃在欧美市场上一直都很畅销。

（四）量力而行原则

量力而行原则是指引入新的品牌识别要有相应的支持条件。例如，要引入新的品牌识别，就要有相应的资金、技术、人力资源等作支持。

总之，品牌识别的调整，要考虑企业自身的条件，做到与时俱进和与市俱进。

案例 2-4

王老吉的品牌定位

凉茶是广东、广西地区的一种由中草药熬制、具有清热去湿等功效的"药茶"。在众多老字号凉茶中，以王老吉最为著名。王老吉凉茶发明于清道光八年,至今已有近200年的历史,被公认为凉茶始祖。到了近代,王老吉凉茶更随着华人的足迹遍及世界各地。

20世纪50年代初,由于政治原因,王老吉凉茶铺分成两支:一支完成公有化改造,发展为今天的王老吉药业股份有限公司,生产王老吉凉茶颗粒(国药准字);另一支由王氏家族的后人带到香港。在中国大陆,王老吉的品牌归王老吉药业股份有限公司所有;在中国大陆以外的国家和地区,王老吉品牌为王氏后人所注册。加多宝是位于东莞的一家港资公司,经王老吉药业特许,由香港王氏后人提供配方,该公司在中国大陆地区独家生产、经营红色罐装王老吉牌凉茶。

加多宝公司经营王老吉凉茶的头7年,因为两广地区对于王老吉的凉茶概念和品牌认知都比较充分,所以区域范围内有比较固定的消费群,连续几年的销售额稳中有增。可是,企业总是希望做大,但当红色罐装王老吉发展到一定规模以后,管理层们发现,王老吉遭遇到了一连串的瓶颈障碍,迫切需要突破。

一、偶遇成美解谜题

一次偶然的机会,加多宝公司找到了成美公司。

"最开始的初衷,只是要成美以'体育和健康'为主题,给红色王老吉拍摄一条有关赞助奥运会的广告片,解决产品的广告宣传问题",成美(广州)行销广告公司总经理耿一诚说,"当时接到这个提案的时候,我们发现王老吉的核心问题不是通过简单地拍广告片可以解决的,关键是没有一个清晰明确的品牌定位。红色王老吉销售了7年,可是企业无法回答红色王老吉是什么,消费者也无法回答。但是一年一个多亿的销售额,就说明了市场是存在的,它一定能满足消费者的某种需要,而这种需要并没有明确地凸显出来。"

经过深入沟通,加多宝公司接受了成美的建议,决定暂停广告片的拍摄,委托成美先对红色王老吉进行品牌定位。经过两个月的市场调查和研究,成美发现三个困扰企业继续成长的"短板"。这三个不利因素的存在,不单阻碍了红色王老吉开拓新市场,甚至威胁到已有的市场份额。

困扰因素一:消费者的认知混乱。在消费者观念中,王老吉这个具有上百年历史的品牌就是凉茶的代称,是一种有药效的饮用品。由于凉茶下火功效显著,药性太凉,不宜经常饮用,所以如果定位为药或者功能饮料,罐装王老吉的销量势必受到限制。而不同的消费者对罐装王老吉的认知也大相径庭,像温州的消费者,就将罐装王老吉与菊花茶之类的饮料相提并论。是饮料还是药?王老吉没有建立起一个明确的定位。

困扰因素二:企业宣传的概念模糊。加多宝公司担心王老吉的销量受到影响,不愿把王老吉以“凉茶”的概念来推广,但作为“饮料”推广又没有找到品牌区隔,因此在广告宣传上也就没有鲜明的主张来打动消费者。加多宝公司原来的广告语是“健康家庭,永远相伴”,这种广告宣传概念并不能够体现罐装王老吉的独特性。放眼整个饮料行业,以可口可乐、百事可乐为代表的碳酸饮料和以康师傅、统一为代表的茶饮料更是处在难以撼动的市场领先地位。如果加多宝的宣传概念不能使王老吉和竞争对手区分开来,它就永远走不出饮料行业列强的阴影,王老吉进军全国市场必然难成气候。

困扰因素三:地域局限。凉茶概念最深入人心的地区是广东,但广东人喝凉茶一般都会到凉茶铺,甚至自家煎煮。受到王老吉原先的品牌影响,王老吉药业(原羊城药业)生产的药准字号产品(如王老吉颗粒和冲剂)被认为是王老吉的正宗,而且黄振龙等凉茶铺在广东遍地开花,占据了比较稳定的市场份额,王老吉并不能很顺利地让广东人接受它作为一种可以经常饮用的饮料。所以王老吉在其大本营广东反而销量不振。但在两广以外,人们并没有凉茶的概念,内地的消费者在上火后采取的措施大多是直接吃牛黄解毒片之类的药物,而不是喝凉茶。这就使罐装王老吉面临一个极为尴尬的境地:既不能固守广东,也无法在全国范围推广。

成美公司的调研帮助加多宝公司排查清楚了困扰王老吉品牌发展的障碍。在中国早期市场,容许这样一个中小企业糊里糊涂地赚得盆满钵满,但当红色罐装王老吉发展到一定规模之后,要想继续做大,就必须回答清楚一个问题:王老吉是什么?

二、对症下药出奇效

对于解决王老吉品牌的定位问题,成美公司建议加多宝公司进行如下调整:

1. 在传播上尽量凸显罐装王老吉作为饮料的性质。在第一阶段的广告宣传中,王老吉都以轻松、欢快的形象出现,强调正面宣传,避免出现症状式的恐怖诉求,把罐装王老吉和保健品区分开来。

2. 强调“上火”的概念,淡化“凉茶”的概念。以“预防上火”作为罐装王老吉的一个主打口号。“上火”是一个全国性的中医概念,而不仅仅像凉茶概念那样局限于华南地区,这就把王老吉带出了地域品牌的局限。

3. 区分王老吉和竞争对手的市场定位。在市场上没有同类产品时，避免传播王老吉的悠久历史，把罐装王老吉和王老吉药业的产品区分开来，同时强调罐装王老吉"预防上火"的功能。在广告中，罐装王老吉常常和火锅、烧烤等容易上火的享乐活动挂钩，力图使消费者产生这样的印象：罐装王老吉是此类享乐活动的必备饮料。这就使罐装王老吉具备了可口可乐、康师傅等所不具备的特性，成功地完成了罐装王老吉的市场区隔。

成美公司对红色王老吉进行了重新定位——预防上火的饮料。调整后的红色王老吉立足于全国市场，并用消费者容易理解和记住的一句广告词来表达——"怕上火，喝王老吉"。简洁明了的定位，既彰显了红色王老吉的产品特性，也有效地解决了王老吉原有的品牌错位。

突然之间，王老吉红得发紫。2003 年，这罐红色装饮料，出现在北京乃至全国各大中城市的超市里，一条以红色为主色调的广告，在央视和许多省级卫视频繁投放。红色王老吉红遍了大江南北，2003 年红色王老吉销量激增 400%，年销售额从此前的每年 1 亿多元，猛增至 2003 年的 6 亿元，出现了一个"王老吉飙红"的营销现象。

三、定位之后下猛药

在特劳特《定位》理论里，明确了品牌在消费者心智中要占据的定位，接下来的重要工作就是推广品牌定位，让它真正进入人心，从而持久、有力地影响消费者的购买决策。

2003 年加多宝公司先是选择了"非典"期间投放了央视一套的黄金招标段，"预防上火"的宣传口号在当时取得了很不错的宣传效果。然后加多宝公司又在 11 月 18 日参加了央视 2004 年黄金广告段位招标，投入巨资拿下了 2004 年 3 至 8 月份的几个黄金标段。除此以外，在红色王老吉销售红火的地域投放了电视广告。

2003 年年底，王老吉的广告投放已经追加到 4 000 万元人民币，2004 年的广告预算更是达到了 1 个亿。如此大手笔的广告预算，符合了广告"花一分钱办事，花九分钱宣传"的原则，加多宝公司从全局上把握了宣传的关键点，然后通过专业媒介购买公司制定了庞大的媒介宣传计划。

正是这种急风暴雨似的广告攻势，保证了红色王老吉在短期内迅速给人们留下了深刻印象，飙红大江南北。成美（广州）行销广告公司总经理耿一诚说："这就是定位理论成功实现的财力法则。"这样，王老吉在传播上也实现了与竞争对手的差异化竞争，提高了同类竞争对手的进入门槛，而这是要以企业的雄厚财力作保证的。

王老吉的成功运作，根本原因在于它找到了精准的品牌定位，将王老吉定位于“预防上火的饮料”，这是任何一个竞争对手所不具备的特性。在此之前，加多宝公司没有找出这些特性并加以强化，通过广告传达给消费者。

2008 年，王老吉销售额突破百亿元大关，达到 150 亿元。2010 年 11 月王老吉品牌价值评估为 1 080.15 亿元。2012 年，王老吉销售额突破 200 亿元大关。从最初的区域小品牌一举成为国内知名的大品牌，王老吉的巨大进步对于我国的品牌事业发展具有重要的借鉴意义。

遗憾的是，曾经将王老吉品牌成功运作的加多宝公司，与广药集团就王老吉的品牌权益发生了纠纷，被称为中国商标第一案，这的确耐人寻味。

案例思考题

王老吉的成功定位对品牌建设有何借鉴意义？

复习思考题

1. 简述品牌识别的含义。
2. 简述品牌识别与品牌形象的关系。
3. 简述科普菲尔品牌识别模型包含的要素有哪些。
4. 试述戴维·阿克品牌识别系统模型的主要内容。
5. 简述产品识别和企业识别的主要内容。
6. 简述品牌个性的主要范围及主要驱动因素。
7. 简述品牌个性的价值。
8. 简述品牌精髓的主要作用。
9. 简述提炼品牌精髓应考虑的主要内容。
10. 简述品牌定位的含义、主要特征及关键因素。
11. 试述品牌定位的基本策略。
12. 简述品牌识别调整的基本原则。

第三章

品牌要素的选择

本章学习要点

选择恰当的品牌要素是提高品牌知名度和品牌联想的重要途径，是创建强势品牌的重要基础。品牌要素的选择要有利于建立和积累品牌资产。本章首先介绍品牌要素的选择标准，然后阐述各种品牌要素的选择策略。

第一节 品牌要素的选择标准

一、品牌要素的含义

品牌要素是指那些用以识别和区分品牌的标志性设计。主要包括：品牌名称、标识、象征物、广告语、广告曲和包装等。它虽然独立于品牌营销活动之外，但却是提高品牌知名度和品牌联想的重要途径，是创建强势品牌的重要基础。

二、品牌要素的选择标准

从国内外的经验来看，品牌要素选择的好坏对创建强势品牌和积累品牌资产具有十分重要的作用。为了发挥品牌要素的基础作用，品牌要素的选择可参照如下六大标准：

（一）显著性

显著性是指品牌要素的选择要具有与众不同的特征，以便于品牌识别。这是品牌要素选择的首要标准，同时也是品牌要素得到法律认可的必要条件。进一步讲，品牌要素的选择要具有显著性，主要应考虑到以下两个方面：

1. 独创性。即品牌要素的选择有自己的特色，使之能够起到区分其他品牌要素的作用。为此，要避免模仿现有品牌选择的要素，特别要防止模仿名牌，以免招致争议。同时还要避免使用本行业、本商品和社会上的通用名称、通用标记、一般宣传广告用语等。

2. 新颖性。即品牌要素的选择要给人耳目一新、不同凡响的感觉，从而给人一种强烈的品牌意识。

纵观世界知名品牌，我们不难发现，它们一般都具有新颖、独特的品牌要素。例如，世界著名的运动产品品牌“耐克（NIKE）”，其品牌标识由一个英文名称与一个勾字图形（“√”）标志组合而成，如图 3－1 所示。就品牌标识而言，该图形标识可谓简洁明了，很具特色，顾客一看就能够留下深刻的印象。又如，世界著名快餐业品牌“麦当劳”，其品牌标识由一个英文名称和字母图形组合而成，如图 3－2 所示。其字母图形由一个黄色拱门形的“M”组成，其形状和金黄色都很有特色，给人们留下了深刻的印象。

图 3－1　耐克的品牌标识

图 3－2　麦当劳的品牌标识

（二）记忆性

记忆性是指品牌要素的选择要具有内在记忆功能，使顾客在购买和消费产品的过程中很容易记起和辨认品牌，从而扩大品牌的知名度。品牌要素要具有记忆性，简单而言，就是要好认、好读、好记、好看。例如，“可口可乐”、“雪碧”、“芬达”等品牌，读起来音韵好听，名称、标识设计简洁美观，消费者一看就牢记在心,大大提高了品牌的知名度。同时,品牌要素具有记忆性还可以减少品牌推广费用。

(三)含意性

含意性是指品牌要素的选择要具有内在的含意,使顾客在购买和消费产品的过程中对品牌产生丰富的联想。品牌要素所包含的内在含意,其表达方式可以是明示或显性的,也可以是暗示或隐性的。从明示或显性的角度来看,品牌要素要能够给消费者明确的基本信息,即消费者能够根据品牌要素正确分辨相关的产品类别。从暗示或隐性的角度来看,品牌要素要能够给消费者恰当的品牌联想。实践经验表明,品牌要素的含意性可以选择那些富有视觉效果和具有语言想象力且充满情趣的品牌要素来表示。

(四)转换性

转换性是指品牌要素的选择要考虑到其延伸功能,以便品牌在扩展的过程中能够突破产品种类和地域两个方面的限制,从而提高品牌的扩展力。换言之,选择的品牌要素,一方面要考虑到对产品线和产品种类的延伸能起多大作用;另一方面要考虑到对品牌跨区域、跨市场发展能起多大作用。对后者的考虑,在世界经济全球化的背景下,显得日益重要。

(五)适应性

适应性是指品牌要素的选择要有一定的应变性和灵活性。进一步讲,品牌要素选择的适应性可以考虑如下 5 个方面:

1. 品牌要素的选择要与企业的风格相适应。这是因为品牌是企业形象的象征,是企业精神和企业文化的体现,品牌要素的选择如果能够与企业的风格相适应,就可以通过它们将企业的风格和精神有效地传递出去,从而发挥它们的传播作用。

2. 品牌要素的选择要与行业相适应。这是因为不同的行业,消费者往往对它有不同的心智定位。例如,服装业,消费者往往注重它的时尚性;娱乐业,消费者往往看重它的趣味性;餐饮业,消费者往往注重它的健康性;银行业,顾客往往关注它的安全性;凡此等等。要体现消费者对不同行业所持有的不同的心智定位,在创建强势品牌的过程中,品牌要素的选择应该与行业相适应。

3. 品牌要素的选择要与商品相适应。这是因为商品是品牌的依托,品牌依附于商品。品牌要反映商品的特点,传达商品的信息,品牌要素的选择自然应该与商品相适应。品牌要素的选择与商品相适应,可以增强消费者对品牌的认同感。例如,"健力宝"饮料、"六必治"牙膏、"精工"手表、"奔驰"汽车等品牌,其品牌名称与商品类型非常相适应,给人一种很适宜的认同感。

4. 品牌要素的选择要与消费者心理相适应。这是因为每一种商品都有其特定的消费者群体,而不同的消费者群体有不同的消费心理。品牌要满足特定消费者群体的需要,就必须分析他们的消费心理,并根据他们的年龄、性别、文化层次、收入水平等命名不同的品牌名称、设计不同的品牌标识、制作不同的广告用语等。

5. 品牌要素的选择要与时代相适应,做到与时俱进。这是因为消费者的价值观经常发生变化,品牌要素也应该在一段时间之后进行适当的更新。这样可以使品牌做到与时俱进,看上去具有时代感和新鲜感,从而保持品牌的生命力。世界一些著名品牌公司,往往都有这样的意识。例如,美国贝尔电报电话公司,从 1889~1969 年,其品牌标识更改了 6 次,平均 15 年更改一次,每次更改都反映了时代的变化,给人一种不断进步的感觉。又如,奔驰汽车,为了让品牌标识与时俱进,看上去更显眼,从 1909 年开始注重视觉标识效果以来,已经 6 易其品牌标识。其品牌标识演变如图 3-3 所示。

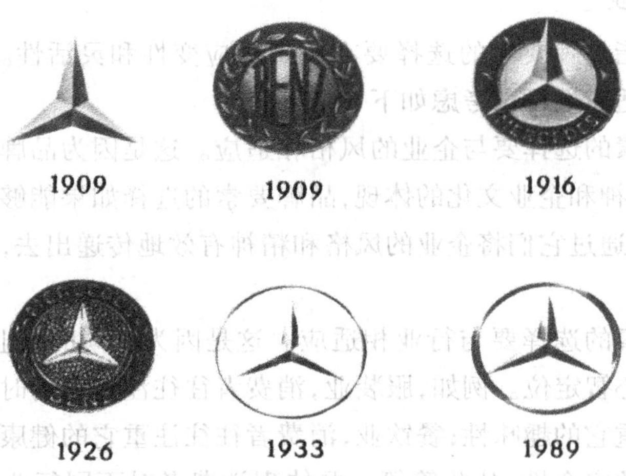

图 3-3　奔驰品牌标识演变图

再如,肯德基炸鸡为回应消费者追求健康饮食的趋势,将原来的英文名称 Kentucky Fried Chicken 简称为 KFC。为配合新命名,公司还设计了一个新的品牌标识，如图3－4所示。以山德士上校的人像为重点，设计了一个面带友善笑容的山打士上校，凸显其好客热情的性格，斜放的KFC英文商标，突出其方便的感觉，标识的红色不但具有视觉感染力，亦可提升人们的食欲。这样一来，新的设计向消费者传达了更贴切的品牌信息。

图3－4 肯德基更新的品牌标识及包装

近年来，许多著名的国际品牌公司为了做到与时俱进，接连不断地更换品牌标识。例如，2003年可口可乐公司旗下的品牌"可口可乐""雪碧""芬达"，为了引领潮流，体现时尚和现代，纷纷"变脸"，更换品牌标识。据悉，仅"可口可乐"这一品牌为了让可口可乐这几个汉字看起来更流畅、更时尚，当年就耗资1 000多万元人民币。同年，世界最大的电器制造商——美国通用电器公司（GE），为了体现公司的创新精神，尤其是想进一步体现该公司在医疗技术、机器人技术、媒体和金融服务等领域的巨大努力，于2003年1月在全美开展了一次更换品牌广告语的主题活动，将公司自1979年一直使用了20多年的广告语"带来美好生活"（Bring good things to life）更改为"工作中的想象力"（Imagination at work）。据称，为更改这一广告语所花的广告费就高达1亿美元。可见，为了做到与时俱进，世界著名品牌公司真是不惜重金而为之。

2006年1月4日，英特尔公司正式更换使用了37年的旧标识，使用新标识并展开品牌重塑计划。此举标志着芯片巨头英特尔公司的核心业务由PC向消费电子产品的重大转型。英特尔公司新旧品牌标识如图3－5所示。

近年来，我国一些著名的品牌公司，为了做到与时俱进，也接连不断地更换品牌标识。其中，影响较大的当数联想和海尔的标识切换。

英特尔品牌旧标识与1991年推出的“Intel Inside”广告语

英特尔品牌新标识和新的“Leap ahead”广告语

图 3－5　英特尔公司新旧品牌标识图

2003 年 4 月 28 日，联想集团更换了使用了 19 年、含义为传奇的英文标识 Legend，全面起用新的英文标识 Lenovo（如图 3－6 所示）。新标识“lenovo”中“le”代表原有的“legend”，承继“传奇”之意；“novo”是一个很古老的拉丁词根，代表“新意，创新”。整个名称的寓意为“创新的联想”，更有效地传达了联想“科技创造自由”的理念，并注入了更多新的活力。通过这次标识切换，进一步梳理并明确了联想的品牌内涵。这个新标识的内涵包含 4 个方面：①诚信；②优质专业服务；③创新有活力；④容易。为了减少品牌标识切换造成的损失，联想集团在国内依然把“联想”两个汉字在新的品牌标识里放在一个非常突出的位置，以减少对产品销售造成的不良影响。

图 3－6　联想品牌新旧标识图

2004 年 12 月 26 日，在海尔集团举行的主题为“20 年 · 1000 亿 · 世界的海尔”研讨会上，海尔集团发布了新的品牌标识（如图 3－7 所示）。海尔的新标识由中英文组成，与旧标识相比，新的标识延续了海尔 20 年发展形成的品牌文化，同时，新的标识更加强调了时代感。

图 3－7　海尔品牌新标识

英文标识每笔的笔画比以前更简洁,共9划,“a”减少了一个弯,表示海尔人认准目标不回头;“r”减少了一个分支,表示海尔人向上、向前的决心不动摇。英文海尔新标识的设计核心是速度。因为在信息化时代,组织的速度、个人的速度都要求更快。英文标识的风格是简约、活力、向上。英文新标识整体结构简约,显示了海尔组织结构更加扁平化,每个人更加充满活力,对全球市场有更快的反应速度。

汉字海尔的新标识,是中国传统的书法字体,它的设计核心是:动态与平衡;风格是:变中有稳。两个书法字体的海尔,每一笔都蕴含着勃勃生机,视觉上有强烈的飞翔感,充满了活力,寓意着海尔人为了实现创世界名牌的目标,不拘一格,勇于创新。按照海尔的理念,海尔要在不断打破平衡的创新中,保持相对的稳定,所以,在“海尔”这两个汉字当中都有一个起平衡作用的笔画:“海”字中的一横,“尔”字中的一竖,“横平竖直”,使整个字体在动感中又有平衡,寓意变中有稳,企业无论如何变化都是为了稳步发展。

海尔在创业20年全球营业额1 000亿元时启用新的标识,意味着海尔又站在了一个新起点上,这个新起点就是战胜自我,打破平衡,重新开始,争取更大的发展。海尔新标识的灵魂就是:永远不断地为用户创造更大的价值。

(六)保护性

保护性是指品牌要素的选择要有利于品牌的法律保护和市场竞争。从法律角度看:①要选择在国际范围内被保护的品牌要素;②要向适当的法律机构正式注册;③要积极防止注册商标遭受其他未授权的竞争者的侵害。从市场竞争的角度来看,即使一个品牌要素可以受到法律保护,竞争行为仍可能夺走品牌要素本身所创造的部分品牌资产。这是因为一些竞争对手可能会模仿现有名牌中类似的名称、相似的标识或包装,从而夺走现有品牌所建立起来的部分品牌资产。目前,国内市场这种傍名牌的现象较为突出。

从建立和积累品牌资产的角度来看,上述前三个标准主要侧重于品牌资产的建立;后三个标准主要侧重于品牌资产的积累和保护。

第二节　品牌要素的选择策略

从品牌要素的含义来看,我们不妨把品牌要素分为品牌名称、品牌标识、品牌广告与品牌包装四个方面。下面以此为分类标准,对不同类别的品牌要素的选择策略进行详细阐述。

一、品牌名称的选择策略

(一)品牌名称的重要性

品牌名称是品牌构成中可以用文字表达并能用语言进行传递和交流的部分。它是品牌最基本的组成部分,也是品牌要素中最核心的内容。这是因为,不管你的品牌外观如何设计,品牌形象如何塑造,归根结底,最能让消费者识别的还是品牌名称。同时,研究成果表明,消费者理解营销信息所花费的时间,少则半分钟(如一则广告),多则几小时(如一个销售电话)。然而,注意、理解并记忆一个品牌名称却只需几秒钟[①]。可见,品牌名称是消费者接受品牌信息最有效的"缩写符号"。

事实上,消费者在购买商品的过程中,往往首先想到的也是品牌名称。好的品牌名称本身还是一个最简单、最直接的广告语,它不但可以节省广告推广费用(据说可以节省25%的广告费用),具有销售力,而且还可以使消费者产生美好的联想。而这些功能不仅可以提高消费者的品牌意识,还可以刺激消费者的消费需求。

如果说打造品牌是一个系统工程,那么,给品牌取一个好听好记的名称就是关键的第一步。对此,全球著名的营销战略专家阿尔·里斯和杰克·特劳特在其名著《定位》一书中这样写道:"在定位时代,你能做的唯一重要的营销决策就是给产品起什么名字。"[②]因为"名字是信息和人脑之间的第一个接触点。"[③]日本索尼公司前董事长兼首席执行官曾经这样说过:"我们最大的资产不是我们的建筑物、工程师或工厂,而是4个字母SONY——我们的名称。"在国内营销界流传着这样的比喻:"好的产品是一条龙,而给它取一个好的品牌名字,犹如画龙点睛,成为神来之笔,可以为产品品牌增添光彩,提高品牌的知名度。"由此可见,品牌命名和品牌名称的好坏在创建强势品牌中的重要性。

---

① Kevin Lane Keller. Strategic Brand Management, Prentice Hall, 1998, P135.

② [美]艾·里斯、杰克·特劳特著,王恩冕等译:《定位》,中国财政经济出版社,2002年版,第97页、第108页。

③ [美]艾·里斯、杰克·特劳特著,王恩冕等译:《定位》,中国财政经济出版社,2002年版,第97页、第108页。

如今，在一些发达国家，品牌命名已经产业化了，例如，在美国、英国、日本等国，早就存在一些为企业提供品牌命名的专业咨询机构。据媒体报道，2001年，品牌命名业务在美国高达15亿美元①。有不少国外企业已经把品牌命名提到了战略的高度。还有一些名牌企业通过品牌重新命名获得了新的生机，例如，摩托罗拉通过重新命名获得了新的生机。具体情况如案例3－1所述。

案例3-1

摩托罗拉通过重新命名获得了新的生机

摩托罗拉公司是最早进入中国市场的国外手机厂商。进入中国之后，摩托罗拉这个品牌给消费者逐渐留下顽固甚至“老态龙钟”的感觉，特别是在年轻人的心目中品牌形象很糟糕，品牌缺乏活力。

与很多国家不同，中国的手机消费呈现明显的多样化，尤其是年轻人赶时髦的心态非常突出，他们换机的频率十分频繁，大量存在“玩手机”的现象。针对这种现象，国内外很多手机厂商不断推出各种新款式以满足他们的需要。而多年来，摩托罗拉因为对年轻群体关注不够，逐渐失去了昔日在中国市场领先的地位。为此，摩托罗拉公司想了许多办法试图改变这种局面，但都无济于事。2001年，摩托罗拉公司决定改变思路，通过改变品牌名称来重新树立品牌形象。

摩托罗拉公司决定把MOTOROLA改为MOTO，让其充当公司品牌的全新代名词，并不断为MOTO输入新的品牌个性，宣扬新的价值主张。用摩托罗拉公司自己的话来讲，MOTO意味着“使消费者的生活更加简单、更聪明和富有乐趣”。这一主张对其品牌核心识别“智慧演绎，无处不在”的品牌理念做了新的解释，同时也向消费者传递了摩托罗拉品牌“全心为你”的新理念与新形象，突出了消费者的中心地位，强化了品牌与消费者的关系。

① 张冰：《品牌命名攻略》，南方日报出版社，2004年版，第7页。

新名称出来之后,人们普遍觉得MOTO这个品牌名称比MOTOROLA显得更自然、更轻松和朗朗上口,也更符合年轻人群的心态和感觉。与新名称推出之后相配套,摩托罗拉公司采取了一系列整合营销传播手段树立MOTO新形象的措施。在各种媒体广告和平面广告中,人们到处可见不同的形象代言人在同样呼喊"MOTO"的情境,那些形象代言人造型各异,充分体现了摩托罗拉品牌新人类的审美取向。通过反复强调,使得MOTO凝结为一种年轻的象征符号。如今,改名后的MOTO已成为手机市场中时尚、前卫的象征。

(二)品牌名称与商品名称的区别

品牌名称不同于商品名称。商品名称是以其自然属性和功能来命名的,如电视机、空调、电冰箱、洗衣机、服装、大米、汽车等,都是商品的名称。不管谁生产,称呼都一样。品牌名称则不同,它不是一种自然属性,而具有社会属性或人文属性、经济属性和企业属性。同一种商品由不同的企业生产,就会有不同的品牌名称,并以此相区别。例如,同样是小汽车,就有美国的福特、林肯;德国的宝马、奔驰;日本的丰田、本田;法国的标致、雪铁龙;中国的红旗、中华等不同的品牌名称。此外,还有两种情况:一是同一个企业生产同一种商品,由于商品的特色不同,可以用不同的品牌名称来区别,如宝洁(P&G)公司,在中国生产的洗发水,就有海飞丝、飘柔、潘婷、沙宣、润妍5个品牌名称;该公司在中国生产的洗衣粉,就有太渍、碧浪两个品牌名称。二是同一个企业生产不同种类的商品,都采用同一品牌名称,如海尔集团目前生产的产品有多个门类,但都使用海尔品牌名称作主品牌名称。

(三)品牌命名的法则

如前所述,品牌命名是创建强势品牌的重要一环。那么,如何给品牌取一个响亮的名称呢?总的指导思想就是要达到:提高品牌知名度、增强品牌联想和利于品牌扩展。可以说,前面提到的品牌要素选择的6条标准已经为我们提供了很好的思路。进一步讲,可以参照如下一些基本法则。

1.品牌命名要易读、易记。品牌命名要易读、易记,就是指读品牌名称要读起来好听,记起来简单。可以说,这是品牌命名最基本的要求。因为品牌名称的首要功能是它的识别功能和传播功能,名称易读、易记自然能使消费者很快地识别和理解品牌,从而有助于提高品牌知名度。

进一步讲,品牌名称易读,就是要做到品牌名称发音容易,读起来有良好的语感。这样,品牌命名时,就要选择那些易读易念发音响亮的字词,而避免使用发音困难或拗口的字词。据调查研究显示,易读易念发音响亮的名称,抗干扰力强,说者易说得清楚,听者易听得明白。从世界著名品牌名称来看,品名的语感、音感都比较好。从语音学来说,英文字母"K"音、"P"音容易给人留下较深的印象,因此,一些世界名牌常用这两个音开头来命名,如 Coca - Cola(可口可乐)饮料、Kodak(柯达)胶卷、Pepsi(百事)可乐、Playboy(花花公子)服装、Kellogg's(凯洛格)食品、Colgate(高露洁)牙膏、Keineken(喜力)啤酒等就是如此。名称易读还可以方便人们口头相传,而口头相传对于品牌建立某种记忆联系是非常有价值的。同时,名称易读易记还可以提高人们口头订购产品的数量。

品牌名称易记,就是要做到顾客看到品牌名称就能过目不忘,不要给顾客带来理解和记忆上的难度。在业界,品牌命名流传着"一秒钟内一目了然"的原则,即顾客识别一种品牌,在一秒钟之内就能够记得住。为此,可以采取的策略主要有:

(1)品牌命名要短而精。从世界著名品牌名称来看,好记的品牌名称一般以两三个音节为最多,例如,万宝路、柯达、索尼、百事、IBM、NEC、三洋、宝马等都是两三个音节;从国内著名品牌名称来看,好记的品牌名称也以两三个字为最多,例如,海尔、联想、海信、长虹、康佳、美的、小天鹅、一汽、红塔山、大中华、五粮液、剑南春、张裕、全聚德、同仁堂、金利来、娃哈哈等都是两三个字。汉语品牌名称以两三个字为最多,这既符合音节规律,也比较符合中国人的习惯。另外,在汉字品牌命名过程中,还要注意两点:①字的笔画要尽量少一些,这样,可以方便消费者记忆;②字体书写要尽量工整一些,以便消费者识别。

从心理学的角度来看,品牌命名短而精也是很有必要的。因为心理学实验结果表明,人的短期记忆每次最容易吸收的信息量是 7 比特,这 7 比特称之为"信息接收的节拍,"就相当于英文两三个音节或汉字两三个字的长度。另外,已有的研究成果表明,品牌名称字数的多少与品牌认知度的高低呈正相关关系。即品牌名称字数越少,品牌认知度越高;反之,就越低。因此,品牌命名要做到短而精,以两三个音节或两三个字为最好。

对于较长的品牌名字怎么办?一是可以考虑更改名称;二是可以采取压缩的办法,以助于记忆。例如,多年来,雪佛莱汽车就被称为 Chevy,百威啤酒被称为 Bud,可口可乐被称为 Coke,大大方便了消费者的记忆。IBM 在成就领导品牌的过程中,其品牌名称的缩写起了很大的作用。具体情况如案例 3－2 所述。

案例 3-2

IBM 缩写,成就领导品牌

近年来,IBM 一直列为全球最具价值 100 品牌前 10 名。IBM 公司全称为"国际商用机器公司",是当今美国同时也是全球最大的电子计算机生产公司。在 20 世纪 60 年代,公司年营业额在 6 亿美元左右,是美国最大的公司之一。20 世纪 70 年代,该公司占据了美国计算机市场 80% 的市场份额,被誉为"蓝色巨人"。由于公司全称"国际商用机器公司"(International Business Machines)这样的名称又长又不好记忆,读写起来也很困难,于是,国际商用机器公司设计出了简单的 IBM 字体造型,这是根据公司名称的首写字母缩写而来的。这 3 个字母的组合,对外传播比起原先的品牌名称要容易得多。这一名称的缩写在很大程度上成就了其在电子计算机领域的领导者地位和形象。

当然,一些有特色的 4 字或多字品牌也可能为消费者所接受,如北大方正、清华同方、清华紫光、鄂尔多斯、古越龙山、丽珠得乐、非常可乐等,也得到了消费者的认可,但最好还是简单为妙。

(2)品牌命名可选择一些高熟悉性的词。在现实生活中,人们对词语的熟悉程度是不一样的,这是因为一个词语在语言交流和使用中的次数即辞频是不一样的。有的使用比较多,有的使用比较少。使用频率比较多的词语,我们称之为高熟悉性的词,即高频词;反之,我们称之为低熟悉性的词,即低频词。国外心理学家在 20 世纪 50 年代曾研究并发现,人们对高频词的认识程度,无论在速度还是在精确性方面都优于低频词。这是因为,人们对高频词,见得多、使用得多,自然,记忆得快、记忆得准一些。因此,选择高熟悉性的词有利于人们记忆。相应地，选择高熟悉性的词有利于将词语与产品联系起来。在实践中，很多品牌命名都以人们熟悉的人物、动物、事物、地名等作为品牌名称，例如，"福特"汽车以人名命名；"鳄鱼"服装以动物命名；"长虹"电器以事物命名；"茅台"酒以地名命名，等等。

（3）品牌命名可选择一些高意义性的词。这里所说的意义性，是指在单位时间内，由一个词语联想到其他词语的数量。如果由一个词语能够联想到多个词语，则说明该词语具有高意义性；反之，如果由一个词语很难联想到其他的词语，则说明该词语具有低意义性。例如，提到"健力宝"，人们在很短的时间内，可以联想到"力量"、"健壮"、"健康"、"体育"、"活力"、"青春"、"矫健"等词语，因此，"健力宝"是一个高意义性的词。而提到"健友"，则难以联想到其他的词语，因而，"健友"是一个低意义性的词。心理学的研究成果表明，词的意义性的高低对词的记忆性有很大的影响。高意义性的词其记忆效果远比低意义性的词记忆效果好。因此，在品牌命名中，要尽量选择一些高意义性的词。

（4）品牌命名可选择一些高意象性的词。这里所讲的意象性，是指词语能否容易并快速唤起人们心理图像的状况。如果词语能够容易并快速唤起人们的心理图像，我们称之为高意象性的词；反之，如果词语不容易唤起人们的心理图像，我们称之为低意象性的词。心理学的研究成果表明，词语意象值的大小影响人们对词语的记忆程度。高意象值的词语，其平均记忆率远远高于低意象值的词语[①]。这是因为，高意象性的词语，容易唤起人们对该词所指事物的表象，能够进行言语和表象双重编码，因而信息在人们的头脑中能够保持得比较牢固，提取时也比较方便、容易。而低意象性的词语，只能进行言语编码，不能进行表象编码，因而信息的保持和提取都比较困难。因此，高意象性的词比低意象性的词容易记忆。

2. 品牌命名要有特色。品牌命名要有特色，是指品牌命名要具有显著性的特征。这样，一方面可以增强品牌的记忆性，提高品牌意识，因为，品牌名称如果很独特，就很容易与别的品牌名相区别，从而给顾客留下深刻的记忆，甚至可能让顾客过目不忘，例如，"福特"汽车、"雀巢"咖啡、"皮尔·卡丹"服装、"夏奈尔"香水，"西门子"电器、"全聚德"烤鸭、"同仁堂"中药、"999"胃泰，

① Paivio. Mental representation: A dual coding approach, New York, Oxford University Press, 1986.

"555"牌香烟,汰渍洗衣粉、飘柔洗发液等都是不落俗套的品牌名称,给消费者留下了深刻的印象;另一方面,也可以使品牌名称易于得到合法登记注册。

那么,品牌命名如何做到与众不同又富有特色,并突出品牌个性和独到风格呢?这里归纳出这样几种策略:①可以用人名作品牌名称,如前面提到的"福特"汽车,"皮尔·卡丹"服装就是如此;②可以用公司或商号的名称作品牌名称,如前面提到的"同仁堂"中药,"全聚德"烤鸭,"西门子"电器就是如此;③可以用数字的巧妙组合形成品牌名称,如前面提到的"999"胃泰,"555"牌香烟,就是如此;④通过造字,以字母的独特组合作为品牌名称,如EXXON(埃克森)石油,SONY(索尼)电子产品,X·O白兰地,LENOVO(联想)电子产品、TCL电器,LG电器等就是如此。由于现有的品牌名称已经很多,每年新注册的品牌名称又数以万计,因此,要为新产品设计出一个令人满意而独特的品牌名称,确实非常困难。由于如此,以字母独特组合进行造字作为品牌名称不失为一种好的选择,而且这样做还有利于品牌走向国际化。下面以SONY(索尼)为例,介绍其造字命名的过程。具体情况如案例3-3所述。

案例3-3

SONY(索尼)品牌命名有创意

今天索尼公司及其品牌为全世界人们所共知。多年来,索尼品牌被评为世界最具价值的100品牌之一,索尼公司及其品牌在全世界享有如此之高的知名度与其公司和品牌命名有着直接的联系。

索尼公司的前身是东京通讯工业株式会社(Tokyo Tsushin Kyogo),1955年,该公司生产了世界上最早一批晶体管收音机。为了调研市场和洽谈生意,当时的公司首领盛田昭夫率领部下前往美国和加拿大。在与美国人的交往当中,同事们普遍觉得东京通讯工业或东通工这样的名字令美国人很难发音。名字发音困难,买卖自然难以做成,于是大家一致认为,要给公司和产品取一个好名字。最初他们考虑采用当时公司名称的英文首个字母缩写"TTK",但又担心与东京铁路快车株式会社的英语缩写“TKK”相混淆，加之在美国已经有很多的如RCA，NBC，CBS，NHK之类的公司名称，于是只好作罢。为此，盛田昭夫下定决心要找到一个能畅通全世界的名称，该名称既好记，又要朗朗上口，名字要尽量简单，用任何一个国家的语言都能够读出和发出相同的声音。经过多次的讨论，公司决定把品牌名称改为Sonny。一方面Sonny名称中有拉丁文“son”（发音）的意思，这与公司开发和生产晶体管收音机的特点相一致，另一方面当时日本人把富有朝气、充满活力的年轻人或聪明可爱的小孩都叫作“Sonny”（小家伙、小宝贝）。因此，最初改名为“Sonny”。但是“Sonny”这个字在日语采用罗马拼音的过程中，容易把它读成“sohn－nee”的音，即“赔钱”的意思。于是有一天盛田昭夫突然发现，为什么不能去掉一个字母n，使它变成“Sony”呢？他觉得这是个好主意。于是，公司品牌的名称就这样诞生了。后来公司用大写字母“SONY”代表公司的品牌名称和标识。1958年1月，日本东京通讯工业株式会社正式改名为索尼（SONY）公司。由于SONY名称简单，本身没有任何含义，读起来朗朗上口又好记，SONY品牌在世界各国没有任何拼读上的困难，从而为SONY品牌畅销世界作出了巨大的贡献。

与国际上很多著名的品牌名称具有独特性相比，时下中国很多品牌名称“克隆”现象非常突出。有的品牌利用同音字进行克隆，有的品牌利用相近字进行克隆，有的品牌通过改变局部字眼进行克隆，凡此等等，一方面混淆视听，搅乱消费者购买商品，另一方面也不利于打造自己的品牌。企业欲想打造强势品牌，在品牌命名时一定要做到具有独特性。

3. 品牌命名要有想象力。品牌命名要有想象力，是指要为品牌名称赋予一定的寓意或给予一定的暗示，让消费者从中产生丰富的联想或思考的体验。实践经验表明，品牌名称具有丰富的想象力，有助于品牌知名度的提高和品牌联想的产生。这是因为，品牌名称具有丰富的想象力，可以经常被顾客谈到或想起，从而长久地留在人们的记忆中，让人思考、耐人寻味。例如，人们谈到“可口可乐”，自由、快乐的联想就油然而生；提到“奔驰”，豪华气派和德国制造的联想就自然形成；提到“雀巢”，小孩像小鸟一样在窝里受到良好的照顾和关怀的感觉就开始浮现；提到“春兰”空调，春天的温暖、兰花的清香、春天的兰花让人欢心的美好联想就扑面而来；提到“娃哈哈”，小孩喝了娃哈哈，欢乐开怀笑哈哈的情景就自然产生；提到“金利来”，男人的气派和财源滚滚、吉祥如意的感觉就涌上心头，凡此等等。这些品牌名称不仅字义吉祥，而且内涵丰富的正面联想，特别受到人们的喜爱，其产品自然畅销不衰。

如何使品牌名称具有丰富的想象力呢？可供采取的策略主要有：

(1)强化产品的属性或利益。实践经验表明，品牌名称如果能够强化产品的属性或利益，一般较容易把品牌和消费者联系起来。为此，品牌命名最简单的方法就是以产品属性或利益命名，例如，“康师傅”方便面、“旺旺”食品、“健力宝”饮料、“舒肤佳”香皂、“飘柔”洗发水、“冷酸灵”牙膏、“美加净”化妆品、“曲美”减肥茶、“拍得丽”照相机、“精工”手表、“格力”空调、“劲量”电池等品牌名称，就比较突出产品的属性或利益。

(2)赋予品牌名称一定的情感和自我表现的价值。国内外的心理学实验和实践经验表明，具有情感和自我表现的价值的品牌名称往往具有较高的品牌偏好。为此，对于一些需要表达一定情感和自我表现价值的中高档品牌而言，赋予其名称相应的含义，有助于焕发品牌的想象力和联想力。例如，“可口可乐”饮料、“雀巢”咖啡、“喜之郎”果冻、“金利来”领带、“报喜鸟”西服、“绅士”西服、“梦幻”香皂、“春兰”空调、“宝马”汽车、“奔驰”汽车、“迪斯尼”乐园、“联想”电脑、“爱立信”手机等品牌名称就富有一定的情感和自我表现的价值。

(3)赋予品牌名称一定的文化内涵。从表面上来看，品牌名称只是一种识别的符号，实质上它往往蕴含着一定的品牌文化，代表着企业的品牌形象。因此，为了宣扬企业的品牌文化，树立企业的品牌形象，加速品牌的建立和传播，在品牌命名的过程中，给品牌名称赋予一定的文化内涵很有必要。实践经验表明，有文化内涵的品牌名称，可以达到“桃李不言，下自成蹊”的效果，同时还可以使顾客产生一种思考回味的品牌体验。例如，百年老店“全聚德”烤鸭店，其品牌名称“全聚德”充分展示了该店“全而无缺、聚而不散、仁德至上”的企业精神。顾客无论是看到还是听到“全聚德”这三个字，都有一种值得回味和遐想的感觉。大凡去过“全聚德”烤鸭店消费的人们都有一种流连忘返的感觉。如今，“全聚德”烤鸭名扬天下，可以说与其具有丰富内涵的品牌名称密不可分。

(4)暗示产品的类别。一般地，品牌名称与产品类别相联系，有助于品牌知名度的提高和品牌联想的形成。例如，“Timex”表、“洁银”牙膏、“太太”口服液、“农夫山泉”矿泉水、“康必得”感冒药、“娃哈哈”儿童钙奶、“蒙牛”牛奶、

"五粮液"白酒、"二锅头"白酒、"波导"手机、"轻骑"摩托等品牌的名称就与产品的类别密切相连。

(5)暗示产品的质量。质量是品牌的根基,是打造强势品牌的基石。但消费者对品牌质量的认识与厂商对品牌质量的认识是有区别的。消费者对品牌质量的认识,主要是一种感知的质量。为了让消费者对品牌的感知质量有一个良好的认识,好的品牌要素识别非常重要。其中,在品牌的要素识别中,品牌的名称识别非常关键。因为,消费者对品牌质量的感知往往从品牌名称开始,好的名称往往预示着好的品质。品牌名称如果能够暗示好的产品质量,将有助于品牌的正面联想和品牌资产的积累。为此,品牌命名可以与代表较高质量水准的国家、地区甚至语言等密切相连,例如,国内很多企业在给品牌命名时,往往愿意取个洋名字,实质上就是想给顾客留下一个好的感知质量印象,从而推广自己的品牌。当然,国内企业必须记住的是,最重要的还是要做到名副其实,而不是貌合神离。

(6)体现产品和行业的特点。例如,在为化妆品品牌命名时,可以体现出"浪漫、细腻和柔和"的联想特征;在为食品、饮料品牌命名时,可以体现出"温馨、健康、安全、快乐"的联想特征;在为电器产品品牌命名时,可以体现出"可靠、现代、领先"的联想特征等。

(7)与目标消费者群的审美倾向相适应。例如,针对城市追求时尚的消费者群,为品牌命名时可以多点时尚、另类、叛逆的气息特征;针对白领一族的消费者群,为品牌命名时可以强化优雅、尊贵的联想特征;针对平民家庭主妇的消费者,为品牌命名时可以多一点亲切与温馨的联想特征。

此外,为在品牌命名时,为了防止出现不良的联想,还要注意这样两点:

第一,品牌命名要避免出现忌讳。进一步讲,一方面要避免名称相近的发音造成的不良联想,例如,国内某公司曾出口一种对蚊虫叮咬很有疗效的涂膏到我国香港市场,取名为必舒膏。当该产品打进香港市场的时候,有些比较迷信的香港人对这一品牌名称十分讨厌,因为"必舒"牌使他们联想到"必输"二字,这是谁都不想遇到的事情。结果本来很有疗效的产品在香港市场无人问津。另一方面要避免同一名称在不同的语言转换当中所造成的不良联想,例如,"白象"牌电池,在汉语当中"白象"代表力量,是一个不错的品牌名字,但是译成英文"White Elephant",就是"无用"的意思,既然无用,人们怎么能够买它呢?又如,广州"五羊"牌自行车,曾在国内销售得不错,但是出口到国外,却销售得很不好，因为“五羊”译成英文是：“Five Goats，”而 Goat 有色鬼之意，当然不好卖。

第二，品牌名称联想要顺其自然，适可而止，不宜牵强附会，过分夸张。否则，不但不能为品牌增辉，反而给人以虚伪、浮夸的感觉，引起人们的反感。

在使品牌名称具有丰富的想象力方面，耐克品牌就做得非常成功。具体情况如案例 3－4 所述。

案例 3-4

耐克（Nike）品牌命名意义非凡

今天，在国内一提到运动鞋品牌，估计人们首先想到的是耐克（Nike）品牌及其标识“红色一钩”。这是因为，一方面耐克品牌多年来一直是世界最具价值的运动产品品牌，另一方面耐克品牌的名称及其标识深得消费者的喜爱。

“耐克”品牌名称能获得如此高的知名度和喜好度，与其品牌命名所下的工夫是分不开的。

1962 年，耐克公司的创始人菲尔·耐特在大学毕业后到日本作了一次具有深远意义的旅行。在旅行途中，经过沿途的所见所闻，他坚信日本的运动鞋如果能进入美国是可以畅销的。回国后，他成立了一家直销公司，名叫“蓝带体育用品公司”，销售日本产的运动鞋。1971 年，当他累积了一定的资金具备了一定的实力后，便开始生产和销售属于自己的运动鞋。为了能塑造一个全新的品牌形象，菲尔·耐特决定命名一个新的品牌名称，他提议用“6 度空间”（Dimension six）作新的品牌名，“6 度空间”代表体育运动的 6 个方面。但当时的公司员工认为，这个品牌名称太过于含糊和抽象，根本不适合作为公司的品牌名称和商标。菲尔·耐特的意见被否定之后，他要求员工必须在 12 小时内想出更好的品牌名称来取代“6 度空间”，否则还得使用“6 度空间”这个品牌名称。当时有一名老员工，名叫杰夫·约翰逊，是公司的第一位员工，与菲尔·耐特是同学，他在想着名称的时候竟然睡着了，在梦中他遇见了胜利女神Nike，一声 Nike 脱口而出。大家听了都觉得这个名称好，因为在传说中，胜利女神 Nike 是身生双翼，携带着橄榄枝，能给人们带来胜利的消息和诸神的礼物。于是决定启用“Nike”（耐克）这个名称作为公司品牌的名称。同年，一名叫卡特琳·戴维逊的大学生为设耐克公司设计了“红色一钩”的最初品牌标识，为此得到了 35 美元的报酬。

耐克的品牌名称之所以博得消费者的喜爱，是因为它直接传导出商品的性能和质量，含有耐磨、克敌制胜之意。加上耐克品牌宣扬“专一敬业，超越自我”的核心价值观，使得耐克品牌更加名扬天下。

4. 品牌命名要有亲近感。品牌命名要有亲近感，是指品牌命名要有人情味、亲和力，能够给顾客产生赏心悦目的感觉和亲近的体验，这样，可以拉近品牌与消费者的距离。为此，可以取一些人们熟悉的人或物或美好的愿望作品牌名称。例如，“麦当劳”快餐店、“林肯”轿车、“福特”汽车、“皮尔·卡丹”服装、“熊猫”电视、“健力宝”饮料、“万家乐”热水器、“爱妻号”洗衣机、“太太”药业等品牌，要么与人名相连，要么与事物相关，或者与愿望相伴，其品牌名称都有一种亲近感，因而深得人们的喜爱。

5. 品牌命名要考虑到品牌名称的延伸功能。在现代市场竞争中，为了使新产品能成功地打入市场，节约新产品市场导入成本，越来越多的企业使用品牌延伸策略，即利用已经取得成功的品牌来推广新产品。而要使品牌延伸策略获得成功，一个很重要的方面就是品牌名称应该具有延伸功能，即现有的品牌名称可以有效地扩展到其他产品和市场上。因此，当企业有多样化扩展的意图时，在品牌命名的过程中，就应该考虑到品牌名称的延伸性。这样可以做到为企业未来的发展“预留管线”。

如何使品牌命名具有延伸功能呢？首先，可以采取外延宽广的品牌命名策略，即品牌命名要考虑到跨越一定的行业、领域和市场或品牌命名要与产品线延伸相适应。例如，“味王”品牌，其“味王”二字就具有较宽的外延，适合于整个调味食品类。因此，当“味王”品牌从最初的味精领域向酱油、酱菜、食品罐头等领域延伸时，就非常成功。又如，“宝洁（P&G）”品牌，“宝洁”二字具有宽广的外延，“宝洁”品牌旗下横跨多个日用品领域，而且可以为品牌旗下的 300 多个产品品牌做担保品牌。再如，“海尔”品牌，“海尔”二字同样具有宽广的外延，因此，“海尔”品牌横跨多个门类的产品，并且成为“海尔”品牌旗下众多副品牌的主导品牌。对这一品牌命名策略的运用，国内很多企业做得很不到位。如“娃哈哈”品牌，其名称特别适合儿童产品，当“娃哈哈”品牌向成人产品领域扩展时，就受到很大的限制。其次，可以采取造名的策略，即通过编造品牌名称，不赋予品牌名称任何内涵的方法来提高品牌名称的延伸功能，例如，索尼（Sony）品牌，其名称无论是中文还是英文，都没有任何含义，从品牌名称上来看，不会联想到任何产品类型。这样，品牌名称就可以扩展到任何产品领域而不受钳制。

如果现有的品牌名称不具有良好的品牌延伸功能而企业又需要扩展怎么办？从实践经验来看，可以采取这样几种策略：

（1）品牌名称不变，品牌核心价值和品牌定位做适当改变，并通过品牌传播手段及时地告知顾客。例如，前面提到的“娃哈哈”品牌，从生产儿童食品扩展到生产饮用水、保健品、果汁饮料、茶饮料、罐头食品等领域，为了克服“娃哈哈”品牌名称本身带有儿童食品概念的缺陷，作出了品牌名称不变但品牌核心价值和品牌定位适当改变的策略，并通过品牌传播手段告知全国顾客，结果在一定程度上克服了品牌名称本身带来的缺陷而获得了较大的发展。

（2）主品牌名称不变，当出现新产品时，在主品牌名称后面加上副品牌名称，使之与产品线延伸相适应。例如，“汇源”品牌，最初一直做果汁品牌，是果汁品牌中的领导品牌。2003年进军乳业市场，这样就面临着“汇源”品牌如何从果汁品牌形象延伸到乳业品牌形象的问题。后来通过品牌规划和决策，“汇源”乳业品牌取名为“汇源200”，这样一方面既利用了原有领导品牌“汇源”品牌的影响力，另一方面又满足了新产品延伸的需要，结果获得了很大的成果。

（3）企业品牌名称不变，并让其充当担保品牌的角色，当出现产品线延伸时，给新产品取上新名称。例如，前面提到的“娃哈哈”品牌名称本身带有儿童食品概念，当“娃哈哈”食品集团进军碳酸饮料市场时，为了克服“娃哈哈”品牌名称本身带有儿童食品概念的缺陷，于是给碳酸饮料取名“非常可乐”，使其成为独立的产品品牌，“娃哈哈”品牌作为公司品牌名称不变，并充当担保品牌的角色，结果获得了丰硕的成果。

（4）对现有品牌名称进行适当的改变。当企业发现现有的品牌名称实在不利于企业对外扩展时，可以考虑对现有的品牌名称进行适当的改变。例如，福建兴业银行，改名之前总给人一种地方银行的概念，不利于其更大的发展，后来将福建兴业银行更名为兴业银行，有效地突破了地域名称概念的限制，大大提高了它的知名度和影响力。值得指出的是，这种改名策略一般要在迫不得已的情况下进行，否则，尽量不要轻易采用。这是因为，一方面改名要耗费巨大的资金，另一方面改名会破坏已经建立起来的品牌资产。

因此，当企业有多样化扩展的意图时，最好在品牌命名时就具有前瞻性，考虑到品牌名称的延伸功能，而不要等到企业扩展时再采取各种各样的策略。更糟的是，在不少情况下，即使采取了各种各样的策略，也往往达不到应有的效果。

6. 品牌命名要考虑到品牌国际化的需要。随着世界经济全球化和一体化的不断加强以及我国对外开放的不断扩大，品牌命名应该有国际化的视野。否则，一旦品牌走向国际市场，就可能遇到各种各样的阻力。例如，成立于1984 年的联想企业，经过多年的发展，已经成为国内著名的企业集团。其公司品牌"联想"也成为国内最著名和最有价值的品牌之一。但从 2001 年开始，当联想集团将"高科技的、服务的、国际化的联想"确定为公司未来发展的愿景目标并希望跃上新的台阶时，其品牌标识成了联想集团走向国际化的一大障碍。因为"联想"品牌的英文名称"Legend"在世界上大多数国家都已注册。为了消除这一走向国际化市场的障碍，2003 年 4 月，联想集团不得不进行品牌标识的切换，将品牌的英文名称由"Legend"更改为"Lenovo"，但为此而付出了很大的代价。由此可见，在当今社会，品牌命名考虑到国际化的需要是非常必要的。

如何使品牌命名考虑到国际化的需要呢？最有效的方法就是品牌命名能够适应多种语言，其中主要是适应英语语言的需要。这是因为，英语是目前世界上最通用的商务语言，在世界各地广为使用。因而，用英文字母组成的品牌名称往往可以畅通世界。可以说，当今世界著名品牌之所以是以欧美国家为主，与其品牌名称所具有的语言方面的优势密切相关。为此，一些发展中国家的企业为了打造世界品牌，在品牌命名的过程中，比较注重用英文名字来命名。例如，日本的"索尼（SONY）"、"松下（Panasonic）"、"本田（Honda）"、"丰田（Toyota）"；德国的"西门子（Siemens）"；瑞典的"爱立信（Ericsson）"；韩国的"三星（Samsung）"、"LG"以及我国的"TCL"、"海尔（Haier）"、"康佳（Konka）"、"海信（Hisense）"、"联想（Lenovo）"等都通过英文命名走向国际化，打造世界品牌。

值得指出的是，在品牌命名的国际化过程中，要注意 4 个问题：

（1）要避免出现品牌名称在不同语言转换当中存在着禁忌或负面联想。

例如，通用汽车公司曾经出口一种品牌名称为“NOVA”的汽车到南美国家，南美国家大多以西班牙语为主，而“NOVA”在西班牙语当中有“跑不动”的意思。可想而知，消费者怎么能够对一种跑不动的汽车感兴趣呢？

(2)要避免品牌名称与政治、宗教相联系。

(3)要兼顾本土化的需要。例如，2003年2月，肯德基在中国推出一种新品，取名为“老北京”鸡肉卷，国内的消费者认为这很有中国味和亲切感，因而深得国内消费者的喜爱。又如，世界著名的日用消费品公司美国宝洁公司，旗下有300多个产品品牌，自进入中国市场以来，所推出的多个产品品牌，很有中国本土气息，例如，“飘柔”、“海飞丝”、“潘婷”、“舒肤佳”、“佳洁士”、“汰渍”等品牌，都有汉语命名的特性，非常迎合国内消费者的心理需要，因而，其产品在国内非常畅销，有的甚至常销不衰。

(4)要及时注册。当品牌试图跨越国界走向世界时，必须事先到相关国家进行登记注册，以免建立起来的品牌被人抢注，或者遭到侵权的诉讼。

(四)品牌命名的方法

当今世界，最有价值的品牌不多，一般品牌却多如牛毛，而且新品牌还在层出不穷。如何让品牌能够锦上添花，让一般品牌跨进强势品牌之列，更重要的是如何让新品牌后来居上，前面提到的品牌命名的六大法则已经为我们提供了很好的思路。下面对世界品牌命名的方法作进一步的归纳，以期取得更好的效果。

从世界品牌命名的技巧和方法来看，品牌命名主要有如下一些方法：

1. 以人名或姓氏命名。这是一种古老的命名方法，从19世纪开始盛行至今。如“王麻子”剪刀、“张小泉”剪刀、“麦当劳”快餐店、“波音”飞机、“西门子”电器、“李维斯”牛仔裤、“夏奈尔”香水、“劳力士”手表、“百威”啤酒、“福特”汽车、“奔驰”汽车、“劳斯莱斯”汽车、“保时捷”跑车、“固特异”轮胎、“李宁”服装等都是以人名或姓氏命名。与东方国家相比，西方国家比较强调个人英雄主义，因此，以人名或姓氏命名比较多。以人名或姓氏命名，往往可以激发人们对该品牌的信任，而且随着时间的推移，人们会回想起它悠久而光荣的历史，会产生一种自豪感。现在，从世界范围来看，世界各国对姓氏命名都严加限制，因此，以姓氏命名可以不再加以考虑；以人名命名要想获得成功，最好以名人(现实的或文学作品中虚构的)的名字来命名。

2. 以地名命名。这种命名方法主要是想突出产品的产地特色，以增强消费者对它的信赖。一般在突出产品原材料来自自然界的行业以地名命名较多，如水果、烟草、白酒、啤酒、葡萄酒、矿泉水、羊绒、榨菜等著名品牌大多以地名命名，如“玉溪”香烟、“黄果树”香烟、“茅台”酒、“泸州老窖”、“青岛”啤酒、“燕京”啤酒、“哈尔滨”啤酒、“烟台”葡萄酒、“农夫山泉”矿泉水、“鄂尔多斯”羊绒衫、“涪陵”榨菜等都是以地名命名。

3. 以公司名称命名，即以公司名称作为公司和产品品牌的名称。这种企业名称与品牌名称相一致的命名方法是国际上普遍采用的惯例，它往往有利于打造出强势品牌。从国内外著名品牌的名称来看，大多是公司名称与品牌名称相一致。如“可口可乐”、“微软”、“通用电器”、“英特尔”、“迪斯尼”、“麦当劳”、“丰田”、“索尼”、“松下”、“三星”、“海尔”、“联想”“五粮液”、“长虹”、“TCL”、“春兰”、“美的”、“格力”等品牌都是公司名称与品牌名称相一致。这种命名方法要获得成功，公司在命名时就必须做到有特色，且好读、好记。

4. 以字首组合命名。就是将公司名称的首个字母组合构成品牌名称，例如，“P&G（宝洁）”品牌是由“Procter & Gamble”公司两个字的字首组成；“IBM”品牌是由“International Business Machine”公司3个字的首个字母组成；“BMW（宝马）”品牌是由“Bayerische Motoren Werke（巴伐利亚发动机公司）”3个字的首个字母组成。

5. 以字母独特组合命名。例如，“Kodak（柯达）”、“Sony（索尼）”、“Exxon（埃克森）”、“Canon（佳能）”、“Yahoo（雅虎）”“Sohu（搜狐）”、“Google”、“LG”、“TCL”、“Lenovo”等品牌就是由字母独特组合而成的。这种命名方法一般具有显著性的特征，便于人们记忆，同时，又有利于品牌的国际化，可以多加考虑。如今，这种命名方式在网络业日益突出。

6. 以产品功能为中心命名。即以产品本身所具有的属性、功能、用途、成分等要素命名。这种命名方法可以让消费者对产品用途一目了然，例如，“感冒通”、“感冒灵”、“胃必治”、“乌鸡白凤丸”、“十全乌鸡精”、“脑白金”、“汇仁肾宝”、“人参蜂王浆”等著名品牌就是如此。一般地，这种命名方式在制药业、保健品行业用得比较多。

7. 以寓意命名。即以满足消费者的情感和精神需要来命名，往往通过取一些吉祥、高雅、庄重的名字来体现，例如，“娃哈哈”食品、“津津”食品、“旺旺”食品、“健力宝”饮料、“舒肤佳”香皂、“飘柔”洗发水、“曲美”减肥茶、“康必得”感冒药、“金利来”领带、“万家乐”热水器、“春兰”空调、“康佳”电视、“联想”电脑、“波导”手机、“精工”手表、“劲量”电池、“轻骑”摩托车、“红双喜”香烟、“吉百利”巧克力、“金六福”白酒、“耀华”玻璃等著名品牌就是如此。

8. 以植物名称命名。这种命名方式可以利用人们对植物的喜爱和熟悉来提高品牌的知名度和亲近感，例如，“苹果”电脑、“红豆”服装、“菊花”内衣、“椰树”牌果汁、“红梅”香烟、“莲花”味精、“雪莲灵芝”茶等著名品牌就是如此。这种命名方式在食品行业用得比较多。

9. 以动物名称命名。与以植物名称命名一样，这种命名方式可以利用人们对动物的喜爱和熟悉来提高品牌的知名度和亲近感，例如，“熊猫”电视、“大白兔”奶糖、“银鹭”食品、“骆驼”牌香烟、“大红鹰”香烟、“鳄鱼”服装、“报喜鸟”服装、“七匹狼”服装、“凤凰”羊绒衫、“美洲豹”服饰、“双鹿”服装等著名品牌就是如此。这种命名方式在服装行业和保健品行业用得比较多。

10. 以数字命名。这种命名方式包括品牌名称全部或部分用数字命名两种情况，如全部用数字命名的著名品牌有“999”胃泰、“555”牌香烟、“606”药膏、“007”口香糖、“77”巧克力、“7－11”便利店等；部分用数字命名的著名品牌有“Chanel No. 5（夏奈尔香水 5 号）”、“Seven－Up（七喜）”饮料、“Boeing 747（波音 747）”等。一般而言，以数字命名，品牌名称记忆方便，有利于品牌传播。

此外，还可以用民俗风情、典故、谐音字、双关语等方法来命名。

二、品牌标识的选择策略

（一）品牌标识的重要性

品牌标识，也称品牌标志，英文为 Logo，是指品牌构成中由字体、图像或字体、图像、象征物融为一体组成的视觉识别部分。它是品牌要素的重要组成部分。

如前所述，品牌名称是品牌要素的核心。但从视觉识别的效果角度来看，品牌标识在打造品牌和建立品牌资产的过程中往往起着更为关键性的作用。大量研究表明：①在人们凭感觉接受到的外界信息中，83% 的印象来自视觉，11% 的印象来自听觉，3.5% 的印象来自嗅觉，1.5% 的印象来自触觉、1% 的印象来自味觉。标识正是对人的视觉的满足，可以让人们获得更多的信息。②标识比语言信息更容易记忆和再认。③标识比语言信息在人们的记忆中保持的时间更长。④标识比语言信息更能够引人注目，激发人们联想。⑤标识比语言更具多样性，随着时间的推移和市场的变化，标识可以比较容易地进行更新。⑥标识比语言往往可以更加顺利地进行跨文化传递。因此，设计具有良好视觉效果的品牌标识识别是建立强势品牌的重要内容。

（二）品牌标识的表现形式

品牌标识有多种表现形式。从设计思路来看，主要可以归结为3大类：

1. 字体型。就是指由某种文字的字母、字词或数字经过特殊的书写形式而构成的品牌标识类型。

字体作为人类传达思想的一种视觉符号，在品牌标识设计中早已充当重要的角色。在信息化与数字化的今天，字体符号因其简洁明了，具有更强的艺术表现力和更强的视觉感染力。因此，在现在的品牌标识设计中，字体型的品牌标识占据着很大的比重。

字体型的品牌标识设计，根据它的造型来看，又可以分为如下3种具体形式：

（1）字母型。字母型的品牌标识就是指由某种文字的字母经过巧妙的构思和特殊的书写造型而成的标识。

例如，美国希尔顿（HILTON）国际酒店，其品牌标识是由字母“H”组成的一个圆形图和品牌名称组成。这个圆形图，一方面体现了该酒店严格的内部管理作风，另一方面又体现了该酒店对顾客热情周到的服务理念。具体形状如图3－8所示。

图3－8　美国希尔顿国际酒店的标识

又如，美国电影公司，其品牌标识是由“Filmstar”的首字母“F”构成的五角星的发射状。这个形状一方面代表美国国旗上的星星，突出地域性；另一方面寓意耀眼夺目的电影明星将从这里升起。其用意在于为公司树立一个具有极大发展潜力的公司形象，给受众一种多角度、全方位的视觉形象。具体形状如图3－9所示。

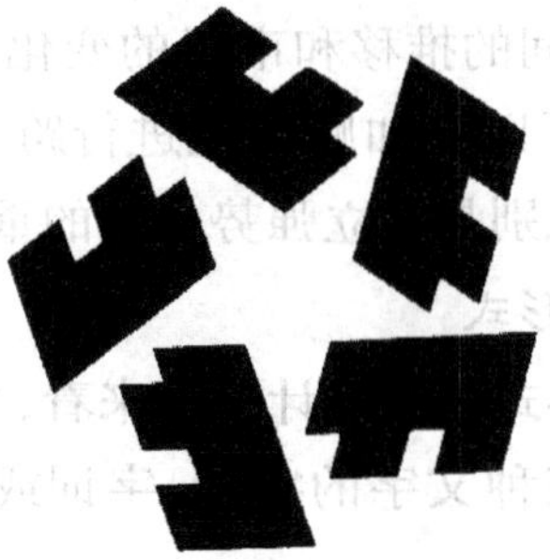

图 3－9　美国电影公司的品牌标识

再如，上海圣雪绒制品有限公司，其品牌标识是由字母“Stedenw”组成的形状。这个形状一方面塑造了一个细腻、精致、刚柔相济的品牌形象，另一方面，其字体的排列与组合极具瑞士羊绒品牌的设计风格，暗示该公司的产品要挑战世界一流的品牌。具体形状如图 3－10 所示。

图 3－10　上海圣雪绒制品有限公司的品牌标识

随着一系列字母型品牌标识的成功传播，字母型品牌标识的设计有了较大的发展，其中，在字母型品牌标识的设计中，由于英文字母的世界通用性，因此，字母型的品牌标识设计主要以英文字母设计为主。

虽然字母本身不带有任何感情色彩，但经过精心的设计，使之具有一定的独特形状，就可以增添一些带有想象力的感情色彩，从而提高它的视觉吸引力和识别能力。

从前面的例子可以看出，运用字母造型，关键在于字体的个性和编排的设计，要力争巧思奇想，突出疆界，独树一帜，给人们留下深刻的印象。

(2)字词型。字词型的品牌标识是指由某种文字的字词经过巧妙的构思和特殊的书写造型而成的标识。

例如，深圳世界之窗，其品牌标识是由英文单词“World”经过巧妙的构思和特殊的造型书写而成的。单词“World”中的字母“o”刻意设计为地球形状，其标志设计寓意为深圳世界之窗面向全世界的游客。具体字形如图 3 – 11 所示。

图 3 – 11　深圳世界之窗的品牌标识

又如，古井贡酒，其品牌标识是由汉字“古井”两个字经过巧妙的构思和特殊的造型书写而成的。从整体上看，上部的横直交叉构成一个双“十”字，与下部的圆圈组成一个“古”字。同时这双“十”字本身就是一个“井”字，相互配合，十分默契。字与字之间的配比也十分严谨，没有任何雕饰意味，简洁、质朴。“古”与“井”形成的线面组合，单纯而强烈，对人的视觉和心理可以造成巨大的冲击，从而为消费者对企业建立信任感提供了强有力的识别信息。具体字形如图 3 – 12 所示。

再如，“香格里拉”干红，其品牌标识是由“香格里拉” 4 个汉字经过藏文形态的特殊处理而构成的。它一方面有效地揭示了藏族文化的内涵，另一方面又体现了汉字与藏文形态的相互融合，给顾客产生一种全新的感觉。具体字形如图 3 – 13 所示。

图 3 – 12　古井贡酒的品牌标识

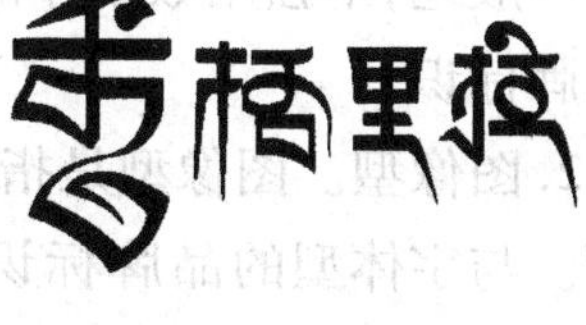

图 3 – 13　香格里拉干红的品牌标识

从世界范围来看，在字词型的品牌标识设计中，汉字具有很大的优势。因为中华民族具有数千年的历史，汉字也经历了数千年的变化，有着博大精深的文化内涵和非同凡响的艺术魅力。从起源上来看，汉字多种多样，有象形、形声、会意、指事、转注、假借 6 种形式；从书写上来看，汉字书法已经发展成为一种多姿多彩的艺术；从字体上来看，汉字风格多样，有真、草、隶、篆、行书、飞白、八分、简汉、魏碑等多种书写体和现代印刷体。可以说，汉字所具有的文化内涵和艺术魅力非其他任何文字所能比拟。这为我国企业设计具有民族文化特色的品牌标识提供了得天独厚的有利条件,其中的奥妙可供我们深入挖掘。

(3)数字型。数字型的品牌标识是指由某种文字的数字经过巧妙的构思和特殊的书写造型而成的标识。这种品牌标识主要是以阿拉伯数字、罗马数字和汉字大写数字为设计元素,经过美术字的造型而构成。其中,以阿拉伯数字为设计元素运用得最多。这是因为:①阿拉伯数字具有更广的世界通用性;②阿拉伯数字能够创造风格各异、变化无穷的各种形态,具有很强的视觉表现力。例如,英国著名的"555"牌香烟,其品牌标识是由3个"5"字整齐排列组成的。其造型简洁明快,充分展示了企业的活力和气派,十分引人注目。具体造型如图3-14所示。

图3-14 "555"牌香烟的品牌标识

一般地,单独用数字作品牌标识的比较少,可以结合其他设计元素共同塑造品牌标识。

2. 图像型。图像型是指由某种经过构思和设计的图像而组成的品牌标识类型。与字体型的品牌标识相比,图像型的品牌标识在外观上更生动、更传神、更便于记忆。因此,图像型的品牌标识较字体型的品牌标识更普遍。一般地,人们把图像型的品牌标识,称之为图标(Symbol)。

从图像的意象性的高低不同来看,可以把图像型的品牌标识分为具象型和抽象型两种类型。

(1)具象型。具象型是指高意象性图像的品牌标识类型。图像的高意象性,意味着人们看到图像后能够很快地唤起心理图像和联想,例如,人们看到麦当劳叔叔的形象,就很快地联想到麦当劳快餐店,这就意味着麦当劳叔叔的形象具有很高的意象性。要使品牌标识设计的图像具有高意象性,可以选用人们熟悉的人物、动物、事物或其他有关联的物象作对象，然后以概括、简约或夸张的形式将它表现出来，并反映品牌的内涵，让人们在想象中对品牌产生丰富的联想。

例如，法国“米其林”轮胎，全球最大的轮胎制造商品牌，其品牌标识采用 Bibendun 先生手推轮胎的亲切造型，其图像简洁、谐趣、亲切，旗帜鲜明地揭示出了公司的主营业务，使人们一看，就知道公司的经营方向。具体图像如图 3－15 所示。

图 3－15　米其林轮胎的品牌标识

又如，世界著名服装品牌“花花公子”，其品牌标识由颇具绅士风度的公兔组成，其图像很好地表现了这一服装品牌的个性，男士们看到该标志图像之后，很容易产生一种尊严、地位、潇洒、风流的体验。具体图像如图3－16所示。

再如，广州花园酒店，是广州市一家著名的五星级酒店，其品牌标识由 3 朵广州市花木棉花组成，其造型寓意酒店有稳固发展的根基和实力，同时其造型又酷似我国的传统艺术品，和谐柔丽、美轮美奂，尽显酒店高尚气派，散发出其“尽汇都市繁荣，紧握城市脉搏”之风格魅力。具体图像如图 3－17 所示。

图 3－16　花花公子的品牌标识

图 3－17　广州花园酒店的品牌标识

(2)抽象型。抽象型是指低意象性图像的品牌标识类型。品牌标识图像的低意象性,意味着人们看到品牌标识图像不能较快地唤起心理图像和联想。抽象型的品牌标识之所以具有低意象性,是因为其设计元素取自人们不大熟悉的人物、动物、事物或其他有关联的物象,是一些象形图像的抽象延伸。品牌经营的某种精神和理念暗含其中,不易被人们很快地理解。但是,抽象型的品牌标识设计得好,也能够使人们产生一种回味无穷的神秘感。

例如,亚泰集团的品牌标识是由3个字母A组成的3个人字的抽象型图像。3个人字代表亚泰集团的经营理念——以人为本。同时体现该集团是由日本、我国香港、内地3方共同投资组成的公司。3个字母"A"代表该公司经营航空、金融和电子业务,图像似飞机尾翼,用以表现该公司是以航空产业为主体。整个图像呈金字塔形,试图带给人们一种稳健向上发展的视觉冲击力。具体图像如图3-18所示。

图3-18 亚泰集团的品牌标识

由于抽象型品牌标识图像的低意象性,因此,与具象型品牌标识相比,抽象型品牌标识比较少。

3.综合型。综合型是指由字母、字词或数字与图像、象征物融为一体的品牌标识类型。与字体型和图像型相比,综合型拥有更多的表现空间和更丰富的艺术语言,在传递信息和品牌标识方面更趋明确,内涵也更深刻,因而可以给人们带来更强大的视觉冲击力。

例如,世界第一品牌"可口可乐",其品牌标识是由草写的"Cocacola"英文字体和颇具韵律感的波纹线所组成。波纹线犹如呈"S"形的飘带,仿佛乘风破浪前进中的帆船,再加上选用的标志色彩红色,给人耳目一新的感觉,极具激情与活力,长期以来,在消费者心目中留下了深刻的印象。具体标识如图3-19所示。

又如,国内著名品牌"美的",其品牌标识由中文"美的"和英文"Midea"组成，并通过英文“Midea”的首字母“M”延伸出来的椭圆形设计，寓意“美的”集团致力于创新、完善与和谐的企业宗旨。同时，“M”的椭圆形设计还传达出日夜、天地之间的能量和平衡，尖角和平滑圆弧的融合喻示着“美的”对尖端科技和生命关怀的追求。品牌标识的颜色选择了“美的”的标准红和标准紫色，突出了“美的”集团的独特性和现代性。具体标识如图 3－20 所示。

值得指出的是，综合型并非简单地在字体型或图像型的基础上添砖加瓦，而是要有整体构想和设计。可以是字图一体，以形会意，作整体变形；也可以是字图各方，各显其能，使人耳目一新。

图 3－19　可口可乐的品牌标识

图 3－20　“美的”的品牌标识

与字体型和图像型相比，综合型品牌标识具有更多的优势，因而在现代品牌标识设计中运用得最多。

（三）品牌标识设计的方法

按理讲，只要符合国家的有关法律、法规，任何形式的品牌标识设计都是可以的。但从提高消费者的品牌意识，便于品牌传播和记忆以及积累品牌资产的角度来讲，品牌标识的设计符合国家有关法律、法规只是最基本的要求，品牌标识的设计还应寻找一些更有效、更有力的方法。下面提供几种有效的方法供大家参考。

1. 品牌标识与品牌名字相结合。品牌标识与品牌名字相结合，就是要通过一定的表现形式将品牌名字反映到品牌标识中去。这种做法可以达到由此及彼的联想记忆效果。具体来讲，可以有以下几种结合：

（1）品牌标识完全由品牌名字构成。即以品牌名字全称的某种字体作为品牌标识，如前面提到的“古井”贡酒、“香格里拉”干红、“555”牌香烟、“可口可乐”饮料以及人们熟悉的“索尼”、“诺基亚”、“英特尔”、“海尔”、“海信”、“康佳”、“娃哈哈”等品牌标识就是如此。

（2）品牌标识与品牌名字意思明显一致。即品牌标识图像直接反映品牌名字所表达的含意。很显然，这种品牌标识图像主要属于具象型品牌标识类型。如人们熟悉的“柯达”“阿迪达斯”“百事可乐”“雀巢”“苹果”“熊猫”“永久”“劳力士”“爱立信”“伊利”“蒙牛”“健力宝”“旺旺”等品牌标识就是如此。

(3)品牌标识图像含蓄地表达品牌名称的内涵。很显然,这种品牌标识图像主要是抽象型品牌标识类型,如人们熟悉的“迪斯尼”“奔驰”“奥迪”“别克”“宝洁”“壳牌”“希尔顿”“米其林”“固特异”“中国联通”“国航”“南航”等品牌标识就是如此。

(4)品牌标识由品牌名称的个别字母或字词组成,如人们熟悉的“肯德基”“摩托罗拉”“通用汽车”“IBM”“宝马”“惠普”等品牌标识就是如此。

2. 力求简单明了。如前所述,品牌命名要做到易读易记,实质上就是要简单明了。同样,品牌标识设计也要如此,要尽量做到设计出来的标志让顾客一看就明白,例如,麦当劳金黄色的拱门“M”,耐克的钩形符号“√”,顾客一看就能记得住。为了让品牌标识设计简单明了,可以从这样几个方面入手:①品牌标识设计造型要尽量简约、均衡;②品牌标识要尽量与品牌名称相一致;③要尽量选择人们熟悉的人、事、物、景等作为品牌标识的设计元素,增强人们对品牌标识的熟悉感和亲近感。

3. 力求突出特色。品牌标识主要是起到识别的作用,让人们看到之后,记得住、想得起。而要达到这一效果并非简单的事情,必须做到标志设计有特色。如果已有的标志设计没有特色,就应该进行一定的修改。如何使品牌标识设计有特色呢?总的来讲,就是要树立或突出某种视觉设计风格,能够给人们带来一种美感。具体来讲,可以从这样4个方面入手:

(1)选择适当的字体。每种文字都有各种各样的字体,不同的字体有不同的风格和形状,可以给人们带来不同的感受,例如,手写体显得比较随意,以手写体为设计风格,往往可以体现以人为本的品牌经营理念;印刷体看起来比较工整,以印刷体为设计风格,往往喻示着稳健、庄重的品牌经营理念;高而窄的瘦金体可以使人产生一种幽雅感;大而圆的无截线字体可以使人产生一种友好、亲热感。因此,灵活运用字体可以产生不同的视觉感受。另外,在选择字体时要特别注意这样两点:一是要考虑品牌所经营的领域,即字体要与品牌的行业特性相符合;二是要凸显文化性,即字体的使用要考虑到当地的文化特征。这样才有助于建立品牌的差异化和个性化。

(2)善用恰当的颜色。颜色作为品牌形象的重要组成要素之一,从最原始的形式传达着品牌的文化、理念和情感的行业特征，并且当品牌具备很强的形象识别时，提到某个品牌，消费者就能同时联想起它们的色彩，比如提到IBM，人们就会想起它的蓝色；提到可口可乐，就会记起它的红色。

颜色可以表达一定的情感，例如，红色被认为是热情的象征，令人激动；黄色则代表高兴、愉快和坚持，同时也是一种刺激的信号；绿色象征和平、环保；蓝色代表冷静、科技和高雅；黑色让人感觉稳重、神秘，有时也代表恐怖和伤感；白色象征纯洁、开朗，有时也代表死亡；金色和银色让人感觉明亮、豪华，联想到大气富贵，同时也体现质感，但金色略显张扬，银色则更体现内秀和注重品位。

另外，颜色的使用还会受不同文化背景和使用环境的影响。例如，中国传统的喜庆婚嫁符号不宜用白色，而西方则推崇之至，视之为纯洁。即使在中国本土，也有同一颜色使用的不同忌讳。颜色的使用还会受使用环境的限制，如红色给人热情，但同时让人兴奋紧张，人们无法在有大面积红色的环境中呆太长的时间。例如，快餐店使用红色就较恰当，而咖啡厅过多地使用红色就让人坐立不安。在医院里，忌讳使用零散的、不规则的特别是圆形的红色块，因为它会使病痛中的患者联想到血迹而感到不安，同时也应避免使用大面积的红色，这会使病人的情绪过于激动而不利于恢复健康。

因此，当为品牌标识选择颜色时，应该全方位地从品牌传播区域的文化背景、行业特征以及色彩本身来考虑选择最适当的颜色。

（3）使用独特的形状。形状是品牌标识识别中最具特色的要素。例如，"苹果""耐克"等众多品牌标识识别之所以引人注目，主要在于标识形状的独特性。与字体、颜色相比，形状更加多种多样，而且随着时间和市场的变化，形状便于更改。因此，在品牌标识设计过程中，要充分发挥形状的独特作用。

（4）设计具有联想力的象征物。象征物是一种特殊的品牌标识，它主要通过有生命的事物（如迪斯尼的小动物）或活生生的人物（如万宝路牛仔、麦当劳大叔）来表现，可以展示品牌个性，具有丰富的联想力，因而，容易引起人们的兴趣，具有很好的识别效果。尤其是在广告和包装设计中，其识别效果非常明显。因此，要使品牌标识独特化，具有很好的识别效果，可以考虑设计具有联想力的象征物。

为了把握品牌标识的新动向，读者可以登录著名的标识信息发表网站LogoLounge.com浏览其发布的标识设计的最新趋势。

三、品牌广告要素的选择策略

（一）品牌广告要素的内涵

品牌广告要素是指品牌构成中的广告语和广告曲通过有声语言与印刷语言传递品牌信息的识别部分。很显然，品牌广告要素包括广告语和广告曲两部分。

广告语是用来传递有关品牌的描述性或说服性信息的短语。广告语通常出现在广告中，但在包装和营销方案的其他方面也起着重要作用。广告有平面印刷广告和影视媒体广告之分，因此，广告语既可以出现在平面广告当中，也可以出现在影视广告当中。这就意味着广告语既可以通过印刷语言来传递，也可以通过有声语言来传递。广告曲是指描写品牌的音乐信息，也可以看做是延伸的音乐广告语，基本上是通过影视和有声语言来传递的。

从传递信息所产生的效果来看，通过有声语言传递信息的效果比印刷语言要好得多。这是因为：①听觉比视觉对信息的理解速度快。据大量调查显示，人类大脑理解一条有声语言只需 140 毫秒，而理解一条同样信息的印刷语言却需要 180 毫秒。②在短期内，听觉比视觉所接受的信息持续时间长。研究成果表明，视觉所看过的信息，不管是文字，还是图像，如果不经过大脑活动和有效的分析，在 1 秒钟内就会消失，而听觉所听过的同样信息，能够在大脑持续 4 ~ 5 秒。③大脑在理解信息之前，必须把眼睛所看过的印刷语言转化成相应的有声语言。人的思维是处理声音的过程，而不是处理图像的过程，耳朵驱使眼睛工作。因此，研究成果表明，大脑靠耳朵运转，而不是靠眼睛运转。④消费者更喜欢声音。许多证据表明，消费者更喜欢用耳朵接受和传递信息，而不是眼睛。这是因为，人类的声音本身带有情感的流露，而单纯的印刷语言却没有。另外，在有声语言中，声音有语调和节奏感，这样可以促进人们理解信息，而印刷语言却没有①。因此，要发挥品牌的广告识别效果，主要应运用好有声语言这一传播手段。尤其应注意的是，在影视广告中，要注意不能让画面和图像压倒声音，否则，观众接收的信息就会很少。

---

① ［美］杰克·特劳特、史蒂夫·瑞维金著，李达栓译：《新定位》，中国财政经济出版社，2002 年版，第 143 ~ 149 页。

（二）品牌广告要素的设计

从品牌广告要素的内涵来看，其设计包含广告语的设计和广告曲的创作两个方面。

1. 广告语的设计思路。广告语是概括广告中的描述性与说服性信息的点睛之笔，显然，它是品牌宣传的有力武器，是快速有效地建立起品牌资产的重要力量。而要发挥广告语的作用，关键是要设计打动人心的广告语。如何设计动人的广告语呢？方法有很多。下面提供几条基本思路：

（1）利用品牌名称设计广告语。这样设计出来的广告语，通过不断地传播，可以提高公众的品牌意识和树立品牌形象，例如，“雀巢”品牌的经典广告语——“选品质，选雀巢”，将品牌名称寄于广告语之中，大大提高了“雀巢”品牌的知名度，同时，还有效地树立起了“雀巢”品牌的形象。

（2）将品牌与相应的产品门类放在同一广告语中，使二者紧密地结合起来。这样设计出来的广告语，通过不断地传播，可以强化品牌定位，指明产品的特殊之处。例如，“格力”品牌的经典广告语——“好空调，格力造”，就强化了“格力”空调的品牌定位和“格力”空调的品质。

（3）围绕消费者的心理需要进行设计，让广告语具有煽情的效果，例如，娃哈哈纯净水的广告语——“我的眼里只有你”，非常具有煽情的味道，让千百万消费者记忆深刻。

（4）围绕品牌的核心价值设计广告语。例如，“耐克”品牌的核心价值提炼为“专一敬业，超越自我”，因此，其多年的广告语“想做就做（Just do it）”和新近的广告语“我能（I can）”充分体现了公司品牌的核心价值。又如，“汇源”品牌的核心价值是“为了健康”，因此，其广告语“喝汇源果汁，走健康之路”、“汇源百分百” 充分体现了公司品牌的核心价值。很显然，按这种思路设计广告语，就要求品牌本身必须要有自己清晰的核心价值和明确的经营理念。值得指出的是，品牌的核心价值一旦提炼出来之后，一般不要轻易变动，但是，围绕品牌核心价值设计的广告语，却必须做到与时俱进和与市俱进。即要根据时间和市场的变化，不断更新广告语，让广告语不断吸收时尚和现代元素，从而确保品牌形象不断进步。

相比较而言，广告语是品牌要素中最容易更改的要素，因此，广告语的更改具有很大的灵活性。但更改的灵活性，并不意味着可以随便进行更改，而是要改得及时、改得恰当。为此,在更改广告语时,要注意这样几点:①要分析广告语是如何提高品牌知名度、树立品牌形象和建立品牌资产的;②要确定在多大程度上还需要增强这种品牌资产;③尽可能多地保留广告语中尚有价值的成分,同时注入所需要的新的含义,从更好的途径增强品牌资产。在多数情况下,对现行广告语进行适当的修改比引入一个全新的广告语更有效。可口可乐饮料品牌自诞生以来围绕可口可乐"经典的、原创的、美味的、令人兴奋的、无处不在的、自由的"这些品牌价值主张设计了一系列经典的广告语,可以为我们提供一些有益的借鉴。其具体设计的一系列广告语见案例3－5。

案例3-5

百年可口可乐的经典广告语

1886年:请喝可口可乐(Drink Coca－Cola)

1904年:味道甜美而清爽(Delicious and Refreshing)

1905年:可口可乐使你精神焕发,给你力量(Coca－Cola Revives and Sustains)

1906年:伟大的全国性饮料(The Great National Temperance Drink)

1917年:每天300万瓶(Three Million A Day)

1922年:口渴是没有季节的(Thirst Knows No Season)

1925年:每天600万瓶(Six Million A Day)

1927年:无处不在(Around the Corner From Everywhere)

1929年:为你充电(The Pause That Refreshes)

1932年:冰凉的阳光(Ice－cold Sunshine)

1938年:口渴曾经拥有的最好的伙伴(The Best Friend Thirst Ever Had)

1939年:可口可乐与你同行(Coca－Cola Goes Along)

1942年:无论你在哪里,无论你做什么,无论到哪里去,当你想到清爽的时候就会想到清凉的可口可乐(Wherever You Are , Whatever You Do , Wherever

You Think of Refreshment, Think of Ice－cold Coca－Cola)

1942 年:只有可口可乐才像可口可乐,这是一种真正的可乐(The Only Thing Like Coca－Cola Is Coca－Cola Itself, It's The Real Thing)

1948 年:哪里有可口可乐,哪里就有温馨(Where There's Coke, There's Hospitality)

1949 年:可口可乐……达到任何地方的高速通道(Coca－Cola …Along the Highway to Anywhere)

1952 年:你所想要的就是可口可乐(What You want Is A Coke)

1956 年:可口可乐……锦上添花(Coca－cola…Making Good Things Taste Better)

1957 年:美味的标志(Sign of Good Taste)

1958 年:冰爽味道的可口可乐(The Cold, Crisp Taste of Coke)

1959 年:真正的清爽(Be Really Refreshed)

1963 年:可口可乐使事情变得更好(Things Go Better With Coke)

1970 年:这就是正宗的(It's The Real Thing)

1971 年:我想给世界买一瓶可口可乐(I'd Like To Buy The World A Coke)

1975 年:看看美国的生活(Look Up America)

1976 年:可口可乐点缀生活(Coke Adds Life)

1979 年:拥有可口可乐、拥有微笑(Have A Coke And Smile)

1982 年:这就是可口可乐(Coke Is It)

1985 年:我们给你提供美味(We've Got A Taste For You)

1986 年:紧跟时代潮流(Catch The Wave)

1989 年:难以抗拒的感觉(Can't Beat The Feeling)

1990 年:难以抗拒的正宗可乐(Can't Beat The Real Thing)

1993 年:永远的可口可乐(Always Coca－Cola)

1996 年:这就是可口可乐(Coke Is It)

2. 广告曲的创作。广告曲是描写品牌的音乐信息,具有音乐的性质。音乐虽然也是一种声音,但它是一种高度结构化的声音,有节奏、有旋律,因此,与一般声音相比,更容易识别,更令人喜爱。正因为如此,绝大多数广告往往配有背景音乐,以增强品牌识别效果。

与背景音乐相比，广告曲更具特色，其上口的旋律与动听的歌曲，往往令人心旷神怡，长久地滞留在人们的脑海之中。例如，步步高广告曲——"世间自有公道，付出总有回报。说到不如做到，要做就做最好。——呵，步步高！"给人们留下了深刻的印象，一度成为流行音乐，至今还有不少人传唱。广告曲往往能巧妙而有趣地重复品牌名称，增加消费者接触品牌的频率。又因为广告曲容易上口，消费者在看了和听了广告曲之后也会吟唱，因而能加强品牌的宣传效果。20 世纪初，当有声广告主要局限于无线电广播时，广告曲曾成为创建品牌的重要方式。

广告曲的创作比较专业，需要灵感，通常要由职业作曲家进行创作，因此，尽管广告曲具有很好的宣传效果，但用广告曲作为品牌广告识别要素的还比较少。

四、品牌包装的设计策略

（一）品牌包装的重要性

包装，简单地讲是指用于盛装产品的容器及其他包裹物。它是产品的一个组成部分，同时，也是品牌的要素之一。随着市场竞争的不断加剧，包装的重要性在不断地提升。为什么市场竞争的不断加剧会导致包装的重要性不断地提升呢？从根本上来讲，是因为包装具有自身独特的功能，能够给经营者带来巨大的利润。从功能上来讲，包装主要有两大功能：一是实用功能；二是审美功能。

1. 就实用功能而言，主要体现在以下 5 个方面：

（1）品牌识别的重要途径。包装的外观常常是消费者识别品牌的一个重要手段。

（2）保证和维护产品的使用价值。包装可以有效地保证产品的安全、清洁卫生，防止产品散失、残缺、变质和损失。

（3）便于产品的运输和保护。在产品的运输、装卸和贮藏过程中，包装起着守护神的作用。

（4）便于产品的储存消费。在家庭消费中，包装具有很好的储存作用。

（5）广告宣传中的重要角色。品牌包装常常在广告宣传中扮演着十分重要的角色，据国外对 10 项大众市场产品门类的 200 个电视广告的调查研究显示：平均而言，30 秒钟的广告中大致有 12 秒钟在放映包装；对于新产品或更新的包装，放映的时间则更长一些。广告印刷品更是突出产品的包装。这样做，非常有利于提高受众的品牌意识。

2. 就审美功能而言，主要体现在以下两个方面：

(1)传递品牌信息，能够建立或加强品牌联想。例如，人们看到红色瓶装的可口可乐，就容易对它产生一种青春、自由、激昂的联想。

(2)提供审美体验，促进消费者对产品和品牌的偏爱和购买兴趣。好的包装，具有极大的审美价值，能够强烈地吸引消费者的眼球和购买兴趣，给消费者提供良好的审美体验。因此，包装具有广告和推销作用，有人将它称为“沉默的推销员”。

近年来，随着品牌的不断增多和广告有效性的降低，以及产品同质化的不断突出，品牌的包装设计越来越重要。包装被认为是建立品牌资产的极其节约成本的途径。

(二)品牌包装的设计

包装的确具有多方面的作用，但能否发挥其作用，关键在于包装的设计与制作。就品牌包装的识别作用而言，主要是处理好包装的结构设计，问题，即如何处理好包装的美学功能成分与实用功能的关系。

如何做好包装的结构设计，发挥包装的识别作用呢？从实践经验来看，就是要做到“目”。所谓目，即醒目。要发挥包装的识别作用，引起消费者的注意，包装设计必须要有新颖别致的造型、迷人的色彩和美观精巧的图案。这三个方面是形成醒目效果的条件。

1. 造型要新颖别致，就是要有自己的特色，要与众不同。与色彩和图案相比，包装造型更能引人注目。因为，色彩和图案的选择往往是有限的，而造型是多种多样和多变的，因此，包装造型往往是品牌包装识别的重要手段，是形成产品和品牌差异化的重要途径。例如，人们看到“可口可乐”品牌，其红色的标识虽然引人注目，但更令世人难忘的是它1915年推出并获得专利的波形瓶。因此，在包装造型方面，可以充分发挥想象力，设计和制作新颖别致的造型。

2. 包装的色彩是形成醒目效果的重要因素，甚至有人认为它是引人注目的第一要素。一些包装设计家认为，消费者对产品有一种“色彩词汇”，期望某类产品具备一种特定的外观。例如，他们认为，牛奶若不装在白色纸盒内，出售就会极为困难。同时，消费者对某些品牌也拥有相应的“色彩属性”，其他品牌若使用相似的外观色彩,则会步履维艰。例如,红色的"可口可乐"碳酸饮料品牌、蓝色的"IBM"电脑品牌在消费者心目中已经占据了首要位置,其他碳酸饮料产品用红色包装,其他电脑品牌用蓝色包装就难以吸引消费者的眼球。因此,包装色彩设计必须以吸引消费者视觉体验为中心。

如何设计迷人的包装色彩吸引消费者的眼球呢?这里提供几条思路:

(1)包装的色彩要在竞争商品中有清楚的识别性。

(2)包装的色彩设计要有较高的明视度,并对文字有很好的衬托作用。

(3)包装的色彩要很好地象征商品的内容。

(4)包装的色彩设计要与其他设计元素和谐统一,有效地表示商品的品质与分量。

(5)包装的色彩设计要为购买阶层所接受。

(6)包装的色彩在不同的市场、不同的陈列环境中都能充满活力。

3. 包装的图案也是形成醒目效果的重要因素。一般来说,包装图案要以衬托品牌标识为主,充分显示品牌标识的特征,使消费者从品牌标识和整体包装的图案中能立即识别某一品牌。

具体来说,要发挥品牌包装图案设计的识别作用,可以采取这样两种方法:

(1)文字、字体、颜色、用语一体化。即包装图案的文字、字体、颜色与用语同品牌名称、品牌标识的文字、字体、颜色和广告宣传上的广告语相一致。这样可以加深消费者对品牌的识别和记忆。

(2)包装形象生动化。即在包装图案上装饰具有一定个性的动物或人物形象,以强化人们对品牌的印象,如海尔小兄弟图像贴在海尔产品外观上,给人们留下了深刻的印象。

五、品牌要素识别的融合

如前所述,每种品牌要素都有自己的识别特征和优势,它们在建立品牌识别和品牌资产方面各自扮演着不同的角色。但与此同时,每种品牌要素也有自己的不足,为了使品牌识别效果最佳和品牌资产最大化,从理论上讲,可以将各种品牌要素进行组合和匹配,使其有机地融合起来,从而做到优势互补。例如,一个有寓意的品牌名称,如果能够通过标识在视觉上表现出来,就比没有标识更容易让顾客记忆。品牌识别的融合性取决于品牌要素一致性的程度,因此,在理想的情况下,品牌要素应能互相支持,且能方便地应用到品牌及营销方案的其他方面。

下面根据品牌要素选择的标准对各项品牌要素作用的强弱进行简单概括。见表3－1。[①]

表3－1　从品牌要素选择的标准看各项品牌要素作用的强弱

品牌要素 / 要素选择标准	品牌名称	标识和图标	广告语	包装
显著性	可突出品牌识别，提高品牌知名度和联想	可突出品牌识别，提高品牌知名度和联想	可加强品牌识别和品牌联想	可加强品牌识别和品牌联想
记忆性	可加强品牌回忆与认知	一般对品牌认知更有效	可加强品牌回忆与认知	一般对品牌认知更有效
含意性	可增强几乎所有的品牌联想，虽然有时是间接的	可增强几乎所有的品牌联想，虽然有时是间接的	可明确传达几乎所有的品牌联想	可明确传达几乎所有的品牌联想
转换性	有一定局限性	极好	有一定局限性	好
适应性	困难	典型情况下需重新设计	有时需重新设计	典型情况下需重新设计
保护性	一般不错，但有局限性	极好	极好	易被模仿

案例3-6

如何看待著名公司接连不断更换标识

随着企业的发展，品牌要素对于企业的重要性愈发显现，如今企业品牌标识的更换速度也越来越快。20世纪50年代以前，企业平均每隔20年才更新一次标识，而进入90年代以来，企业更换标识的时间已缩短为5到8年，进入21世纪，国内外著名公司接连不断更换标识。

① Kevin Lane Keller. Strategic Brand Management，Prentice Hall，1998，P166.

一、联想换标

2003年4月28日，联想正式将旧标识"legend"换成了"Lenovo"，并召开发布会。人们不禁疑问联想更换品牌标识的寓意，联想集团的解释是：最直接的原因就是企业国际化的需要；另一个原因是进一步梳理并明确联想的品牌内涵。见图3-21、图3-22。

图3-21　联想旧标识

图3-22　联想新标识

国际化是联想今后的工作重点。为此，首先需要一个可以在世界上畅通无阻的、受人喜爱的英文标识。因其一直沿用的"legend"英文标识在国外的很多国家已经被注册，为了满足公司国际化业务拓展的需要，联想将标识更换为"Lenovo"。

从2001年开始，联想确定了"高科技的、服务的、国际化的联想"的愿景目标，并希望在IT领域中跃上"多元化发展、技术领先、国际大型企业规模"的新台阶。为此，联想启动了技术创新与服务转型战略并取得重要进展，公司按照前台、后台、服务三大领域布局，使产品和服务体系日趋完善。在这样的背景下，联想需要考虑如何进一步清晰并发展联想的品牌内涵，使之更好地与公司战略愿景相结合。通过这次标识切换，联想进一步明确了品牌内涵。

联想新标识的内涵有四个方面：一是诚信；二是优质专业服务；三是创新有活力；四是容易。因而，更换品牌标识也是企业发展的必然要求。

联想品牌新标识"lenovo"中的"novo"源于古老的拉丁词根，代表"新意，创新"；而"le"代表现有的"legend"，整个名称的寓意为"创新的联想"，更有效地传达了联想"科技创造自由"的理念，并注入了更多新的活力。

因为切换标识，联想集团为这个缔造多年的品牌付出了不小的代价：①直接设计成本。据有关媒体估算，联想集团切换新标识花费高达400万元，业内人士认为，直接成本上亿元；②为了推广新标识，需要花相当大的成本对旧标识的产品进行处理和改造；③短期内新旧品牌标识的切换会造成市场上的一定混乱。

据联想集团调查，大多数中国用户，他们在购买联想产品的过程中，能够记住的主要还是"联想"两个字，而不是legend这个英文单词。为了减少品牌标识切换造成的损失，在国内，联想集团依然把“联想”两个汉字放在一个非常突出的位置，以减少对产品销售造成的不良影响。

二、海尔启用新标识

2004 年 12 月 26 在主题为“20 年 · 1000 亿 · 世界的海尔”的研讨会上，海尔集团发布了海尔新的标志。见图 3 – 23、图 3 – 24。

图 3 – 23　海尔旧标识

图 3 – 24　海尔新标识

海尔新标志的汉字是中国传统的书法字体，显示了动态与平衡的核心理念以及变中有稳的设计风格。每一笔都蕴含着勃勃生机，视觉上有强烈的飞翔感，充满活力，寓意着海尔人为了实现创世界名牌的目标，不拘一格，勇于创新。同时，在“海尔”这两个字中都有一个笔画是在整个字体中起平衡作用的，这就是“海”字中的一横和“尔”字中的一竖。“横平竖直”使整个字体在动感中又不失平衡，变中有稳。

与汉字新标识相比，英文新标志整体结构简约，显示海尔组织结构更加扁平化，每个人更加充满活力，对全球市场有更快的反应速度。英文标志每笔的笔画比以前更简洁，共 9 画，“a”减少了一个弯，表示海尔人认准目标不回头；“r”减少了一个分支，表示海尔人向上、向前的决心不动摇。英文海尔新标志的设计核心是速度，因为在信息化时代，组织的速度、个人的速度都要求更快。

中英文组成的海尔新标志，相比原来标志，更强调了时代感，同时延续了海尔 20 年的品牌文化。

三、英特尔标识切换，展开品牌重塑计划

2006 年 1 月 4 日，英特尔正式更换使用了 37 年的公司标识并展开品牌重塑计划。

新标识中，“Intel”五个字母周围有一个圆圈。与此同时，英特尔闻名全球的“intel inside”标语也将改为“Leap ahead”。“Leap ahead”取自创始人罗伯特 · 诺伊斯的经典言论：“不要被历史所束缚，要走出去创造更美好的未来。”见图 3 – 25、图 3 – 26。

这次换标事件标志着，英特尔与37年CPU历史说再见，目标指向消费电子产品领域。由于新的战略定位不同，“intel inside”时代也就结束了它的历史使命。新标识剑指“超越未来”，英特尔明确表示这次换标识是自身发展的一个里程碑。

图3－25　旧版Intel标识和1991年推出的著名的“Intel Inside”标识

图3－26　新版Intel标识和Leap ahead

四、李宁品牌大换标

2010年6月30日，李宁有限公司发布公告，宣布揭晓李宁品牌重塑计划，其中包括李宁品牌标识和口号的更改。

新的品牌标识名为“李宁交叉动作”，融合了李宁自创体操动作和“人”形创意，象征着“突破、进取、创新”，充分体现了运动的速度感、民族的文化感和体育的人文感。“让改变发生”的新口号取代了“一切皆有可能”。新标识和口号共同组成了李宁品牌的新标志，同时也保留“一切皆有可能”的口号和旧标识，并作为一条生产线继续沿用，李宁公司希望使其成为经典品牌资产。见图3－27、图3－28。

图3－27　李宁品牌旧标识

图3－28　李宁品牌新标识(2010年7月后)

李宁公司认为，新的标识和口号标志着李宁在产品和品牌创新上的全面提升，以全新重塑李宁品牌形象、引领中国运动行业升级进化、与新一代消费者进行深层次沟通、强化品牌忠诚度为设计思路。

此次李宁换标对于公司而言还是伴随着巨大的风险的。即便准备了3

年，时任李宁公司的首席执行官（CEO）张志勇坦承，李宁的换标和品牌重塑之路不可能一路坦途。

“从暂时风险的体现来说，第一个就是老LOGO（标识）的存货，因为我们不能预见新LOGO出来对老LOGO会造成什么影响，因为产品是一级一级上升的，这个产品越来越多，那个产品越来越少。根据我们以往的经验，存货要在24个月全部清掉，所以我们要加速做这个事情。”张志勇说，因为自己没有这方面经验，而国内换LOGO的公司也只有联想公司成功实现了转换。

此外，张志勇的第二个担心在于，李宁新LOGO让消费者认知，公司从产品设计到营销都要保持创意的一致性以及持续性。“也就是说，5年之内不同的运动项目之间，所有的创意都要保持一致，这比创意本身重要得多。”

为了降低换标可能带来的风险，李宁公司内部从市场系统、产品系统和销售系统上做出调整。产品设计和研发上，李宁公司原先的服装（包括配件）和运动鞋平行事业部变成了以篮球、跑步、羽毛球等以运动品类为主的矩阵式组织结构。渠道升级上，李宁“第六代店”开始测试。吊环式的门把手、赛场般的地板装饰、中国红等设计元素“新鲜出炉”。全国市场划分为北区、东区、南区，设立三个大区的总经理，根据区域市场进行针对性营销。

李宁转型能否成功，仍有待市场检验。

案例思考题

1. 品牌标识更换有何价值？

2. 如何看待上述四家公司更换品牌标识。

3. 假设你是一家业务遍及全球的跨国公司的老总，现在决定要升级自己的品牌标识，你会怎么做？

复习思考题

1. 什么是品牌要素？

2. 简述品牌要素选择的标准。

3. 简述品牌要素选择标准中适应性的内涵。
4. 简述品牌命名的法则。
5. 品牌命名如何做到短而精?
6. 如何使品牌名称具有丰富的想象力?
7. 简述品牌命名的主要策略。
8. 简述品牌标识的主要表现形式。
9. 简述品牌标识设计的主要思路。
10. 简述广告语设计的主要思路。
11. 简述品牌包装的重要性。
12. 简述品牌包装设计的主要思路。

第四章

品牌创建的营销策略

本章学习要点

品牌的创建需要营销策略来推动。从营销组合的基本构成因素来讲，营销策略包括产品策略、价格策略、渠道策略和传播策略四个方面。与一般的营销策略不同，本章主要从品牌创建的角度分别对产品策略、价格策略、渠道策略进行阐述。品牌创建的传播策略将在下一章进行专门的介绍。

第一节 品牌创建的产品策略

在营销策略中，产品策略是最基本的一种营销策略。之所以如此，是因为一切营销活动必须以产品为基础。同样，在品牌创建的过程中，产品策略也是最基本的一种营销策略。这是因为，产品是顾客体验该品牌，从他人那里听说该品牌，以及公司在宣传中如何向顾客介绍该品牌的基础。因此，在品牌创建的营销策略中，有必要先介绍品牌创建的产品策略。

品牌创建的产品策略，与一般营销中的产品策略有所不同。一般营销中的产品策略，主要从产品本身的角度来论及产品的开发与设计，产品的制造、包装、运送、销售、服务等内容。而品牌创建中的产品策略，主要是从消费者和品牌资产积累的角度来论及如何通过产品这一基础工具让顾客对品牌产生强烈的、有力的和独特的品牌联想和建立对品牌的忠诚，从而建立良好的品牌形象。因此，品牌的产品策略要以消费者和积累品牌资产为中心。理论和实践经验表明，今天的消费者对品牌的产品质量的感知、对产品的真实体验已经成为品牌创建最重要的两大产品策略。这两大产品策略不仅有利于品牌资产的积累，而且也是影响消费者购买行为的两大重要因素，因此，本书主要从这两个方面阐述品牌创建的产品策略。

一、感知质量与品牌创建

由于消费者对品牌的产品质量的感知是影响品牌资产积累的重要因素，因此，在品牌创建的产品策略中，必须提高消费者对品牌感知质量的认识，让消费者对品牌产生积极的、正面的品牌联想，从而树立高品质的品牌形象。

（一）感知质量的含义

从营销学的角度来看，"质量"有两种含义：①从厂商的角度来看，质量是衡量产品的各个方面是否达到规定标准的指标。由于这种规定的质量标准是客观的，因此，人们称之为"客观质量"。判断一种产品客观质量的好坏，一方面取决于相应的质量标准，另一方面，要借助于相应的检测手段来达到。当产品各项技术指标达到规定的要求时，就被认定为产品质量合格，反之，就是不合格。一般来讲，由于有限理性的限制，消费者很难对产品的客观质量作出准确的判断。②从消费者的角度来看，质量是指消费者对一种产品或服务的整体质量或优势的感知，这种感知同其相关选择和想达到的目的有关。由于这种消费者对质量的感知是一种以消费者感觉为基础作出的评价，因此，人们称之为"感知质量"。也有人称之为"主观质量"或"认知质量"。消费者通过对产品质量的感知，在心目中形成高质量产品的标准，然后用这些标准去评价该品牌的形象。由此可见，经营者要树立高品质的品牌形象，不仅要从自身的角度把好质量关，更应该从消费者的角度理解质量的含义，即不仅要重视产品的"客观质量"，更要重视产品的"感知质量"。

如前所述，"感知质量"是以消费者的感觉为基础对产品质量作出的评价，因此具有主观性。这样一来，感知质量与产品的客观质量可能一致，也可能不一致。

一般来说，客观质量好的产品，往往也会得到消费者的主观认可；客观质量差的产品，消费者有时也能识别出来。但有时客观质量好的产品，消费者并不一定也看好；相反，客观质量很一般的产品，有时消费者却感觉很不错。譬如，目前我国市场上大量存在的假冒名牌产品就是如此。这也是假冒名牌产品大行其道的重要原因。

之所以会出现产品的感知质量与客观质量的差异，其原因是多方面的。大致说来，主要有 4 个方面：

第一，判断的标准不一致。感知质量是以消费者的自我主观意识和偏好为中心来进行评判的，而客观质量是以客观技术指标为标准来进行判断的，如此一来，出现产品的感知质量与客观质量的差异实为正常。譬如，我国消费者普遍认为发达国家的产品质量往往是好的，而发展中国家的产品质量往往较差。这种由国别引发的产品质量的联想，就属于感知质量的范畴。而实际上，产品客观质量的好坏并不取决于国别，而取决于产品的构成和技术含量。

第二，知识非对称性信息的存在。所谓知识的非对称性信息是指在交易之前，卖者知道而买者不知道的有关信息的情况。由于如此，消费者不可能对产品的客观质量作出理性的判断。

第三，消费者有限理性的限制。由于受到生理方面和知识方面的限制，消费者的理性是有限的，因而对产品客观质量的认识也很有限，从而很难对产品的客观质量作出准确的判断。

第四，受以往消费体验的影响。譬如，消费者以前使用过某品牌的产品，发现质量很差。那么，因受以往消费体验的影响，即使该品牌的客观质量后来提高了，消费者仍然会认为它的质量不好。

受以上所述因素的影响，产品的感知质量与客观质量的差异经常存在。

此外，就产品的感知质量而言，由于它具有主观性，因此，不同消费者对同一种品牌产品质量的感知结果也不一样。譬如，张三认为某品牌的产品质量好，李四可能认为很一般，而王五则可能认为质量较差。特别是当消费者的经济地位差别很大时，对产品质量的感知差别则较大。例如，我国的许多家用电器，在低收入的农村地区，大家感觉质量很好，但在收入较高的发达城市，不少居民认为其质量还有待提高。

就品牌的感知质量而言，往往还有这样一种现象，即如果消费者对某一品牌现有的质量有良好的感觉，当该品牌推出新的产品时，消费者往往会觉得新产品的感知质量也不错。例如，不少消费者觉得海尔的电冰箱质量很好，因此，当海尔推出洗衣机、电视机的时候，不由自主地觉得海尔洗衣机、电视机也会非常不错。这种情况说明，当企业要树立良好的品牌质量形象时，最好首先推出高质量的产品，让消费者产生好的感知质量印象。

消费者对品牌感知质量的好坏，往往还与其对品牌产品质量的预期密切相关。当消费者对品牌的产品质量预期不高时，企业推出的产品的客观质量可能并不很好，但如果能满足消费者的要求，消费者可能对品牌的感知质量产生好的印象；反之，如果消费者对品牌的产品质量预期很高，企业推出的产品的客观质量也很好，但如果不能达到消费者的要求，消费者可能对品牌的感知质量产生不好的印象。因此，当企业推出新产品时，最好不要宣传过度，而应该使消费者购买和使用以后感到喜出望外。

由于新产品不断地推陈出新，产品的质量在不断地改进和提高，消费者对产品质量的预期也随之上升，因此，如今做品牌，要使品牌的感知质量达到使消费者满意的水准比以往要困难得多。

（二）影响感知质量形成的因素

感知质量是消费者对一种产品或服务的整体质量或优势的感知。显然，感知质量是对产品或服务质量的一种总体性的评价。那么，有哪些因素促成消费者对产品或服务质量作出总体性的评价呢？对此，一些西方学者通过他们的研究提出了自己的看法。下面着重对3种有影响力的质量维度模型加以介绍。

1. 大卫·伽文（David Garvin）的7维度质量模型。哈佛大学的大卫·伽文教授于1985年在美国《商业地平线》杂志上发表了一篇有影响力的论文《产品质量：一种重要的战略武器》①。在该文中，大卫·伽文教授认为，影响产品质量评价的因素主要有7个方面，它们分别是：

（1）业绩（Performance）：即产品的主要工作特性。例如，对汽车而言，产品的主要工作特性包括行驶速度、加速度、操作性能和舒适程度等。

（2）特征（Features）：即对产品主要工作特性起补充作用的次要成分。如汽车是否装有导航系统。

（3）达标质量（Conformance with specifications）：即产品达到规格和无缺点的程度，即有无次品。

① David Garvin. Product Quality: An Important Strategic Weapon, Business Horizons, 27 (May – June 1985), P40 ~ 43.

(4)可靠性(Reliability):即在一段时间内产品使用的稳定性(或一致性)。

(5)耐用性(Durability):即产品预期的经济寿命,即产品能够使用多长时间。

(6)服务性(Serviceability):即产品的服务能力。如服务系统是否有效,服务是否方便。

(7)适宜与完美(Fit and finish):即质量的外观或感觉。如产品外观看起来是否是高质量的产品。

2. Parasuraman. A,V. A . Zeithaml & L. Berry 的服务质量的概念模型。Parasuraman. A,V. A. Zeithaml & L. Berry(1985)在美国《营销》杂志上发表了《服务质量的概念模型和进一步研究的含意》[①]一文,通过对电器维修、银行服务、长途电话、证券、经纪、信用卡等7个服务行业的研究后发现,影响服务质量总体评价的因素主要有5个方面,它们分别是:

(1)有形性(Tangible):即经营者能否提供看得见、摸得着的设备和条件。如实际设施、服务人员的外表能否表现出高品质。

(2)可靠性(Reliability):即能否准确地、可靠地在不同的时间、地点向顾客提供同样的服务。

(3)信任性(Competence):即工作人员是否具备服务所需要的知识与技巧,他们是否自信。

(4)反应能力(Responsiveness):即服务人员能否快速地帮助顾客,提高服务质量。

(5)换位思考(Empathy):即服务人员能否从顾客的角度来考虑问题和解决问题,关心顾客,提供个性化服务。

3. Brucks,M. & V. Zeithaml 的6维度质量模型。Brucks,M. & V. Zeithaml(1991)通过对耐用消费品的质量维度的研究后发现,影响消费者对耐用消费品质量总体评价的因素主要有6个方面[②],它们分别是:

(1)使用的简易性:即顾客能否迅速读懂产品说明书,能否迅速开始使用产品。研究发现,像微波炉、汽车、计算机、摄像机、录音机和割草机等产品,使用的容易程度被看做是感知质量的重要方面。

---

① Parasuraman. A,V. A. Zeithaml &L. Berry(1985). A Conceptual Model of Service Quality and Its Implication for Future Research, Journal of Marketing, P41 ~50.

② Brucks, M. & V. Zeithaml(1991). Price and Brand Name as Indicators of Quality Dimensions, MSI report No. P91 ~130.

(2)功能性:即产品功能的数量和复杂性。

(3)服务性:即顾客获得维修服务的容易程度(包括服务中心是否接近顾客、顾客能否自我维修等);服务人员的反应(包括顾客得到服务约定的容易程度、维修人员是否愿意听从顾客的意见等);服务的可靠性(顾客是否能够在第一时间得到服务)。

(4)耐久性:即产品的寿命,包括在正常条件下工作的持续时间,以及在不利条件下的运作情况。

(5)性能:即产品作用如何,产品性能的稳定性怎样。以汽车为例,马力大小、噪音大小、是否舒适与安全,都是性能的表现。

(6)声誉:即产品本身是否让消费者觉得的确有其自身的优势。

从上面3种有影响力的质量维度模型来看,消费者对产品质量的评价维度,随产品门类的不同而有所不同。

除了上面提到的诸多因素以外,影响消费者对产品质量的感知,还包括消费者对产品的信任情况。因此,要让消费者对品牌的产品质量产生好的感觉,必须提高产品的信任度。

(三)感知质量形成的机理

根据国外学者的研究,消费者对产品质量的认知,从影响因素的来源来看,不外乎两个方面:①产品的内在属性所引起的,称之为内在线索。产品的内在属性是指产品的自然属性,如色彩、质地、功率、噪声、产品寿命等。产品的内在属性,随产品本身的变化而变化,如果产品本身不发生改变,产品的内在属性也不会变化。②产品的外在属性所引起的,称之为外在线索。产品的外在属性包括产品的社会属性和企业属性,如品牌名称、品牌标识、产品包装设计、广告、产品价格等。因此,消费者对产品质量的认知,实质上就是在内在线索和外在线索的双重作用下作出的一种总体判断。但这种判断在最终形成之前,消费者往往有一个归纳产品质量维度的抽象思维过程。这样一来,消费者对产品质量感知的形成机理如图4-1所示。

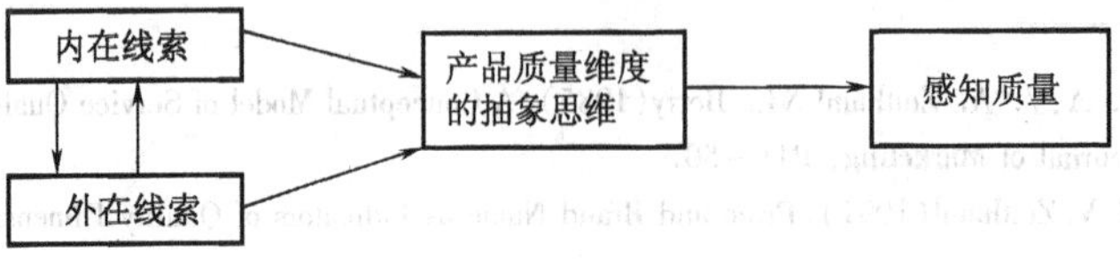

图4-1 感知质量的形成机理

从感知质量形成的机理来看，很显然，如果有好的内在线索和外在线索，消费者可以作出很好的感知质量的判断。但实际上，由于消费者的知识、时间等方面的限制和内在线索提供的信息难以充分等因素，消费者主要是利用外在线索对产品质量作出自我判断。因此，要让消费者对品牌的产品质量产生好的认知，经营者应该在产品的外在属性方面多下工夫。

（四）感知质量的作用

如果说产品是打造品牌的基础，那么，产品的品质更是打造品牌的关键。正因为如此，打造品牌的企业，无一不重视产品的质量。据研究，发达国家90%以上的公司一直都在进行某种形式的质量改进。从产品质量对品牌的影响来看，各种研究表明，从较长的时间来看，相对于竞争者来说，产品或服务的质量是影响品牌业绩最重要的单个因素。

由于产品质量的重要性，曾经使得很多公司引入了“质量功能开发”（QFD）和“全面质量管理”（TQM）的理念（见表4－1），努力使产品质量得到最大重视。但是在执行全面质量管理时，一些公司遇到了问题。主要表现为两个方面：①没有真正理解消费者的需要，忘了“质量必须被消费者感知”这一全面质量管理理念中最重要的一个信条；②为了追求产品的高品质而不计成本。由此可见，在重视产品质量的过程中，必须重视消费者的感知质量。正如营销大师阿尔·里斯所言：“品质或品质的认知存在于买主心中。如果想建立一个强有力的品牌，你就必须在人们的心中建立一个强有力的品质认知。”

表4－1　全面质量管理的信条

• 质量必须被消费者感知
• 质量必须被反映在公司的每一项活动中，而不只是在公司的产品中
• 质量需要全员参与
• 质量需要高质量的合作伙伴
• 质量总是能够改进的
• 质量改进有时需要一点跃进
• 质量并不总意味着高成本
• 质量是必要的，但可能不是充分的
• 仅有改进质量的动力不足以挽救一个低劣的产品

质量或感知质量究竟具有哪些作用呢？从实际情况来看，至少具有如下几方面的作用：

1. 质量是消费者购物主要考虑的因素，在很多情况下，质量是消费者购物最先和最主要考虑的因素。

2. 质量是形成品牌竞争优势的重要源泉。很多著名的品牌就是利用质量来塑造该品牌与其他竞争品牌的差别以突出自己的竞争优势，如沃尔沃汽车、劳力士手表、雀巢咖啡等世界品牌，都是将产品锁定在高品质上，以便区别于其他竞争对手。

3. 质量能增加附加值。被消费者认为高品质的品牌，消费者愿意为它付出比其他普通品牌更高的价格。这样，企业可以通过增加附加值来提高自己的利润。例如，奔驰汽车，虽然其销量不如很多品牌的汽车，但是其利润率却比很多汽车高。

4. 质量能赢得分销渠道。在分销渠道中，分销商在选择产品时，除了考虑利润和品牌知名度外，产品的质量也往往是最重要的考虑因素。因为大多数消费者在购物时，往往主要考虑产品的品质。因此，高品质的产品自然而然会赢得分销商的青睐。

5. 质量有利于品牌延伸。很多研究表明，对品牌质量的判断是影响品牌延伸的主要因素。一般来说，对品牌的质量评价越高，就越有利于品牌延伸；反之，对品牌的质量评价越低，就越不利于品牌延伸。

6. 质量能降低保留顾客的成本。一般地，消费者认可某品牌的质量，即使该品牌减少或很少进行有关的促销活动，消费者仍然会继续购买使用该品牌。相反，一个在质量上没有给消费者留下什么印象的品牌，要让消费者继续购买该品牌，往往需要投入较大的营销费用才有可能达到这样的目的。

（五）提高品牌感知质量水平的思路

既然感知质量是影响品牌形象的重要因素，是打造强势品牌的重要力量，因此，要打造强势品牌，就有必要提高消费者对品牌感知质量的水平。如何提高消费者对品牌感知质量的水平呢？从影响感知质量形成的因素和感知质量形成的机理来看，要提高消费者对品牌感知质量的水平，可以从内在线索和外在线索两个方面入手。

1. 就内在线索而言，由于它是由产品的自然属性所产生的信息，因此，要让消费者对产品产生好的质量认知，就必须提高产品本身的客观质量。为此，企业生产和经营的产品必须至少保证符合行业的规范要求，达到行业标准。

一般来讲，大多数企业主要是利用产品的主要自然属性来提高产品的感知质量。实际上，在今天的市场竞争中，企业要想超过竞争对手，还可以从产品的一些次要属性入手来提高竞争力，把产品做得更细致一些。因为，随着消费水平的不断提高，越来越多的消费者往往从产品的次要属性来判断产品质量的好坏。例如，消费者认为洗衣粉的泡沫多，意味着其去污能力强；清洁剂的柠檬味浓，意味着其清洁力强；小汽车结实的关门声，意味着其有好的工艺和结实安全的车身；番茄酱的浓度越高，其产品质量就越好，凡此等等，这些次要属性日益受到消费者的青睐。遗憾的是，这些次要属性目前还未能得到企业界的应有重视。

2. 就外在线索而言，由于它是由产品的社会属性和企业属性所产生的信息，因此，要让消费者对产品产生好的质量认知，实质上就是要提高产品的感知质量。对此，可以有如下一些方面的基本思路：

(1)命名好的品牌名称。许多研究表明，品牌名称是顾客判断产品质量的关键线索，也就是说，消费者在很大程度上依赖于品牌名称来推断产品质量。这就意味着，在产品客观质量相同的条件下，品牌名称的好坏会产生不同的产品感知质量水平。品牌名称这一因素，虽然在前面论及影响产品感知质量形成的因素中没有提到，但实际上非常重要。因此，要提高品牌的感知质量水平，有必要给产品取一个好的品牌名称。关于品牌名称的重要性，我们在前面的有关章节中已经作了较多的论述，这里不再赘述。

(2)提高产品的感知价值。经验表明，消费者往往将感知质量与感知成本结合起来，对某一产品的价值作出评判，从而作出购买决策和购买行为。因此，要提高品牌的感知质量水平，必须提高产品的感知价值。那么，如何提高产品的感知价值呢？一般说来，有两条途径：

一是要求企业在产品的价值链上为顾客创造更多的价值。按照迈克尔·波特(Michael Porter)的观点，价值链是一个企业用来进行设计、生产、营销、交货以及对产品起辅助作用的各种活动的集合。在这个价值链上，企业创造价值的活动可以分为两大类：①基本活动。也称主体活动，是指涉及产品的物质创造及其销售、转移给买方和售后服务的各种活动，是实质性的生产经营活动。一般可细分为进货后勤(原材料供应)、制造(生产加工)、发货后勤(产品储运)、市场营销和售后服务等5种活动。②支持活动。也称辅助活动，是指支持基本活动，并且内部之间又相互支持的活动。包括企业提供的采购、技术开发、人力资源管理以及企业基础结构。在市场竞争中，一个企业的竞争优势最终是由其产品或服务的价值是否得到消费者的认可以及认可的程度决定的，而消费者是否接受的关键则在于他们对企业提供的产品或服务的价值与其他竞争者提供的产品或服务的价值的比较。当消费者找到他们所要得到的价值并愿意为此支付费用时，企业便在市场上实现了产品或服务的价值，从而在产品或服务的竞争中建立起自己的竞争优势；反之，就会失去自己的竞争优势。所以，企业要想在竞争中获得优势，就必须在价值链上为顾客创造更多的价值。从打造品牌的角度来讲，这一创造价值的过程，实质上就是提高品牌价值含量的过程。一般来讲，品牌的价值含量越高，顾客对品牌产品的感知价值水平也会越高。

二是要降低消费者的感知成本。消费者的感知成本不仅局限于实际的货币价格，还反映在时间、精力以及消费者在作购买决定时任何想到的事物的机会成本上。

这两条途径都很重要，不可偏废。

在提高产品感知价值方面，还必须处理好感知质量与产品价格的关系。由于产品类别的不同，消费者自身知识的限制，以及产品的社会属性和企业属性不同等原因，产品的感知质量与产品价格并不总是存在正相关关系。因此，在某些情况下，产品价格高，给消费者产生一种高质量的感觉；产品价格低，会使消费者产生一种低质量的感觉。但在某些情况下，产品价格高，消费者并不认为它的质量高；反之，并不认为产品的质量低。因此，要处理好感知质量与产品价格的关系，必须以有利于品牌资产的积累为条件。目前，我国市场上很多厂商经常采用低价策略打造品牌，这种方法在短期内的确有利于产品的销售，但从长期来看，不利于树立高品质的品牌形象，不利于品牌资产的积累。因此，要提高品牌的感知质量水平，关键在于提高产品的感知价值，而不是低价竞争。

(3)提高产品的包装水平。如前所述，产品的外观是影响产品感知质量的重要因素。为此，要让消费者从产品的外观上对产品的质量产生好的感觉，企业就必须重视产品的包装，使包装的设计和印制给消费者一种美的感受。如今，随着消费水平的不断提高，消费者对产品的包装要求越来越高。产品好的包装往往能够使消费者产生好的产品品质的联想。事实上，现在很多著名的品牌，就是因为包装设计独特而名扬天下。例如，绝对伏特加品牌就是通过独特的酒瓶设计成就了绝对伏特加领导品牌的地位。具体情况见案例4－1。

案例 4-1

独特的酒瓶设计成就绝对伏特加

20 世纪 70 年代末，当时也许没有人会想到新上市的瑞典绝对伏特加（Absolut Vodka）会在 10 年之后成为美国最热销的伏特加酒之一。因为当时的形势明显不利于绝对伏特加公司，它面临着俄罗斯的斯托利赫纳雅公司强有力的挑战，斯托利赫纳雅公司在美国进口伏特加市场中占有 80% 的份额。更糟糕的是绝对伏特加公司的品牌缺乏差异性，而且它的产品原产地又是一个与传统意义上的上等伏特加并无多大关系的国家，它的老式酒瓶看上去毫无新意，似乎就是调酒师在实验室里摆弄的仪器。不出所料，市场调研的结果对产品进入市场提出了警告，市场调查公司甚至主张将绝对伏特加从美国市场撤出。

然而，10 年之后，绝对伏特加在美国的年销售量从 5 000 箱上升到了 250 万箱。20 世纪 80 年代后期，这个新兴的瑞典品牌使得斯托利赫纳雅黯然失色，成为美国最畅销的进口品牌，在进口伏特加中占有 60% 的市场份额。它在所有的伏特加行业中排名第三，仅位于美国生产的司木露和波波夫这两种品牌之后。

绝对伏特加是如何取得成功的呢？一般的营销策略不足以解释它的成功。它的成功既不是奇迹，也不是神话。绝对伏特加公司知道导致品牌成功的传统因素早已不再能使产品优于其竞争对手，必须寻找新的手段。这个新的手段就是它向市场推销“营销美学”的积极举动，并最终使它达到了今天这样令人羡慕的地位。

具体来说，在绝对伏特加公司所追求的美学战略中，品牌识别战略的实施是使绝对伏特加品牌由弱变强的根本原因。绝对伏特加品牌的识别是酷和前卫，但又不乏滑稽和傲气。绝对伏特加公司提出的口号是“时髦、耀眼、不拘一格、不同寻常，有时带些傻气，但总是独具韵味”。而在品牌识别战略的实施过程中，品牌的名称和独具一格的酒瓶设计，是其极具艺术想象力的战略核心。

绝对伏特加品牌的产品始终与时尚和艺术氛围紧密相连，但又没有欺骗与虚伪感。在酒吧与商店中，绝对伏特加的酒瓶显眼地摆放在酒柜上——修长、宽颈的瓶体上，用中等的大写字体写着 ABSOLUT VODAK。银色与蓝色相间的包装设计，使它出众的产品形象得到进一步强化——简洁明朗、直截了当、不同寻常。随后推出的 Absolut Kurant 和 Absolut Peppar 等新产品系列，在对产品外观作了微小的变动之后纷纷上市，有的换了字体和颜色，而酒瓶上简洁的 Absolut 字样，明朗清晰的酒瓶设计，都保持了 Absolut 的形象。其广告战略始终把它的产品与创造性的文化联系在一起。

绝对伏特加的广告展示是形状独特的酒瓶，以 Absolut 开头的两个词的标题则赫然位于酒瓶下方。这一手法关键在于将普通的酒瓶置于不断变化的、出人意料的背景之中。在每一则广告中，极简化的酒瓶风格和字体与出乎意料的感觉相得益彰——这是一种围绕和强调稳定的视觉感受的新手法。图 4－2“Absolut Envy”将如水晶般晶莹剔透的酒瓶表现得像一颗带着光环的珠宝，以显示其高品质的形象；图 4－3“Absolut Country”这一石头酒瓶在宁静的乡村背景的衬托下，显示其纯净自然，同时使得该品牌很有亲近感。

总而言之，绝对伏特加品牌把一贯简单的制作手段与不同常规的艺术手法相结合，造就了它不拘一格的品牌形象。

图 4－2　绝对伏特加广告
——Absolut Envy

图 4－3　绝对伏特加广告
——Absolut Country

(4)加强有效的广告传播。大量的研究表明:①在缺乏其他信息的情况下,广告是消费者判断产品质量的重要依据;②消费者往往从广告的多少来推断不熟悉的品牌的产品质量;③力度大的广告往往能够改善后验产品(即购买使用后才能判断质量的产品)的感知质量。有鉴于此,加强有效的广告传播,不失为提高品牌感知质量水平的重要途径。

(5)提供优质服务。从前面介绍的3种有影响力的质量维度模型来看,产品的服务性是影响产品感知质量的共同因素。因此,要提高品牌的感知质量水平,必须高度重视产品的服务性。为此,企业必须为消费者提供优质服务,以服务创品牌,对于服务行业来讲,服务的重要性更加显而易见。

(6)其他。如产品的时尚性、产品的原产地、产品的专业性等也是影响产品感知质量的重要因素。企业也可以从这些方面入手,提高消费者对品牌感知质量的水平。

二、产品体验与品牌创建

随着消费水平的不断提高和市场竞争的不断加剧,今天的消费者在购买产品和享受服务的过程中,已经不仅仅要求企业提供好的产品和服务以满足自己的消费需要,而且还越来越希望有更多的体验。这是因为,对于消费者而言,无论是有形的产品还是无形的服务,它们都是外在的,只有体验是内在的,存在于每个人的心中。这种个性化的体验正好可以满足消费者日益增长的个性化需求,更重要的是这种体验可以建立和加深消费者与品牌之间的联系。为了满足这种需求,今天越来越多的企业已经意识到,在激烈竞争的市场中,企业不仅要为消费者提供好的产品和服务,同时,要创造各种条件,为顾客提供体验的机会。

从产品营销的角度来讲,企业如何为顾客提供好的体验呢?

第一,在产品的开发与设计过程中要从传统的以技术为先导、理性地看待产品各部件及其运行状况的思想转变到为顾客提供体验、全面地看待各个产品及其运行状况的观念上来。也就是说,在开发与设计产品的特征与功能时,不应只从技术的角度将目光停留在产品的某一功能和各个特征发挥什么样的作用上,而应该从整体消费的角度考虑将产品的不同功能(或不同功能的产品)集合在一起会对顾客产生什么样的影响。以铅笔为例,铅笔一般由木管、石墨芯和橡皮三个部分组成。这三部分都有各自的特征和功能。如果不考虑顾客的体验,木管可长可短,可以设计成10 厘米或15 厘米。但是从顾客体验的角度来讲,譬如,以成年顾客为例,木管就不能设计得太短,设计成15 厘米就比较合适。这样一来,成年人握起铅笔,才能够书写流畅,轻松自如,从而在写字时有一种愉快的体验。否则,使用起来,就会很不舒服。这只是一个简单的例子。对于由几十个、上百个,甚至上千个不同部件组成的产品来讲,如果要想让顾客在使用时产生好的体验,必须从整体上加以考虑。

第二,从营销美学的角度来讲,企业要生产具有审美价值的产品,让顾客对产品产生美好的感觉体验。

第三,企业在提供产品和服务的过程中,要增强产品、服务、经营者与消费者之间的互动。这是产品体验的核心。为此,企业可以经常开展各种主题活动,让顾客得以积极参与。

第四,企业可以组织产品俱乐部,让顾客体验产品,同时培养本品牌的忠诚顾客。

第五,企业在提供产品和服务的过程中,要力争做到在每个接触点上都与顾客发生联系,让顾客在咨询、购买和使用产品的过程中得到全面的客户体验。为此,企业应该要求员工做好每一个环节的服务工作,使顾客的消费成为难忘的体验。

第二节　品牌创建的定价策略

在市场营销组合的四个因素中,价格是企业从创造的价值中获取收益的唯一因素。由此可见,定价在市场营销组合策略中是十分重要的。遗憾的是,很多企业对定价问题并没有引起足够的重视,至今还陷于恶性的价格战中。结果造成一方面由于缺乏有效的定价策略而蒙受不应有的损失;另一方面使一心想树立起来的品牌没有打造起来。

一般来讲,定价作为一项重要的市场营销决策,主要受到两个方面因素的影响。一是企业内部因素,主要包括:企业定价目标、企业市场营销计划、产品成本、产品线上其他产品的价格等;二是外部因素,主要包括:消费者需求、市场竞争、渠道成员之间的关系和有关法律、法规等。综合这些内外部因素进行产品定价,实际上是一个很复杂的、动态的过程。至于定价的方法和技巧,更是五花八门。关于定价决策与定价方法的一般内容,虽然对打造品牌和品牌产品的定价有很大的作用，但由于在一般的市场营销书中有专门的介绍，这里就不再赘述。本书仅从创建品牌的角度对产品的定价策略加以阐述。

从创建品牌的角度来讲，产品的定价要有利于品牌资产的积累，要有利于品牌与消费者建立良好的关系。因此，品牌创建的定价策略必须要以消费者为中心。随着市场竞争的不断加剧和价格战的不断进行，今天的消费者比以往对价格更加敏感。因此，今天以消费者为中心进行产品定价打造品牌和为已经树立起来的品牌进行定价比以往更加困难，这就更加要求我们的企业重视定价问题。

下面以消费者对品牌的价格感觉为基点，介绍创建品牌的不同定价策略。

一、消费者对品牌的价格感觉

消费者对品牌的价格感觉，也就是消费者对品牌在价格上的一种直觉。这种直觉至少体现在三个方面：

一是消费者对品牌的价格感觉更多的是与产品本身联在一起。在很多情况下，消费者是依据价格来推断产品的质量。从这个意义上来讲，企业产品要打造高品质的品牌形象，其市场定价比同类产品应该偏高而不应偏低。

二是消费者常常将产品的感知质量与感知价格结合起来推断产品的感知价值，而消费者对产品感知价值的联想是影响他们购买决策的重要因素。因此，很多市场经营者采取“以价值为基础的定价策略”来更好地满足消费者的需要。所谓“以价值为基础的定价策略”，是指以适当的价格销售适宜的产品满足消费者的需要。对于品牌产品来讲，由于品牌是身份、地位的象征，因此，消费者对品牌产品的感知价值明显地要高过制造和销售产品的成本。相应地，消费者愿意为品牌产品支付更多的费用。不管出于何种原因，消费者只要认为品牌的某个特性与自己头脑中的高价位相称，他们就认为购买该品牌值得。这就是为什么同类产品，不同的品牌卖出不同的价格的原因。这种情况，在能够有效地表现消费者身份、地位的汽车行业、手表行业、服装行业、化妆品行业、首饰礼品行业表现得十分突出。

三是消费者常常根据同类产品的价格阶梯来排列品牌的质量。研究结果表明，在每一个价格阶梯中间，都有一个消费者可以接受的“价格带”。这些“价格带”为管理者们指出了在某一个特定价格阶梯中为品牌定价时的灵活度和宽度。具体情况如图 4 -4 所示。

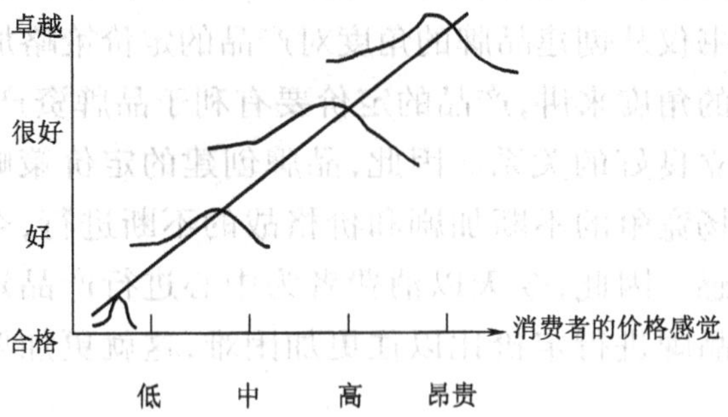

图 4-4 价格阶梯与品牌质量的排列

总而言之,价格有丰富的内涵,并在消费者面前扮演着多重角色。定价是多种因素作用的结果。从树立品牌的角度来看,企业在定价时必须全面理解消费者对品牌的价格感觉。

二、企业定价与品牌创建

企业定价的方法有很多,从打造品牌的角度来讲,根据目前的市场竞争情况,这里介绍两种主要的定价策略。

(一)价值定价策略

如前所述,价值定价策略是指以适当的价格销售适宜的产品满足消费者需要的定价策略。近几年,随着市场竞争的不断加剧,为了维持和提高顾客对品牌的忠诚度,越来越多的企业采用这一定价策略来打造自己的品牌。

要使价值定价策略获得成功,从价值定价策略的基本含义来看,企业应当保持以下3个方面因素的平衡:

1. 提供适宜的产品。即要为顾客设计、生产、销售、运送他们需要的产品。为此,企业要加强产品设计,提高产品质量,以多种推广手段强化产品形象,改善服务或延长保修期,在分销渠道中提供技术支持和融资,加强对销售队伍有关产品价值方面的培训等。

2. 降低产品成本。要降低产品成本,企业可以从提高劳动生产率、进行原材料替代(使用价格低一些、浪费少一些的材料)、加强供应链管理等方面入手。值得指出的是,降低成本,不能够以降低产品质量为代价,否则,将适得其反。

3. 制定适当的价格。要制定适当的价格，就要了解消费者感知该品牌的价值，知道他们愿意在产品成本以上支付多少溢价。要了解消费者感知该品牌的价值是多少，有多种方法，其中，最简单明了的方法是从不同的角度直接询问消费者对该品牌价格和价值的感觉。其他方法，我们将在后面介绍品牌资产的评估时予以阐述。

通过了解消费者感知该品牌的价值而建议的价格，通常被用做确定产品市场实际价格的出发点。然后再根据成本和市场竞争状况作出一定的调整，最终制定出合适的价格，既使消费者得益，又有利于品牌的成长。

值得指出的是，采用价值定价策略，不是要用低价或削价的方式销售低质的产品与竞争者去抗衡，而是要用合理的价格销售适宜的产品。因此，能否提供适销对路或高质量的产品是价值定价策略成功的关键。这一策略也正好说明了为什么质优价高的产品消费者竞相购买，而质次价低的产品消费者往往不屑一顾的原因。

（二）每日低价策略

为了避免各种促销活动给品牌造成的不利影响，培养顾客对品牌的忠诚度，积累品牌资产，每日低价策略（everyday low pricing，EDLP）日益受到企业界的关注。

每日低价策略是指为了避免"高/低价格策略"所造成的商品价格经常上下变动的不利影响，使产品建立更加一致的"每日"基础价。"高/低价格策略"目前在市场上非常流行，尤其是在零售市场上处处可见。现在，一些商店几乎每天都有特价商品。以前，商品只是在季末降价销售，而现在，同种商品有时在一天内其价格可能都不一样。利用"高/低价格策略"进行商品促销，在短期内，的确可以刺激消费、加速商品周转，有很强的市场吸引力。但从长期来看，一些研究成果表明，这种价格策略和促销行为并不利于商品的持续销售，尤其是不利于产品品牌的打造。因此，不少企业开始转向采取"稳定的价格策略"，而每日低价策略就是"稳定的价格策略"的一种主要形式。

每日低价策略是指要持续不断地以低价来销售产品，给顾客留下产品物美价廉的印象，从而使消费者与产品建立一种持久的消费关系。久而久之，消费者就会喜欢实施这一价格策略的品牌。当今美国 4 个最成功的零售商：沃尔玛、家得宝（Home Depot）、Office Depot、玩具翻斗城（Toys R'Us）都采用这种价格策略打造自己的品牌。

很显然,打造品牌要做到每日低价绝对不是一件容易的事情。要始终如一地采用这一价格策略需要经营者具备不同寻常的成本控制能力。下面以沃尔玛为例,阐述其如何通过每日低价策略塑造强大的零售品牌。具体情况见案例4-2。

案例4-2

每日低价策略造就世界零售巨商沃尔玛

沃尔玛百货有限公司由美国零售业的传奇人物山姆·沃尔顿先生于1962年在阿肯色州成立。经过50多年的发展,沃尔玛百货有限公司已经从一个"穷人店"发展成为美国最大的私人雇主和世界上最大的连锁零售商。目前,沃尔玛在全球27个国家开设了超过10 700家商店及10个国家的电子商务网站,员工总数超过200多万,每周光临沃尔玛的顾客超过2亿人次。

2013年财务年度(2012年2月1日至2013年1月31日),沃尔玛全球的销售额达到4 691.6亿美元,从2001年起连续多年排名《财富》杂志世界500强企业榜首,从2002年起,连续多年在《财富》评选的美国最受尊敬的企业中排名第一。同时,沃尔玛在全球多个国家被评为"最受赞赏的企业"和"最适合工作的企业"之一。

沃尔玛如何从一家小商店裂变成为全球首屈一指的零售业巨鳄?沃尔玛又是凭借何种制胜法宝,在同行们愁云惨雾的落魄季节里为自己赢得一个赢家通吃的时代?应该说,这其间缘由是多方面的。如果简单归结一下,人们发现半个多世纪以来赖以拉动沃尔玛高速成长且长盛不衰的主要是这"三驾马车":一是练达世情、洞达人性的独特企业文化;二是使出浑身解数永远以追求经营和管理"成本最小化"为终极目标的经营作风;三是将积极的战略思维和步步为营的战术操作集于一身的稳健扩张方略。在这"三驾马车"中"每日低价"策略为"成本最小化"这驾马车起了很重要的鞭策作用。

如今在信息和物流业十分发达以及产品质量相同的竞争形势下，价廉物美是赢得消费者的关键所在。但做到这一点，绝非易事。所有的大型连锁超市都在采取低价经营策略，而沃尔玛的与众不同之处在于，它想尽一切办法从进货渠道、分销方式以及营销费用、行政开支等各方面节省资金，提出了“天天平价，始终如一”的口号，并努力实现价格比其他商号更便宜的承诺。严谨的采购态度、完善的发货系统和先进的存货管理是促成沃尔玛做到成本最低、价格最便宜的关键因素。正如山姆·沃尔顿所言：“每一次我们浪费一块钱，就等于让顾客从口袋里多掏一块钱；而每一次我们替顾客多省一块钱，就等于在竞争中向前迈进了一步。”这使沃尔玛在消费者中赢得了良好的商誉，也使自身保持了长盛不衰的竞争力。使这个商业巨人不断前进的动力不只是它所具备的顾客营销力量，也得益于其对商业营销法则的执著精神。沃尔玛的收益率成长取决于两个方面：①与其自身运作有关，沃尔玛使用领先的信息技术和后勤系统不断地大幅降低其运营成本；②不断地向其供应商施加压力，如对供应商的劳动力成本、生产场所、存货控制及管理工作进行质询，以促使他们降低成本。具体做法如下：

一、超低成本运营

（一）在日常经营中，降低开支，节约成本

1. 封锁一切不必要的支出。节俭和省钱，是沃尔玛给曾在其团队中奋斗过的每一名成员都留下的最刻骨铭心的印象。

在沃尔玛总部的大楼里，人们丝毫觉察不到世界零售大鳄的奢华与自负。在沃尔玛，从来没有专门用来复印的纸和打印纸，除非非常重要的文件，否则一律用纸的背面。办公室有一台裁纸机，开会时，从部门经理到营运总监大家随身携带的笔记本，都是用废报告纸做成的。

在沃尔玛，“平价”和“成本”的意义蕴涵在点滴的细节中。比如，在沃尔玛简朴的办公楼里，员工不止一次地被告知：出去开会，记得要把公司发给的笔带回来；记得纸要两面用完再丢弃。再比如，为了省钱，沃尔玛的首席执行官斯科特长期开的是一辆大众公司的甲壳虫车，出差时经常跟同事合住一个客房。沃尔玛国际部的老总约翰·门泽尔和他的下属们长期挤在同一层楼里办公，而且办公室小得可怜。

沃尔玛对营销成本的控制非常严格。沃尔玛的广告开支仅相当于美国第二大连锁店西尔斯的1/3。沃尔玛的营销成本仅占销售额的1.5%，商品损耗

率仅为1.1%,而美国一般零售商店这两项指标的平均值分别高达5%和2%。这些都使得沃尔玛实施低价策略的实力进一步加强。

2."节约人手"就是节约成本。在沃尔玛,很多部门都是吵着人手不够,但实际上却很少见到有部门增加人手的情况。在会议上,只要一提起"人手问题",总经理马上就开动脑筋把增加新人的工资和销售收入结合在一起,盘算每天需要多售出多少钱的商品才不会赔钱。因为平时再忙都可以顶过去,等到了节假日又会有大批"空降兵"到达——从地区营运总监,财务、人力资源、市场等各部门的经理和主管,一直到办公室的秘书,所有文职人员都将放下手头的工作,换下笔挺的套装,奋不顾身地投入到繁忙的卖场中。

比如,在中国,沃尔玛任何一家中国店都没有专门的翻译人员,平时都是秘书兼翻译工作。任何一位外籍高官巡店的时候,他们的翻译往往就是陪同的相关部门的总监或中国区副总裁。商店有时搞活动,要印制一些彩页广告,但都是限量印制和限量发售,而且彩页广告的模特都是沃尔玛员工的子女。事实上,无论在美国还是在世界上任何地方,沃尔玛都很少做广告。沃尔玛的广告宣传只占总运营费用的0.4%。平常,沃尔玛的宣传广告仅仅是黑白两色的几张纸而已,远不如很多商店制作的精美和发送频繁。

(二)降低消耗,提高物流效率

沃尔玛一般是直接从工厂以最低的进货价采购商品,一旦交易达成,总部便会通知厂商把货直接发送到沃尔玛发货中心。沃尔玛在美国拥有16个发货中心,都设在离网点不到一天路程的地方。它所拥有的6 000多辆货车,平均每天要发货20多万箱。沃尔玛能玩转如此庞大、复杂的购物流供应链,完全得益于它几十年来建立起来的仓储配送网络,以及所应用的两项最新的物流技术——"交叉作业"和"电子数据交换"(EDI)。供货商将货物运到配送中心之后,沃尔玛的价格标签和统一产品条形码早已经在供货商那里贴好,配送中心配备了激光制导的传送带,足有几英里长,货物被成箱地送上传送带,在两天以内,装箱的商品从一个卸货处运到另一个卸货处,而不在库房里消耗宝贵的时间。目前,沃尔玛85%以上的商品都是由公司的配送中心供应的,而其竞争对手仅能达到50%的水平。与行业平均值相比,沃尔玛的销售成本降低了2%~3%。

(三)依靠信息技术降低运行成本

"平价生活"和"永远比对手节约成本"是沃尔玛信守如一的美德,也是它一惯的行为模式，而难能可贵的是，他的创始人山姆·沃尔顿，有时却能把“节省”与“奢侈”、“传统”与“时尚”辩证地统一到一起。1987年，他一掷千金，不惜巨资租用卫星为公司建立起全美最大的私人卫星通信系统，以便节省总部与分支机构的沟通费用，加快决策传达以及信息反馈的速度，提高整个公司的运作效率。总部的高速电脑与16个发货中心以及10 700多家商店连接。通过射频技术(Frid)扫描售出的每一件货物，都会自动记入电脑。当某一货品库存减少到一定数量时，电脑就会发出信号，提醒商店及时向总部要求进货。总部安排货源后送往离商店最近的一个发货中心，再由发货中心的电脑安排发送时间和路线。在商店发出订单后36小时内所需货物就会出现在仓库的货架上。这种高效率的存货管理，使公司能迅速掌握销售情况和市场需求趋势，及时补充库存不足。这样可以减少存货风险、降低资金积压，加速资金运转速度。

随着信息技术和互联网的发展，沃尔玛不仅及时地建立自己的商务网站，而且还与亚马逊建立了合作关系，大力开展电子商务。沃尔玛拥有一个规模空前的计算机网络系统，微机工作站有5 500多个，总站和全世界各地的计算机工作站保持着热线联系。沃尔玛与INFORMIX合作建立了INFORMIX数据库系统，系统信息总量达到4 000千兆，每天仅条码阅读机读写的信息就有2 500万字节之多，总部每天和各地分支机构交换的数据达1.5亿个字节，这也是世界上最大的民间数据库。依靠先进的信息化管理，任何一件商品的销售都会和计算机系统进行分析，作为沃尔玛的总裁，依靠信息系统，可随时调用任何一个地区、任何一家商场的营业情况数据，知道哪里需要什么商品、哪些商品畅销、从哪里进货成本最低、哪些商品利润贡献最大等。沃尔玛就这样和众多消费者保持着密切的联系，也成为许多消费品制造商联系市场的重要渠道，这个巨大的销售网络，决定着许多商品的生产消费过程。由于电脑化程度高，沃尔玛的管理人员得到了精减。这显示出在挥金如土的背后，始终是为了“成本最小化”这一终极目的。

二、强势互动采购降低成本

为了降低采购成本，沃尔玛采取以下措施：

(一)本土化采购排除多余环节

本土化采购不仅可以有效地节约运费以及与其他相关渠道的成本，而且还能促进与当地政府、商界的关系，可谓一举两得。

沃尔玛之所以能够做到天天低价，是因为它比竞争对手成本低、商品周转快。沃尔玛绕开中间商，直接从工厂进货。早在20世纪80年代，沃尔玛就采取了一项政策，要求从交易中排除制造商的销售代理，直接向制造商订货，同时将采购价降低2%～6%，大约相当于销售代理的佣金数额。

（二）训练强势尽责的采购人员

许多采购代理商只想找最低的价格，而沃尔玛的采购人员，不仅要看产品的价格，还要考虑产品的其他因素，如技术、服务水平、系统以及社会成本，以判断是否低于买主的总成本。比如，一家服装供应商可能在价格上优于一些竞争对手，但如果因服装退色而导致顾客退货，那么沃尔玛的服务成本将会持续上升，低价反而引起了总成本的增加。

（三）迫使供货商建立良性互动

1.迫使制造商自我改良。大多数零售业的同行往往将沃尔玛的“低价战略”误解为沃尔玛的规模优势，即商品采购量越大，价格便越低。这是事实的一部分。事实的另一部分是，这种规模成本优势并不像人们想象中那么高，因为规模在降低商品成本的同时，会加大管理成本。零售业的主角是人而不是生产线。

沃尔玛是通过强大的资本，强制其供应商实现最低总成本来提高它的收益率。因此，沃尔玛不断地向其供应商施加压力，如对供应商的劳动力成本、生产场所、存货控制及管理工作进行质询，以便他们能够降低成本。沃尔玛迫使其供应商进行流程改造，使他们同沃尔玛一样致力于降低成本的运作。沃尔玛还要求供应商完全明白沃尔玛的成本构成，以便记录和展示这些供应商是如何降低了沃尔玛的成本。

2.与合作伙伴信息共享，利益分沾。供应商和零售商由于是不同的利益主体，它们之间经常会产生矛盾，但在沃尔玛看来，工商之间共生共荣才是出路。

在沃尔玛的全球采购中，一旦确认了供应商，供应商就可以通过沃尔玛的权限控制系统，充分地、自由地分享其各自产品在沃尔玛任何一个商场的实时销售情况。通过这种分享，供应商们可以较早地安排他们的生产活动，于是也就可以给沃尔玛提供更加优惠的价格。实际上，与供应商建立合作伙伴关系已成为沃尔玛的巨大竞争优势。为了把供应商与沃尔玛融为一体，沃尔玛把供应商看成是自己的“家庭成员”，大小供应商都可到沃尔玛的发展厅参观，并从沃尔玛得到充分的信息。沃尔玛要的是公平交易，绝不容忍自己的雇员收受贿赂而伤害供应商的利益。

通过上述一系列措施，沃尔玛有力地控制了各项成本，从而使得“每日低价”策略能够持续有效地得到执行。这一策略为沃尔玛品牌名扬天下起到了不可估量的作用。

第三节　品牌创建的渠道策略

在市场营销组合的四个因素中，长期以来，很多企业在制定营销战略和策略的过程中，往往是在考虑了产品、价格和促销这三个因素之后才关注营销渠道这一战略因素，即将其作为“遗留问题”来考虑，因而营销渠道这一战略因素一直未被加以很好地利用。但是近年来对营销渠道相对忽视的情况得到了很大的改观，甚至不少企业已经提出，今天的市场竞争已经到了品牌制胜、渠道为王的时代。营销渠道对品牌资产的积累和最终的销售成功起着决定性的影响。是哪些因素使得营销渠道的地位发生如此大的变化？营销渠道对品牌创建和品牌资产的积累能够起到哪些作用？如何利用渠道策略加速品牌的创建？下面我们从品牌创建的角度，对这些问题加以阐述。

一、营销渠道的重要性

从国内外的市场来看，导致营销渠道地位大大提高的原因主要有以下几个方面。

（一）营销渠道是营销组合中最有利于获得持久的竞争优势的因素

所谓持久的竞争优势，简单来讲，就是指企业在长期内拥有竞争对手无法模仿或不易模仿的竞争优势。从市场竞争来看，近年来，企业通过产品、价格、促销这些营销因素来获取持久的竞争优势已经变得越来越困难了。

1. 从产品因素来看，随着经济全球化和一体化的不断加快，国内市场的不断开放，产品的生产要素可以极大地流动，生产技术可以迅速地从一个公司转移至另一个公司，从而造成新产品不断地涌现，产品的同质化日益突出。从吃的食品，穿的服装，用的家用电器、计算机、化妆品、办公设备，到开的汽车等，产品多种多样,但有明显差异的却很少。因此,任何企业依赖于其产品好于或异于其他对手的这种能力已经变得极其难以维持。

2. 从价格因素来看,可以说今天企业通过价格策略保持持续竞争优势的余地比产品策略来得还少。因为越来越多的企业可以利用世界范围内的生产设施和市场资源,在不同的产品领域参与残酷的价格竞争;加之,价格策略多种多样,可以随时加以变更和易于操作,因此,一个企业想比竞争对手长期地提供更便宜的产品是非常困难的,而且易于陷入恶性的价格竞争中去。况且,盲目的价格竞争极不利于品牌的创建。

3. 从促销因素来看,它也难以成为企业获取持续竞争优势的力量。这是因为:①无论是人员推销,还是以广告为主的大众推销以及各种销售促进,其成本都是非常高的。已有的研究表明,为了争夺市场、打造品牌,尽管国内外企业每年所花的广告费已高得惊人,但是企业在人员推销和各种销售促进上所花的费用比广告费还要多。如此高的费用,怎能保持持续的竞争优势?我国一些曾经获得央视广告"标王"的企业纷纷倒下,高昂的广告的费用是造成这种结局的重要原因。②已有的研究表明,从短期来看,促销可以达到一定的销售效果,但从长期来看,并不能有效地促进销售。③促销很容易散播虚假的信息,因而容易扰乱市场秩序,引起法律纠纷和消费者的不满。④从国外的情况来看,广告的促销效果已大大下降(第五章将会对此作进一步的分析)。⑤促销的效果最终要依赖于产品、定价和渠道策略。因此,促销因素难以成为企业获取持续竞争优势的力量。

与产品、价格和促销因素相比,营销渠道策略难以在短期内被竞争对手所模仿,因而营销渠道最有利于获得持久的竞争优势。究其原因,主要有以下三个方面:

第一,营销渠道可以更多地从长计议。因为无论是直接渠道,还是间接渠道,维持的时间越长,越有利于产品的销售和品牌的打造。因此,与产品、价格和促销因素相比,营销渠道策略可以更多地从长计议。

第二,由于营销渠道的建立需要长期的投资和相应的组织结构来执行,这样就迫使竞争对手感到与先行者抗衡需要更加长期和艰苦的努力,有可能放弃相应的渠道策略,而使本企业营销渠道的竞争优势得以继续保持。

第三,营销渠道是基于关系建立起来的。营销渠道有不同的划分方法,因而有不同的类型和策略。但从根本上来讲,营销渠道是基于关系建立起来的。

营销渠道成员之间的关系，主要表现为主导权或合作关系。这两种关系实质上反映的是一种控制权关系。其中，营销渠道的主导权争夺体现着渠道成员之间的控制与被控制的关系。长期以来，国内外工商企业之间的矛盾主要反映在营销渠道主导权的争夺；营销渠道成员之间的合作反映的是渠道成员之间的权利平等或战略联盟关系。从渠道关系或控制力来看，生产商自己建立的直接渠道，即生产商直接通过自己的营销人员将产品销售给消费者，生产商具有绝对的控制权，竞争者无权插手其间，当然这种竞争优势可以长期保持；生产商建立的间接渠道，即通过中间商（如批发商、零售商、代理商、经纪商、信托商）销售自己的产品，如果双方没有良好的合作关系和信任关系，营销渠道很难建立和维持。因此，随着市场竞争的不断加剧，越来越多的企业意识到，今天的市场竞争，已经不再是单个企业的竞争，而是整个链条上的企业的竞争。因而，越来越多的企业希望从营销渠道主导权的争夺中摆脱出来，加强渠道成员之间的合作，有的企业还致力于建立长期稳定的合作伙伴型的渠道关系以提高自己的竞争力。而信息技术的发展又为这种合作提供了很好的技术支持，如宝洁公司与零售企业沃尔玛之间的战略联盟已经成为众多企业学习的典范。由此可见，良好的渠道关系建立起来之后，是企业获得持续竞争优势的重要源泉。

（二）零售商地位的不断提高和市场竞争重心的转移

随着连锁经营和物流业的发展以及零售业态的不断增多，近 20 年来，零售商的地位大大提高。我们可以比较一下，全球最大的日用品制造商宝洁公司 2012 年的销售额为 851.2 多亿美元，而同年世界最大的零售企业沃尔玛的销售额为4 691.6多亿美元，是宝洁公司年销售额的 5.5 倍多，而且，宝洁公司每年有 10% 以上的销售取决于沃尔玛。因此，有识之士已经意识到，目前市场竞争的重心已经从产品的制造领域转移到产品的分销领域，尤其是零售终端。甚至有人提出，得终端者得天下。越来越多的零售企业在营销渠道中占据着主导的地位，在市场竞争中扮演着主要的角色。从制造商的角度来看，这些强有力的零售商扮演了商品市场“把门人”的角色。这个“把门人”，主要是为消费者扮演采购代理的角色，而不是为其制造商扮演销售代理的角色，如大多数零售商以低毛利/低价格的方式来运营，并向供货商提出各种强硬的要求。

这种趋势要求制造商和批发商制定有效的营销渠道策略来应对这些强有力的竞争者。于是,近年来,零售终端大战愈演愈烈。①很多制造商自投资金或与零售商合作,抢占零售终端。在这方面,国内的外资制造业比内资制造业动作要大得多、快得多。当国内的制造业还在争夺广告"标王"时,可口可乐、百事可乐、宝洁公司等一大批外资制造业已经在争夺货位、商品陈列面积、柜台布置、终端维护等零售领域。例如,百事可乐为了与可口可乐争高下,早已成立了两支庞大的批发协助员(WAT)和直销员队伍,对百货商店、大型超市、仓储商店、便利店、杂货店、夜总会,甚至机关、学校、部队、医院等事业单位进行全方位的抢占;当国内的制造业还在与零售商争夺主导权时,一些外资制造业已经在与分销商、零售商洽谈建立伙伴型的渠道关系。例如,宝洁公司于1996年,针对中国市场大型零售终端快速发展的情况,果断调整其渠道分销策略,跨过分销商,直接与零售终端合作。尔后,为了给分销商指明方向和帮助他们渡过难关,于1999年7月推出了"宝洁分销商2005计划"。该计划明确指出,分销商未来的发展方向和定位就是现代化的分销储运中心、向厂家提供覆盖服务的供应商、向中小客户提供管理服务的供应商。为了帮助分销商渡过难关,宝洁公司投资1亿元人民币,用于分销商信息系统的建设和车辆配置,逐步使分销商运作实现现代化、网络化,并帮助分销商提高经营管理水平。这些举措大大提高了宝洁公司的品牌形象,非常值得国内企业学习。②大批批发企业向零售终端延伸,开展零售业务,或为零售企业提供物流配送服务。③零售商大搞连锁经营进行扩展和发展多种业态争夺市场。

可以说,零售终端的激烈争夺是渠道战升级的直接原因,也是营销渠道地位大大提高的直接原因。

(三)营销渠道领域存在着较大的挖掘利润的机会

产品的销售价格主要包括生产成本和流通成本两部分。其中生产成本包括原材料、零部件成本和制造成本两部分。流通成本,也就是分销成本,即营销渠道领域所花费的成本,主要包括交易成本、运输成本、仓储成本。无论哪种产品,流通成本都是产品销售价格的重要组成部分。事实上,有时流通成本高于制造成本或原材料和零部件成本。表4-2展示了某些产品的例子。

表 4－2　最终产品价格中分销成本、制造成本、原材料和零部件成本的比较(%)

	汽车	软件	汽油	传真机	袋装食品
分销成本	15	25	28	30	41
制造成本	40	65	19	30	33
原材料和零部件成本	45	10	53	40	26

资料来源:伯特·罗森布罗姆著,李乃和等译:《营销渠道管理》,机械工业出版社,2003 年版,第 7 页。

研究表明,在过去的 20 多年中,发达国家的公司在降低制造成本和内部营运成本方面已经花了很大的精力,诸如,通过技术改造、技术更新、组织重组、流程再造和扁平化等措施有效地削减了成本。因此,在制造成本方面进一步大幅度削减的可能性很少;发展中国家制造成本本身就比较便宜,从发展的趋势来看,不但难以下降,而且还有上升的趋势;原材料和零部件成本由于资源本身的限制,也很难以降低,因此,从产品价格的角度来看,要降低成本、挖掘利润,未来主要依靠降低流通成本。在流通成本中,由于空间距离的客观性,国内外研究表明,产品的运输成本往往变化很小。要降低流通成本,主要是降低交易成本和仓储成本。从国内外情况来看,这两部分成本,尤其是交易成本有下降的空间。而要降低交易成本和仓储成本,可以通过建立良好的渠道关系和加强渠道设计、渠道管理、物流配送等来达到。由此可见,营销渠道领域存在着较大的挖掘利润的机会。

(四)新技术的广泛使用,大大提高了渠道的运行效率

技术环境是市场营销环境中变化最经常且变化最快的环境因素,它对营销渠道的运行产生了深刻的影响。目前,影响营销渠道运行的技术主要有互联网技术、电子扫描技术、信息管理技术、电子数据交换技术、物流技术等。这些新技术的广泛使用,不但提高了渠道运行中的准确性,而且大大降低了渠道的运行成本,从而有效地提高了渠道的运行效率。因此,随着营销渠道中新技术的广泛使用,使得营销渠道问题变得日益引人注目。

总之,由于多种因素的影响,营销渠道地位的变化是必然的。随着营销渠道地位的变化,尤其是营销渠道所具有的优势,以至于不少人认为,今天创建品牌,要更多地借助于营销渠道,而不是依赖广告。

世界最具价值的第一品牌可口可乐,其不断发展,在相当大的程度上得益于其一贯重视营销渠道的铺设。具体情况见案例 4－3。

案例 4-3

营销渠道成就可口可乐①

20 世纪末，美国碳酸软饮料市场每年有540 亿美元的巨大销售额，为每一位男女老少提供353 毫升或 8 盎司一杯的软饮料。1997 年，可口可乐公司产品占据了上述总数的43%，但公司谋求在2001 年达到50%。可口可乐公司希望把它最大的竞争对手，占据31% 市场份额的百事可乐甩得远远的。

面对一个成熟的市场，可口可乐公司该如何抉择呢？利用其惯用的方法，即新产品、有竞争力的定价和大规模的促销等武器能够从竞争者手中夺得市场吗？可口可乐公司的主席和首席执行官 M·道格拉斯·伊维思特通过比较后发现，加强渠道建设是最佳的选择，即加强营销组合的第四个 P，通过比竞争对手提供更密集的可口可乐产品的供应和分销渠道，在财务上更加刺激分销商，让他们更多储存和推销可口可乐产品，是远超竞争对手的有力武器。

为了达到这个目标，可口可乐公司与它的装瓶商、批发商和零售商紧密协作，共同开发了一项密集型渠道战略。可口可乐向大学、药品连锁店和一大批可能会成为软饮料独家供应的零售店推销其分销协议。同时，可口可乐还对那些将其产品给予最佳展示位置，并且将竞争者排斥在外的便利店进行额外的奖励。可口可乐的产品出现在每个便利店，包括学校、教堂、空手道俱乐部、康复诊所和垒球场。总之，在任何地方人们只要想买软饮料就可以买到。这种新的渠道策略增强了可口可乐现有渠道的深度和宽度，该项策略的范围包括了200 万家储存可口可乐产品的商店，45 万家餐馆和快餐店以及140 万台自动售货机。事实上，可口可乐的密集营销渠道策略大大提高了可口可乐的市场覆盖范围。

如今，可口可乐无处不在(Pervasiveness)的渠道策略使可口可乐公司成为

---

① 资料来源：根据 Nikhill Deogun. A Coke and a Perm? Soda Giant Is Pushing into UnusualnLocales, Wall Street Journal (May 8, 1997)和有关资料整理。

全球最大的饮料公司,年销售额超过480亿美元,可口可乐产品品牌成为世界最著名的软饮料品牌,可口可乐公司品牌成为全球最有价值的品牌。

二、品牌创建的营销渠道策略

营销渠道多种多样,很少有哪个企业只单纯地使用一种渠道,更多的情况是将多种渠道结合起来。但设计一个混合渠道体系时,要注意渠道不能太多,否则会引起渠道之间的冲突和(或)缺少支持;也不能太少,否则会白白错失一些市场机会。一般来讲,根据商品流通环节的多少,可以把营销渠道分为直接渠道和间接渠道两大类。下面我们分别从这两个方面阐述如何利用营销渠道打造品牌。

(一)品牌创建的直接渠道策略

品牌创建的直接渠道策略主要有开设自营商店、在百货商场中设立自己的专卖部、直销等。

1. 开设自营商店。一些厂家为了控制销售过程,与消费者建立更强大的联系,建立了自己的零售店,并辅之以其他各种手段,把商品直接出售给消费者。这种开设自营商店的策略是最常见的一种直接渠道策略。一般地,厂家开设的自营商店被称之为专卖店。但近年来,一些公司为了打造品牌,开设自营商店主要不是为了销售公司的产品,而是为了让顾客了解该公司品牌的过去、现在和未来,给顾客创造一种品牌体验。这样的自营商店,人们一般称之为品牌旗舰店或品牌体验店。

例如,耐克公司推出的若干耐克商城,就是耐克公司的品牌旗舰店,它充分展示了耐克公司的所有产品。每个商城都包括一系列单个小店,出售鞋子、服装、不同的运动器材(如网球、慢跑、骑车或水上运动器材),甚至同一运动项目也有不同的商店(例如,有3家篮球店和两家网球店)。各小店纷纷通过灯光、音乐、温度及独特的多媒体展示自己的理念。研究表明,在浏览购买的顾客中,真正在耐克城里购买商品的约为25%,大多数顾客是浏览体验。但那些在浏览体验没有购买的顾客中,却有40%的人在其他的零售店里购买了耐克的产品。

又如,1987年迪斯尼建立了自己的商场,出售自己品牌的商品,从玩具到影带、衣服,价格从3美元到3 000美元不等。迪斯尼公司把这些自有商店看做是“迪斯尼体验”的延伸。如今，迪斯尼在全球已有500家自有商店，还开设了一家沃尔特·迪斯尼画廊，专门出售高级珍贵的产品。

开设自营商店主要有两大优势：①可以展示品牌及所有不同产品的门类，而这是很难通过普通的零售渠道实现的。例如，耐克公司发现，它们的产品广泛出现在百货商店和体育用品商店里，但并没有以逻辑、协调的方式陈列，有的产品甚至无货。在开设了专卖店以后，耐克公司展示了其品牌产品的深度、广度和花色，有效地“前进了一步”。同时，这些自营店还可充当一个试验室，能测试消费者对不同的产品设计、内涵和价格等的反应，使公司能随时追踪消费者的购物习惯。②可以作为对那些持续推销公司品牌的零售商的一种防范手段。

但是开设自营商店也存在一个问题，即容易与现存的零售渠道和分销商们产生潜在冲突。因此，开设自营商店时，要避免与渠道成员之间发生渠道冲突。

2. 开设专卖部。除了建立自营商店外，很多公司还在主要的百货商场中设立自己的专卖部经营自己的产品。这样做既可以安抚零售商，甚至还可能从零售商的品牌形象中受益，同时也使得公司保持了在购买点上对产品设计和经营的控制权。

3. 直销。即通过人员推销、电话、信件或电子手段将产品直接出售给消费者，如安利、雅芳公司就是通过直销来销售自己的产品。这些直销方式的共性是都能与消费者进行对话，建立联系。

总而言之，直接渠道可以让消费者更好地理解该品牌产品的深度、广度、多样性，突出其特性，从而可以有效地增强品牌资产。

（二）品牌创建的间接渠道策略

间接渠道就是生产厂家利用分销商来销售自己的产品。其中，分销商中的零售商最直接接近消费者，对品牌资产的影响也最大。如何利用间接渠道创建企业的品牌呢？一般有两种策略：一是拉动策略；二是推动策略。

1. 拉动策略。所谓拉动策略是指厂家把营销的努力定位在最终消费者上，利用消费者对分销商施压，从而在营销渠道上“拉动”产品销售。如前所述，随着分销商尤其是零售商地位的不断提高，分销商有了更大的权力和更有利的地位与厂家谈判“贸易条件”。地位的提高和权力的增长，意味着分销商可以要求厂家更频繁地开展贸易促销和参加零售商的各种零售促销活动。厂家要想重新获得被分销商夺取的权力，办法之一就是要创建强势品牌。为达此目的，厂家要把营销的努力定位在最终消费者身上。这样，消费者就可能要求甚至强迫分销商去储存和销售厂家的产品，即在营销渠道上“拉动”产品销售，从而推动品牌建设。

2. 推动策略。所谓推动策略是指厂家把营销的努力定位在渠道成员身上，给予直接的刺激，使它们乐于储存和销售厂家的产品，从而在营销渠道上“推动”产品销售。

为了使推动策略更好地发挥效力，厂家要注意加强渠道成员之间的合作并给予渠道成员以适当的支持。如买卖双方可以建立伙伴型的渠道关系，开展合作广告的设计与推广，加强沟通，相互之间提供多种服务，如厂家可以帮助零售商开展市场调研，制定市场营销方案和商品促销方案，开通免费服务电话等，以促进产品的销售，提高品牌的知名度。

案例 4-4

苹果公司的产品策略与品牌提升之道

苹果公司自成立以来，一直以产品创新闻名于世。在已故首席执行官(CEO)史蒂夫·乔布斯的推动下，苹果公司一次次地创新，一次次地从逆境中爬起来创造奇迹。目前苹果的主要产品线包括苹果电脑、iPod及相关音乐产品、iPhone手机、ipad平板电脑、显示器等配件以及软件。如今的苹果已经成为一家销售数字娱乐产品和运营数字娱乐服务的公司，“精致”“酷”“自由”等符号成为其公众形象的重要部分。

一、典型产品创新的轨迹

1. 苹果电脑

1976年，大多数的电脑没有显示器，Apple I却能以电视作为显示器，设计者沃兹尼亚克设计了一个用于装载和储存程序的卡式磁带界面，以1 200位秒的高速运行。紧接着推出的 Apple II 一反过去个人电脑沉重粗笨、设计复杂、难以操作的形象，它设计新颖、功能齐全、使用方便，看上去像一部漂亮的打字机。1977 年，苹果公司借 Apple II 这款划时代的 PC 产品一炮走红，并在 1980 年一举上市，成为 IT 界的明星。这是当时全球第一台用彩色图形界面的微电脑，因此被公认为是个人电脑发展史上的里程碑。

接下来的岁月中，苹果公司因产品开发思路的问题，逐步走向下坡路。1996 年乔布斯借 NEXT 被苹果收购重返苹果时，苹果已经濒临破产了。受命于危难之际的乔布斯开始大刀阔斧的改革。乔布斯借当年修习美术课的功底和对消费者心理的洞察，带领苹果推出了炫目的 iMac 电脑——半透明的外观、发光的鼠标、丰富的色彩、标新立异的构思和出色的工业设计使得 iMac 和随后的 iMac 二代、ibook 等产品获得了一系列最佳称号，成为时尚的代名词。苹果电脑最终打了翻身仗，由当初的亏损10 亿美元一举扭亏为盈，实现了 3 亿美元的盈利。

2. iPod 数码音乐播放器 + iTunes 网络音乐商店

2001 年 11 月，苹果公司推出 iPod 数码音乐播放器，配合其独家的 iTunes 网络付费音乐下载系统，一举击败了索尼公司的 Walkman 系列，成为全球占有率第一的便携式音乐播放器。随后推出的数个 iPod 系列产品，更加巩固了苹果在商业数字音乐市场不可动摇的地位。

iPod 不是第一个 MP3 播放器，但它确是第一个最易于使用的和最“酷”外观的 MP3 播放器。首先，在苹果的设计中，色彩与具体的形态相结合，具有极强的感情色彩和强大的精神影响力。其次，iPod 让消费者拥有更庞大的音乐控制权。由于 iPod 以硬件作为储存技术，一台 iPod 可以储存上千、上万首音乐，使用者可以自行编排播放清单。iPod + iTunes 相结合的商业模式能让消费者随时随地找到符合当下心情的音乐。最后，经典的单曲，会因为 iTunes 下载排行的机制，一再地成为畅销金曲，而不会因为专辑过时而被淘汰。

苹果 iPod 的出现改变了现有音乐的消费方式，iPod 数码音乐播放器 + iTunes 网络音乐商店模式获得了巨大成功，在美国所有的合法音乐下载服务当中，苹果公司的 iTunes 音乐下载服务占据了 82%。在 2008 年的前 3 周，苹果 iTunes 售出了第 40 亿首数字歌曲，获得了全球数字音乐市场 70% 的份额及远高于预期的收入。与此同时，苹果也推出适合 Windows 个人电脑的 iTunes 版本，将 iPod 和 iTunes 音乐店的潜在市场扩展到整个世界。

通过 iPod 和 iTunes 音乐店，苹果改写了 PC、消费电子、音乐这三个产业的游戏规则。作为时尚新宠，iPod 吸引了各界的关注，如今的 iPod 已经是一个符号、一个宠物或者一种身份的象征。

3. iPhone 手机

2007 年 6 月 29 日，iPhone 手机在全美正式开售后，持续热销，成为苹果公司的又一经典产品。2010 年 9 月，第四代 iPhone 手机上市，2012 年 9 月，第五代 iPhone 手机上市，均出现消费者排队等候购机的火爆场面，在媒体上引起轩然大波。2010 年第三季度苹果公司共售出 1 410 万部 iPhone 手机，实现销售收入 200 亿美元，创出了历史新高。是什么造就了 iPhone 手机如此大的魔力？

首先，iPhone 具有无懈可击的外观。一个巨大的空洞洞的屏幕和唯一的一个按键，比 iPod 还要简单干净。只能用"魔鬼完美主义"形容苹果的设计：简洁、纯净、空洞。

再次，iPhone 是便捷的智能手机，功能齐全，使用方便。iPhone 采用互联网服务 + 数字终端，具备强大的互联网功能，使人们从 PC 的制约中解脱出来，从而获得更为自由的数字体验。

其次，人性化的用户页面。iPhone 采用了先进的内置传感器，可以防止出现因使用者面部接触触摸屏幕而造成的错误输入，节省耗电量，增强用户体验。iPhone 还可以用手指代替书写笔进行操作。

二、苹果产品创新思路

苹果产品的设计总是贯穿着以人为本的设计理念，清爽的外观、简洁的按钮、便捷的操作模式是产品的灵魂。公司力图让每一项产品都符合消费者心目中的苹果文化印记，要求相当苛刻，以至于苹果每年只能开发出一两款产品，但几乎每款产品都能让消费者欣喜若狂。

苹果了解顾客真正想要的是什么，它将科技与消费者的需求进行了完美的结合，每个使用苹果产品的人都能够享受非凡的用户体验。同时，苹果控制着用户使用的全部过程，从硬件到软件，巩固了用户的忠诚度。

另外，苹果还通过与多方合作扩大产品的市场份额和品牌影响。宝马发布了首个由汽车制造商制造的汽车界面，界面允许驾驶者在汽车中通过内置于方向盘上和收音机上的按键控制他们的 iPod，并在汽车的储物柜中放有保护 iPod 的安全带。2005 年 1 月，包括奔驰和法拉利在内的更多的制造商宣布在 2005 年春季开始推出类似的系统。除了与汽车商合作之外，苹果还积极与运动产品生产商合作。2006年5月23日，耐克公司和苹果公司宣布，双方合作推出了创新的Nike + iPod系列产品，首次将运动与音乐完美地结合起来，这两家公司合作开发的首款产品为Nike + iPod运动组件。它可以通过设计在耐克运动鞋中的装置将人们跑步时的相关指标（如速度、消耗的热量等）传送到iPod中，为人们带来全新的最佳跑步和锻炼的体验。

与苹果的成功分不开的是其严格的创新过程管理。对于任何一项新的设计，苹果的设计师们首先要拿出10种完全不同的模拟方案，使设计师们有足够的空间，在没有限制的情况下放开设计。然后从中挑出3个方案，再花几个月的时间仔细研究这三个方案，最终得出一个最优秀的设计方案。

苹果的设计团队每周会有两次会议。一次是头脑风暴会议，完全忘记任何的条件限制，自由地思考，甚至提出疯狂的想法。第二次是成果会议，这个会议与前一次会议正好相反，设计师和工程师必须明确每一件事情，明确前面疯狂的想法是否可能在实际中应用。尽管在这个过程中，重心已经转移到一些应用的开发和进展上，但团队还是要尽量多地考虑到其他各个应用的潜在发展可能。即使到了最后阶段，也要保持一些创造性的想法做后备选项。

案例思考题

苹果公司产品差异化的路径与品牌提升给我们什么启示？

复习思考题

1. 什么是感知质量？
2. 造成感知质量与客观质量出现差异的原因主要有哪些？
3. 影响感知质量的因素主要有哪些？
4. 简述提高品牌感知质量的主要思路。
5. 企业利用价值定价创建品牌要注意哪些问题？
6. 为什么创建品牌的过程中渠道因素特别重要？
7. 简述创建品牌的两种主要渠道策略。

第五章

品牌创建的整合营销传播

本章学习要点

与产品、价格和渠道因素相比，营销传播可以说是营销组合中最重要和最灵活的要素。因为营销传播是品牌的声音，是与顾客进行沟通的手段。营销传播的工具多种多样，本章对品牌创建的营销传播进行专门的阐述。首先阐述品牌营销传播的基本思路；然后阐述品牌营销传播工具的选择；最后阐述品牌创建的整合营销传播。

第一节　品牌营销传播的基本思路

一、营销传播与品牌营销传播的含义

（一）营销传播的含义

营销传播是指利用各种传播工具为产品或品牌开展的营销传播活动。传统的营销传播经常使用的工具有广告、公共关系、直效营销和促销等。在传统营销中，大多数的传播是单向的，信息由公司或营销传播机构设计，然后向目

标受众进行传递，以期引起他们的注意和激起顾客购买的欲望。近年来，整合营销传播观念被越来越多的人所接受，他们认识到，传播不仅在于传递信息，而且应该加强与顾客的沟通和交流。公司应该在与顾客的沟通中迅速作出反应。

（二）品牌营销传播的含义

品牌营销传播，简称品牌传播，是指利用各种传播工具为创建品牌而开展的营销传播活动。与传统营销传播一样，长期以来，品牌营销传播也主要是单向传播，即主要是以“品牌传播者（或发讯者）为导向”，结果经常达不到品牌传播的效果。在以“顾客为导向”观念盛行的今天，试图通过品牌营销传播建立品牌与顾客的关系，就必须改变以往的品牌传播思路，即由原来的“品牌传播者（或发讯者）为导向”转变为“受众（或接受者）为导向”。而要实现这一重大转变，首先必须掌握顾客处理信息的过程与特点。

二、顾客处理信息的过程与特点

（一）顾客处理信息的过程

了解顾客处理信息的过程是有效营销传播的起点。这是因为，在营销传播的过程中，如果一个环节出了问题，那么整个营销传播都将遭到失败。为了帮助人们了解顾客处理信息的过程，心理学家和营销专家进行了一系列的研究，并提出了许多模型。其中，耶鲁大学社会心理学家威廉·麦奎尔（William McGuire）提出的顾客信息处理模型具有较大的影响力。该模型认为，在顾客处理信息的过程中，不管采用何种传播形式，一般都要经过以下 6 个步骤：

1. 展示：即人们必须看到或听到某种传播。
2. 注意：即人们必须注意到某种传播。
3. 理解：即人们必须理解传播给他们的内在信息或观点。
4. 认同：即人们必须对传播给他们的内在信息或观点作出有利的反应。
5. 打算：即人们必须愿意根据传播的信息有计划地采取行动。
6. 行动：即人们必须愿意根据传播的信息采取实际行动。

从上述模型来看，在信息传播的过程中，任何一个环节出了问题，信息传播都将失败。据此，为了增加品牌营销传播的成功率和有效性，营销人员必须努力促成每一个步骤发生的可能性。以广告传播为例，为了让广告发挥效力，一则好的广告必须做到：

第一，恰当地展示信息：在恰当的时间和地点向目标顾客传递恰当的信息。

第二，引起顾客的注意：广告要有创意，能够引起目标顾客的注意。

第三，求得顾客的理解：广告能够正确地反映目标顾客理解产品和品牌的水平。

第四，得到顾客的认同：广告应该按照目标顾客期望并可传递的差异点和均衡点正确地定位品牌。

第五，激发顾客的购买欲：广告要有激情，能够激发目标顾客打算购买本品牌。

第六，促使行动：通过上述努力，广告能够创造强大的品牌联想，最终促成目标顾客采取购买行为。

由此可见，要增加营销传播每一个步骤发生的可能性，必须环环相扣。但实际上要做到这一点非常困难，除非进行精心的计划和有效地执行方有可能。以上述广告为例，假如每一步成功的概率是50%，6个步骤下来，广告传播成功的概率只有1.562 5%（50%×50%×50%×50%×50%×50%）。如果上述每一步成功的概率只有10%，6个步骤下来，广告传播成功的概率只有0.001%。这就是为什么人们感叹广告效果非常有限的重要原因。

（二）顾客处理信息的特点

如前所述，在营销传播的过程中，要增加营销传播每一个步骤发生的可能性，必须环环相扣。而要做到这一点，必须对营销传播进行精心的计划和有效地执行。而这一切，都必须建立在充分掌握顾客处理信息的特点的基础之上。因为只有掌握顾客处理信息的特点，才能对营销传播进行巧妙的设计和有效地执行。因此，从某种程度上来讲，掌握顾客处理信息的特点比了解顾客处理信息的过程更为重要。

那么，顾客处理信息的特点有哪些呢？以杰克·特劳特为代表的定位理论与以唐·E.舒尔茨为代表的整合营销传播理论提出了精辟的观点。其基本要义如表5－1所示。

表 5－1 消费者处理信息的特点

杰克·特劳特为代表的定位理论的观点	唐·E. 舒尔茨为代表的整合营销传播理论的观点
1. 消费者只能接受有限的信息	1. 消费者处理信息的能力有限；处理信息时把资讯局限在必须知道的最小范围内
2. 消费者痛恨复杂的信息，喜欢简单	2. 处理信息时只接受易辨认、重要的和相关的信息；随着传播系统由口头沟通为基准转变为视觉沟通为基准，消费者越来越倾向于以浅尝辄止的方式来处理信息
3. 消费者对认知的信息和品牌印象不会轻易改变	3. 传播者和接受者的经验领域，在传播过程中非常重要；双方的经验领域可以扩大，从而形成互动关系，加强双方的沟通
4. 消费者的想法不易失去焦点；消费者认同一致性的信息	4. 处理信息时依赖于认知而非事实，认知不易改变；消费者在储存和回想信息时，会把新进的资讯与已有的资讯进行对比。不是简单地用新资讯取代旧资讯，而是不断地储存、处理和回想

资料来源：[美]杰克·特劳特、史蒂夫·瑞维金著，李正栓译：《新定位》，中国财政经济出版社，2002 年版；唐·E. 舒尔茨等著，吴怡国等译：《整合营销传播》，内蒙古人民出版社，2001 年版。

三、品牌营销传播的基本思路

从表 5－1 可见，无论是以杰克·特劳特为代表的定位理论，还是以唐·E. 舒尔茨为代表的整合营销传播理论都告诉我们，消费者处理信息的特点是：信息越简单越好，越有用越好，越专一越好，越一致越好。据此，品牌营销传播的基本思路可以概括为以下几个方面：

（一）品牌营销传播要清楚简明

以杰克·特劳特为代表的定位理论早就注意到，消费者只愿意接受有限的信息，而且营销传递的信息越复杂，越会增加消费者的负担，抑制消费者的兴趣，引起他们的痛恨，反而不利于营销传播。以唐·E. 舒尔茨为代表的整合营销传播理论也认识到，在今天这个传播资讯过度的时代，消费者处理信息的能力有限，他们希望把信息收集局限在必须知道的最小范围内，并且只对易辨认、重要的和相关的信息感兴趣。随着传播系统由口头沟通为基准转变为视觉沟通为基准，消费者越来越倾向于以浅尝辄止的方式来处理信息，尽量简单地处理传播的信息。既然如此，与之相对应，品牌传播也就应该清楚简明，传递的信息越简单越好。进一步讲，品牌传播要清楚简明，就是要直截了当，抛弃意义含糊、模棱两可的信息;就是要集中力量将重要的信息清楚地传递到消费者的心中;就是要让品牌信息成为一个简洁明了的符号,让消费者容易回想,而不应列举一大堆的事实来佐证。如果能够这样,品牌就能够清晰地移入消费者的头脑之中,赢得消费者的芳心。例如,麦当劳的最新广告:“我就喜欢(I'm love it)”,让麦当劳再添光彩;雀巢咖啡的经典广告:“味道好极了(The taste is great)”,让雀巢咖啡名扬天下;耐克的经典广告:“想做就做(Just do it)”,让耐克赢得了众多年轻人的心;海尔的经典广告:“真诚到永远”,让海尔品牌成为许多家庭的至爱。

(二)品牌营销传播要与众不同

从消费者处理信息的特点来看,消费者只愿意接受有限的信息,而且信息越有用越好。那么,如何在品牌传播的过程中做到传递的信息既有限又有用呢?从而在各种各样的品牌资讯中引起消费者的注意呢?答案就是让品牌传播做到与众不同。

与品牌传播要清楚简明相比,品牌传播做到与众不同显得更为重要。这是因为,与众不同往往能够更加引起消费者的注意。正因为如此,长期以来,与众不同成为品牌传播考虑的焦点。例如:20世纪50年代,罗塞尔·瑞夫斯(Rosser Reeves)提出的“独特销售主张(USP)”风行营销界,强调的就是营销传播要做到“独一无二”,与众不同。20世纪60年代,广告大师D·奥格威提出的“品牌形象”理论,讲的就是营销传播要突出品牌形象,而要突出品牌形象,品牌个性要与众不同。20世纪七八十年代,阿尔·里斯和杰克·特劳特提出的“定位”与“新定位”理论,强调广告和品牌传播要有一个差异化的定位,从而让品牌在消费者心目中占据应有的位置。

由此可见,上述不同的理论都突出了一个共同的传播思路,那就是品牌传播要有效力,就应该做到与众不同。

(三)品牌营销传播要使人熟悉易懂

从消费者处理信息的特点来看,消费者易于记住熟悉的、可辨认的信息。正如唐·E.舒尔茨所言:“知道的事物比不知道的事物更能激发起人的信心”,“消费者真正能记到脑子里的信息还是已经耳熟能详的东西”。因为消费者愿意接受与其以前的知识与经验相吻合的信息。因此,品牌传播要以消费者已有的知识和经验为背景传递信息,做到熟悉易懂,让新信息与消费者原有的观念相融合,这样有利于品牌传播者与消费者之间的理解和沟通。

(四)品牌营销传播要亲近有趣

从消费者处理信息的特点来看,消费者处理信息时依赖于认知而非事实。也就是说,在信息超载的环境中,消费者喜欢按照自己的认知来处理信息,即喜欢按照自己的经验、喜好、兴趣、期望甚至情绪来选择、接受和储存那些信息,而不管事实是否如此。因此,那些有趣、亲切、快乐、感人的信息往往容易得到消费者的认可,引起消费者的共鸣。例如,在广告宣传中,所谓的"3B"(美女、婴儿、动物)创意原则,反映的就是这个道理。在广告宣传中,启用可爱、有趣的品牌形象"代言人",传达亲切的情感,反映的也是这个道理。

唐·E.舒尔茨认为,品牌传播面临的最大挑战就是要驱逐那些枯燥、夸大、卖弄却言之无物的言词,代之以符合消费者期望的、真正有意义的、能够帮助消费者解决问题、并且能改善他们生活的资讯。这些都要求品牌传播应做到亲近有趣。

品牌传播要做到亲近有趣,就要让传播创意来自生活、紧贴生活;就要让传播能够激发消费者的情感,赋予品牌情感的体验。

(五)品牌营销传播要持久一致

从消费者处理信息的特点来看,消费者的想法不易失去焦点,消费者认同一致性的信息。他们不愿意花时间和精力去思考与他们已知的、相冲突的信息,他们在储存和回想信息时,不是简单地用新资讯取代旧资讯,而是把新进的资讯与已有的资讯进行对比,不断地储存、处理和回想。按照唐·E.舒尔茨的说法,营销传播是一个累积的过程,而不是一个取代的过程①。因此,要使品牌传播有效力,还应该做到传播信息持久一致。

当然,品牌传播要做到持久一致,并不是要传播的信息和形式简单化。相反,传播的题材可以千变万化,创意的主题可以因人、因事、因时、因地而变。但是,品牌的核心理念和核心信息应该持久一致。这样,品牌传播才能既有一致性,又有灵活性。例如,可口可乐的广告口号从1886年其诞生时的"请喝可口可乐"(Drink Coca - Cola),到1996年的"这就是可口可乐"(Always Coke Is It),100多年来使用过几十句不同的口号,其作为商标注册的瓶

① [美]唐·E.舒尔茨等著,吴怡国等译:《整合营销传播》,内蒙古人民出版社,2001年版,第59~62页。

子也经历了多次渐变后才定型。但是它们都是围绕可口可乐品牌的核心理念进行传播，从而不论何时何地使消费者一眼就能认出可口可乐。又如，奔驰汽车从1909年至今，商标作了6次修改，但品牌标识的核心要素（星状）基本没变，只是逐步得到修正。奔驰的这种谨慎渐变，不仅融入了公司合并等方面的变化，同时还抓住了流行的风格，让消费者在今日仍然能如同过去一样一眼就能将其认出。

第二节　品牌营销传播工具的选择

一、品牌营销传播工具的种类

品牌营销传播的工具很多，可以从不同的角度进行分类。其中，最普遍的是从品牌与受众的接触方式来进行划分。据此，品牌营销传播的工具可以分为4大类：一类是大众媒体接触工具，如大众媒体广告、公共关系等；二类是情景接触工具，如销售促进、销售现场广告、包装等；三类是个人接触工具，如直效营销、网络营销、人员销售、客户服务、内部营销等；四类是体验式接触工具，如事件、赞助、商业展示等。各类传播工具的特征和主要用途如表5－2所示。①

表5－2　品牌营销传播工具的主要特征和用途

类别	工具	特　征	主要用途
大众媒体接触	大众媒体广告（简称广告）	具有公众性，由明确的出资方付费发布信息	获取大量的受众，创造品牌知名度，帮助品牌定位，建立品牌形象
	公共关系	开展公关活动，管理公司的传播与声誉	管理与公司各种公众之间的关系，建立和维持声誉，监督公众舆论，为高层管理出谋划策
	营销公共关系	产品宣传，在大众媒体进行免费的品牌故事宣传	建立品牌信用，发布新闻，与难以接触到的受众进行沟通

① ［美］汤姆·邓肯著，周洁如译：《整合营销传播——利用广告和促销建树品牌》，中国财政经济出版社，2004年版，第18～19页。

续表

类别	工具	特征	主要用途
情景接触	销售促进	有形的刺激（如赠券）可立竿见影，刺激购买行为	拉动和推动销售
	商品推销	店内促销资料、促销活动和促销信息	店内促销，制造促销气氛
	销售现场资料	在销售产品的店内展示信息	提供品牌纪念品，鼓励试用和额外购买
	包装	可以是容器和沟通媒介	发出提示信息
	许可	出售使用一定程序、商标和专利的权利	提高品牌的知名度和进入新市场，尤其是国际市场
个人接触	直效营销	通过数据导向的营销方法将需求创造与现实结合起来	提供一对一营销和低成本，高效率地激励重复销售
	互联网	通过互联网直接向顾客销售	开展源于顾客需求的营销
	人员销售	销售人员与潜在顾客进行即时的双向沟通，这是所有营销传播方法中最具说服力的	识别顾客的需求，提供与顾客需求相适应的产品；允许销售人员对顾客提出的问题和拒绝立即作出反应
	内部营销	对内部员工进行营销	告知员工，激励员工，创造销售
体验式接触	事件与赞助	将潜在顾客一一地吸引过来，创建有目的的品牌联想	通过与一定的事件或活动相联系，帮助品牌进行定位
	商业展示	某一行业的制造商、供应商、分销商定期相聚，向潜在顾客展示产品，提供信息	提供信息，展示样品，与现有的和潜在的顾客进行面对面的交流
	顾客服务	通过各种非产品性的活动为顾客提供服务	增强顾客购买时的情感，处理顾客使用中存在的问题，维持售后关系

品牌营销传播的工具多种多样，下面我们主要对“大众媒体接触类”的主要传播工具——广告与公共关系；“情景接触类”的主要传播工具——销售促进；“个人接触类”的主要传播工具——直效营销与互联网；“体验式接触类”的主要传播工具——事件与赞助进行必要的阐述。此外，由于品牌故事具有一般传播工具所不具有的魅力，因此，本书也对此进行必要的阐述。

二、广告

(一)广告的含义与特征

广告是指由广告主出资通过一定的媒体有计划地就产品、服务和理念对公众所进行的单向传播,这种传播可以影响公众的态度和行为。从这一定义中可以看出,广告具有如下几个方面的特征:

1. 广告是一种付费行为。广告主作为出资人是一定要明确的,它要向选择的媒体支付一定的费用。

2. 广告是一种针对群体而非个人的传播,即它的受众是广泛的,而非个人的,因此,它属于大众媒体接触工具类,而非个人接触工具类。

3. 广告是一种单向传播,因此,它不能承载受众反馈的信息。受众看完广告之后,只能沟通其他的沟通工具(如电话、信件、电子邮件)将信息反馈给广告主。为此,广告要达到良好的传播效果,必须事先了解目标受众的心理需要,然后进行有效的传播。否则,很难引起受众的注意。

4. 广告是一种有计划的传播。即广告主能够创造和控制传播的信息,按照自己的目的进行传播。

5. 广告需要借助于一定的媒体才能进行传播。由于不同的媒体具有不同的效应,因此,做广告时,广告主需要对媒体进行合理地选择。

6. 广告能够影响公众的态度和行为。好的广告,能够增强现有顾客对品牌的好感和购买行为;同时,还能够创造新顾客对品牌的需求。

在品牌传播和建立品牌资产的过程中,广告一直是品牌和消费者进行沟通的最基本手段。因此,很多品牌创立者,一想到创建品牌,就想到做广告。广告对创造品牌的知名度、帮助品牌定位和建立品牌形象的确具有一定的作用,但由于它具有单向传播的特点,因此,如果事先设计不好,就很难达到应有的效果。由于它是一种付费行为,因此,为了捞回成本,增加收益,经常出现广告吹嘘的现象欺骗顾客,结果降低了广告的可信度。加之传播媒介的多样化,如今单一媒体的广告效果大大下降。

(二)广告媒体的选择

广告需要借助于一定的媒体才能进行传播,而不同的媒体具有不同的优缺点,因此,品牌利用广告进行传播,需要对媒体进行合理地选择。

广告可以利用的媒体主要有：电视、广播、杂志、报纸、户外广告、直邮、网络等，这些媒体具有不同的特点，其主要优缺点见表 5－3。广告主可以根据这些媒体的特点与自身的要求进行合理地选择。

表 5－3　各种媒体的特点

媒　体	优　点	缺　点
电视	1. 覆盖面广 2. 顾客接触机会多 3. 同时具有视觉和听觉效果 4. 关注度高 5. 声誉好 6. 形象好 7. 播放的单位成本低	1. 选择性小 2. 传播时间短 3. 绝对成本高 4. 制作成本高 5. 鱼目混珠易引起混乱
广播	1. 覆盖当地 2. 成本低 3. 传播频率高 4. 灵活性大 5. 制作成本低 6. 听众细分程度高	1. 只有声音效果 2. 关注度低 3. 信息一闪而过 4. 鱼目混珠易引起混乱
杂志	1. 信息容量大 2. 保存时间长 3. 读者面广 4. 可以复制	1. 从预订到发行需要较长的时间 2. 只有视觉效果 3. 缺乏灵活性
报纸	1. 覆盖面广 2. 成本低 3. 从预订到发行时间较短，及时性好 4. 可以排放在吸引受众的位置 5. 保存时间长 6. 可以印制赠券	1. 传播时间短 2. 只有视觉效果 3. 关注度有限 4. 读者具有选择性 5. 鱼目混珠易引起混乱
户外广告	1. 可精心选址 2. 重复率高 3. 易引起注意	1. 广告内容只能简练 2. 形象差 3. 受地点限制
直邮	1. 选择性大 2. 读者可自由阅读 3. 信息容量大 4. 可重复邮寄	1. 成本高 2. 形象差，垃圾邮件多 3. 鱼目混珠易引起混乱

续表

媒 体	优 点	缺 点
网络	1. 覆盖面广 2. 顾客接触机会多 3. 信息容量大 4. 灵活性大 5. 关注度高 6. 可同时具有视觉和听觉效果 7. 可自由欣赏	1. 成本高 2. 形象差，虚假广告多 3. 鱼目混珠易引起混乱

（三）广告代理机构的选择

对于品牌的创建者或广告主来讲，在选择广告这一传播工具时，主要的工作是选择广告代理机构。至于具体的广告事务工作，如广告创意的设计、广告媒体选择、市场调研、客户管理等工作主要是由选择好的广告代理机构来完成。

品牌创建者或广告主在选择广告代理机构时，主要应做3个方面的重要决定：①确定广告代理机构的位置；②如果决定广告由公司内部广告代理机构来承担，需要确定公司内部广告代理机构的组织设计；③如果决定广告由外部广告公司来承担，就需要对外部广告公司进行选择。前两个决定是基本的，一旦决定下来就不会轻易改变。但如果选择外部广告公司，则这一决定是动态的。因为品牌创建者或广告主需要经常不断地对外部广告公司进行直接或间接的全面考察。

1. 确定广告代理机构的位置。确定广告代理机构的位置是指广告主需要确定是选择内部广告代理机构还是外部广告公司为其服务。

一般来讲，使用内部广告代理机构的优点在于：①可以降低成本。这是使用内部广告代理机构的最大优点。例如，在美国，每年广告预算达50亿美元的大公司，大都设立内部广告代理机构以节省成本以用来购买更多的媒体时段。②可以获得发展独特品牌风格的自由，从而可以得到外部广告公司不能提供的服务。③可以确保广告信息的准确性和时效性。而利用外部广告公司，则不可避免地会增大失误的概率或造成文案内容的失真。

但是，使用内部广告代理机构也有一些不足，例如，独立性少、灵活性差、创意和管理能力有限等。而这些正好是外部广告公司的主要优点。

一般来讲，选择外部广告公司的优点在于：①具有很强的灵活性。即广告主可以根据市场的变化灵活地更换广告公司，而如果使用内部广告代理机构就不能达此目的。②具有丰富的经验。由于外部广告公司要为多个客户、多个产品和多个品牌服务，因此，其经验自然要相对丰富得多。③具有管理上的优势。外部广告公司一般具有丰富的广告管理经验，这样可以让广告主将主要精力放在产品的经营和管理上，而不必过多参与广告事务的管理工作。④具有很强的独立性。外部广告公司作为独立的专业机构，可以按照自己的风格设计和制作广告，而不受广告主的约束，具有很强的独立性，这样可以在一定程度上避免不必要的偏见。⑤具有丰富的媒体资源。外部广告公司作为独立的专业机构，经常跟客户打交道，一般拥有丰富的媒体资源。这样，利用外部广告公司做广告代理，往往可以得到理想的媒体资源。

无论国内还是国外，广告业的竞争都非常激烈，只有高质量服务、低成本的广告公司才能生存，因此，从总体来看，品牌创建者选择外部广告公司为其服务是主流，在公司内部设立广告机构的占少数。

2. 公司内部广告代理机构的组织设计。如果品牌创建者或广告主选择公司内部广告代理机构作为广告代理商，其组织机构的设计一般有两种模式：一是公司成立专门的广告部；二是设立综合广告部，将广告部、市场部、品牌管理整合在一起。

如果公司成立专门的广告部来代理公司内部的广告事务，那么，该部门的负责人应隶属市场部或相应的上级部门。在这种模式下，广告部员工任务明确，自主权大，因而有可能设计出具有独特风格和价值的创意广告。但不利的是，广告部门设计和制作的广告一般没有最终的决策权。

如果公司成立综合广告部，将广告部、市场部、品牌管理整合在一起，广告部经理可以隶属于品牌经理，也可以是品牌经理隶属于广告经理，如何选择要依据广告部的作用和所持品牌的数量来决定。

3. 外部广告公司的选择。这里外部广告公司的选择是指是继续保持与现有广告公司的合作，还是选择新的外部广告公司。在通常情况下，有下列情形之一者，广告主可以考虑更换现有的外部广告公司，而选择新的外部广告公司：

(1)现有的外部广告公司在广告宣传中出现致命的错误。

(2)将广告主的品牌一直做得很糟糕，甚至一个有效的广告都没有。

(3)市场发生变化,广告主的品牌需要一种新的风格来适应,而现有的外部广告公司的风格与其不一致。

(4)现有的外部广告公司与服务于竞争对手的广告公司合并了。

(5)广告主的业务扩大到了其他国家或地区,而现有的外部广告公司在这些国家或地区没有分支机构。

(6)现有的外部广告公司负责广告主品牌推广的关键人物离职,而新上任的主管能力比较有限。

(7)现有的外部广告公司业绩已经开始滑坡或内耗严重。

(8)广告主的品牌经理与现有的外部广告公司的品牌推广经理的个人矛盾一步步深化。

当然,还可能有其他不利情况需要更换现有的外部广告公司。但从长远来看,为了让外部广告公司熟悉广告主的意图,广告主最好还是与外部广告公司建立长期的业务合作关系。因此,在实践中,许多广告主与外部广告公司都建有长期合作关系,广告效果也因此而不断提高。

(四)如何发挥广告在品牌传播中的作用

要发挥广告在品牌传播中的作用,实质上就是要让广告引起消费者的注意,进而让消费者喜欢公司的品牌。

简单来讲,要让广告引起消费者的注意,进而让消费者喜欢公司的品牌,广告必须要有创意。而广告有创意,至少要同时具备 3 个方面的特征:一是要切中广告主题;二是要易于理解;三是要具有独创性。例如,可口可乐从 1886 年诞生之时起,就开始注重广告宣传。可以说,可口可乐的广告为可口可乐名扬天下起到了锦上添花的作用。在可口可乐上百年的广告宣传中,不乏很有创意的广告,其中,可口可乐“为了你”的平面广告就是一例。具体情况见图 5-1。

图 5-1　可口可乐“为了你”

从图5－1我们可以看出，广告中可口可乐传承上百年的红色基调没有改变。画面中很单纯地将两个英文单词（FOR YOU）艺术处理之后变成了一个躺倒的可口可乐瓶子，具有很强的独创性。这两个英文单词组成整个创意的核心和文案，意义非常明确——“为了你（FOR YOU）”，图形与文字形象生动地表达了可口可乐的个性，让消费者一看就明白，一看就喜欢。

通常，广告与消费者沟通的方式主要有3种：①利用信息和论证与消费者进行沟通；②利用情感与消费者进行沟通；③通过生活方式与消费者进行体验式的沟通。最有感染力的沟通方式是与消费者进行情感或体验式的沟通，最理想的沟通方式是这三者的综合运用。与之相对应，好的广告主要有3种类型：①提供信息，解决消费者关心的问题，满足他们的需求；②运用情感博得消费者的好感；③让消费者分享消费体验。总的来说，都是站在消费者的立场上进行广告传播。

广告如果有创意，就能够吸引消费者的注意，广告就有了与消费者进行沟通的机会。这样一来，就可以达到让消费者喜欢品牌的最终目的。

三、公共关系

（一）公共关系的含义

公共关系是指各种各样用来影响组织的利益相关者观点的活动。这些利益相关者包括公众和特定的利益相关者，如政府官员与工作人员、金融机构和媒体等。它的目的就是在组织和利益相关者之间创造一种积极的友好关系和相互理解。20世纪90年代初，随着关系营销思想的提出，公共关系与营销日益密切。如果说营销的目的是销售公司的产品，帮助建立产品品牌，那么，公共关系的目的则是销售公司本身，帮助建立公司品牌。由于很多公司的品牌名称与产品品牌名称相同，如海尔、联想，或者公司的品牌名称与产品的品牌名称相联系，如索尼与索尼随身听、苹果与苹果ipod。因此，实际上公共关系与营销的利益密切相关，二者相互作用、相互加强，共同推动公司品牌与产品品牌的建设。

（二）公共关系的种类

为了建立和维护公司和利益相关者之间的良好关系，公司的公关部门往往需要采取不同的措施和运作方案，从而，形成了各种各样的公共关系。从公共关系运作的具体目的来看,公共关系的种类主要包括以下几类,具体情况见表5-4。

表5-4 公共关系的种类

种 类	特征描述
公司关系	由公司传播经理负责,重点在于建立和维护公司声誉;可以使用公共关系广告:一是使用公众服务广告,为非营利机构做广告;二是做公司广告,让公众了解公司,知道公司所做的事和理念 同时,由公司传播经理建立公司关系,有时还要处理如下事务: 1. 政府关系(公共事务):掌握政府立法机构与管理机构的信息,建立政府关系网 2. 行业关系:关注本公司参与行业竞争的有关问题 3. 社区关系:关心当地社区所关注的问题 4. 问题管理:监测公众的意见,为上层管理者提出建议;对比较敏感和有争议的行业,如制药、烟酒、食品行业,要特别注意问题管理
营销公共关系(品牌宣传)	开展支持产品与品牌沟通的宣传活动
媒体关系	向媒体提供信息以提高公司的知名度;与重要媒体的记者和编辑培养和发展信任关系
雇员关系	开展内部沟通活动,让员工了解有关信息,鼓励员工的斗志;参与处理劳工关系
财经或投资人关系	为投资人、金融分析师和财经报纸杂志社等金融社团提供信息
危机管理	当遇到突发危机时有一套预警机制以应对外部的冲击

(三)营销公共关系

1. 营销公共关系的含义。营销公共关系是公共关系中进行营销传播活动最重要的领域,因此,这里单独加以阐述。营销公共关系是指“使用免费媒体向受到过正面影响的现有顾客和潜在顾客传递积极的品牌信息。”①从狭义上来讲,营销公共关系也可以称为“品牌宣传”,即“通过新闻发布和其他媒体工具提高品牌或公司的知名度与了解情况。”②传统的公司公共关系将重点放在各种相关利益者的活动上,而营销公共关系则更多地关注现有顾客和潜在顾客。

2. 营销公共关系媒介。营销公共关系活动主要通过营销公共关系媒介或项目来进行。其中最常见的媒介就是新闻稿,此外还有新闻发布会、出版物、年度报告、影视影像、各种会议等,具体情况见表5-5。

①② [美]汤姆·邓肯著:《整合营销沟通》(影印版),高等教育出版社,2003年版,第543页。

表5－5　营销公共关系活动与媒介

媒介或项目	活动描述
新闻稿	向媒体提供反映公司开展各种活动的书面的、广播的、电视播放的新闻稿
新闻发布会	举行新闻发布会，让公司领导与媒体代表、相关人员见面，发布重大的公司新闻
媒体见面会	公司新闻发言人尽可能多地到有关地方与当地各种媒体代表见面，最好出现在直播现场以宣传公司与品牌
出版物	在为利益相关者开展的公关活动中，散发时事通讯、杂志或小册子
年度报告	提供上市公司规定的年度报告
资料包	提供从不同侧面反映公司产品、事件、人物、演说、试验结果在内的照片、图片、史料、背景材料等一揽子信息资料
倡导性广告	制作推广品牌或公司观点的广告
影视影像	制作用来提升公司产品和服务的音像制品
展示	在大厅或其他公众聚集场所设立展位或其他设施，以视觉的形式宣传公司和品牌
公众观光	引导顾客或公众参观公司工厂、办公场所和工业园区
新闻事件	制造新闻事件让媒体广泛报道，让利益相关者有机会参与，例如，盛大的奠基或开业典礼就是很好的新闻事件
公开演说	在必要场合进行公开演说宣传公司与品牌
公司会议	公关部门有计划地、有目的地组织公司各种会议，如投资者见面会、销售工作会，以宣传公司和品牌
网站	通过制作精美的网站，从不同的层面介绍公司，宣传品牌
电子邮件	利用电子邮件发布新闻稿，与员工和其他相关利益者进行沟通

3. 营销公共关系的作用。在公共关系活动中，营销公共关系日益受到重视，其根本原因在于营销公共关系对品牌传播发挥越来越重要的作用。营销公共关系的作用主要体现在以下几个方面：

（1）为公司和品牌尤其是新产品品牌创造一种受欢迎的气氛。例如，2006年11月30日，微软商务引擎启动仪式在北京中国大饭店隆重举行。微软三大核心产品 Windows Vista、2007 Office System 和 Exchange Server 2007 在北京同时发布。这是微软公司历史上规模最大的一次新产品发布，也是微软公司多年来规模最大的一次全球同步的新产品发布。这一新闻事件为微软公司和品牌创造了一种很好的气氛。

（2）提高品牌知名度。如前所述，营销公共关系活动的媒介多种多样，品牌通过这么多媒介宣传报道,知名度自然能够大大提高。

(3)提高品牌的信誉与可信度。营销公共关系不像广告那样,需要向媒体支付大量的费用,而是通过免费的手段让媒体作出公正的报道;它实现了像广告那样宣扬品牌的价值主张,但是是通过产业分析家的评论来达到的。这样,通过第三方认可之后,顾客对品牌就会产生信任感。难怪营销大师阿尔·里斯提倡:公关第一,广告第二。

(4)利用新闻和人们的兴趣,可以让品牌宣传从商业信息的宣泄中走出来,引起公众的注意。所有的品牌都避免不了因鱼目混珠而引起的混乱,但是,当品牌信息变成一则新闻或令人感兴趣的话题时,却能够很容易引起公众的注意,让人更加相信和有兴趣。例如,2005 年联想收购 IBM 的 PC 业务、TCL 收购汤姆逊彩电业务,就是通过新闻抢先发布出去的,引起了很多人的关注和兴趣。再如,2001 年 7 月 13 日,北京申奥成功。当萨马兰奇宣布北京为 2008 年奥运会主办国的话音刚落,早已经过长时间准备的可口可乐北京装瓶厂申奥成功纪念罐的生产线便全面启动,4 万箱纪念金罐立刻带着刚从生产线上退下的余温,连夜送往各大超市和零售摊点。这一新闻报道之后,让可口可乐更加令人刮目相看。从某种程度上来讲,可口可乐是北京申奥成功最大的赢家。2003 年 8 月 3 日,北京天坛祈年殿吸引着全球无数目光的关注。北京奥组委为举世瞩目的2008 年北京奥运会新会徽举行了一场盛大的揭标仪式。就在同一天,100 万只印有新会徽的可口可乐限量精美纪念罐也正式上市。可口可乐公司成为北京奥运会顶级赞助商中第一家被授权使用奥运新会徽“中国印”的企业。这个消息一公布,可口可乐奥运新会徽纪念罐顷刻间被热情的消费者一抢而光。

2010 年 3 月 28 日,吉利控股集团宣布与福特汽车公司达成收购协议,以 18 亿美元的价格获得沃尔沃汽车公司 100% 的股权及包括知识产权在内的相关资产。这一新闻报道出来,一夜之间,让名不见经传的吉利汽车公司名扬天下。

(5)通过有特殊兴趣的文章和出版物接触一般难以接近的受众。对于上层社会人士而言,如高层管理者,他们没有那么多时间在电视机前消磨时光、在流行杂志上欣赏广告,因此,他们接触广告的机会较少,一般难以接近。但是他们会阅读高端报纸杂志。如果在这些高端报纸杂志上看到介绍有关公司和品牌的事情,他们会对公司和品牌产生兴趣,从而可以拉近他们与公司和品牌的距离。

(6)降低成本,提高传播效力。由于新闻报道提倡无偿服务,因此,通过新闻媒体开展营销公共关系成本较低。正由于公信力大,因此,传播效力高。

当然,由于新闻媒体从业人员与管理人员可能会存在一些职业道德问题,因此,他们的行为可能会在一定程度上影响营销公共关系的效力。

四、销售促进

(一)销售促进的含义与目标

1. 销售促进的含义。销售促进是指售卖者在短期内通过开展某些促销活动鼓励消费者尝试和使用产品或服务。销售促进既可以针对最终消费者,也可以针对中间商。针对最终消费者的销售促进称为"零售销售促进",简称零售促销;针对中间商的销售促进称为"贸易销售促进",简称贸易促销。不管何种销售促进,其最大的特点是促销活动期限短、时效性强。

20 世纪 80 年代以来,随着零售商地位的不断提高,顾客品牌忠诚度的下降,广告费用的增加,产品生命周期的缩短,价格竞争的加剧,以及考核营销绩效的短期性制度等,使得时效性强、促销效果比较快的销售促进成为品牌传播的一种重要手段。

2. 销售促进的目标。就品牌传播而言,如果说广告的目的是向顾客提供购买品牌的理由,那么,销售促进的目的就是要向顾客提供购买品牌的动机。进一步讲,销售促进的目标主要是:

(1)改变中间商的行为,促使他们积极地支持本品牌。

(2)改变消费者的行为,促使他们尝试购买本品牌,购买本品牌更多的产品或服务,或更早、更频繁地购买本品牌的产品或服务。

(3)通过附加品牌的有形价值,如提供现金折扣、数量折扣、各种奖励等,强化品牌信息,巩固品牌形象,提高品牌忠诚度。

(二)销售促进的分类

如前所述,从促销的对象来看,销售促进可以分为"零售促销"和"贸易促销"两大类;如果从促销使用的工具和形式来看,销售促进又可以分为"交流导向型"促销和"激励导向型"促销两大类。

所谓"交流导向型"促销,主要是向顾客提供具有说服力的产品或品牌的信息,让顾客产生购买产品或品牌的动机与行为。它又分为信息促销和动机促销两大类。针对消费者的信息促销常用的手段有：样品尝试、展示和特制广告等；针对中间商的信息促销常用的手段有：展览、合作广告和展示支持等。针对消费者的动机促销常用的手段有：抽奖和游戏等；针对中间商的动机促销常用的手段有：招待会和中间商销售竞赛等。

所谓"激励导向型"促销，主要是向顾客提供各种优惠或奖励等利益，让顾客产生购买产品或品牌的动机与行为。它又分为价格促销和非价格促销两大类。针对消费者的价格促销常用的手段有：现金打折、数量打折、零售奖券和双倍赠券等；针对中间商的价格促销常用的手段有：数量打折和发票折扣等。针对消费者的非价格促销常用的手段有：赠品、捆绑销售、积分计划和消费信贷等；针对中间商的非价格促销常用的手段有：货架补贴、通道费、店庆赞助等。

如果将上述销售促进进行适当的归类，可以总结如下，见表5－6。

表5－6　销售促进分类

类别	交流导向型		激励导向型	
	信息促销	动机促销	价格促销	非价格促销
零售促销	样品尝试 展示 特制广告	抽奖 游戏	现金打折 数量打折 零售奖券 双倍赠券	赠品 捆绑销售 积分计划 消费信贷
贸易促销	展览 合作广告 展示支持	招待会 中间商销售竞赛	数量打折 发票折扣	货架补贴 通道费 店庆赞助

（三）销售促进应注意的事项

从品牌传播的角度来讲，销售促进要达到上述目标，需要注意以下几点：

1. 合理选择促销工具和形式。如上所述，促销工具和形式多种多样，选择哪种比较合适，要结合自身的具体情况而定。

2. 合理选择促销的产品。如果公司品牌旗下的产品较多，新旧程度不一，就应该合理选择促销的产品，让该促销的产品搞促销，不该促销的产品正常销售。

3. 合理选择促销的时间。即何时开始促销？促销持续多久？

4. 合理选择促销的地点。即促销的范围有多广，是区域性的还是全国性的？要认真选择，以达到理想的知名度。

5. 促销是否需要附带一定的销售条件？如果要附带条件，是宽还是紧？

6. 促销的力度要适度。促销力度一定要促使顾客作出购买决定。

五、直效营销

与以往的品牌传播更加强调广告和促销相比，现代营销品牌传播更多地强调互动式沟通。直效营销就是互动式沟通的一种常用手段。虽然这种手段已经使用了几十年，但随着传播技术和信息技术的发展，直效营销的沟通方式也发生了重大变化。与以往相比，互动性更加增强，个性化更加突出，而成本并未相应增加。从某种程度上来讲，直效营销对所有品牌决策环节都会产生影响，尤其是在购买决定阶段，影响最大。因此，利用直效营销工具开展品牌传播非常必要和重要。

（一）直效营销的含义与要素

1. 直效营销的含义。当公司希望与顾客进行直接接触时，就可以使用直效营销。直效营销是一种封闭式的、互动式的、数据导向型的信息系统，通过使用各种媒介可以创造顾客行为反应。这里，封闭式意味着在直效营销中买卖双方没有中介，双方直接进行沟通；互动式意味着在直效营销中买卖双方是双向沟通，而非单向传播；数据导向型意味着直效营销要达到理想的效果，需要搜集和整理顾客有关信息；使用各种媒介意味着直效营销媒介手段不仅可以是电话、手机，而且可以是信函、广播、电视、互联网等，当然，不同的媒介互动效果不一样；可以创造顾客行为反应意味直效营销就是用来促使顾客即时作出行为反应，而不只是交流信息、加强或改变顾客态度。由于直效营销可以促使顾客即时作出行为反应，因此，随着传播技术和信息技术的发展，直效营销被广泛使用。例如，在美国，50% 以上的消费品销售来自直效营销。世界著名的电脑品牌戴尔，主要就是靠直效营销而名扬天下。

2. 直效营销的要素。直效营销要达到应有的营销效力，需要处理好前端运作与后端运作两大业务。其中，前端运作包括运用营销沟通、内外部呼叫中心和其他手段以创造顾客需要和销售；后端运作包括接受和处理订单、存货控制、开票、发货、送货、退货处理及其他顾客服务。说到底，前端运作就是要制造顾客的期望,而后端运作就是要满足顾客的期望。为此,前端运作关键在于传递供给、发现目标顾客和了解顾客的反应;而后端运作关键在于有效地执行。如此一来,直效营销运行需要4大要素:供给、数据库、反应与执行。

(1)供给。供给包括公司为赚取利润或达到其他目的而承诺给顾客的一切东西。如除了明码标价的产品外,供给还包括支付条件、保证、送货期、售后服务以及品牌形象等无形的东西。如果说促销是刺激顾客的购买行为,那么,直效营销则是引发顾客购买行为。因此,为了引发顾客的购买行为,供给应该有效地被设计,以引起顾客的注意、兴趣、需求和购买。为了达到引发顾客和刺激顾客的购买行为,有些公司同时采用直效营销和促销等多种手段。

(2)数据库。不清楚自己的顾客,就与顾客联系,当然可以这么做,但是效果一定很差。为了做到有的放矢,开展直效营销时应建立详细的数据库。当然,要建立详细的数据库并非一日之功,可以通过多种途径不断地积累。

(3)反应。直效营销的反应是指顾客对营销传播信息作出口头或行为上的回答。直效营销的反应与公司提供的供给密切相关,同时与公司的服务人员与方式密切相关。有价值的供给会很快得到顾客的反应。例如,公司提供奖品、积分奖励、免费维修和免费电话等,有利于顾客迅速做出反应。服务人员的态度好坏会影响顾客的反应,服务人员好的态度容易得到顾客的认可,否则会流失顾客。例如,顾客打来电话或者发来电子邮件,公司没有反应,顾客当然会流失。目前,很多公司提供免费电话,但顾客打起来,要么没人接,要么需要按一系列的操作键,很不人性化,遇到这种情况,顾客当然不会有什么好的反应。如果这样,还不如不设免费电话。

(4)执行。执行是很多工作成功与否的关键,同样也是直效营销成功与否的关键。直效营销的有效执行包括准确、及时、便捷、经济合理地向顾客提供好的产品、服务和信息。有时为了有效地执行,公司可以将一部分后端运作业务如送货业务进行外包,以降低成本和提高效率。

(二)直效营销的利弊

随着传播技术和信息技术的发展,直效营销已经超过其他任何品牌传播形式。之所以如此,是因为:

1. 直效营销可以促使顾客即时对品牌作出行为反应,而不仅仅是引起顾客对品牌的注意。

2. 直效营销具有互动性。顾客可以与品牌进行互动，进行双向交流，从而体现了品牌的人性化。

3. 直效营销具有灵活性。它可以通过多种媒介传递品牌信息。

4. 直效营销具有经济性。由于直效营销建有数据库，品牌传播可以做到有的放矢，因此，与广告等传播工具相比，直效营销可以降低绝对成本，具有经济性。

5. 直效营销具有可追溯性。直效营销可以根据顾客对品牌的反应，及时进行跟踪。因此，直效营销具有可追溯性。从某种程度上来说，这是直效营销的最大优势。

当然，直效营销也有不足之处：①直效营销绝对成本较低，但相对成本却较高，即花在每个顾客上的钱会比较多。而广告绝对成本虽然较高，但由于受众的大众化，相对成本比较低。②容易造成顾客受欺骗的感觉。由于直效营销在订货前看不到、摸不着产品，因而存在交易风险，容易给顾客造成受欺骗的感觉，会影响到品牌的信誉。③容易给顾客造成混乱的感觉。随着直效营销的增长，顾客接听到的电话、收到的短信和邮件大量增加，其中，骚扰电话、垃圾邮件和短信也蜂拥而至，这些容易给顾客造成混乱的感觉，严重地影响了顾客的生活，从而有损于品牌形象。

因此，开展直效营销传播品牌，必须趋利避害，方能适得其所。

六、互联网

人类发展到今天，已经创造了许多重要的传播媒体技术和工具，如电话机、传真机、收音机、收录机、电视机、计算机、手机等等，但是，可以说今天影响人们生活最大的传播媒体技术和工具当属互联网——一个全球范围内的计算机网络系统。

从1969年开始，互联网就已经存在。但是直到20世纪90年代互联网才开始迅速发展，不断进入商业市场和走向寻常百姓家。而推动这一变化的主要工具就是万维网和浏览器。人们通过万维网可以相互传递各种类型的信息，如文本式的文字信息、音频式的听觉信息、视频式的视觉信息等。这些信息的即时性和互动式的交流，成了互联网最大的功能。与此同时，互联网也日益成为品牌传播极为重要的载体，成为品牌与顾客及其他相关利益者沟通的重要纽带。

（一）互联网在品牌传播中的特征

可以说，到目前为止，互联网是所有媒体中内容最丰富、兼容性最强的媒体工具。顾客通过它，可以获得各种各样的品牌信息。简单来讲，它在品牌传播中，具有如下几个方面重要的特征：

1. 传播速度快。随着计算机技术、集成电路技术、微处理器技术、宽带技术以及软件开发技术的高速发展，依据摩尔定律，网络浏览的速度越来越快。今天，一个品牌如果出了问题，几个小时就可以传遍世界，而且问题越大，传播的速度越快。因此，从这个意义上来讲，今天创建品牌，风险比以前更大，从而要求品牌管理的能力更高，尤其是对品牌危机管理的能力要求更高。

2. 传播范围广。顾客可以随时随地地进入公司的网站，在家不能上网，可以到学校或其他公共场所上网。这样，通过互联网可以让品牌接触到更多的顾客。

3. 顾客主动性增强。通过互联网顾客可以很容易地、主动地去了解品牌的相关信息，然后决定是否购买。更重要的是，顾客可以通过互联网定制自己所需要的产品或服务，从而增强了品牌的亲和力。

4. 双方互动性强。通过互联网顾客可以随时随地地浏览公司的网站，然后根据自己的需要与公司进行交流，体验品牌的魅力。

5. 融合性强。互联网可以将众多品牌传播工具融合在一起，例如，互联网可以将广告、营销公共关系、促销、直效营销、事件营销、赞助等传播手段有机地融合在一起，发挥综合效应，让顾客全面系统地体验品牌。

6. 传播成本低。由于互联网传播范围广，传播时间长，顾客接触品牌机会增多，因此，相对而言，它的传播成本就降了下来。

由于如此，今天无论是利用网络打造品牌，还是创建网络品牌，都离不开互联网。

（二）如何在互联网上传播品牌

如前所述，互联网的确是传播品牌和打造品牌的重要的工具，尤其是对网络品牌来讲，其重要性不言而喻[①]。但是，大量的事实表明，把现有的品牌简单地搬到互联网上就想打造强势品牌几乎是不可能的。按照阿尔·里斯和劳拉·里斯的观点，如果利用网络打造现有的品牌，主要应该把网络作为一种载

① 由于篇幅和能力有限，本书没有对网络品牌的创建和管理进行专门的阐述。对网络品牌感兴趣的读者可以阅读有关读物。

体来对待;而通过网络打造网络品牌,就应该把它作为业务来对待[①]。这里,从载体的角度阐述如何利用互联网传播品牌。

1. 应继续使用现有的品牌名称,而不应创建新的品牌名称。否则,会造成顾客的混乱。当然,如果公司要创建一个网络品牌,则另当别论。

2. 设计、制作和管理好反映品牌特色的网站。这就要求:①网站的颜色、字体和图案要体现品牌的个性和文化。国内外有些知名品牌在这方面就做得比较好。例如,麦当劳的网站就是如此。其网站颜色鲜艳,字体金黄色,标识清楚,给人一种非常欢快的感觉,充分体现了麦当劳品牌的个性和文化。②提供商务导航服务。在网站的主页简洁地描述公司的业务范围,以加强品牌的身份。同时提供一张网站地图,让顾客很容易浏览站内信息。③要具有互动性,而不能只是提供信息。为此,可以开设品牌聊天室、品牌社区、互动游戏等栏目,让顾客体验品牌。例如,蒙牛公司制作的网站就设计有互动游戏栏目,其中的猜牛、限时拼图、配对翻牌、打气球就很吸引蒙牛品牌的爱好者。④要容易使用,不能够给人一种杂乱无章的感觉。⑤下载速度要快,要注意经常更新内容。为此,网站需要有专人负责。

3. 充分利用电子邮件与顾客进行沟通。为此,①邮箱容量要大;②要有指定的人负责发送和回复顾客的信息。

4. 利用互联网融合性强的特点,积极主动地在互联网上开展网络广告、网络公关、网络赞助和网络事件等多种品牌传播活动,发挥各种媒介的协同作用,让顾客从多方面体验品牌。例如,从实际情况来看,网络广告往往具有互动性、灵活性等特点,容易引起顾客的兴趣;网络公关具有实效性、方便性等特点,容易对公众的反应作出快速反应,尤其是在品牌危机时,网络公关可以迅速作出反应。福特汽车公司的福特探索者一款汽车,曾因轮胎缺陷造成几十起翻车事故。该事件被曝光后,福特品牌的股价应声下跌,投资者面临着巨大的损失。为了应对这一品牌危机,福特公司很快在自己的网站上增添了一个特别按钮,上面写着:“想获得正式有关轮胎事件的新闻,请点击这里”。该链接让品牌的相关利益者可以及时了解事件的有关信息,结果避免了较大的振荡对福特品牌造成的负面影响。

---

① [美]阿尔·里斯、劳拉·里斯著,梅清豪等译:《打造网络品牌的11条法则》,上海人民出版社,2002年版。

七、事件与赞助

随着市场竞争的不断加剧和品牌的不断增多，为了吸引顾客对品牌的注意和作出购买行为，在现代品牌的传播中，品牌经营者日益重视顾客对品牌的体验。而事件营销就是让顾客体验品牌的一条重要途径。

（一）事件营销的含义

事件营销是指公开赞助与运动、艺术、娱乐、教育、新闻热点或其他与社会事业有关的事件或活动。虽然有一部分事件不完全由赞助来制造，但大多数事件是由赞助来完成的，因此，这里将事件与赞助放在一起加以阐述。

虽然一个多世纪以前事件营销就早已存在，但业内人士普遍认为，是20世纪80年代中期以来一系列重大事件营销的成功才激起众多的品牌创立者的兴趣，让越来越多的品牌创立者希望借助事件营销迅速提高品牌的知名度。例如，韩国三星集团从2000年赞助悉尼夏季奥运会起，连续赞助冬季、夏季奥运会，对短短几年就名扬天下的三星品牌起到了重大的推波助澜的作用。

（二）事件营销兴起的原因

据国际事件组织称，从20世纪90年代开始，无论是从事件赞助的金额还是赞助活动的数量来看，事件赞助都是与日俱增的。与此同时，赞助的主体也不断扩大。以前主要是消费品公司开展赞助，现在各类公司都加入到赞助的行列中来，赞助的范围也不断扩大。以前主要是赞助体育活动，现在除了体育活动以外，艺术、娱乐和其他社会事业都有所赞助。不过从国内外赞助情况来看，大多数赞助还是以体育赛事为主。因为，体育是人类共同的爱好，没有阶层和地域之分，容易博得众人的喜爱。例如，根据芝加哥IEG研究机构关于赞助活动的分析报告，2000年北美用于赞助活动的金额估计超过70亿美元，其中大约67%用于体育运动，19%用于娱乐观光和节日或商品交易会等活动，8%用于事业赞助，约6%用于赞助艺术活动①。由此可见，虽然品牌赞助不限于体育赛事，但还是以体育赛事赞助为主。

为什么从20世纪90年代开始，事件营销或品牌赞助不断兴起呢？主要有以下6个方面的原因：

---

① ［美］大卫·艾克、爱里克·乔瑟米赛勒著，曾晶译：《品牌领导》，新华出版社，2001年版，第239页。

1. 可以提高品牌的知名度。根据品牌赞助的基本规则，品牌赞助方可以将其品牌名称在活动宣传和广告牌上出现。这样，赞助自然可以为品牌创造展示的机会，进而可以提高品牌的知名度。

2. 可以建立和发展品牌联想。品牌赞助的最主要的作用就是可以在目标顾客中建立和发展品牌联想。通常地，在品牌创建过程中由赞助活动可能引起的品牌联想主要有以下 5 个方面：

(1) 功能性联想。即由被赞助活动本身功能上的特点所引起的联想。例如，一场高尔夫球比赛会引起人们对高尔夫球、比赛球队与队员及其相关设备等品牌的联想。

(2) 领导地位的联想。即通过赞助一些国内与国际大赛而使品牌产生的领导者形象的联想。如赞助像奥运会比赛、世界杯足球赛、温布尔登网球赛等就可以达到此目的。

(3) 全球性的联想。即通过赞助世界性大赛而使品牌产生全球概念的联想。例如，可口可乐赞助奥运会，对树立其全球性的品牌形象起到了一定的作用。

(4) 地域性的联想。即通过赞助地区性活动而使品牌产生区域概念的联想。赞助地区性活动是品牌占领国内市场的重要举措，也是全球品牌当地化的重要途径。

(5) 社会性的联想。即通过赞助有利于社会公益活动而使品牌产生对社会负责任的联想。例如，麦当劳公司赞助的"麦当劳之家"为有的孩子在接受治疗的家庭提供住所，使人们想起麦当劳不仅是一个全球闻名的快餐店品牌，而且是一个对社会负责任的品牌。

品牌创立者要想通过品牌赞助建立起所期望的品牌联想，一般需要把好以下 3 个环节：

第一，深入了解被赞助的项目。即一方面要深入了解被赞助的项目在目标顾客中的形象，这对最大限度地发挥赞助的联想作用非常重要。例如，有些项目适合于男性(如赛车)，而有些则适合于女性(如女子花样滑冰)，凡此等等，品牌赞助商要有清楚的认识，以便使赞助的项目与自己的品牌能够建立起很好的联想。另一方面要了解被赞助的项目与外界的关系。例如，有些项目(如网球比赛)与外界的关系相对要少一些，而有些项目(如足球比赛、中国中央电视台春节联欢晚会)与外界的关系则相对要多一些。而被赞助的项目与外界的关系的多少会直接对品牌的联想产生影响。此外，对赞助活动的地点也要非常了解,因为开展活动的地点,无论是一座建筑、一个城市、一个地区还是一个国家,都可能与品牌相关。尤其是对地点比较敏感的行业(如旅游业、饭店业),在品牌赞助中,更要注意对地点的选择。

第二,将品牌与赞助项目联系起来。品牌赞助活动可以产生品牌联想,但是赞助活动不会自动地与品牌联系起来。这就要采取一定的措施将品牌与赞助项目联系起来。如增加赞助活动中的广告插播率,让品牌与赞助项目联系起来;创立属于品牌的专有活动,让赞助活动品牌化。经验表明,以赞助单位品牌名称来命名赞助活动可以获得更好的赞助效果。

第三,改善或改变品牌形象。心理学研究发现,当赞助活动引发出来的某种联想,比如说全球性的联想,与品牌联想结合在一起时,可以增强人们倾向于"该品牌也是全球性的"的观念。由此可见,通过赞助活动改善品牌形象,最好的方法是使品牌联想与赞助活动的联想协同一致。例如,一家高尔夫球棒制造商赞助了一场高尔夫球比赛,比赛使用该产品,如果某位选手使用这家球棒制造商的球棒在比赛中发挥出色的话,那么,这家球棒制造商的品牌形象就可以大大得到提高。

3. 可以为顾客提供品牌体验。让顾客亲自参与品牌体验活动是增进顾客与品牌之间联系的绝好途径。因为在体验活动中,顾客可以与品牌组织者进行互动,这样很容易加深顾客对品牌的印象。而品牌赞助恰恰具有这样的特点,顾客参与到赞助事件中去是事件营销的一部分,因此,品牌赞助可以让顾客体验品牌。

4. 可以调动品牌的相关利益者的积极性。在品牌赞助活动中,包括员工在内的品牌相关利益者会为自己能参与品牌赞助活动而感到自豪。由于品牌赞助活动能够与他们自身的生活方式和价值观相联系,因而通常能够获得情感上的收益。例如,万事达卡在赞助1994年世界杯足球赛的活动中,为赞助活动而工作的员工,因自己与世界杯的成功举行之间有着直接的联系而兴奋不已。这样,通过品牌赞助可以调动品牌相关利益者参与品牌活动的积极性。

5. 可以推介新品牌产品或新技术。众所周知,新产品或新技术是品牌出奇制胜的法宝。因为它可以表现品牌具有创新精神;可以反映品牌注重顾客的利益;可以向目标受众体现品牌的特征。

介绍新产品或新技术最有效的方法就是依靠营销公关。如果公关宣传的内容十分新奇、有趣和重要,并能够得到新闻媒体报道的话,品牌创建的目的就更可能得以实现。而赞助是提高新产品或新技术新闻价值的重要手段,能使新闻报道和营销公关产生更广的效果。例如,1996 年维萨(Visa)公司赞助奥运会,在奥运会期间推出新的维萨现金卡,引起了媒体的广泛注意。即使赞助难以借助新闻报道来进行公关宣传,赞助活动仍然可以为新产品、新技术的推广提供良好的氛围。

6. 可以创造品牌促销机会。品牌赞助商可以在赞助事件活动期间配合主题活动开展品牌促销活动,如有奖竞猜、零售赠券、现金打折等,以活跃气氛,提高品牌的影响力。

总之,品牌赞助具有多方面品牌传播的价值,因此,近 30 年来品牌赞助在品牌传播过程中得到越来越多公司的认可。

(三) 事件营销可能出现的问题

如上所述,事件营销或品牌赞助对品牌传播可以起到多方面的影响。但是,并非所有的事件营销或品牌赞助都能成功。在实践中,事件营销或品牌赞助不成功的事例经常发生。因此,为了吸取经验教训,有必要了解事件营销或品牌赞助中可能出现的主要问题。

1. 赞助活动失败。如果品牌赞助过程中,赞助计划制定不当,或者赞助活动执行不力,就可能出现赞助活动失败的情况。例如,柯达公司曾赞助了“柯达自由骑车节”,来自 100 个城市的人们只要支付 23 美元,就可以在那里骑自行车、野餐,还可以看 Huey Iewis 音乐会的实况转播。原计划可以提供 50 万人的服务,结果组织者只能提供原先保证的 50 万人中的很小一部分人的服务,结果出现了问题,使柯达品牌受到了损失。

2. 出现不良的联想。在品牌赞助出现的问题中,最糟糕的情况莫过于出现不良品牌的联想而损害品牌形象。例如,IBM 公司曾想通过赞助 1996 年的亚特兰大奥运会来展示公司及时传递最新信息的技术水平,结果 IBM 公司提供的系统出现了问题,致使公司在全世界的名誉受损。

3. 良好的联想没能出现。有时由于赞助商对赞助活动的项目在目标顾客中的形象或者赞助活动与外界的关系没有进行深入的分析和了解,结果造成品牌联想与赞助活动的联想出现脱节,从而预期出现的良好品牌联想没能出现。

4. 没能获得长期的赞助权。无论从理论还是从实际情况来看,坚持长期稳定的赞助,可以使品牌与赞助活动结合得更为紧密,可以用较少的投资在长时间内取得良好的效果。例如,可口可乐从1928年起,就一直赞助奥运会,这一举措对可口可乐成为世界最具价值第一品牌起到了不可磨灭的作用。如果没有别的因素(如法律因素、道德因素)来限制赞助商与赞助活动之间的联系而赞助商放弃赞助权的话,那么赞助商所做的投资将会是浪费。更糟糕的是,如果有些活动继续寻找新的赞助商,而新的赞助权落到了竞争对手之中,那么,将对本公司品牌造成巨大的威胁和挑战。

5. 赞助单位过于杂乱。对于一些重大的活动,尤其是国际性的赛事,赞助商往往都愿意出资相助。于是,就可能会出现赞助单位过于杂乱的局面。这样,要想把某一品牌与某项赞助活动联系在一起就可能很困难。甚至这种杂乱的局面对品牌联想还可能产生不良影响。为了避免混乱局面,一是寻找他途,避免混战;二是参与其间,突出自我。

6. 出现隐蔽营销现象。重大的品牌赞助活动中,赞助商们面临的一个危险是他们的竞争对手可能会致力于隐蔽式营销,即竞争者们试图将他们与并不是由他们赞助或很少赞助的活动联系起来。这样一来,品牌赞助的好处本应由赞助商来分享,结果却让竞争品牌占得了便宜。

竞争对方采取隐蔽式营销策略主要有两种:①通过传播媒介进行与赞助活动相关的广告活动。例如,1992年和1996年的奥运会,耐克公司分别在巴塞罗那和亚特兰大举行了大量的广告活动,并且十分成功,以至于给公众留下了耐克是赞助商之一的品牌印象,而实际上根本不是;②赞助重大活动中较低层次的项目。例如,1988年奥运会,柯达公司提供了全球赞助,富士公司为了与之抗衡,投资赞助了美国游泳项目代表队,结果达到了以小博大的效果。

为了抵御竞争对手的隐蔽式营销,赞助商可以在品牌与赞助活动的联系上投入更多的精力来确保投资的价值。

7. 赞助成本过高。如前所述,品牌赞助可以给赞助商带来多方面的利益,甚至是巨大的利润。但也有令赞助商不满意的地方,例如,投资成本过高,投资与收益不成比例就是其中之一。

上述问题的出现,就是事件营销或品牌赞助的失败。因此,为了避免事件营销或品牌赞助的失败,需要认真吸取上述经验教训。

(四)事件营销运作的基本思路

从以往成功和失败的事件营销或品牌赞助活动来看,要有效地进行事件营销或品牌赞助,可以依据如下思路来进行。

1. 选择理想的赞助项目。选择理想的赞助项目,必须对赞助项目进行深入的了解。为此,可以考虑以下几个方面的条件:

(1)赞助的事件或活动必须符合品牌传播的目标。即赞助的事件或活动所吸引的观众与品牌传播的目标市场相吻合。

(2)赞助的事件或活动必须要有足够的知名度。即赞助的事件或活动能够引起众多人的注意。这就是为什么那些特别有影响的全国性或国际性的赛事受到赞助商青睐的主要原因,如世界杯足球赛、奥运会。

(3)赞助的事件或活动较为独特,以引起目标受众对品牌独特的联想和加强品牌的形象。例如,杜邦赞助白令海峡探险活动推广杜邦导热内衣就很独特,而且赞助活动与产品品牌具有很好的相适性。

(4)赞助的事件或活动的赞助商较少,以免造成赞助出现混乱或出现隐蔽营销现象。如果是重大赛事,赞助商较多,有条件的企业就要争取成为顶级赞助商,否则,赞助效果将大打折扣。

(5)赞助的事件或活动能够产生一系列辅助的营销活动。经验表明,成功的品牌赞助,往往取决于随之而展开的各种营销活动。因此,赞助商为了获得更显著、更广泛的效果,往往采取一系列辅助的营销活动,如广告、品牌营销公共关系、产品促销活动等。通常地,一系列辅助的营销活动的开支,往往是赞助的事件或活动费用的2~3倍。

如果赞助的事件或活动能够同时具备上述几个方面的条件,赞助成功的把握就有了一半。

2. 制定可行的赞助方案。主要应包括以下两个方面的内容:

(1)如何抢占先机,获得赞助权。如今,赞助的事件或活动特别多,这可以从每场体育比赛都有赞助商看出来。企业每年可能会收到上百上千的赞助邀请,根据上述理想项目的选择条件进行筛选,一旦发现理想的赞助项目,就应该抢占先机,获得赞助权,以免出现赞助混乱或错失良机。如有可能和必要的话,最好能获得赞助的事件或活动的冠名权,这样,赞助的效果将会更大。

(2)如何加大宣传的力度,开展一系列的辅助营销活动。如前所述,成功的品牌赞助,往往取决于随之而展开的各种营销活动。因此,为了获得更大的传播效果,应该加大宣传的力度,开展一系列辅助的营销活动。如围绕赞助事件或活动开展广告、品牌营销公共关系、产品促销活动、主题营销活动、新产品或新技术推广等，让公司员工和顾客尽可能多地参与到宣传活动中来，以扩大赞助的效果。众所周知，2008 年奥运会将在北京举办，国内外众多厂商竞相成为北京奥运会的赞助商，尤其是想成为北京奥运会的顶级赞助商。国内一些厂商已经如愿以偿，但是，现在给人的感觉是国内有哪些企业是北京奥运会的赞助商或顶级赞助商，人们并不十分清楚。造成这种现象的主要原因是赞助企业只把精力放在获得赞助权上，而没有及时地开展一系列辅助营销活动。因此，如果赞助企业的一系列辅助营销活动跟不上，赞助事件或活动将达不到应有的效果。

3. 积极有效地管理和执行赞助项目。这就需要配置相应的管理机构和执行队伍。品牌赞助是一项联手合作的事情，要达到品牌共荣这一赞助活动的终极目标，需要积极主动的管理和有效的执行，充分发挥各方面的积极性。

4. 评估赞助的效果。评估赞助的效果有两种基本方法：一是从供方的角度，评估品牌在媒体上亮相的程度。即评估在赞助的事件或活动中，品牌在媒体上亮相的时间和空间的数量。例如，品牌在电视屏幕上清晰可见的秒钟数，或报纸新闻中展示品牌字样的栏目空间值，就可以作为衡量的依据。二是从需方的角度，考察消费者了解品牌的程度。即了解赞助项目对人们认知品牌有多大效果。这可以对消费者进行跟踪调查，掌握事件营销或品牌赞助影响人们认知、购买品牌的力度。

近年来，国内一些新建品牌通过成功的事件营销获得了快速成长。例如，近几年快速成长的乳业品牌——蒙牛，就善用事件营销让一个高速成长的区域性品牌迅速成为国内知名品牌。其中 2003 年 10 月蒙牛赞助神舟五号载人飞行事件就是蒙牛众多精彩事件营销中的一曲。具体情况见以下案例 5－1。

案例 5-1

事件营销让蒙牛品牌牛气冲天

成立于1999 年的蒙牛公司目前已经发展成为一个大型集团公司，现已开发出5大系列400多个产品，产品不仅覆盖全国各地，还出口到蒙古、东南亚和美国等地，是国内乳制品企业中第二大生产企业，其中液态奶销量居全国第一，同时也是全国最大的乳制品出口企业。蒙牛成长早期，曾经以年均递增350%的速度创造了我国乳业发展的“第一速度”，更创造了一个品牌神话。短短几年，蒙牛从全国乳制品企业排名第1 116位上升到第2位，蒙牛品牌也因此成为中国乳业四大品牌之一。这不能不说是一个飞天的速度。而在这飞速成长的过程中，事件营销为蒙牛牛气冲天作出了不可磨灭的贡献，其中2003年10月蒙牛赞助神舟五号载人飞行事件就是蒙牛众多精彩事件营销中的一曲。

2003年10月，中国乃至世界都在关注一件事——那就是中国神舟五号载人飞行事件！这个事件吸引国人的眼球，不亚于当年北京申奥！因为几千年来，国人梦想飞天的愿望即将实现。

为了赞助这次神舟五号载人飞行事件，蒙牛在2002年就与中国航天所结成了合作伙伴。蒙牛公司早就意识到，神舟五号飞天成功将是中国民族最自豪的事件。更重要的是，神舟五号着陆地点设在内蒙古大草原，这一着陆地点，有利于人们联想到蒙牛。于是，经过周密策划，蒙牛赞助神舟五号载人飞行事件得以落实。

2003年10月16日6时23分，神州五号飞船在内蒙古大草原安全着陆，宣告中国首次载人航天飞行圆满成功！在举国同庆之时，蒙牛关于此次飞行事件的电视广告、户外广告在第一时间（上午10点）在各大城市实现“成功对接”，整个事情的发生犹如“忽如一夜春风来，千树万树梨花开”。各种类型的新版广告一改品质功能诉求的主题，以“举起你的手，为中国航天喝彩”的情感诉求、“健康是强国之路”的品牌主张，通过老、青、童三代不同的形象表现，以一种全新的形象走进人们的视野，以民族情、民族自豪感影响各种类型的消费群体，走出了乳业广告诉求与品牌形象雷同的僵持局面。整个事件运作演绎得尽善尽美，为提高蒙牛品牌的知名度与美誉度起到了锦上添花的作用。

蒙牛赞助神舟五号载人飞行事件营销的成功，无疑是蒙牛的高瞻远瞩之作，在乳业市场为中国品牌注入了强壮的兴奋剂，为蒙牛品牌走向全国、走向世界奠定了良好的基础。

八、品牌故事

每当提起杰克·韦尔奇、比尔·盖茨、史蒂夫·乔布斯、戴尔、福特、张瑞敏、柳传志这些响亮的名字时，人们的头脑中很快就会浮现出通用电器、微软、苹果、戴尔、福特、海尔、联想公司这些领导品牌的商标和形象。为什么？因为这些人已经成为人们心目中的英雄，是无数狂热于商业界中的年轻人顶礼膜拜的偶像，他们已经成为这些领导品牌最好的代言人。同样的，一提到可口可乐，人们就想起那神秘的“X7”秘方，或者一提到神秘的“X7”秘方，人们就谈论起可口可乐。为什么它们会让世人在浑然不觉中产生这一系列的感觉呢？一个很重要的原因就是市场上不断流传的公司品牌各种各样的被渲染的故事。譬如，微软就流传着比尔·盖茨辍学创业的故事；戴尔流传着戴尔创业时与父母打赌的故事；海尔流传着张瑞敏创业时砸冰箱的故事；可口可乐流传着“X7”秘方来历的故事。由此可见，品牌故事是传播品牌一个很重要的媒介。

为什么品牌故事能够成为品牌传播很重要的媒介？因为品牌故事有情节、有人物，它们更多地运用隐喻方式与人们沟通，激发人们的想象；因为品牌故事赋予品牌以生机，增加了人性化的感觉，把品牌融入了人们的生活；因为品牌故事可以演义成品牌传奇，演义成品牌神话，促使人们去崇拜。

人文学研究成果表明，最成功的文化产品具有非凡的吸引力，而这非凡的吸引力源于它们的传奇因子——从19世纪哈罗修·阿尔吉（Horatio Alger）白手起家的小说，到萧条年代秀兰·邓波儿（Shirley Temple）的电影；从约翰·韦娜（John Wayne）的战后西方人，到哈里奎因（Harlequin）的浪漫爱情小说，再到威利斯（Willis）、施瓦辛格（Schwartzenegger）和史泰龙（Stallone）的动作惊险片，这些都充满着传奇。同样地，品牌要想成为顶级品牌和偶像品牌也是如此，必须有非凡的吸引力，而这非凡的吸引力源于品牌传奇故事。大众心理学也证明，品牌越有传奇色彩，就越能引起大众的关注。品牌的渊源、创始人的独特经历、品牌的沿革以及消费者的个性化消费经验，都能激发更多的市场兴趣，从而为品牌力的扩散推波助澜。可口可乐的“X7”神秘配方，万宝路从女性香烟到粗犷男性专属的蜕变，众多国际影星与力士（LUX）发生的亲密关系……这些故事使消费者产生了丰富的联想。挖掘和善用品牌传奇，可以让品牌在芸芸众生中脱颖而出。

由于品牌故事具有如此大的功效，因此，许多世界级的品牌都善用品牌故事传播品牌和创建品牌。通过塑造品牌传奇故事并将之神话，激发人们的想象力，让人们对传奇的品牌产生一种崇拜感，使品牌成为人们心目中的偶像，从而在消费的时候成为首选对象。道格拉斯·B.霍尔特将这种品牌推广模式称为文化式品牌塑造模式。

道格拉斯·B.霍尔特在其所著的《品牌如何成为偶像》一书中指出，偶像品牌最典型的手法就是利用商业媒体编织成故事和文化；并且认为，随着时间的推移，品牌不断地演绎着它的神话故事，人们最后发现神话寓于品牌的标识（如品牌的名称、商标和各种图案设计）之中。品牌成了一种象征，成了神话形象的体现。因而当人们品尝、驾驶和穿戴产品时，他们在体验着品牌神话的方方面面。

道格拉斯·B.霍尔特认为，20世纪70年代以来，管理者们过分依赖品牌创建的认知模式（他称之为思维分享式品牌创建模式）来传播和创建品牌。进入20世纪90年代，一些专家进一步发展了思维分享模式，他们认为，该模式忽视了品牌创建的情感与关系方面，于是推行一种情感式品牌创建模式来传播和创建品牌。进入21世纪，随着互联网的发展，一种新的具有竞争力的品牌创建模式——病毒式品牌创建模式开始流行。但比较起来，他认为，创建偶像品牌应该运用文化式品牌创建模式，即要善于利用商业媒体将品牌编织成故事和文化。这样，可以让品牌流传更广，影响更大更深。关于这4种品牌传播与创建的模式，可以用表5－7来表示。

表5－7　4种品牌传播与创建模式的比较

内容＼类型	文化式品牌创建模式	思维分享式品牌创建模式	情感式品牌创建模式	病毒式品牌创建模式
关键词	文化偶像 偶像品牌	品牌的核心价值（DNA），品牌精髓，基因编码，独特卖点（USP），洋葱模式	品牌个性，体验式品牌塑造，品牌信仰	隐蔽式营销，寻找酷元素，传播之源，传染，谣言
对品牌的理解	身份神话的表演者和载体	一系列抽象的联想	伙伴关系	交流的元素
品牌创建的关键	演绎神话	获得联想	与顾客互动并建立关系	通过领先顾客传播病毒
成功品牌的要求	演绎一个表达社会尖锐矛盾的神话	持续的表达联想	深层次的人际关系	病毒的传播流通
最适合的应用	身份类产品	功能性，低参与度，复杂的产品	服务，零售，专卖品	新时尚，新技术

续表

类型 内容	文化式品牌创建模式	思维分享式品牌创建模式	情感式品牌创建模式	病毒式品牌创建模式
公司的作用	充当作者	做服务者；在各种活动中持续地传播品牌的核心价值(DNA)	做好朋友	成为幕后操纵者；鼓励合适的消费者宣传品牌
消费者价值的源泉	支撑身份	简化消费决策	与品牌的关系	感觉时尚、新潮
消费者的角色	将品牌神话和自我经历相统一；使用产品时通过仪式活动体验神话	通过重复使用确保获得显著的利益；购买或使用产品时感觉到利益	与品牌互动；建立个人关系	"发现"自我品牌，DIY；口碑相传

资料来源：Douglas. B. Holt，"*How Brands Become Icons: The Principles of Cultural Branding*"，Harvard Business School Press，2004.

第三节　品牌创建的整合营销传播

利用各种传播工具为产品或品牌开展营销传播的活动由来已久，但为了提高品牌的竞争力，设计最有效和最经济的传播方案，以便让品牌与顾客及其他相关利益者建立起联系的整合营销传播却是20世纪90年代以后才兴起来的事情。那么，什么是整合营销传播？为什么会出现整合营销传播？如何开展整合营销传播？这些就是本节所要阐述的问题。

一、从营销传播到整合营销传播

（一）整合营销传播的含义

20世纪90年代，以唐·E. 舒尔茨为代表的营销专家提出整合营销传播思想以后，整合营销传播的思想逐渐流传开来，但人们对整合营销传播有不同的认识。例如，在早期，广告业认为，"整合营销传播是一个能够识别综合计划附加值的营销传播规划概念，这种综合计划用来评估各种传播方式（如广告、直效营销、促销和公共关系）的战略作用。把这些方式组合起来提供清晰、连贯性并且最大化对传播影响。"①从这一定义来看，整合营销传播在本质上是个战略问题，在执行上是个战术问题；而且，广告业还认为，整合营销传播是各种传播工具的整合。这种观点虽有一定的道理，但不是整合营销传播思想的要义。按照唐·E.舒尔茨等整合营销传播专家的观点，整合营销传播的首要重点是传播战略，这个传播战略既离不开公司的任务、价值与需求信息，更离不开品牌的任务、价值与需求。因此，整合营销传播主要由品牌的任务、价值和战略远见所推动，是个品牌传播问题。其最终目的是建立品牌与顾客及其他相关利益者的关系。基于此，整合营销传播专家科罗拉多大学整合营销传播项目主任汤姆·邓肯（Tom Duncan）教授对整合营销传播作了比较经典的定义。他总结道："简单地说，整合营销传播是一个提高品牌价值、管理顾客关系的过程。更加具体一点，就是通过战略性的控制或影响相关团体所接受到的信息，鼓励数据发展导向，有目的地与它们进行对话，从而创造并培养与顾客和其他相关利益者之间可获利关系的一个跨职能的过程。"②这一定义包含以下几方面的内容：

1. 整合营销传播是一个跨职能的过程。即公司中所有可能接触到顾客的主要部门以及外部传播机构，必须在计划和监督品牌关系方面加强通力合作，也就是说公司内部不同部门以及为同一品牌服务的外部机构的管理人员，必须计划和管理好公司向现有顾客、潜在顾客和其他相关利益者发布的信息，同时包括计划和管理好从顾客和相关利益者那里接受到的所有信息。

2. 整合营销传播旨在建立和培养与顾客及其他相关利益者的关系。为此，需要找到与他们沟通的方式，满足他们的需求。顾客及其他相关利益者越感到满足，他们越会回报给公司更多的生意和支持。这里所说的培养不仅指要留住顾客和其他相关利益者，还指要增加他们对公司产品的购买行为和支持。顾客与其他相关利益者会通过不同的方式影响公司，例如，顾客可以购买或持续购买公司的产品，也可能转移购买别的公司的产品；员工可以更加努力工作，生产更多产品，或者消极怠工，诋毁公司的品牌形象；政府机构可以降低公司的税率，或通过法律条款，如严格的禁止污染条款使公司花费更多的运作

① [美]唐·E.舒尔茨、菲利普·J·凯奇著，何西军等译：《全球整合营销传播》，中国财政经济出版社，2004年版，第64~65页。

② [美]汤姆·邓肯著，周洁如译：《整合营销传播——利用广告和促销建树品牌》，中国财政经济出版社，2004年版，第8页。

成本;投资者可以持有或抛掉公司的股票等等。因此,为了获得顾客与其他相关利益者的信任和支持,需要找到恰当的沟通的方式建立和培养与他们的关系。

3. 整合营销传播希望建立的品牌与顾客及其他相关利益者之间的关系是有价值的,同时要分清主次对待不同的顾客。整合营销传播希望建立的品牌与顾客及其他相关利益者之间的关系有利于公司的发展和提高品牌的价值。由于并非所有的关系对公司都有着相同的价值,譬如,一些大顾客、老顾客对公司和品牌的贡献会大一些,他们能够让公司获得更大的利益,而小顾客或新顾客对公司和品牌的贡献就会小一些。因此,整合营销传播要确认让公司获利更多的顾客,并把大多数的营销工作重点放在维持与这些顾客的关系上。众所周知,公司要发展,一方面要获得新顾客,另一方面要保留或挽回老顾客。但是以前,很多公司几乎把所有的努力都花在获得新顾客上,并认为老顾客继续购买公司的产品是自然而然的事情。而事实并非如此。一方面,获得新顾客的成本远远大于保留或挽回老顾客的成本;另一方面,老顾客比新顾客给公司带来的利益要大得多。因此,对于给公司带来利益较大的大顾客和老顾客应该重点关注,建立起与他们的长期关系。要知道,顾客关系具有非常重要的商业价值。

4. 整合营销传播需要战略性地控制和影响所有的信息。整合营销传播理论认为,公司做的每件事都是在传达有关品牌信息,或者说,顾客接触品牌的每个接触点都是在传递品牌信息。为了做到信息传递的一致性,或者避免互相矛盾,整合营销传播需要战略性地控制和影响所有传递的信息。例如,公司广告上说它的产品质量很高,服务很到位,购买很方便。但是,如果顾客购买产品时,发现购买地点很不容易找到,好不容易找到之后,发现销售人员服务水平很一般,购买之后发现产品使用起来并没有什么特殊的地方。如果这样,顾客所接触的品牌与广告上宣传的内容存在很大的差异,品牌就会失去信誉,品牌与顾客的关系就很难建立起来。因此,为了避免此类事情的发生,需要战略性地控制和影响所有的信息,让顾客所接触的品牌的每个接触点上接受的信息真实可靠,并且连贯一致。

5. 整合营销传播鼓励有目的地对话。这就意味着,整合营销传播要达到理想的传播效果,就要做到有的放矢。要搞清楚哪些是公司的顾客,他们何时需要提供信息和服务,而不应该漫天撒网,轻易打搅顾客。为此,整合营销传播需要建立顾客数据库,以挖掘数据库为导向。

总之,整合营销传播的核心是建立品牌与顾客及其他相关利益者之间的关系,因此,它是顾客关系管理的基础;整合营销传播不只是品牌传播部门的事情,而是公司内部各部门以及外部传播机构共同合作的事情,因此,整合营销传播需要多方面的整合;整合营销传播不是单向直线的传播过程,而是一个循环传播过程,因为建立、维护和发展品牌与顾客的关系没有终点;整合营销传播不只是某一环节、某一触点品牌信息的传递,而是公司运行各个环节、顾客接触品牌各个触点都在传播品牌信息(品牌信息是建立品牌与顾客关系的基础)。有研究表明,70%的顾客改变品牌的决定转移购买别的品牌,与公司提供的产品或服务本身没有关系,而与接待他们的服务人员的态度有关。例如,顾客需要的信息得不到恰当地回答,顾客提出的意见得不到及时的反馈。为此,整合营销传播在传播的过程中,需要把品牌的有利信息最大化,把不利的信息最小化,最终建立和维持品牌与顾客的关系。

(二)整合营销传播兴起的原因

从营销传播到整合营销传播,从某种意义上来说,它宣告传统营销传播的终结和新的营销传播模式的兴起。为什么会在20世纪90年代以后出现整合营销传播思潮呢?从根本上说,它源于企业内部的变化与外部市场的变化。

1. 从企业内部来看,源于企业内部的变化需要跨职能部门的整合。具体来讲,主要有以下几个方面的原因:

(1)企业部门的分散化。当企业变得越来越大时,为了维持责任和控制管理,企业的部门和机构高度分散。品牌经营需要整合和协调所有的企业行为,但部门的分散使不协调的情况经常发生。事实上,自销售和营销分离出来之后,这种不协调就产生了。尤其是大型企业,营销部门还细分为一些专业领域,如广告、销售促进、事件和赞助、公共关系等,使事情变得更加复杂,各职能之间的联系经常被割断。而建立品牌关系需要跨职能配合,这意味着如果企业不能整合那些对顾客及其他利益相关者的传播,就不可能成功地建立良好的品牌关系。

(2)营销部门专业化的增强。企业设立专门的营销传播机构和部门,这对搞好营销传播工作的确有利,这可以发挥分工和专业化的优势。但同时也使得各部门变得越来越专业,越来越孤立,往往意识不到其他营销传播部门的价值，而创建品牌需要保持凝聚力。如果不能把有关部门加以整合，专业化的增强只能加大公司与顾客之间的差距。

(3)新传播技术的误用。信息技术和网络技术的大量使用，使公司打造品牌增加了更多的传播渠道，但如果使用不当，将会失去大量的客户。比如，使用自动语言回复系统的顾客要通过复杂的菜单选择才能进入，而且经常得不到满意的回复；大量的电子邮件和多余的传真往往使得顾客产生不满。虽然这些做法节省了公司的费用，但却失去了大量可以让公司获利的顾客。

因此，要克服企业内部的这些弊端，需要进行跨职能部门的整合。

2. 从企业外部来看，外部市场的变化需要营销传播的整合。具体来讲，主要有下列几个方面的原因：

(1)市场主体地位的变化。20 世纪 90 年代以来，随着消费者地位的不断提高和零售商地位的不断上升，制造商的地位相对下降，于是，造成了以制造商为主控核心的 4P 营销世界面临巨大的挑战，最终不得不转变到以消费者为中心的 4C 营销世界上来[①]。即现代营销应将研究消费者的需要与欲求(Consumer wants and needs)放在重要位置，不要再卖你所能制造的产品，而是要卖消费者确定想购买的产品；暂时忘掉定价策略，快去了解消费者要满足其需要与欲求所须付出的成本(Cost)；忘掉渠道策略，应当思考如何给消费者方便(Convenience)以购得商品；忘掉促销，加强与顾客的沟通(Communications)。为此，营销传播应从以往“消费者请注意”转变到“请注意消费者”。营销环境的这一系列变化，要求现代营销传播必须抛弃以往的以产品为中心的营销传播思想，树立起以消费者为中心的营销传播思想，而整合营销传播就是顺应这一营销巨变的产物。整合营销传播就是要以消费者为中心，去建立品牌与顾客的关系。

(2)产品和品牌的多样化。据统计，目前在美国、欧洲和我国这样的商品市场上，产品品牌分别高达 100 多万个，而且还在不断地增加。在产品品牌如此之多且不断增加的情况下，如何减少顾客品牌选择的困难，需要营销传播的整合。

---

① 4P 是指营销组合中的 Product(产品)、Price(价格)、Place(渠道)、Promotion(促销)。因这 4 个因素的英文字母都以 P 开头，因此俗称 4P；4C 是指 Consumer wants and needs(消费者的需要与欲求)，Cost(消费者要满足其需要与欲求所须付出的成本)，Convenience(消费者购买的便利性)，Communications(与消费者进行沟通)。因劳特朋(Lauterborn)宣称的消费者中心主义理论强调的这 4 个方面，其核心因素的英文字母都以 C 开头，因此俗称 4C。

(3)品牌忠诚度的降低。产品品牌的多样化,结果之一是顾客忠诚度的降低。为了培养品牌忠诚的顾客,需要营销传播的整合。

(4)信息的多样化和顾客接触品牌机会的增加。今天的顾客生活在商业信息的包围之中。以电视为例,在我国就有200多个频道供人们选择,人们每天可接触到的电视商业广告不计其数。此外,还有报纸杂志、包装、广告牌、推销电话、电子邮件等广告信息,让你看不完。与此同时,随着服务经济的发展,今天的顾客接触品牌的机会大大增加。顾客除了可以通过广告等大众媒体接触类传播工具了解品牌信息,而且还可以通过销售促进等情景接触类传播工具了解品牌信息,还可以通过直效营销与互联网等个人接触类传播工具了解品牌信息,以及可以通过事件与赞助等体验式接触类传播工具了解品牌信息。在品牌信息如此之多和顾客接触品牌机会大量增加的情况下,如何保持品牌信息传播的真实性、一致性,建立品牌与顾客的关系需要营销传播的整合。

(5)传播成本的增加。以前,是少量的媒体面对着众多的大众,媒体的传播效果较好,自然无需营销传播的整合。例如,国内外许多早期成长起来的大品牌就是在没有付出很大传播代价和无需营销传播整合的情况下发展起来的。而今天,是众多的媒体面对着众多的"分众"。这就意味着,一方面,单个媒体的传播对象大大减少,另一方面,众多的"分众"接触媒体的机会大大增加。如此一来,今天品牌借助媒体要想达到以前同样的传播效果,就需要付出比以前更大的代价。同时,还需要考虑对各种营销传播工具进行有机地组合,才有可能达到理想的传播效果。

(6)计算机和信息技术的发展。计算机和信息技术的快速发展,为顾客数据库的建立奠定了良好的基础,从而为整合营销传播有的放矢提供了条件。

(7)媒体技术的发展。以前由于媒体技术的限制,厂商只能单向传播品牌信息,顾客也只能单向了解品牌信息。今天,随着媒体技术的发展,顾客可以与品牌进行互动,可以与品牌进行双向沟通,这就为营销传播从以产品为中心转变到以顾客为中心的整合营销传播提供了有利条件。

综上所述,整合营销传播的出现是企业内部的变化与外部市场的变化综合作用的结果。

二、整合营销传播的理论基础

如前所述,整合营销传播的最终目的是建立品牌与顾客的关系,而品牌信息是建立品牌与顾客关系的基础。因此，了解顾客如何接受品牌信息就成为整合营销传播的核心。可以说，整合营销传播理论的提出，从根本上来说，源于对人类处理信息特性的思考。

(一)认知与整合营销传播

多年来，心理学界和营销学界对人类如何处理信息进行了一些研究，并提出了不少有益的见解。简单而言，人类处理信息的过程是一个认知的过程。

认知就是人类选择、了解、处理和储存信息的整个过程。研究发现，人类认知的过程是一个主动作用的过程。这是因为，人类在环境中感受得到的信息远远大于人类处理感受到的信息的能力，因此，我们只能选择一些我们认为重要的信息，而忽略那些不太重要的信息。这就意味着，人类的认知具有主动性。

整合营销传播理论认为，在营销活动中，消费者的认知过程也一样。品牌信息如此之多，消费者也只选择、了解、处理和储存有限的信息。消费者在处理有限信息的过程中，为了简化信息，好比运用了一个可以称之为“转化分类”的系统，将接收到的信息放进可以称之为“概念”的理解形式之中，然后储存在记忆里。例如，非常复杂的人造产品，通过“转化分类”系统可以简化为一个或若干个“概念”，然后储存在记忆中。有了“概念”之后，又可以构建“类别”。“类别”使我们可以进一步分类和储存信息。有了“概念”和“类别”之后，当我们提到这类问题时，就可以运用已有的“概念”和“类别”。例如，在我们有了家用电器这一“概念”和电视、冰箱、洗衣机、空调等“类别”观念之后，当我们提到家用电器时，马上就可以想起这些家电产品。为此，厂商要想让它的产品信息被消费者所认知，它所传递的信息应是：①可以轻易转化为概念；②能清楚地分类；③与人们已有的概念和类别相吻合。反过来说，如果厂商传递的信息不易辨认、不易分类、不与已有的信息相关、不与消费者的经历相关，消费者就很难接受和处理这些信息，品牌与消费者就很难进行沟通。整合营销传播理论认为，人类的心智活动，实际上就是由大量的概念和类别构成的网络组成的。

(二)整合营销传播的基本假设

整合营销传播理论认为，过去大家认为整合营销传播并不重要的一个重要原因是，很多人对营销传播影响消费者接受信息的方式有着错误的假设，即假设消费者接受信息的过程是一个新信息取代旧信息的过程。这种模式可以称之为“取代模式”。也就是说，当厂商向消费者传递新的营销信息时，这些新信息就会取代消费者原已接受到的信息。既然如此，只要厂商不断向消费者传递新的营销信息，就可以赢得消费者、创建品牌，而没有必要去整合原有的信息和持续不断地传播一致性的信息。

整合营销传播理论认为，实际情况并非如此。消费者接受新信息，不是取代旧信息，而是与原有的信息相结合。这种接受信息的模式，可以称之为“累积”模式。因此，建立在“累积”模式的基本假定的基础上，整合营销传播理论认为，营销传播是一个累积的过程，在这个过程中，产品的信息不断被处理、储存和回想。如果“累积”模式是正确的，那么，信息传播的一致性，就应该成为消费者接受、处理和储存产品和服务信息过程中考虑的重要内容。

由此可见，整合营销传播理论实际上是建立在消费者接受、处理和储存信息的“累积”模式的假定基础之上。

三、整合营销传播的基本思路

简单而言，要有效地开展整合营销传播，需要做好两个方面的工作：一是整合各种营销传播的职能，让各种营销传播工具发挥组合和协同作用；二是整合公司内外部各要素以发挥协同作用。

（一）整合营销传播的职能

整合营销传播的职能，就是要发挥各种营销传播工具的组合与协同作用。为此，在整合各种营销传播的职能时，要做好营销传播工具的组合与匹配工作。

1. 营销传播工具的组合。如前所述，今天的消费者接受品牌信息的渠道多种多样，接触品牌的信息点非常广泛，为了让消费者对品牌有一个正确全面的认识，提高品牌的知名度和认可度，需要发挥各种营销传播工具的作用，同时需要对品牌传播的各种信息进行战略性的控制和影响。这其中就需要确定最佳的营销传播组合方案。从原则上来讲，确定最佳的营销传播组合方案，可以根据品牌传播的有效性和经济性两个标准来选择和组合。

2. 营销传播工具的匹配。营销传播工具的匹配就是要发挥营销传播工具传递信息的一致性和互补性的作用。所谓一致性，是指不同沟通工具所传递的信息的一致程度以及相互影响的程度；所谓互补性，是指不同的沟通工具经过设计能够互相补缺的程度。换言之，理想的整合营销传播方案是由大量沟通工具所组成，这些沟通工具共同拥有相同的核心含义，优势彼此衬托，劣势相互弥补。为此，可以根据一致性和互补性的原则匹配营销传播工具。

（二）整合公司内外部各要素

整合营销传播是一个跨职能的过程，需要公司所有可能接触到顾客的部门以及外部传播机构通力合作。因此，为了使整合营销传播信息达到最大效果，就必须整合公司内外部各要素，包括公司员工、经营伙伴、客户及相关利益者、数据库、企业文化、公司使命和品牌核心价值观等。

案例 5-2

哈啤赞助世界杯

一、体育事件营销是把双刃剑

业内有种说法：如果一个品牌需在世界范围内提升自己的知名度，每提升1个百分点，其广告费支出将超过2 000万美元；但如果是通过与重大体育赛事合作或赞助某项大型赛事，则其获得的效果是普通情况下的3至5倍。

当年负债累累的三星就是借助体育营销，成功走出困境，并迅速成长为国际化企业的。正因如此，奥运会、世界杯等大小赛事，成为各品牌激烈竞争的战场。

通常高收益也意味着高风险，赞助世界体育赛事的商家，如果在体育营销的时候押错了“宝”，损失的可不只是金钱。2006年德国世界杯上，由于巴西队0:1不敌法国队提前打道回府，其赞助商耐克公司为世界杯付出的18亿美元巨额投入几乎打了水漂。无独有偶，2008年北京奥运会，由于伤病，一场比赛未跑完就告别了赛场的刘翔就曾让赞助商“伤筋动骨”。此前，凯迪拉克在花费巨资与刘翔签订代言合同后，媒体上经常能看到凯迪拉克品牌汽车与刘翔的照片。而上海通用也毫不掩饰其雄心，希望通过合作，能在德系车主导的中国豪华运动轿车市场有所突破。然而自从刘翔退赛以后,再也没有看到过凯迪拉克与刘翔出现在一起的画面。

可见,运用体育赛事进行品牌营销就像手握一把双刃剑,运用得当,则所向披靡;而如果仅凭激情,缺了点智慧与运气,则会导致满盘皆输。

二、哈啤赞助世界杯

哈尔滨啤酒本是一家中国企业,2004 年美国酿酒商安海斯公司(AB)收购了其 99.66% 的股权,将其性质变为"洋品牌",2008 年 7 月 AB 公司又被英博集团全资收购,并改名为百威英博啤酒集团(以下简称百威英博)。至此,哈尔滨啤酒就彻底成为该集团旗下的一个品牌。由于百威英博是 2010 年世界杯的赞助商,因此哈啤也顺理成章获得了官方认定的世界杯推广资格。

2010 年世界杯激战正酣,哈尔滨啤酒(以下简称哈啤)投入了几千万美元用于哈啤的世界杯广告宣传,是去年同期推广费用的两倍,从包装、广告、渠道到主题活动进行 360 度营销。

在哈啤重金投入世界杯的同时,各种质疑声也纷沓而来。有人认为,哈啤作为一个中国品牌,也没有机会去海外发展,却重金做国际广告,实在不值。世界杯营销是每家啤酒厂商的必争之地,但对国内的观众而言,能去现场看球的人寥寥无几,大部分都还是通过电视和网络。哈啤花大价钱赞助世界杯赛场,性价比并不高。

对于市面上的各种质疑声,百威英博回应道:"我们的想法没有外界揣测的那么复杂,简单而言就是两大目标:一是提高哈尔滨啤酒品牌在全国的知名度和地位;二是借力世界杯拉升哈尔滨啤酒的销量。"

目前国内啤酒业是三足鼎立的格局。时下华润啤酒占国内市场份额约 20%,青岛啤酒约占 14%,燕京啤酒则为 12%,而哈啤的份额在 5% 左右。哈啤出击 2010 年世界杯,很大程度上是为了获取国内更大的市场份额,改变目前中国啤酒市场的品牌格局。

事实证明,哈啤此举短期内的成效还是很明显的。随着世界杯的举行,把汉字品牌打到球场的广告牌上,哈啤和来自保定的另一家新能源企业英利集团一夜蹿红。哈啤一举成为百度、谷歌的热门搜索词汇,在一些酒吧里,哈啤的销售量提高了至少三成。至于哈啤赞助世界杯对其品牌的长期建设方面发挥的作用如何,则另当别论。

案例思考题

哈啤赞助世界杯值不值？

复习思考题

1. 简述品牌营销传播的含义。
2. 简述社会心理学家威廉·麦奎尔提出的顾客信息处理过程的步骤。
3. 简述定位理论与整合营销传播理论在顾客处理信息上的特点。
4. 简述品牌营销传播的基本思路。
5. 简述从品牌与受众的接触方式上来看，营销传播工具的种类有哪些。
6. 简述广告的含义与特征。
7. 简述选择内外部广告代理机构的优缺点有哪些。
8. 简述主要公共关系的类型与特征。
9. 简述营销公共关系的含义、主要媒介以及主要作用。
10. 简述销售促进的含义、目标、类别以及销售促进应注意的主要事项。
11. 简述直效营销的含义、要素及利弊。
12. 简述互联网在品牌传播中的特征。
13. 如何在互联网上传播品牌？
14. 简述事件营销的含义及其兴起的原因。
15. 简述品牌创建过程中赞助活动引起的品牌联想的内容有哪些。
16. 简述事件营销中可能出现的问题以及事件营销运作的基本思路。
17. 简述文化式品牌创建模式、思维分享式品牌创建模式、情感式品牌创建模式与病毒式品牌创建模式的区别。
18. 简述整合营销传播的含义及兴起的原因。
19. 简述整合营销传播的理论基础。
20. 简述整合营销传播的基本思路。

第六章

品牌创建的体验营销与顾客体验管理

本章学习要点

20 世纪 90 年代后期以来，随着传统营销存在的不足日益显现和体验经济的到来，建立在心理学、社会学和美学等基础之上的真正以顾客为中心的体验营销思想日益流传开来。体验营销思想为品牌创建与管理提供了新的理论指导。本章先介绍体验营销对品牌创建的影响，然后详细阐述品牌创建的体验营销策略，最后阐述品牌创建的顾客体验管理。

第一节　体验营销对品牌创建的影响

一、体验的含义与类型

(一)体验的不同释义

作为人类自身存在和发展的一项基本活动，体验活动早已存在，但将体验作为一种主要的经济供给品来提供以满足人类社会发展的需要，还是在服务经济高度发达和体验经济到来之后的事情。今天，随着体验经济和体验营销的兴起，与体验有关的问题日益引起人们的关注。

那么,究竟什么是体验呢?对这个问题,人们有不同的认识。例如,我国《现代汉语词典》将"体验"解释为:①通过实践来认识周围的事物;②亲身经历。从这一释义不难看出,体验实质上是心理活动和实践活动的统一。

最早提出体验经济概念和思想的美国战略地平线 LLP (Strategic Horizons LLP)公司两位创始人约瑟夫·派恩(B. Joseph Pine)和詹姆斯·吉尔摩(James H. Gilmore)认为,体验是"使每个人以个性化的方式参与其中的事件"。因此,顾客购买体验,实际上就是花时间享受企业所提供的一系列值得记忆的事件。例如,游客逛迪斯尼公园,让游客流连忘返的不仅仅是消遣,更重要的是让游客参与一系列尚未展开的故事。由此,他们认为,在体验经济到来的今天,企业不仅可以提供产品和服务,而且还可以提供体验。在体验经济到来之前,企业提供的供给品都停留在顾客之外,而体验经济到来之后,企业提供的供给品——体验则可以将顾客融入其中。这是因为,无论是有形的商品,还是无形的服务,它们都是外在的,只有体验是内在的,可以将顾客融入其中。而且,从本质上来讲,体验是个人的,是来自个人的心境与事件(真实的、梦幻般的或虚拟的)的互动,存在于每个人的心中。没有两个人的体验是完全一样的。这也是体验经济不同于其他经济形态的重要区别之一。有鉴于此,约瑟夫·派恩和詹姆斯·吉尔摩进一步认为,"体验事实上是当一个人达到情绪、体力、智力甚至精神的某一特定水平时,他意识中所产生的美好感觉。"①

体验营销的创始人伯恩德·H.施密特(Bernd H. Schmitt)认为,"体验就是对一定的刺激(如售前、售后市场营销工作所提供的)作出反应而发生的个人事件"。"体验常常来源于对事件的直接观察或参与,不论这一事件是真实的、想象的还是虚幻的"。"体验通常不是自发而生的,需要诱导"。这就意味着,"为了让顾客获得所期望的体验,营销人员需要为顾客体验提供合适的环境和设施。"②

从上述几方面的释义来看,体验基本上可以从 3 个方面来界定:①从心理学来看,体验作为一种心理活动,是个体对外部刺激所作出的内在反应;②从行为学来看,体验是一种亲力亲为的实践活动,既可以积极地参与,也可以被

---

① [美]B·约瑟夫·派恩、詹姆斯·H·吉尔摩著,夏业良等译:《体验经济》,机械工业出版社,2002 年版,第 19 页。

② Bernd H. Schmitt. Experiential Marketing: How to Get Customers to SENSE, FEEL, THINK, ACT, and RELATE to Your Company and Brands, The Free Press, 1999, P60 ~ 31.

动地融入;③从经济学来讲,体验是一种经济供给品,是使每个人以个性化的方式参与其中的事件。

(二)体验的类型

由于体验的主体、体验的对象和体验的过程千差万别,由此,很难对体验作出统一的划分。但是为了加强对顾客的体验管理,有效地开展体验营销以创建品牌,有必要对体验的类型作进一步的了解。

从已有的研究成果来看,对体验类型的划分主要有这样几种思路:

1. 根据体验的环境不同进行划分。据此,美国著名的未来学家阿尔文·托夫勒(Alivin Toffler)认为,根据体验情境(模拟环境和真实环境)的不同,可以将顾客体验划分为两种类型:一是间接体验。所谓间接体验是指基于模拟环境的顾客体验。在模拟环境下,顾客身临其境地参与到企业预先安排好的活动中,从中体验冒险、奇遇、感性刺激和其他乐趣而无损于顾客的现实生活和名声。二是直接体验。所谓直接体验是指基于真实环境的顾客体验。在真实环境下,顾客除了有身临其境的体验外还将得到实质性的收获。

2. 根据体验活动中顾客的参与程度以及顾客与相关事件的关系情况进行划分。其中,顾客的参与程度可以分为主动和被动两种情况。所谓主动参与,是指顾客参与并直接影响体验的绩效,如滑雪,人们参与并创造自己的体验;所谓被动参与,是指顾客参与但不直接影响体验的绩效,如听音乐会,顾客只是地道的观众而已。同样,顾客与相关事件的关系也可以分为身心投入(mind absorption)和身体溶入(physical immersion)两种情况。所谓身心投入,是指体验浸入身心而引起自己的注意,如看电视,人们就很容易投入到故事情节中去;所谓身体溶入,是指顾客亲自参与到体验活动中去,然后投入其中,如玩游戏,玩一段时间之后,就会很投入。据此,体验经济的最早倡导者约瑟夫·派恩和詹姆斯·吉尔摩根据这两个维度4种因素的组合,把体验分为4种类型:①娱乐体验。即人们被动参与并身心投入的一种体验。它主要是通过感官来实现,如看电影、看演出、听音乐会、读书等。②教育体验。即人们主动参与并身心投入的一种体验(顺便一提的是,现在很多教育没有让学生主动参与其间)。③遁世(Escapist)体验。即人们主动参与并溶入其间的一种体验,是体验活动中主动性与溶入性最突出的一种体验,如逛主题公园、参加蹦极运动、登山旅游、网上冲浪等,人们极力想得到自己的体验。④美学(Esthetic)体验。

即人们溶入其间但处于被动状态的一种体验，如参观美术馆、博物馆，观看大峡谷等，虽溶入其间，非常感慨，但只能是欣赏而已，不能对体验品有何直接影响。如果用一个字来概括这 4 种体验的差异，那就是娱乐体验重在"悟(sense)"；教育体验重在"学(learn)"；遁世体验重在"做(do)"；美学体验重在"赏(be there)。"①可以说，对体验的这种划分，为我们理解体验经济提供了一把重要的钥匙。具体情况如图 6－1 所示。

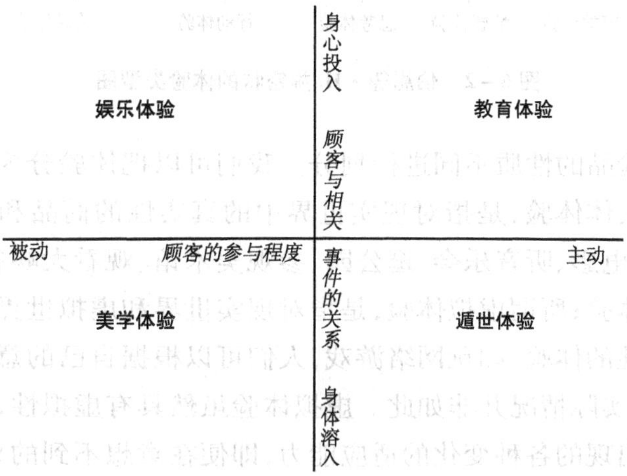

图 6－1　约瑟夫·派恩和詹姆斯·吉尔摩的体验类型图

3. 根据神经生物学中的人脑模块说，心理学和社会学的有关知识进行划分。据此，体验营销的创始人伯恩德·H. 施密特将顾客体验分为 5 种类型，它们分别是："感觉(Sense)体验、情感(feel)体验、思考(think)体验、行动(act)体验和关联(relate)体验"。其中，感觉体验是指通过视觉、听觉、味觉、嗅觉、触觉而创造的体验；情感体验是指通过激发人们内心的情绪和情感而创造的体验；思考体验是指开启人们的智力而创造认知和解决问题的体验；行动体验是指通过增强人们的身体体验，向人们展示不同的做事方式、生活方式以及互动方式来丰富人们的生活；关联体验是指将个人与理想中的自我、他人或文化联结在一起而产生的体验。其中前 4 种体验主要是个体体验，后两种体验是群

① ［美］B·约瑟夫·派恩、詹姆斯·H. 吉尔摩著，夏业良等译：《体验经济》，机械工业出版社，2002 年版，第 38 页。

体体验,“行动体验”是个体体验与群体体验共有的体验。个体体验与群体体验共同构成全面的客户体验。具体情况如图 6－2 所示。①

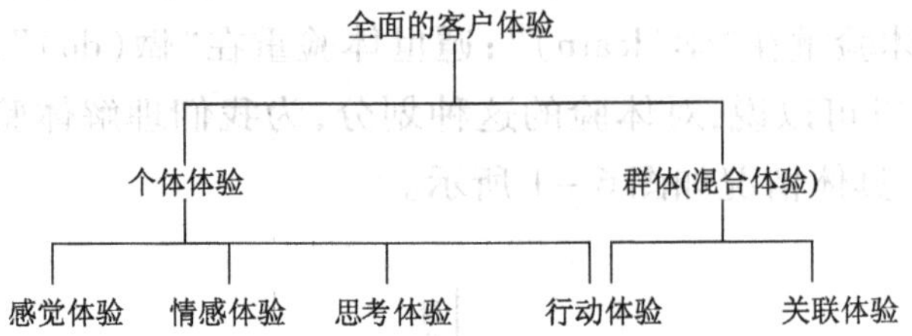

图 6－2　伯恩德·H. 施密特的体验类型图

4. 根据体验品的性质不同进行划分。我们可以把体验分为实体体验和虚拟体验。所谓实体体验,是指对现实世界中的真实性的商品和服务所经历的一种体验,如看电影、听音乐会、逛公园、参观美术馆、观看大峡谷等,都是对现实世界的一种体验;所谓虚拟体验,是指对现实世界和虚拟世界中的事物所进行的一种主观性的体验,如玩网络游戏,人们可以根据自己的意愿和能力尽情地进行游玩,而实际情况并非如此。虚拟体验虽然具有虚拟性,但它可以增强人们对生活中出现的各种变化的适应能力,即便在意想不到的事件发生时,也不至于束手无策。因此,虚拟体验也很有价值。②

5. 根据体验的分享性进行划分。我们可以把体验分为个体体验与群体体验。所谓个体体验,是指消费者独自享受的一种体验;所谓群体体验,是指消费者共同享受的一种体验。由于人们越来越追求个性化,因此,个体体验将成为最主要的一种体验。③

二、体验营销的含义与特征

(一)体验营销的含义

自 20 世纪 90 年代体验营销的创始人伯恩德·H. 施密特提出体验营销新思想以来,体验营销的理论和实践在不断地发展。但是究竟什么是体验营销,

① Bernd H. Schmitt. Experiential Marketing: How to Get Customers to SENSE, FEEL, THINK, ACT, and RELATE to Your Company and Brands, The Free Press, 1999, P63～71, P209.

②③祝合良、伯恩德·H. 施密特:《如何认识体验经济》,首都经济贸易大学学报 2002 年第 5 期。

伯恩德·H. 施密特并没有给出明确的定义。从他所著的3本代表作和相关论文来看[①],他所倡导的体验营销主要是针对以产品和品牌为中心的传统营销和品牌塑造理论而言的。在他看来,以产品和品牌为中心的传统营销和品牌塑造虽然也提倡以顾客为中心,但实质上还是以产品和品牌为中心,缺少对顾客的真正了解。因此,顾客不满意的现象到处可见,顾客对公司和品牌普遍缺乏忠诚度;而且他还认为传统营销和品牌塑造理论缺乏足够的理论基础。有鉴于此,他认为,如今以顾客为中心,不仅要生产高质量的产品,树立良好的品牌形象,这是公司最起码应该做的事情,而且还要关注顾客的体验,要善于开展刺激顾客感官、触动顾客心灵和激发顾客灵感的体验营销活动。如果说,企业的目标是创造顾客,那么,营销的目标就是创造有价值的顾客体验。并认为,以顾客为中心的体验营销是建立在神经生物学、心理学和社会学的理论基础之上,有强大的理论依据。由此,他在所著的《顾客体验管理:连接顾客的革命性方法》一书的前言中开宗明义地写道:"体验营销为以顾客为中心而不是以产品为中心或以品牌为中心的思路提供了一个新的营销范式,并告知了经理们如何为他们的顾客创造各种体验"。[②]

据此,体验营销是建立在神经生物学、心理学和社会学理论基础之上的新的营销理论,是一种真正以顾客为中心的营销思想,它是通过创造有价值顾客体验来提高顾客对公司和品牌满意度与忠诚度的营销活动。

一些营销人士将自己的工作经历当作是体验营销进行宣扬实在是贻笑大方。此外,还有很多人将体验经济与体验营销混为一谈也是离题万里。如前所述,体验营销是相对于传统营销和品牌塑造理论而提出来的一种新营销思想,而体验经济则是从供给品升级的角度对人类社会的发展作出划分而界定出来的一种经济形态,是相对于农业经济、工业经济和服务经济时代而言的。因此,体验经济与体验营销是两个截然不同的范畴。只不过在体验经济到来之后,随着体验消费的不断增加,它比工业经济和服务经济时代更需要体验营

① 可参见伯恩德·H. 施密特所著的 Marketing Aesthetics: The Strategic Management of Brands, Identity and Image(Free Press,1997), Experiential Marketing: How to Get Customers to SENSE, FEEL, THINK, ACT, and RELATE to Your Company and Brands(Free Press,1999), Customer Experience Management: A revolutionary approach to connecting with your customers(John Wiley & Sons, Inc. 2003)及相关论文。

② Bernd H. Schmitt. Customer Experience Management: A revolutionary approach to connecting with your customers, John Wiley & Sons, Inc. 2003,前言部分第5页。

销。因此,体验经济与体验营销虽有一定的联系,但二者相差甚远,切不可混为一谈。

(二)体验营销的特征

体验营销是相对于传统营销而言的,因此,要充分地把握体验营销的特征,有必要先了解传统营销的特征。

1. 传统营销的特征。按照体验营销的创始人伯恩德·H. 施密特的观点,传统营销是指"20 世纪,尤其是近 30 年来营销学界、实践界和咨询人员所积累起来的营销学原理、概念和方法"。并认为,以产品为中心的传统营销理论概括起来主要有 4 大特征:①

(1) 关注产品的功能特色和功效。传统营销假定各类市场上的顾客都是根据对于他们的重要性来衡量产品的功能特色和评估产品特色的表现,并选择具有最高整体效应的产品。由于传统营销假定顾客根据产品的特色作出选择,因此,产品的特色被认为是一家公司所提供的产品不同于其他竞争对手产品的关键。传统营销认为,产品的功效是顾客所寻求的产品中所表现出来的绩效特征,例如,电脑产品的功效主要看它的速度和轻便性等。传统营销认为,产品的功效源于产品的功能特色,但是产品的功效与产品的功能特色并不是一一对应的关系,典型的情况是,产品的多种功能特色才能提供一种功效,例如,电视的清晰度就是屏幕大小、亮度和对比度等多种特色共同作用的结果。传统营销认为,由于顾客根据产品的特色和功效作出购买选择,因此,产品的生产者应根据顾客的不同强调产品的不同特色和功效。而实质上,在产品日益同质化的今天,强调产品的特色和功效是远远不够的,而且顾客也很难辨别。

(2)对产品的类别和竞争对手的界定比较狭窄。传统营销是从产品的特色和功效方面界定产品的类别和竞争对手,因此认为,只有提供同类功效的产品经营者才是竞争对手。例如,麦当劳和肯德基是竞争对手,因为它们提供类似的快餐,而必胜客和星巴克不是它们的竞争对手,因为必胜客和星巴克提供的产品与它们不同。很显然,这种观点过于狭窄,把很多竞争对手排斥在外。

---

① Bernd H. Schmitt. Experiential Marketing: How to Get Customers to SENSE, FEEL, THINK, ACT, and RELATE to Your Company and Brands, Free Press, 1999, P12 ~ 18.

(3)视顾客为理性的决策者。传统营销认为,顾客是理性的购买决策者,即顾客在购买产品的过程中,先搜集大量的产品和品牌信息,然后进行产品特色和功效的评估和比较,进而作出自己的理性选择,即选择具有最佳整体效应的品牌产品作为自己的购买对象。而且传统营销认为,顾客这一购买决策过程是一步一步按照程式来完成的,是非常理性的购买决策过程,因为顾客是理性的购买决策者。事实并非如此,就拿我们自己来说,我们的购买决策都是这样理性的吗?

(4)采用的方法是分析性的、定量性的和语言性的。传统营销主要采用分析性的、定量性的和口头性的方法和工具。譬如,利用回归分析预测顾客的购买行为和偏好,利用协整分析预测产品的价值,利用定位图找出不同品牌的定位,利用座谈会了解顾客的需求信息,等等。而事实上,我们知道,顾客的真实想法有时埋藏在内心的深处,是不可能通过这些方法和工具分析出来的。

从传统营销上述 4 个方面的特征来看,伯恩德·H. 施密特认为,传统营销实质上是一种特色和功效营销思想。今天,随着市场环境的变化,以产品特色和功效为核心的传统营销思想已经落伍,已经不能适应市场环境的变化,需要新的营销思想来指导营销和品牌创建工作。在伯恩德·H. 施密特看来,体验营销就是这一趋势的产物。

2. 体验营销的特征。伯恩德·H. 施密特认为,随着市场竞争的加剧,品牌重要性的突出,传播和娱乐的普及,以及信息技术的发展,顾客把生产具有特色和功效的高质量的产品和良好的品牌形象视为当然。他们更需要能够刺激感官、触动心灵和激发灵感的产品、沟通和营销活动;他们更需要能够与他们相关并且能够成为他们生活方式的产品、沟通和营销活动;他们更需要能够带来体验的产品、沟通和营销活动。尤其是新世纪到来之后,一家公司能够在多大程度上利用信息技术、品牌、整合营销传播和娱乐为顾客创造难忘的体验将是该公司屹立于全球市场的关键。正因为如此,像可口可乐、IBM、微软、索尼、耐克等世界最具价值的品牌公司,无不从传统营销理念中走出来开展体验营销以提升品牌。

那么,体验营销与传统营销究竟有何不同,体验营销究竟有哪些特征呢?体验营销的创始人伯恩德·H. 施密特认为,概括起来,与传统营销相比,体验营销具有如下 4 大特征:

(1)关注顾客的体验。如前所述,体验是个体对外部刺激所作出的内在反应。因此,在营销活动中,通过售前、售后等市场营销活动的刺激可以激发顾客的感官,打动顾客的内心和触及顾客的心灵。这样,通过顾客的体验,可以把顾客与公司、品牌紧密地联系在一起。公司为顾客设计体验的平台,不是为了给顾客提供产品的功能性价值,而是为顾客提供感觉、情感、思考、行动与关联的价值。由于体验是一种个性化的事件,是顾客心中的内在反应,每个人的体验各不相同。因此,在顾客需求越来越追求个性化的今天,要真正地满足顾客的需求,就必须重点关注顾客的体验。

(2)考虑整体消费情景。传统营销在考虑顾客消费时,往往只考虑单个产品的功效,因此,在顾客购买产品时,营销人员往往侧重于介绍不同品牌产品的不同功效以满足顾客的需要,而不从整体消费的角度给顾客推荐产品。例如,某顾客布置新家,到商店去购物,传统营销人员如果发现顾客家中缺少什么,就会推荐什么,而不管顾客购买产品之后,消费是否协调。体验营销则不同,它不考虑单个产品的功效,而是从整体上考虑消费的情景。例如,2006 年国内市场上流行的"成套家电消费"风潮就是体验营销的杰作。以往的家电消费往往是多品牌的简单拼凑,家里缺什么就补什么,而"成套家电消费"体现的则是售前、售后一体化的"同一品牌集团作战"。以海尔公司为例,该公司在国内率先推出成套家电消费概念,以海尔品牌统一运营,如今还打出"时尚生活、一站到位"的全新成套理念,从 5 个方面打造成套家电消费整体性概念:①成套设计。产品统一风格、统一标准。②成套展示。无论是网上还是卖场,产品都以成套的方式展示给消费者。③成套安装和成套送货。消费者在选择成套商品时可以选择海尔一站到位的服务。④成套服务。在服务过程中,只要一个电话,所有成套的解决方案都由海尔来提供。⑤成套升级。在成套家电产品中都留有网络接口,使人与家电、家电与家电、家电与外部环境有一个良好的沟通。

不难看出,海尔推出的成套家电消费概念,卖出的不只是产品及其组合,而是一份"套餐家电解决方案"。而我们的消费者在购买家电产品的过程中,关注的不仅仅是售中的服务,更关注使用过程中企业能够提供什么样的增值服务,能不能与公司保持一个后续的交流。海尔的成套家电消费理念不但提供了售前咨询,还解决了售中的服务,搭配设计,并提供售后服务,尤其是还考虑到了后期的升级改造。这一切正好满足了消费者的内心需求。因此,海尔推出成套家电消费概念之后，在国内家电消费领域很快形成了一股潮流。如今，海尔凭借自身的实力和品牌优势，可以为消费者提供从两件套到多件组合，从1万元到十几万元的1万种以上的成套解决方案。并根据消费者各方面的需求推出了U－home套餐、奥运套餐、分时套餐等不同品类，让消费者依据自己的需求自由选择不同系列的套餐产品。同时，针对房屋的不同户型，海尔还推出了家居套餐系列：一室精英套餐、两室精致套餐、三室精品套餐和别墅经典套餐。

可以说，"成套家电消费"是对传统家电经营的一次革命，也是体验营销对传统营销的一次革命。从顾客需求的角度来讲，"成套家电消费"为消费者提供了一种新的生活方式。随着工作压力的增大，工作时间较长，一些中高收入人群在工作之余越来越倾向于便捷的消费方式和"一站到位、一劳永逸"的贵宾式服务享受，以此来缓解工作带来的压力，而"成套家电消费"正好具有"省时、省心、省力"的竞争优势，可以满足这部分消费者的需求，因而目前许多消费者把"成套家电消费"这种便捷的消费和服务、个性化的选择空间、全程的享受看作是一种时尚。由此可见，体验营销提倡的考虑整体消费情景的理念能够更全面地满足顾客的需要。

此外，伯恩德·H.施密特还认为，考虑整体消费情景，还可以增强品牌的协同效应。同时还可以从两个方面拓宽营销思维：一是从横向上拓宽了产品类别的概念和竞争对手的范围。例如，传统营销将麦当劳看成是一家快餐店，麦当劳只与其他快餐店相互竞争；而体验营销则认为，麦当劳不只是一家快餐店，而是为顾客提供了一个在外消费的场所。也就是说，在体验营销看来，麦当劳已经从快餐消费类别扩大到在外消费场所这一更大范畴。如此一来，麦当劳就不仅仅与其他快餐店相竞争，而且与其他为顾客提供在外消费场所的相关企业都存在竞争关系。二是从纵向上拓宽了社会文化背景下的消费观念。譬如，随着人们对健康生活方式的不断关注，一向被认为是垃圾食品的快餐店就必须考虑这种社会文化背景下消费观念的变化。

不难看出，体验营销提倡的考虑整体消费情景的理念还可以拓宽经营者的视野，让他们发现更多的市场机会。例如，一向以整体消费情景理念为基础的宜家家具公司，就是通过体验营销拓展思路而发展壮大起来的。有关情况如案例6－1所述。

案例 6-1

宜家——体验营销成功的典范

宜家(IKEA)公司1943年诞生于瑞典,最初经营文具邮购、杂货等业务,后转向以家具为主业,在不断扩张的过程中,产品范围扩展到涵盖各种家居用品。经过70多年的发展,目前在世界40个国家拥有300多家连锁商店,成为全球最大的家居用品零售商,宜家品牌也多年被评为全球最有价值的100品牌之一。

宜家的成功有多种因素,例如,从产品策略来讲,宜家产品市场定位较为准确。宜家的经营理念是“提供种类繁多、美观实用、老百姓买得起的家居用品”。这一经营理念就决定了宜家要与家居用品消费者中的“大多数人”站在一起。这就意味着宜家要满足很多不同的需要。针对这种市场定位,宜家的产品定位于“低价、精美、耐用”的家居用品。在欧美等发达国家,宜家把自己定位成面向大众的家居用品提供商。因为其物美价廉、款式新、服务好等特点,受到广大中低收入家庭的欢迎。但到了中国之后,市场定位作了一定的调整,因为中国市场虽大,但消费水平普遍偏低。由于国内低价家具市场竞争十分激烈,国外高价的家具市场又很少有人问津,于是宜家把目光投向了大城市中相对比较富裕的阶层。因此宜家在中国的市场定位是“想买高档货,而又付不起高价的白领”。总的来讲,这种定位获得了比较好的效果。为了保证产品的品质,宜家家居出售的全部产品由宜家公司独立设计,因此,宜家拥有一大批优秀的设计师保证宜家家居用品的设计。宜家推出的产品风格与众不同,宜家产品的独特风格是“简约、自然、清新、设计精良”。为了满足不同顾客的需要,宜家产品系列广泛,共有1万多种产品供顾客选择。任何品味的顾客基本都可以在宜家买到家居所需的产品。

从价格策略来讲,宜家一直强调低价策略,赢得了顾客的青睐。这一定价策略完全符合其经营理念。如前所述,宜家的经营理念是“提供种类繁多、美观实用、老百姓买得起的家居用品”。这就决定了宜家在追求产品美观实用的基础上要保持低价格。因此,在价格策略上,宜家一直强调它的低价价格策略。为此,从产品设计到造型、选材、贴牌工厂的选择、物流配送、卖场管理等环节降低成本,以保证低价,实现其经营理念。

从渠道策略来看,宜家在全球40多个国家300多家连锁商店,均采取专卖店的形式,只销售自行设计、生产的产品,直接面向消费者,控制产品的终端销售渠道,这样避免了多品牌的混乱,有利于创建自己的强势品牌。

从促销策略来看,宜家通过目录展示大大促进了宜家的产品销售。从1951年以来,宜家每年9月初,在其新的财政年度开始时,都要向广大消费者免费派送制作精美的目录。在中国每年分发多达200万册,这是个惊人的数字。这些目录上不仅列出产品的照片和价格,而且经过设计师的精心设计,从功能性、美观性等方面综合表现宜家产品的特点,顾客可以从中发现家居布置的灵感和实用的解决方案。很多顾客都把宜家的目录当作装修指导来使用。

当然,宜家的成功,除了上面提到的各种有效策略以外,还有其他一些因素,其中在卖场所开展的体验营销可以说是宜家名扬天下的主要原因。

我们经常会看到这样的现象,顾客购买服装时,如果服装店不能让顾客试穿的话,很多人就会马上离开;购买熟食时,如果不让顾客尝一尝,很多人就会怀疑其产品质量;购买手机时,如果不让顾客试验效果,很多人就会扬长而去;购买家具,样品上写着"勿坐""勿摸"等字样,很多人就会愤愤离开……凡此等等,不一而足。这些现象告诉我们,顾客在购买产品时,如果让其体验一下,增加体验的情景与气氛,企业将会留住更多的顾客。

宜家就认识到顾客体验的价值。为了给顾客美好的体验,留下难忘的记忆,宜家在卖场的设置方面想方设法给顾客以体验。宜家鼓励顾客在卖场进行全面的亲身体验,比如,拉开抽屉、打开柜门、在地毯上走走、在床上和沙发上坐一坐,甚至在沙发、餐椅的展示处还特意提示顾客:"请坐上去!感觉一下它是多么的舒服!"宜家虽然鼓励顾客多亲身体验,但是其店员不会像其他家具店的店员一样你一进门就对着你喋喋不休,你到哪里她们跟到哪里,而是非常安静地站在另一边,除非你主动要求店员帮助,否则店员不会轻易打扰你,以便让你静心浏览,在一种轻松、自由的气氛中作出购买的决定。

一般来讲,顾客购买家居用品有一种担忧,那就是担心不同的产品组合买到家之后不协调,从而会平添很多的烦恼。为此,宜家给予了充分的考虑。它把各种配套产品进行家居组合设立了不同风格的样板间,充分展现每种产品的现场效果,甚至连灯光都展示出来,这样消费者就可以看得一清二楚,充分体验出这些家居组合的感觉和它的格调。宜家还承诺,顾客如果将产品买回去发现搭配还不如尽人意,在60日之内可以退货,并负责教会顾客怎样进行产品搭配。

在单个产品上,宜家还设计了消费者自己动手体验的过程。宜家的大件产品都是可以分拆的,顾客可以将部件带回家自己组装,所有宜家的产品在设计师自己设计的时候都自己动手组装。宜家会提供各种各样的工具来帮助顾客安装,并配备有安装的指导手册和宣传片,教顾客如何搭配、如何安装。

由于宜家注重顾客体验的价值,尤其是提供整体消费情景,让顾客自由组合家具产品,因此,宜家家具卖场已成为很多顾客购买家具的理想体验场所,宜家品牌也因体验营销得到进一步的升华,成为体验营销实践的典范。

(3)顾客是理性与感性的统一体。传统营销认为,顾客是理性的购买者,并且购买决策过程都是按照既定的程式来完成的。但是,从生理学、心理学的角度来看,顾客既是理性的,也是感性的。也就是说,顾客虽然经常作出理性的决策,但同样也会受到情感的驱使。因为,从顾客内心需要来讲,他们需要刺激、乐趣、情感上的触动和富有挑战性的创意。伯恩德·H.施密特还认为,这些体验式的需求,是一个自然生长的过程,具有生物进化论的含义。从我们自身的经历来看也可以觉察得到,在很多情况下,我们的购买决策往往是随机性的和冲动性的,即感性的。因此,在营销活动中,不能只把顾客看成是理性的购买者,而应该将他们看成是理性与感性的统一体。

(4)采用的分析方法和工具是折中性的。传统营销了解顾客的需求,主要采用分析性的、定量性的和口头性的方法和工具。体验营销认为,这些方法和工具思维过于单一,应该采取多元和多变的分析方法和工具。例如,分析方法既可以是分析性的,也可以是定量性的;既可以是感性的,也可以是定性的;既可以是口头上的交谈,也可以是视觉上的观察;既可以是实地调研,也可以是试验室里的模仿。总之,分析方法和工具要因地制宜,要合理有效。也就是说,体验营销所采用的分析方法和工具是折中性的,而不是单一思维和教条式的。

3. 从体验营销与传统营销的特征中我们不难看出,体验营销与传统营销有质的不同,具有很大的差异。概括起来,这些差异主要表现为4个方面:

(1)关注的焦点不同。传统营销注重产品的特色和功效,因此,被称为特色与功效营销；而体验营销则关注顾客的体验，因此，体验营销人员应该为顾客创造全面的客户体验。

(2)看待产品类别和竞争者的观点不同。传统营销看待产品的类别和竞争者的观点过于狭窄，只从产品的特色和功效方面去界定产品的类别和竞争者；而体验营销则从整体消费情景考虑顾客的需要，因而视野开阔，能够更好地满足顾客的需要。

(3)对顾客的认识不同。传统营销认为顾客是理性的，顾客的购买决策过程是一个理性的决策过程，按照既定的程式行事；而体验营销则认为，顾客既是理性的，也是感性的，是理性与感性的统一体。因此，体验营销更注重顾客的感官体验、情感体验等心理方面的需要。

(4)营销分析方法和工具不同。传统营销主要采用分析性的、定量性的和口头性的方法和工具，思维过于单一；而体验营销则认为，营销分析方法和工具应该多元和多变，只要合理有效就行。

从本质上来讲，传统营销是一种以产品特色和功效为中心的营销思想，因而是一种以生产者和经营者为中心的营销思想；而体验营销则是一种以顾客全面体验为中心的营销思想，是一种真正以顾客为中心的营销思想。

三、体验营销兴起的原因

自20世纪90年代体验营销思想产生以来，体验营销的理论和实践在世界各地广为传播。为什么体验营销思想能够如此广为流传呢？原因可能很多，但至少有两个方面：①传统营销存在的不足需要新的营销思想产生，而体验营销正好能够满足现实的需要；②体验经济的到来，为体验营销的传播起到了推波助澜的作用。关于传统营销所存在的不足，前面我们已经作了较多的分析，这里不再赘述。下面就体验经济的发展如何推动体验营销的兴起作必要的阐述。

1998年，美国战略地平线LLP公司的约瑟夫·派恩和詹姆斯·吉尔摩两位创始人在同年《哈佛商业评论》7/8月号期刊上发表《欢迎进入体验经济》一文，以及1999年由哈佛商学院出版社出版两人合著的《体验经济》一书以来，体验经济的提法日益受到人们的关注。

2001年12月2日，美国未来学家阿尔文·托夫勒来到我国中央电视台《对话》节目现场。这位曾经预测了“第三次浪潮”到来的托夫勒再次向大家预言:服务经济的下一步是走向体验经济,人们会创造越来越多的与体验有关的经济活动,商家将靠提供体验服务取胜。

可以说,体验经济的提出,为人类社会的发展指明了新的发展道路。

那么,到底什么是体验经济呢?根据体验经济的创始人约瑟夫·派恩和詹姆斯·吉尔摩的观点,体验经济就是指以服务为舞台,以商品为道具,以顾客为中心,以情感为纽带,通过创造让顾客能够亲自参与的各种活动,最终满足顾客体验需要的一种经济形态。

为什么说今天的顾客更需要的是体验呢?首先让我们来看一看21世纪以来,体验消费兴起的现实。

以最早响应体验经济号召的IT行业为例。2001年8月21日,联想推出了全新的商用电脑——开天系列。联想副总裁陈绍鹏宣称:这一产品系列体现了联想对产业的思考和对客户的理解,是联想用"全面客户体验(Total Customer Experience)"理念打造的"全三维品质"精品。联想认为,在全面客户体验时代,不仅需要对用户深入和全方位的了解,而且还应把对使用者的全方位体验和尊重凝结在产品层面,让用户感受到被尊重、被理解和被体贴。

2001年9月4日,惠普公司与康柏公司达成250亿美元的并购交易,成为IT新老大。消息传来,举世震惊。时任惠普公司总裁的费奥·利娜提出要构造"全面客户体验模式",带领新惠普由传统的产品经济、服务经济全面转向体验经济。

2001年10月25日,被微软公司形容为设计最佳和性能最可靠的新一代操作系统Windows XP全球面市,比尔·盖茨宣称该操作系统为人们"重新定义了人、软件和网络之间的体验关系"。"XP"来自"Experience",其意思就是体验。

2001年10月28日,一座全新的体验型科技乐园——"索尼探梦"在北京王府井东方广场正式揭幕。"索尼探梦"以视觉与听觉的体验和理解作为基础展示概念,以流畅的展现让消费者看得通通透透,可以闲适地走进这里来体验科技的魅力。

2002年9月,明基电脑在各地电脑城及明基产品专卖店中推出Q-Desk体验中心。

再看看电子行业。近几年韩国三星电子调整了过去大规模制造的战略,推出了"设计为王"的战略理念,高薪聘用为IBM设计第一款Think-Pad笔记本电脑的美国设计师,成立设计室。在手机设计上,确立"要吸引人,又要力求产品色彩上体现时代性”的理念。结果使得三星的手机销量在全球大增。

再看看娱乐行业。2005 年，环球嘉年华在北京开展了持续 73 天的娱乐体验活动，比 2004 年的 52 天多出 4 成，共接待游客 156 万余人次，平均每日客流量达2.12 万人次。活动总收入达 1.7 亿多元人民币，游客平均消费 110 元左右，与 2004 年相比，总收入增长 17.3%，日平均客流量增长 20%。

再看看旅游业。随着人们收入水平的不断提高，旅游业的需求日益旺盛，旅游业已经成为当今世界经济增长的重要产业。改革开放以来，尤其新世纪以来，中国已经成为世界上旅游业发展速度最快的国家之一。

只要看一看现实，我们就不难发现，现在人们最想出去的是旅游，最想玩的是娱乐，最想提高的是知识，最想逛的是购物中心与专业店，最想买的是汽车，最想穿的是流行……因此，与很多产品市场滞销形成鲜明对照的是，旅游胜地、娱乐场所、网吧、学校、美术馆、购物中心、家电城、服装城、汽车卖场、时装店等生意却十分红火。为何会形成这种局面呢？这是因为，这些地方不仅能够满足消费者对产品和服务的需求，更重要的是，能够满足他们体验性消费需要，获得更高层次的享受和心理满足。

下面我们再对体验经济的兴起原因进行进一步的理论分析。归纳起来，体验经济的兴起主要有以下几个方面的原因：

第一，居民收入水平和需求层次的不断提高，要求经济供给品(economic offering)进行相应的升级。根据体验经济的创始人约瑟夫・派恩和詹姆斯・吉尔摩的研究，人类社会发展到今天，经历了农业经济、工业经济、服务经济和体验经济 4 个时代。在农业经济时代，受收入水平和需求层次的影响，农产品是满足人们生存需要的主要经济提供品；在工业经济时代，工业品是满足人们生存和发展需要的主要经济提供品；在服务经济时代，服务成了满足人们生存和发展需要的主要经济提供品；尔后，随着收入水平的不断提高和需求层次的不断上升，商品和服务作为经济提供品已不再能满足人们享受和发展的需要，人们需要更加个性化的消费来实现自我，而体验消费就是满足这种需要的最好形式，于是体验就成了继服务经济之后的主要经济提供品，从而将人类带到了体验经济时代。在他们看来，这种经济提供品的演进过程，具有明显的自然性。就像母亲为孩子过生日准备生日蛋糕的进化过程一样。在农业经济时代，母亲是拿自家农场的面粉、鸡蛋等材料，亲手做蛋糕，从头忙到尾，成本不到 10 元。到了工业经济时代，母亲到商店里，花 50 元钱买混合好的盒装粉回家，自己烘烤。进入服务经济时代，母亲是向西点店或超市订购做好的蛋糕，花费100元钱。到了今天，母亲不但不烘烤蛋糕，甚至不用自己费事办生日晚会，而是花500元，将生日活动外包给一些公司，请他们为孩子筹办一个难忘的生日晚会。

同时，从供给的角度来看，作为供给者，谁能够最先把握这种提供品的演进过程，谁就会在市场竞争中处于越来越有利的位置，从而可以得到更多的回报。这是因为经济提供品的这种演进过程，是经济提供品从无差异到不断差异化的过程。而众所周知，产品的差异化，是市场竞争者的利器，产品差异化越大，竞争者获得的回报就越多。这种趋势在发达国家表现得较为突出，因此，体验经济在发达国家最先得以提出和形成。这种思想提出之后，在我国也引起了人们越来越多的注意，更可喜的是，国内一些企业开始朝着这个方向制定了企业新的发展战略。

第二，新技术的巨大发展，为体验需要的到来提供了强有力的技术支撑。新世纪到来之后，一个最大的变化就是高新技术的巨大发展。具体表现为以信息技术、网络技术、通信技术以及生物技术为主的新技术不断取得巨大的发展。尤其是信息技术和网络技术的发展已经到了无处不在和无所不能的地步。数字化生存已经不再是预言和梦想，今天任何能用数字转换的东西都可以被数字化。你可以通过任何媒体（文本、声音、图像等）向任何地方、任何人（真实的或虚拟的）收发信息；你也可以通过信息技术和网络技术制作你想需要的任何东西，而这一切，为人们分享生活中的体验和设计体验的舞台提供了强有力的技术保障。从心理上来讲，一般地，人们希望体验既要兴奋、刺激，但同时又要安全可靠，而网络上的各种体验，正好可以满足这两个方面的需要。因此，在体验需求中，在线娱乐、数字娱乐等网络娱乐业目前成为体验需求发展最快和最核心的部分。同时，这也是为什么体验营销在IT行业最先引起注意并得到共鸣的原因。无怪乎，微软开发的XP（体验产品）、惠普提出的全面客户体验（Total Customer Experience，简称TEC）以及联想集团提出的“全面客户导向”迅速得到IT界的认同。当然，体验需要远不仅限于IT界和娱乐业，但网络娱乐业和新技术的快速发展，可以说是导致体验需求得以迅速传播的直接原因。

第三，市场竞争的不断加剧，为体验需要的到来添加了催化剂。竞争历来是人类社会和经济发展的动力。随着竞争层次的不断升级，如何开发客户、保留客户和赢得客户比任何时候都显得更为重要。为了应对市场竞争和寻找市场突破口,在提供服务已经不能够满足客户需求的情况下,尤其是免费服务难以满足客户需要的条件下,“客户体验”便成为了各厂商的共同诉求,并很快从发达国家传入到发展中国家。如 IBM 公司在 20 世纪六七十年代的全盛时期,曾以“IBM 就是服务”为口号,大肆挥霍服务。当时,只要购买 IBM 的硬件产品,IBM 就免费提供设备规划、程序设计、设备整合、产品维修等一系列服务,周到得让消费者大为吃惊。但是,后来顾客对服务的需求越来越大,IBM 终于负担不起免费提供服务,而服务最终也成为 IBM 最有价值的商品。现在 IBM 全球服务事业部的业务每年都以两位数的速度增长,再也不用借服务来卖硬件产品。现在 IBM 与许多制造商从服务和顾客体验中的获利,都超过了商品。同样地,中国的联想集团现在也组建了专门的服务公司,为顾客提供全面服务和体验。可以预见,市场竞争必将把众多的行业带入到体验经济时代。

第四,闲暇时间的增多,为体验需要的到来提供了必要条件。当今世界,一方面随着信息技术等新技术的不断发展和市场竞争的不断加剧,人们为了抓住机会和赶上潮流,比以往任何时候都珍惜时间。但另一方面,人们的闲暇时间比以往任何时候都要多,尤其是在发达国家,表现最明显。据 1999 年第 12 期美国《时代》杂志报道,目前美国人有 1/3 的时间用于休闲娱乐,有 2/3 的收入用于休闲娱乐,有 1/3 的土地面积用于休闲娱乐。2015 年左右,发达国家将进入休闲娱乐时代,新技术和其他发展趋势可以让人把生命中一半的时间用于休闲娱乐;休闲娱乐业的产值将占美国国民生产总值一半的份额。而在休闲娱乐中,体验消费无疑是意义最丰富的一种消遣方式。这种情况,我们可以从网络娱乐业、旅游业等体验消费的快速增长中得到感悟。由此可见,闲暇时间的增多为体验经济的发展提供了必要的条件。

第五,自我实现或享受的需要。马斯洛的需要层次论认为,人的需要可以分为生理的需要、安全的需要、归属的需要、尊重的需要和自我实现的需要 5 个层次,并且,这 5 个层次的需要是逐级提高和不断得到满足的。在今天的社会中,由于各方面条件的极大改善,第 5 层次的需要日益强烈。人们追求全面发展、充分发挥潜能、实现所能实现的一切的需要已不再是空中楼阁,望尘莫及,而是实实在在。这可以从教育、嗜好、运动、度假、美食、博物馆参观等需求旺盛中得到体现。这里,人们所追求的自我实现、追求自由,实际上就是追求一种好的体验。在心理学上,把这种对生活的最好体验和享受,称之为“流

(Flow)”。这种“流”的质量标准就是我们常常听得到的“爽”、“酷”、“帅呆了”、“棒极了”。这也是为什么今天的人们比以往任何时候都更加追求时兴和时尚;这也是为什么今天的商家觉得消费者越来越缺少理性,而易于冲动。据说,在以色列有一家名为“真假咖啡店”的咖啡店,店里没有任何真正的咖啡,但是穿戴整齐的侍者仍有模有样地装作为客人倒咖啡、送糕点,让消费者体验到咖啡厅交朋友、谈天的社交体验。虽然服务员送来的杯子、盘子里空无一物,但是每位顾客平常要付3美元,周末要付6美元。乍听起来,真有点天方夜谭,但据说生意还不错。这种“流”藏在每个人的心理,有它的存在,就会有体验的需要,一旦条件成熟,它就会喷发出来。

面对体验消费的兴起和体验经济的来临,企业要想吸引顾客,在竞争中立于不败之地,更加需要具备体验营销思想。

值得指出的是,体验消费与体验经济的兴起,不是体验营销产生的根本原因,它只是起到了推波助澜的作用。在工业经济和服务经济时代,当以产品为中心的传统营销理论不能满足市场需要的时候,都可以利用体验营销的思想开展营销活动和品牌创建。

四、体验营销对品牌创建的影响

从体验营销的含义和特征中可以看出,体验营销是一种真正的以顾客为中心的营销。加之,体验需求已经成为一种趋势、一种时尚,它能够更好地满足顾客的需要,因此,在市场竞争越来越激烈和体验经济来临的今天,以顾客为中心的体验营销对创建强势品牌将起着越来越重要的影响。通过体验营销可以提高顾客对品牌的满意度、忠诚度与亲和力。

传统营销认为,提高顾客对品牌的满意度和忠诚度是塑造强势品牌的关键,而要提高顾客对品牌的满意度和忠诚度,关键在于提高产品的质量、增加产品的特色和功效。如前所述,这种观点已经越来越不适应当今时代的需要。此外,传统营销中主张的以产品为中心的顾客满意和顾客忠诚理念也难以从根本上满足顾客的需要,因而也不利于品牌的创建。

首先,以产品为中心的顾客满意理念往往只注重结果,而不注重过程,因而不能真正地满足顾客的需要,从而不利于强势品牌的创建。这是因为,满意是一种结果,它缺乏对顾客全面体验的考虑。因此,即使顾客对某种结果满意了,顾客也不一定会增强对公司和品牌的忠诚。例如,你在商店购买一种产品，回家使用之后发现产品并不像广告宣传的那样好，而且有一些缺陷，于是你拿到商店要求退货或更换。假定在退货或更换的过程中，有这样两种情况：一是商店很快并很乐意地为你进行退货或更换。无论是退货或更换的过程，还是退货或更换的结果，你都比较满意。如果这样，这种事情的发生也许会增强你对该商店的好感。另外一种情况是，你需要几经周折，先要找商店柜台组组长，然后再找楼面经理，最后再找主管经理。经过你的一番极力解说，主管经理同意你的退货或更换要求，你的目的达到了，你对这一处理结果也很满意，但是这一退货或更换的过程，你满意吗？毫无疑问，对你来讲这是一次糟糕的体验。尽管你对这一处理结果也很满意，但是你对该商店和该产品品牌可能早就没有了好感。这样一来，下次你还愿意来该商店购买该商品吗？

显然，从以上两种情况的处理结果来看，你都比较满意，因为你所关心的产品问题都解决了。但是由于处理的过程相差很大，体验的过程很不相同，结果你会对该商店形成两种截然不同的态度。由此可见，以产品为中心和以结果为标准的顾客满意理念不能从根本上解决顾客的需要。如果能够考虑顾客体验的因素，则可以更好地将顾客与公司、品牌紧密地联系在一起。

其次，以产品为中心的顾客忠诚理念往往注重于销售产品，而不注重于顾客关系的建立和情感上的交流，因而不能真正地打动顾客，从而不利于强势品牌的创建。随着市场竞争的加剧，如何保留老顾客，增强顾客对品牌的忠诚度，已经越来越被经营者所关注。因为大量的研究成果表明，吸引一个新顾客是保留老顾客成本的 6 倍。与此同时，顾客的忠诚度提高 5%，可以为公司增加 30% ~85% 的利润[①]。因此，提高品牌的忠诚度成为众多企业创建强势品牌关注的重心。但是，长期以来，很多公司在提高品牌的忠诚度方面，实际上是以产品销售为中心，希望通过一些营销活动，吸引顾客的注意，然后期望顾客今后能够多次购买公司的产品。例如，目前比较普遍的做法是搞会员卡，希望通过办理会员卡留住老顾客。实际上，大多数会员卡并非忠诚卡，而是促销卡，一般顾客都可以得到。因此，虽然顾客手中的卡很多，但真正忠诚某种品牌的顾客却很少；而且目前国内外市场上还出现了品牌忠诚度下降的趋势。之所以如此，就是因为很多公司在提高品牌的忠诚度方面，实际上是以产品销售和交易为中心，而非以顾客为中心，没有想方设法与顾客建立长久的关系和

① [美]戴维·阿克著，吕一林译：《创建强势品牌》，中国劳动社会保障出版社，2004 年版，第 17 页。

情感联系,因此,大多数顾客往往都是习惯性的购买者,而非真正的品牌忠诚者。而要与顾客建立长久的关系和情感联系,关键在于为顾客创造一系列具有价值的、独特的、难忘的体验。

由此可见,体验营销为创建强势品牌指明了新的途径。

第二节　品牌创建的体验营销策略

一、品牌创建的体验营销战略基础

如前所述,体验是复杂的,同时又是多种多样的。其中,体验营销的创始人伯恩德·H.施密特在人脑模块学说的启发下,将顾客的体验分为5种不同的类型,即感觉体验、情感体验、思考体验、行动体验和关联体验,并把每种不同类型的体验看成是战略体验模块(Strategic Experiential Modules, or SEM)。这些战略体验模块就构成了体验营销战略的基础,它们都有自己固有而又独特的结构和过程。值得指出的是,顾客的品牌体验往往不只是体验其中的某一种,而是两种或多种体验的混合。例如,一提到沃尔沃,人们首先想到它的安全。而如今,沃尔沃不仅给人以安全的思考体验,而且从外观上看,很流畅,从内饰上看,很精致,给人一种感官上的美好体验。同时,它那煽情的广告,如"那些把激情带入生活中的人,生活一定会充满激情"、"不仅激情澎湃,而且宁静祥和"等广告词,给人以情感的体验。一般来说,顾客对品牌的多种体验比单一的体验,更能够让品牌给顾客留下难忘的记忆。因此,要创建强势品牌,最好努力创造一种同时能够包括感觉体验、情感体验、思考体验、行动体验和关联体验在内的全面的顾客体验。

二、品牌创建的体验营销实施工具

按照伯恩德·H.施密特的观点,体验营销的实施工具也可以称之为体验媒介(experience providers, or ExPros)。体验媒介就是营销人员创造感觉、情感、思考、行动及关联体验的战术实施工具。通常地,体验媒介主要包括传播、视觉与语言识别、产品展示、品牌联合、空间环境、电子媒体与网站以及人员媒介等7个方面。下面对这些体验媒介做进一步的阐述。

（一）传播媒介

传播媒介主要包括：广告、公司内部与外部传播载体（如目录杂志、宣传册、新闻简报、公司年报、公司车辆、公司服装、公司名片、公司论坛等）以及品牌化的公共关系活动等。其中，广告是公司运用最多的传播媒介。如今，随着顾客与公司品牌接触点的增多，公司要创建强势品牌，不仅要充分利用广告这一传统传播媒介，还要充分利用前面提到的公司内部与外部各种传播载体，从不同的角度给顾客留下难忘的体验。

（二）视觉与语言识别媒介

视觉与语言识别媒介主要包括：品牌名称、品牌标识等。在第三章中，我们对品牌名称、品牌标识作了详细的阐述。从前面介绍的内容来看，品牌名称和品牌标识是引导顾客对品牌产生感觉、情感和思考体验的重要工具。因此，企业创造强势品牌，应该充分利用视觉与语言识别媒介。

（三）产品展示媒介

产品展示媒介主要包括：产品设计、产品包装、产品陈列以及体现包装与卖点的品牌特性等。例如，飞利浦剃须刀的人性化设计，让男士们体验到剃须的舒适；德芙巧克力精美的包装，让孩子们一见到它就垂涎三尺；耐克专卖店整齐的产品陈列，让耐克的爱好者们兴奋不已，看了就想购买；芭比娃娃所展现的时尚个性，让拥有芭比娃娃的女孩子们总想再多拥有一个。

（四）品牌联合媒介

品牌联合媒介主要包括：事件营销、品牌赞助、品牌联盟、品牌特许、电影中的产品展现以及其他形式的合作安排等。例如，可口可乐长期成为奥林匹克运动会的顶级赞助商，为可口可乐连续多年荣登世界最具价值100品牌之首作出了不可磨灭的贡献。因为按照奥林匹克运动委员会的规定，一个品牌要想成为奥林匹克运动会的顶级赞助商，必须是该行业中的佼佼者，而且一个行业原则上只能允许有一个顶级赞助商。由于如此，一旦某个品牌成为奥林匹克运动会的顶级赞助商，就会让人们联想到这个品牌非同一般。而自1928年以来，可口可乐一直是奥林匹克运动会的顶级赞助商。一个品牌能够做到这种程度，还能不引起世人的瞩目？还能不引起世人的联想？还能不得到世人的喜爱？因此，可以说，从某种程度上来讲，是奥林匹克运动会成就了可口可乐，让可口可乐名扬天下。

随着经济全球化与一体化的不断加强，行业之间、企业之间合作的形式越来越多，品牌联合的重要性日益突出。如今，品牌联合已经成为创造顾客全面体验的重要媒介。因此，企业创造强势品牌，应该充分利用品牌联合这一媒介。

（五）空间环境媒介

空间环境媒介主要包括：公司建筑物、办公室、工厂、零售店、公共场所以及商展摊位等。从某种程度上来讲，空间环境能够有效地反映公司品牌文化和给顾客留下难忘的体验。因为空间环境能够直观地表现品牌文化的内涵，是顾客能够直接体验品牌文化的场所。例如，麦当劳快餐店干净的就餐环境，让顾客体验到了温暖的服务和家的感觉。又如，随着零售市场的激烈竞争，很多零售企业已经从注重价格竞争转向注重空间环境的改善和商品的布局，以便让消费者在轻松的环境中购物，体验到家的感觉，让顾客的每次购物都变成难忘的体验。

（六）电子媒体与网站媒介

电子媒体主要包括模拟信息的电子媒体和数字电子媒体两大类，前者如录音磁带、录像带、电视等，后者如 VCD、DVD、计算机等。网站媒介主要包括网络动画广告、聊天室、BBS 留言板、网络商店、电子邮件等。随着信息技术的快速发展，尤其是互联网技术的突飞猛进，电子媒体和网站为公司创造全面的顾客体验提供了理想的舞台。例如，顾客去可口可乐或麦当劳公司网站，可以体验到可口可乐或麦当劳全新的世界。

（七）人员媒介

人员媒介主要包括：公司管理人员、职员以及任何与公司品牌相关的人。从某种程度上来讲，人员媒介是公司创造顾客体验最重要的提供者。因为不管是现实的体验，还是虚拟的体验；是单个的体验，还是全面的顾客体验，最终都要靠人员来完成。因此，人员媒介可以说是公司创造顾客体验最重要的提供者。为此，要创造难忘的顾客体验，必须要有一流的管理人员和高素质的员工。例如，一个态度和蔼可亲、专业知识丰富的汽车销售人员；一个面带笑容的、落落大方的、善解人意的化妆品专柜小姐，可以使顾客把一种简单的交易变为一次完美的体验。

值得指出的是，上述各种体验媒介都可以用来创造感觉、情感、思考、行动及关联体验。也就是说，每种体验并不限定使用某种体验媒介。

三、品牌创建的体验营销策略

(一)感觉营销策略

1. 感觉营销的含义与目的。感觉营销是指通过体验媒介,诉诸 5 种感官(视觉、听觉、触觉、味觉与嗅觉)创造顾客体验的营销活动。感觉营销的战略目的就是通过感官刺激为顾客提供美的享受和心理满足,从而实现品牌的差异化,激起顾客购买品牌的愿望和传递品牌的价值。

在产品越来越同质化的今天,为了创造品牌的差异化,吸引顾客的注意,一些成功的品牌利用感觉营销创造了奇迹。例如,我们在第四章中提到的绝对伏特加品牌,就是通过感觉营销创造视觉上的美好体验而名扬天下。又如,三星手机以其美观的外观设计异军突起,成为许多年轻人的至爱。再如,我国近年成长起来的白酒品牌水井坊,被誉为中国白酒第一坊,现已成为中国高档白酒品牌的强势品牌。该品牌的迅速崛起,虽然有多种原因,但是可以说其精美的包装给消费者留下了深刻的印象,从而为其成功作出了巨大贡献。具体情况见案例 6－2。

案例 6-2

感觉营销成就水井坊

"水井坊"这个 2000 年才横空出世的品牌,短短几年,就红遍中国。在中国白酒行业竞争如此激烈的时代,"水井坊"能够一炮走红,其中成功的原因自然很多。有人说是"水井坊"定位准确;有人说是"水井坊"善于文化营销;有人说是"水井坊"品质优良;有人说是"水井坊"传播有方;凡此等等,不一而足。但如果看看"水井坊"的品牌包装,我们可以说,在某种程度上是感觉营销成就了"水井坊"。

目前水井坊已经推出 11 大系列包装的产品,每个系列的包装各具特色。例如,"井台瓶"水井坊,包装独具匠心。外包装呈菱柱形,深红色,酒瓶上端缀有三枚狮头衔环铜钮,便于开启。酒瓶底内凹处以内烧画工艺将 6 幅成都风景名胜图武侯祠、杜甫草堂、九眼桥、合江亭、水井烧坊、望江楼呈现其上，令酒中有画，画中有酒，匠心独具，妙趣自成。酒瓶底座呈六边形，以上等实木制成，线条端正刚直，稳重大气。内底有白瓷衬底，并以工笔重彩绘上锦狮踏球釉彩图案，美轮美奂，寓意吉祥。

又如，"水晶装"水井坊，看起来晶光粲然、华贵稀有。外包装如水晶般晶莹剔透，酒色透过两层瓶壁，仍然可以看得通通透透，以示水井坊的不凡酒质。酒瓶上端缀有24K镏金的狮头衔环钮，酒瓶之上还印有印金铭文，以示高雅。整套包装典雅脱俗，光彩夺目，给人以美的享受。

再如，"晶狮装"水井坊，看起来晶粹博雅，王者本色。其包装中钻石般晶莹剔透的玻璃瓶塞，光影下散发五彩的斑斓，璀璨中更添华贵尊荣。酒瓶之内，一尊威武的水晶雄狮屹立于井台之上，炯炯凝视，通透之中。其与生俱来的王者气息，不动声色中彰显无与伦比的至尊风范。

从上述3大系列的包装可以看出，水井坊的包装与其高档白酒形象极为吻合。如今，水井坊的包装以其独特的感觉营销迷住了无数的饮酒爱好者，成为中国白酒市场上的高尚生活元素。

2. 感觉营销策略。按照伯恩德·H. 施密特的观点，感觉营销策略实际上可以简单地概括为S－P－C模式，即通过感官的刺激（Stimuli）—让顾客体验其中的过程（Process）—最后达到赏心悦目的结果（Consequence）。

在这个模式中，感官刺激非常重要，因为它是感觉体验的源泉。为了达到刺激的效果，需要巧妙运用感觉营销的媒介。而要巧妙运用感觉营销的媒介，需要把握感觉营销的基本要素、风格和主题。感觉营销的基本要素与5种感官密切相关，如色彩、形状与视觉相关，声音、音调与听觉相关，原料和质地与触觉相关，等等。感觉营销的风格是指感觉形象中独特的、持续的与一致性的品质。例如，开设在世界多个国家的沃尔玛购物广场，其商品陈列的风格，就让顾客想到了它的天天平价的经营理念。感觉营销的主题是指那些能够表达品牌内涵和意义的信息，它是品牌的精神支柱和顾客记忆的线索。通常以品牌名称、品牌象征物、宣传口号、广告语等表现出来，以唤起顾客的感觉印象。

（二）情感营销策略

情感营销是指通过体验媒介为公司和品牌附加一定的情感的营销活动。

例如，国内著名的日用品公司上海家化集团旗下的佰草集化妆品有限公司不仅以强烈的终端视觉效果吸引了无数顾客，而且以真诚、耐心的服务态度，丰富的知识与亲切的护理指导，让顾客感受到朋友般的关怀和呵护，使得其推出的中国第一套完整意义的现代中草药系列护理产品“佰草集”上市之后，一直受到顾客们的欢迎。其倡导的朋友式服务打动了很多忠诚顾客的心，尤其是公司推出的会刊“佰草心语”让无数忠诚的顾客爱不释手，因为他们从中感受到了心的交流和爱的温暖。如今佰草集的体验营销已经使“佰草集”品牌日渐深入人心，并走向国际市场。

情感营销的目的就是吸引顾客内心的心情与情绪而创造出难忘的情感体验。要让顾客享受到难忘的情感体验，首先必须了解顾客内心的心情与情绪。从心理学上来讲，心情是一种不确定的情感状态，通过刺激，可以产生不同的心情。如果在营销活动中，刺激运用得当，并且出乎顾客的意料，可以起到很好的营销效果。例如，在顾客用餐前送上一盘点心，用餐后送上一碟水果，会使顾客的心情高兴许多。尔后，顾客光临该店的机会将会增加很多，甚至通过口碑宣传，带动更多的顾客光临此店。

与心情不同，情绪是一种强烈的、有着明确刺激的情感状态。从心理学上来讲，情绪分为基本情绪和复合情绪两种。其中，基本情绪是我们情感世界中的基础部分，但只占情感世界中的很少比例。它又分为积极的情绪与消极的情绪两种。前者如快乐、幸福；后者如生气、悲伤。心理学研究表明，尽管世界之大，但是人类的基本情绪却极其相似。因此，在全球营销创建品牌的过程中，要特别注意利用基本情绪进行沟通和交流。复合情绪是基本情绪的混合物与集合体，例如，怀旧就是一种复合情绪，人们对老字号品牌的偏爱和留恋，就是怀旧情绪的一种表现，老字号品牌应该充分利用这种强烈的情感。由于复合情绪多种多样，因此，相比较而言，在营销活动中，人们更多地利用复合情绪开展营销活动。

从心理学的研究成果来看，不管是基本情绪，还是复合情绪，一般来说，主要受3个方面因素的影响：一是事件；二是介质，如人、机构、情境；三是物体。如果一个人关注的是事件，那么他可能对事件的结果感兴趣；如果一个人关注的是介质，那么他可能对行为感兴趣；如果一个人关注的是物体，那么他可能对物体的某种特征感兴趣。由此可见，情绪主要是针对某一方面因素而产生的。针对事件而产生的情绪反应有快乐和痛苦、开心和怨恨、满足与害怕、信任与失望等等；针对介质而产生的情绪反应有：赞赏和责备、骄傲和羞耻等等；

针对物体而产生的情绪反应有:喜欢与厌恶、爱与恨等等。其中,针对事件而产生的情绪反应最具有差异化。

在情感营销策略中,如果把“消费情境”当作“事件”,把“公司”或“代言人”当作“介质”,把“产品”或“品牌”当作“物体”,当顾客进入消费情境,消费公司的产品或品牌,就会产生上述各种各样的情绪,体验不同的情感。

已有的研究成果表明,在消费情境中顾客产生的情感最强烈。这是因为,大量的消费情境都与情感联系在一起,例如,逛商店、到饭店聚餐、开车约会、去影院看电影,这些都与积极的情感联系在一起。因此,在消费过程中顾客容易产生强烈的情感。然而,长期以来,很多营销人士认为,培养顾客的情感主要靠广告来达到,因此,打造品牌,尤其是提高品牌的忠诚度,主要靠广告的投入。而实质上,在广告中培养顾客的情感远远逊于在消费过程中增强顾客的情感。因此,利用情感营销创建品牌,必须充分利用消费情境。

当然,情感性的广告在短期内也能够起到一定的效果,让顾客产生情感性的体验。例如,孔府家酒情感性的广告“孔府家酒让人想家”,让在外的游子对父母、对家乡产生了无限的思念之情。这一情感性的广告让孔府家酒一度名扬天下。但由于缺乏真正的品质和真实的情感,孔府家酒最终还是好景不长。因此,为了让情感性的广告能够产生长期的效果,最好是制作一些顾客在消费过程中真心实意激发出来的情感性的广告,即体验式广告,以打动顾客的心,激发顾客的情感。

随着市场竞争的日趋激烈,利用情感营销创建品牌已经越来越受到国内企业的青睐。江苏无锡红豆集团就是情感营销创建品牌的典范。具体情况见案例 6－3。

案例 6-3

情感营销让“红豆”品牌红遍天下

“红豆”品牌是红豆集团拥有的著名品牌。红豆集团 1983 年在无锡从一家乡镇企业起家,如今拥有的“红豆”品牌已经成为中国服装业的领导品牌。

“红豆”品牌的成功有多种原因,其中最大的成功得益于公司强烈的品牌意识。20世纪80年代初,在很多企业连产品商标都还没有的情况下,红豆集团就率先树立了品牌意识。红豆集团前身为港下针织内衣厂,当时产品名称为“山花”。红豆集团创始人周耀庭上任之后,认为产品要有市场,必须创出名牌,而要创出名牌,首先应该给产品取个有内涵的名字,“山花”这个名称大家觉得不好听,于是全厂就此专门召开了职工大会,让大家发表意见,给产品重新命名。当时大家都比较崇拜上海货,有人说取名为“飞兔”,有人说取名“琼花”,还有人建议取个洋名。经过讨论,最后无锡太湖边上一棵红豆树给了集团创始人周耀庭以灵感。相传1 400多年前,梁朝昭明太子萧统,与一位才思敏捷、学识渊博法号慧如的尼姑一见钟情。在当时的社会,他们两人根本无法结为连理,慧如相思郁积,离开人间。太子萧统悲痛欲绝,赶到尼姑庵哭祭,并亲手种植两颗红豆。这两颗红豆发芽后便合二为一,在太湖岸边共同长成了一棵红豆相思树。唐代大诗人王维得知此事,感慨前朝遗恨,凭吊风流遗迹,写下了千古绝唱《相思》:“红豆生南国,春来发几枝,愿君多采撷,此物最相思。”周耀庭从红豆树想到《相思》诗,灵感迸发,决定给产品取名为“红豆”,大家一致叫好。“红豆”品牌名称不仅具有丰富的民族文化内涵,同时,名称也很响亮、新鲜。“红”,红红火火、吉祥如意;“豆”,蓬勃向上、生命力强。就这样,一个领导品牌的名称诞生了。

红豆集团强烈的品牌意识,不仅体现在给产品取了一个响亮的名称,而且具有强烈的广告意识。红豆集团成为第一家在央视做广告的服装企业,由此让“红豆”品牌较早地印入消费者的心中。

为了让“红豆”品牌不断壮大,红豆集团投巨资改进生产设备,开发专利技术,与“服装哈佛”法国ESMOD服装设计学院,联合举办了红豆—ESMOD国际培训中心,为红豆集团培养了一大批优秀的设计师与工艺师。此外,还采取了多种得力的措施。

但是,让“红豆”品牌名扬天下最耐人寻味的还是红豆品牌的文化。红豆集团率先提出品牌的一半是文化,把文化因素引入了品牌建设。而红豆的品牌文化归根结蒂就是“情”。红豆集团在创领导品牌的过程中充分挖掘品牌的文化内涵,将“情”文化层层提升。

面对激烈的市场竞争,红豆集团认识到,领导品牌的树立要靠每一位员工兢兢业业的工作。为了促进员工的敬业精神，红豆集团以“情”为重，在企业内办起了《红豆》《千里马》刊物，使每一个员工都能拿起笔说说自己的心里话。许多员工在《红豆》的培育下，写出大量的作品在报纸、电台的文学栏目里发表。除此以外，集团还办起了图书馆、阅报栏、网球场、篮球场和乒乓球室，并且在每个职工宿舍里配备了电视。过年时，红豆集团为不回家过年的职工开通热线电话，让他们以打电话的方式给远在千里之外的亲人拜年，还安排吃“年夜饭”，而对回家过年的职工负责往返接送，近年来，随着红豆集团的快速发展，对职工的生活更加关心。2002 年 6 月，红豆集团投入巨资在原有的两幢人才楼基础上建起了 9 幢豪华气派的职工住宿楼，其规划设计体现了“以人为本”的智能化、现代化的生活理念，达到地理位置好、内部环境好、配套设施好、户型好、物业管理好的“五好”花园标准。2005 年，企业还推出了“包吃包住”，红豆职工均免费吃住。这一系列的举措，使每一个员工对红豆集团感到了家一般的温暖，进一步提高了企业的向心力。

红豆集团还将这种“情”撒向全社会。1991 年，“红豆”与《中国老年报》在人民大会堂共同举办了首届国际老人节，向社会各界老人献上颗颗爱心。1995 年 1 月，集团出资 10 万元为身患白血病的北京服装学院毕业生宋颜圆了办个人时装展的梦，同时出资 5 万元，为她做了骨髓移植手术。多年来，集团还先后投资 1 200 多万元帮助市内外的 8 个村、12 个厂发展经济，使千万农民走上了共同富裕的道路。为了关心下一代，集团还出资 15 万元，为荡上村小学建起了一幢教学楼，使 300 多名小学生坐进了宽敞明亮的教室。1996 年教师节前夕，红豆集团将价值 40 万元的 4 000 件红豆衬衫赠给革命老区大别山的教师们。1998 年，又分别在河海大学、南京航天航空学院、苏州大学设立了红豆奖学金。同年，在我国部分省遭受洪涝灾害时，红豆集团的员工捐献了 7 万多件服装。2003 年 4 月，红豆集团捐资 14 万元，在革命老区盐城建设“光彩世纪林”。2005 年 1 月，红豆员工自发为海啸灾区捐款 28 万多元。2005 年 7 月，红豆集团参加了中央统战部、全国工商联组织的“光彩事业巴中老区行”活动，并捐款 23.6 万元资助巴中市巴州区青木乡 76 位老红军遗孤。2005 年 3 月，红豆集团通过共青团中央向全国贫困大学生捐款 200 万元。多年来，红豆集团共向全社会捐款捐物 4 000 多万元，将“红豆”的情文化扩大为对全社会的爱。

从 2001 年起，红豆集团从《相思》诗引发出“相思节”，全力倡导将原来“七夕节”办成七夕红豆·相思节——中国的“情人节”。这是红豆集团继承和弘扬中华民族优秀文化的又一非同寻常的举措。2001年，红豆集团举办了七夕红豆·相思节的笔会、诗歌朗诵会、“七夕红豆夜”主题晚会等活动。2002年，红豆集团举办了七夕红豆·相思节诗词大赛、台湾情侣相会无锡，并举办了相思节主题晚会。2003年，红豆集团举办了七夕红豆·相思节情歌大赛、民俗学家论坛、游莫愁湖等活动，并在集团工业城举办了一场盛大的《红豆寄情》广场文艺晚会，现场观众达到6万余人。2004年，红豆集团举办了感动中国的爱情故事征文大赛、中国民俗文化·红豆相思节研讨会、七夕红豆·相思节主题晚会等活动。2005年，红豆集团举办了七夕红豆·相思节短信情话大赛、电台话题讨论、主题晚会等活动。2006年，红豆集团与江苏卫视联合打造“七夕红豆·东方情人节”，主要活动有“唱情”——《绝对唱响》、“论情”——《文化论坛》、“征情”——《信物、最佳爱情故事、短信大征选》和“情会”——《七夕爱的盛典》。

经过红豆集团连续多年的打造，七夕红豆·相思节在社会上引起了巨大反响，得到了社会各界人士的支持与关心。红豆集团以“情”为媒，让无数消费者体验到了“红豆”品牌的情感与文化。经过不断发展、充实与完善“红豆”品牌的情感与文化，“红豆”品牌必将红遍天下。

（三）思考营销策略

1. 思考营销的含义与类型。思考营销是指通过体验媒介开启人们的智力和思维，为顾客创造认知和解决问题的体验营销活动。例如，联想品牌的广告词“人类失去联想，世界将会怎样”，一语双关，开启了消费者的想象世界，让无数消费者记住了联想这一品牌。思考营销的目标就是鼓励顾客创造性地用心思考，从而对公司和品牌产生新的认识。

而要鼓励顾客创造性地用心思考，首先需要了解人们思考问题的方式。心理学家告诉我们，人们的思维方式多种多样，可以从不同的角度进行划分。其中，根据思维活动探索目标的方向不同，可以将人类的思维方式分为两种：一种是收敛性思维；另一种是发散性思维。这两种思维方式是思考营销常用的策略。所谓收敛性思维，又称集中思维或求同思维，它是在大量创造性设想的基础上，通过分析、综合、比较、判断、选择最有价值的设想的一种思维方法；它是一种有方向、有范围、有条理的思维方式；是人们根据已知的信息，利用熟悉的规则解决问题,得出逻辑性的结论。例如,在营销活动中,营销人员一口气说出顾客应该购买某种产品的理由,就是运用收敛性思维方式,鼓励顾客购买公司的产品。发散性的思维是指人们根据当前问题给定的信息和记忆系统中储存的信息,沿着不同的方向和角度思考,从多方面寻求多样性答案的一种思维活动。例如,联想品牌在国际化的过程中,由于旧有的名称和标识在世界上多个国家出现雷同的现象,于是不得不推出新的品牌标识。2003 年 4 月,联想集团推出了新的品牌标识 Lenovo,其内涵有 4 个方面:一是诚信;二是优质专业服务;三是创新有活力;四是容易。联想集团就是利用发散性思维方式,让顾客对联想品牌的新标识产生丰富的联想,从而增加对联想品牌新的认识。

思考营销可以分为指导性思考营销和联想性思考营销两大类。其中,指导性思考营销,就是营销人员要明确地告诉顾客,面对选择,应该如何思考。这类思考营销,营销人员需要运用收敛性思维,面对顾客的问题提供有益的指导;联想性思考营销,就是营销人员要引导顾客对公司和品牌产生一系列积极的联想。这类思考营销,营销人员需要运用发散性思维,让顾客从不同的角度对公司和品牌产生美好的想象。由此可见,要有效地开展思考营销,需要深入了解人们思考问题的方式。

如前所述,思考营销的目标就是要鼓励顾客创造性地思考公司与品牌,而要达此目的,就要综合地利用上述两种思维方式。这是因为,20 世纪初,德国的心理学家通过实验研究发现,创造性地解决问题通常包含 4 个阶段:分析性准备阶段;孕育阶段;明朗阶段;验证阶段。其中,第一、第四阶段需要利用收敛性思维来解决,第二、第三阶段需要利用发散性思维来解决。由此可见,要创造性地解决顾客所存在的问题,让顾客对公司和品牌产生创造性的思考体验,需要综合地利用上述两种思维方式。

2. 思考营销策略。对创建品牌来讲,思考营销成功的关键在于引导顾客关注并专注于该品牌。而要达此效果,需要运用一定的思考营销策略。从实际情况来看,成功的思考营销一般可以采取以下 3 种策略:

(1)让顾客产生惊奇。之所以如此,是因为让顾客产生惊奇,可以有效地刺激顾客创造性地思考问题。那么,如何让顾客产生惊奇感呢?简单而言,就是超越顾客的期望,让顾客得到的东西比他期望得到的东西更多更好,甚至是一种顾客完全没有想到的东西。如果这样,就一定会让顾客惊喜万分。当然,带给顾客的这种惊奇应该是正面的而非负面的。而顾客一旦产生惊奇感,就会引起他对这种惊奇的思考。例如,2003 年 11 月,飘柔在国内市场上推出 9.9 元超低价位的洗发水,让喜欢飘柔品牌的消费者惊喜不已。与此同时,也让消费者对飘柔品牌的这种举动产生了沉思。又如,青岛啤酒新近推出的时尚广告:"激情成就梦想",让无数的消费者对青岛啤酒这个百年品牌产生了无限的遐想。

(2)激发顾客的兴趣。激发顾客的兴趣,就是要通过体验媒介激发顾客的好奇心。这一步比让顾客产生惊奇又进了一步。这是因为,顾客产生惊奇,只是在超越期望的情况下对事物本身作出的一种反应,往往局限于事物本身;而激发顾客的兴趣,可以超越事物本身,可以在现有事情的基础上,引导顾客进行更多的联想。例如,可以让顾客思考为什么会是这样?接下来会是怎样?将来会是怎样?这样引导,顾客也许会对出现的事情感到迷惑,但一旦他们的兴趣被激发出来,顾客就可能会着迷不已。例如,前面提到的我国百年老字号品牌青岛啤酒,长期以来给人一种稳重的感觉,其在广告宣传中,一直强调产品的品质。近年来,为了创建世界级的品牌,借赞助北京奥运会的契机,新近推出了时尚广告:"激情成就梦想",让无数的消费者对这个百年老字号品牌产生了无限的遐想,引起了很多人的兴趣。人们在想,青岛啤酒下一步采取哪些措施让消费者在激情体验中成就梦想?青岛啤酒如何让自己真正成就梦想,成为世界级的大品牌?

由于每个人的知识水平、经历和观念各不相同,因此,不同人的兴趣点也不一样。为此,要激发更多顾客的兴趣,品牌经营者应该选取一些具有广泛兴趣的问题来引导顾客。譬如,带有哲理性的、抽象性的、热点性的问题,就是很好的兴趣点。例如,世界著名的电脑公司美国苹果公司,1983 年计划在市场上推出一种麦金塔(Macintosh)个人电脑与 IBM 公司生产的个人电脑相竞争。当时,IBM 一直是电脑生产厂家的领头羊,其品牌在市场上处于强势品牌的地位,尤其是其生产的个人电脑进入市场虽晚,但已经取代苹果公司成为市场上新的霸主。为了夺回失去的市场地位,为了打破市场垄断,为了让电脑进入寻常百姓家,苹果公司选择了一家名为 Chiat/Day 的广告公司为其麦金塔个人电脑做广告宣传。因为这家广告公司常有好的创意而有口皆碑。该公司在充分理解苹果公司意图之后,根据英国著名小说家奥威尔的恐怖小说《一九八四》(该小说描述了受残酷统治而失去人性的社会)的主题为苹果公司麦金塔个人电脑创作了这样一则耗资 40 万美元的广告。在广告中,一名主管正在对着一群僵尸般的听众演讲。这暗示着 IBM 对电脑市场的垄断,让人想起《一九八四》里的垄断统治。然后一名女运动员手持木棒,飞速跑过通道后奋力将木棒砸向大屏幕,摧毁了统治头目。在大屏幕散落成一地的玻璃碴儿时,画外音如从天际般传来:“隆重推出麦金塔个人电脑,有了它,1984 将不会是《一九八四》”。这则广告播放出来后立刻引起了人们的极大的兴趣和思考。几秒钟之后,苹果公司、Chiat/Day 广告公司和哥伦比亚广播公司就接到了电话,问这则广告是什么意思?后经过众多媒体的报道,苹果公司的品牌核心价值理念深入人心,苹果公司的创新性得到了顾客的认同,苹果公司也因此而名声大振。这则广告如此戏剧般地打动人心、震撼人心,以至于当它出现在苹果公司销售会议的现场大屏幕上时,全场人员热烈鼓掌和交口称赞达 15 分钟之久。这则广告在 1984 年美国超级杯广告比赛中成为了影响力最大的广告,曾被评为 20 世纪最经典的广告之一。

(3)进行挑衅营销。所谓挑衅营销,就是运用体验媒介,让顾客参与到有关问题的讨论或争论中来,从而对品牌产生更大的兴趣和思考。例如,2004 年 11 月下旬,耐克的广告片“恐惧斗室”在我国央视体育频道和地方电视台播出。在该广告中,耐克品牌形象代言人詹姆斯在 5 层楼中与 5 个对手进行篮球大战,其中,第一个画面是,詹姆斯走到一楼大厅内,那里有一个擂台,台阶旁立着两个石狮子,突然从空中落下一位中国人模样的老者,身穿长袍,两个人随后开始“争斗”。突然,詹姆斯做出一个杂耍般的动作,从背后将篮球扔出,经柱子反弹将老者击倒,后跃起上篮得分。第二个画面是,詹姆斯来到二层。那里到处飘着美元和身穿中国服饰的妇女,漂浮的女子与敦煌壁画中的飞天造型极其相似。这些女子暧昧地向主人公展开双臂,不过,随着詹姆斯扣碎了篮板,“飞天形象”随之粉碎。第三个画面中没有“中国元素”出现。第四个画面是,篮板旁出现了两条中国龙的形象,二龙吐出烟雾,同时出现阻碍詹姆斯的妖怪。不过,詹姆斯几个动作晃过所有障碍,投篮得分。第五个画面中没有“中国元素”出现。

这则广告播出之后,不少观众认为,这则广告有损中国人的形象。因为画面中的中国人全都被击败,暗示中国人无能。尤其是广告中把飞天形象和美元放在一起,玷污了中国文化,侮辱了中国人。但耐克公司却发表声明称,“恐惧斗室”广告宣扬的是一种积极的人生态度,其中运用的各种元素都是一种比喻形式。也许耐克公司并不以为这是一则挑衅性的广告,但实际上这则广告影响太大,挑衅性很强,所以不到10天,该广告就被国家广电总局叫停了。而耐人寻味的是,该广告虽然播出的时间很短,但由此而引发的思考却至今还在继续。

如前所述,体验媒介多种多样,为了有效地开展思考营销,除了利用广告传播这一体验媒介以外,还要充分利用其他体验媒介,让顾客创造性地思考公司和品牌。

(四)行动营销策略

1.行动营销的含义。行动营销是指通过体验媒介,为创造顾客各种各样行动体验的营销活动。顾客的行动体验主要包括身体体验、生活方式体验与互动体验等。行动营销的目的就是通过增加顾客的行动体验,向顾客展示不同的做事方式、生活方式,并增加他们之间的互动。顾客的行动体验既可以是自发的,也可以是激发和引导出来的,还可以是互动产生出来的。因此,顾客的行动体验是多种多样的。

2.行动营销策略:

(1)身体体验营销策略。身体体验是行动体验中最基本的组成部分,其主要体验媒介包括人体、机械行动、肢体语言等。其中,人体本身是个丰富的体验源,它可以对外部的信息作出快速的反应。为了让人体体验感觉到舒适流畅,一定要注意提供合适的产品。例如,化妆品每天都与顾客的肉体接触,要让顾客在消费产品的过程中感觉到特别舒适,就必须提供合适的产品,否则,肉体一接触,顾客感觉很不自在,品牌当然建立不起来。值得指出的是,由于很多与人体体验相关的产品与个人私生活密切相关,因此,公司在为顾客提供人体体验时,还要注意产品的类别和不同文化的差异。

机械行动是指身体在无意识状态下所产生的一种自然动作,例如,你在观看电视广告时,不自觉地被广告中的画面所打动,会无意识地点头认同,就是一种机械行动。心理学研究表明,人们在无意识的状态下其头部的运动方向会影响他们的态度。一般情况是,人们看到某种物体,在无意识的状态下其头部上下晃动,表示喜欢该物体,而人们看到某种物体,在无意识的状态下其头部左右晃动,表示不喜欢该物体。这就意味着,看似不带任何意义的机械行动实际上会影响顾客的态度和行为。因此,营销人员在与顾客的交流过程中,要意识到机械行动会不知不觉地影响顾客的态度和行为。这就是为什么精明的营销人员在向顾客介绍产品的过程中，会有意识地点头示意，以期得到顾客的认同。

肢体语言是一种非言语的行为，但有时能比口头语言表达更多的信息，是影响顾客行为的重要来源。肢体语言多种多样，如手势、眼神、语调等动作，都可以用来表达。因此，营销人员在与顾客打交道的过程中，应该充分利用肢体语言，为顾客创造难忘的身体体验。

(2)生活方式体验营销策略。生活方式有广义和狭义之分。广义的生活方式，是指个人、群体或全体社会成员在一定的社会条件制约和价值观念指导下所形成的满足自身生活需要的全部活动形式与行为特征体系；狭义的生活方式，是指人们日常生活领域的活动形式与行为特征。简单而言，生活方式就是指我们如何生活。由于不同的群体和阶层有不同的生活方式，因此，生活方式往往成为划分社会阶层和社会群体的一个重要的标志。

无论是广义的生活方式，还是狭义的生活方式，一般都具有 4 个方面的特性：①综合性和具体性的统一。生活方式是个外延广阔、层面繁多的综合性概念。它不仅涉及物质生活也涉及精神生活、政治生活等更广阔的领域。但任何层面和领域的生活方式又总是通过个人的具体的活动表现出来，因此，生活方式具有具体性的特点，是综合性和具体性的统一。②稳定性与变异性的统一。生活方式是一种文化现象，在一定的客观条件制约下，它有着自身独特的发展规律，因此，它的活动形式和行为特点具有相对的稳定性和历史的传承性。但任何主体的生活方式又必然随着制约它的社会条件的变化或迟或早地发生相应的变化，因此，它又具有变异性，是稳定性与变异性的统一。③社会性与全人类性的统一。在不同的社会形态中，生活方式总是具有一定的社会性。但另一方面，生活方式又具有全人类性的共同特点，因此，它是社会性与全人类性的统一。④量的规定性与质的规定性的统一。人们的生活方式，一方面总是离不开一定数量的物质与精神生活条件、一定的产品和劳务的消费水平，这些构成了生活方式量的规定性，一般可以用生活水平指标衡量其发展水平；另一方面，它也离不开对社会成员物质和精神财富利用性质以及它对满足主体需要的价值大小的测定，这些构成了生活方式质的规定性，一般可以用生活质量的某些指标加以衡量。因此，生活方式是量的规定性与质的规定性的统一。

由此可见，生活方式内涵丰富，形式多种多样。既有稳定性，又有变动性；

既有共同性，又有个性；既有量的增加，又有质的提高。更重要的是，它可以成为划分阶层和社会群体的一个重要标志，可以影响人们的购买行为，因此，在品牌创建的营销活动中，应该充分利用生活方式这一体验媒介。

既然生活方式可以成为划分社会阶层和其他社会群体的一个重要标志，可以影响人们的购买行为，那么，如果能够创建与之相适应的表现人们特有生活方式的品牌，不是能够更好地满足人们的需要吗？因此，品牌经营者应该是某种生活方式的推动者，从而确保自己的品牌与某种生活方式相关联，甚至成为其中的一部分。只有这样，才能为顾客创造最有效的生活方式体验。

那么，如何运用生活方式体验营销策略呢？

其一，利用体验媒介，倡导一种不假思索的生活方式诱导顾客行动。例如，耐克品牌在市场推广活动中，提倡“想做就做（Just do it）”，就是倡导一种不假思索的生活方式诱导顾客行动，起到了很好的效果。如前所述，顾客往往是感性的，经常缺乏主见，因此，诱导他们不假思索地行动，有时能够起到很好的效果。又如，近两年蒙牛与湖南卫视联合推出的电视娱乐节目“超级女声”，让无数观众爱慕不已。其中，“超级女声”提出的“想唱就唱”的口号，也是倡导一种不假思索的生活方式诱导顾客行动。让追求自由、敢于表现自我的年轻人蜂拥而至，走向自己梦想的舞台。作为此次活动的赞助商，蒙牛品牌也因此成为许多年轻人的至爱。

其二，利用体验媒介，嫁接生活方式与品牌，从而引导顾客行动。例如，2006 年，我国《家用汽车》杂志社独家发起了一次“2007 年十大汽车生活方式最佳车型评选”活动。同年 12 月 18 日，评选颁奖典礼在北京隆重举行，来自汽车界、时尚界、影视界、公关广告界、媒体界的 100 余人参加了此次汽车时尚盛典，整个活动从不同的角度诠释了汽车，演绎了多彩的汽车生活，让所有参与者体会到了汽车生活的美好感受。

《家用汽车》杂志社通过历时近 1 年的活动，提炼出了 2007 年十大汽车生活方式，它们分别是品味主义、浪漫主义、驾驭主义、实用主义、激情主义、先锋主义、商务主义、完美主义、进取主义和尊贵主义，这十大汽车生活方式分别代表了拥有不一样生活态度的人群。然后，根据这十大汽车生活方式，评选出了 2007 年十大汽车生活方式最佳汽车品牌及其车型。评选结果如下：

品味主义　东风标致 206

浪漫主义　上海大众波罗（POLO）劲情

驾驭主义	宝马(BMW)X5
实用主义	东风悦达起亚赛拉图
激情主义	东风本田思域
先锋主义	东风雪铁龙凯旋
商务主义	东风日产天籁
完美主义	一汽——大众奥迪 A4
进取主义	一汽丰田锐志
尊贵主义	沃尔沃(VOLVO)S80

主办方通过这次评选,为汽车生活方式与汽车品牌架起了一座有益的桥梁。旨在通过倡导一种全新的、时尚的、健康的汽车生活方式,并以之来指导人们理性地消费汽车。即如果你有了一种生活方式,那么,你就应该选择符合这种生活方式的汽车;反之,如果你已拥有了一辆汽车,你就应该过与之相和谐的生活方式。这一理念为“人车合一”作了新的诠释。

其三,利用品牌代言人引导顾客行动。当然,品牌代言人应该是某种生活方式的代表。例如,篮球巨星乔丹是众多球迷的偶像,因为他那不断追求上进的精神成了很多球迷的向往,因此,当耐克签约积极追求上进的飞人乔丹后,让无数喜欢乔丹的球迷恋上了耐克品牌。

(3)互动体验营销策略。互动体验是行动体验当中较为复杂的体验。因为,它不仅取决于自身的态度与行为,还取决于相关群体的态度与行为,以及社会规范等,因此,互动体验是一种较为复杂的行动体验。

要发挥互动体验营销的效力,首先要营造一个好的互动体验环境,让顾客能够轻松自由地沟通交流;其次,要选择恰当的互动媒介,例如,公司举办论坛邀请顾客参与,就应该选择好的交流平台,让顾客积极参与。如果地点选择不好,场地布置不当,音响效果不佳,就会出现糟糕的互动体验,顾客对公司和品牌就会产生负面的联想和不良的行动。此外,要培养训练有素的员工,提供良好的服务,让顾客在互动中留下难忘的记忆。

(五)关联营销策略

关联营销是指通过体验媒介将个人与理想中的自我、他人或文化联结在一起而产生体验的营销活动。关联营销的主要目的是建立顾客与品牌社会意义之间的联系,即将个体与品牌中所体现的社会、文化背景相关联。对于以社会文化消费为导向的品牌来讲，关联营销是创建强势品牌的重要途径。

进一步讲，关联营销可以通过社会影响、社会身份、社会角色、血缘关系、群体成员、文化价值观、品牌传播等体验媒介来实现个体与他人、群体和整个社会文化之间的关联。

心理学研究表明，无论是真实的、想象的还是暗含存在的他人，都会影响个体的思想和行为。这就意味着，不管你是否意识到，实际上每个人都可以通过购买和使用品牌与他人发生联系。例如，哈雷·戴维森品牌俱乐部，其成员通过购买和使用品牌紧密地连接在一起。

既然通过社会影响、社会身份、社会角色、血缘关系、群体成员、文化价值观、品牌传播等体验媒介能够实现个体与他人、群体和整个社会文化之间的关联，那么，创建品牌，建立品牌与顾客之间的关系，就可以充分利用关联营销来实现。

第三节 品牌创建的顾客体验管理

体验营销为公司创建品牌提供了新的营销模式，但如何将顾客体验与顾客紧密地联系起来，为顾客创造价值，从而培养品牌的忠诚顾客，这就需要进行有效的顾客体验管理。因此，顾客体验管理是体验营销的进一步升华。

一、顾客体验管理的含义

顾客体验管理（Customer Experience Management，CEM），简单而言，是指战略性地管理顾客对公司或产品全面体验的过程[①]。从这一定义中可以看出，顾客体验管理关注的是如何在顾客体验的过程中做到让顾客满意，而不是只注重满意的结果。顾客体验管理的目的是有效地建立顾客与公司和品牌的关系，而不是只为了达成某种交易。

为了让顾客在体验的过程中对公司和品牌产生满意感，顾客体验管理强

---

① ［美］贝恩特·施密特著，冯玲等译：《顾客体验管理——实施体验经济的工具》，机械工业出版社，2004年版，第10～11页。或参见 Bernd H. Schmitt. Customer Experience Management：A revolutionary approach to connecting with your customers，John Wiley & Sons，Inc. 2003，P17.

调全面的顾客体验管理，即要充分整合顾客体验的各种因素，在顾客接触公司与品牌的每一个接触点都要进行积极有效的管理。例如，顾客前来购买汽车，营销人员不能根据自己的偏好向顾客推荐哪种车好，而应该了解顾客的心理，帮助他们购买一辆符合自己身份、地位与生活方式的汽车，让其心满意足。售完之后，还要主动与顾客进行沟通，及时提供良好的售后服务。这样，既可以建立顾客与品牌的关系，培养忠诚的顾客，又可以增加公司的价值。

与此同时，顾客体验管理强调全面顾客体验管理，这就必须做到内外部协调平衡。即要让顾客在体验过程中感到满意，公司内部员工自身应该对公司有正确的体验。例如，公司员工对公司的经营理念要有充分的认识，对顾客服务要有正确的态度；公司管理人员与员工能够进行有效的沟通，而不是把自己的想法强加于员工；公司鼓励员工创造性地工作，员工能够畅所欲言。这样一来，员工方能心悦诚服地为顾客提供服务，顾客在体验过程中才能感到满意。否则，不管公司对外宣传如何善待顾客，而公司员工如果对公司没有好的体验，顾客是很难得到满意的体验的。

二、顾客体验管理的步骤

从实际情况来看，顾客体验管理大致可以分为 5 个步骤：深入分析顾客的体验世界；建立顾客体验平台；设计品牌体验；构建顾客的接触面；致力于不断创新，将体验品牌化①。下面分别加以介绍。

（一）深入分析顾客的体验世界

顾客体验管理就是要做到让顾客在体验消费的过程中对公司和品牌感到满意，最终建立顾客与品牌的关系，提高品牌的忠诚度。而要达到此目的，首先应该深入分析顾客的体验世界。

分析顾客的体验世界，实际上就是要挖掘顾客内心世界的想法，了解顾客内心世界的真正需求，从而为顾客提供美好的体验平台。要分析顾客的体验世界，可以按如下几个层次来进行：

1. 明确公司与品牌的目标顾客。因为目标顾客不明确，就无法准确地传

---

① [美]贝恩特·施密特著，冯玲等译：《顾客体验管理——实施体验经济的工具》，机械工业出版社，2004年版，第 15 页；或参见 Bernd H. Schmitt. Customer Experience Management: A revolutionary approach to connecting with your customers, John Wiley & Sons, Inc. 2003, P25.

递顾客体验。公司和品牌的目标顾客一般有两类:一是中间需求的中间商;二是最终需求的消费者。这两类顾客需求的目的和影响他们作出购买决策的因素各不相同,因此,他们需求的体验也就不完全一样。例如,中间商注重厂家供货是否及时,物流是否发达;而消费者则注重产品的价格、包装、广告和售后服务等。因此,公司要准确地传递顾客体验,在分析顾客的体验世界之时,首先必须明确公司和品牌的目标顾客。对有些公司来说,由于可能要同时为这两类顾客服务,因此,就要分析这两类顾客的体验世界。

实践经验表明,顾客对品牌的忠诚度会影响顾客体验的深度和广度。顾客对品牌的忠诚度越高,购买产品的次数就会越多,顾客的体验需求也会因此而改变。例如,消费者第一次购买和使用摩托车与多次使用和重新购买摩托车的体验需求就会有所不同。第一次购买和使用摩托车,消费者可能更注重安全体验,而多次使用和重新购买摩托车,消费者可能更讲究速度和技巧体验。此外,经常使用同一品牌的消费者与经常变换品牌的消费者的体验需求也不一样。一般地,忠诚于某一品牌的消费者,可能注重品牌的细节体验;而品牌的变换者,可能更注重产品的性价比。

由此可见,在分析顾客的体验世界时,不但要区分目标顾客,而且还要分析顾客对品牌的忠诚度。

2. 从不同的层面分析顾客的体验世界。根据伯恩德·H. 施密特的观点,顾客的体验世界可以分为 4 个层次:①产品或品牌提供的体验,这是顾客最核心层次的体验;②产品类别提供的体验;③品牌在使用或消费环境下提供的体验;④与顾客的社会文化环境相关联的体验(消费品市场)或者与顾客的商务环境相关联的体验(产业市场)。这一层次的体验是最广泛意义上的体验,处于顾客体验的最外层。一般地,这 4 个层次的体验是由里到外不断上升的,即顾客的体验世界是从产品或品牌提供的特定体验开始的,然后逐步上升到更为广泛意义上的体验。具体情况如图 6-3 所示。

为了说明这 4 个层次体验的含义,我们以顾客剃胡须体验为例加以说明,来看看顾客的体验世界。首先,顾客剃胡须一定要使用某个品牌的剃须刀,而使用哪种品牌的剃须刀感觉是不一样的,譬如,飞利浦剃须刀很知名,顾客使用它会感觉到很体面,这就是品牌提供的体验;其次,剃须刀这一产品有很多类型和品牌,选择哪种类型感觉又不一样,因为不同的类型有不同的特点和风格,这就是产品类别提供的体验;再次,当每天早晨起来使用飞利浦剃须刀修

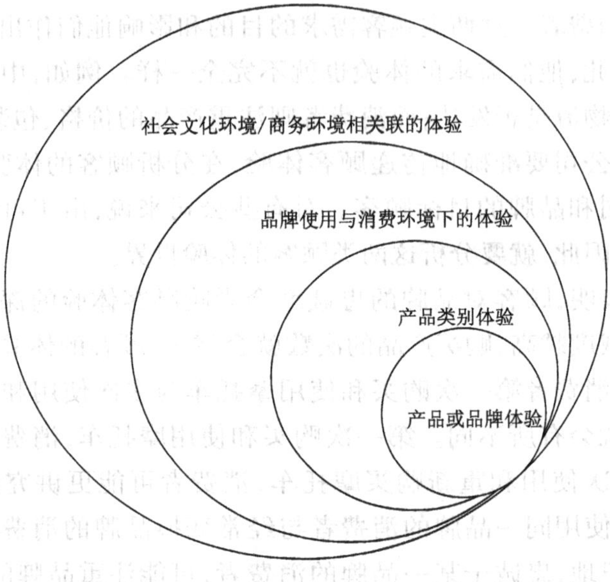

图 6－3　顾客体验世界的层次

面洁容时，顾客会有使用时的感觉和体验，这就是品牌在使用时提供的体验；最后，当使用完剃须刀修面洁容走出家门时，会产生与社会文化环境密切相关的体验。因为当顾客修面洁容走出家门时，可以给人一种干练、潇洒、自信，甚至白领阶层的感觉。同时，顾客自己也会感到很惬意。这就是与顾客的社会文化环境相关联的体验。很显然，这是一种最广泛意义上的体验。

从这一简单的事例中我们可以发现，如果把顾客的体验从特定的产品或品牌开始，不断上升到社会文化环境或商务环境相关联的最广泛意义上的体验，就可以大大拓宽品牌经营的视野。

3. 沿着品牌的接触点追踪顾客的体验。即在顾客接触品牌、了解品牌、购买品牌和使用品牌的每个阶段和接触点上都关注顾客需要什么样的体验。通常，顾客在接触、了解、购买和使用品牌的不同阶段，其需要的信息和体验是不一样的。因此，要了解顾客的体验世界，还应该沿着品牌的接触点追踪顾客的体验。

4. 洞察竞争环境如何影响顾客体验。如前所述，如果从顾客体验的角度看待市场竞争，那么，竞争的范围将变得非常宽广，市场竞争是全面的顾客体验之争，而不仅是产品的特点、功效与价格之争。因此，要了解顾客的体验世界，还可以洞察竞争环境，从竞争对手给顾客提供的体验中去发现。

（二）建立顾客体验平台

顾客体验平台是指反映和实施顾客体验世界的内心想法的媒介。建立顾客体验平台是顾客体验管理的关键一步，因为它起到连接分析顾客体验世界与具体实施顾客体验管理桥梁的作用。具体来讲，顾客体验平台包括3个方面的要素：体验定位、体验价值承诺和全面实施主题。其中，使用体验定位这一要素，就是要将品牌代表什么样的体验描述出来；使用体验价值承诺这一要素，就是要将顾客想得到什么表达出来；使用全面实施主题这一要素，就是要将体验定位与体验价值承诺与实际执行情况联系起来。下面分别加以说明。

1. 体验定位。体验定位是一种以形象为导向的对品牌代表什么样的体验所作出的描述。例如，喜之郎果冻的体验定位是青春、时尚、活泼、健康。与传统的品牌定位更多强调的是品牌的差异化不同，体验定位更多强调的是顾客的感觉、情感、思考、行动与关联的体验及品牌的形象。

2. 体验价值承诺。体验价值承诺就是要明确地说明体验定位能够为顾客做些什么。即顾客可以得到何种体验，公司能够确保得以实现，而不让顾客失望。例如，前面提到的海尔集团公司，2006年率先在国内推出"成套家电消费"理念，其家居品牌的体验价值承诺是"时尚生活、一站到位"。为了让顾客感受到这种体验，海尔从5个方面打造了成套家电消费整体性概念：①成套设计；②成套展示；③成套安装和成套送货；④成套服务；⑤成套升级。通过这一系列措施，海尔家居品牌已经成为"成套家电消费"潮流的领导品牌。实践经验表明，品牌的体验价值承诺，首先必须与顾客的价值相一致，即品牌的体验价值承诺应该是顾客想得到的东西；其次，品牌的体验价值承诺要有效地传递出去，得到顾客的认同；最后也是最重要的是，品牌的体验价值承诺应该是公司能够付诸行动并能够实现得了的，而不应是空洞的说教。

3. 全面实施主题。全面实施主题是指体验定位与体验价值承诺的具体证明。它可以通过互动、创意活动、论坛等主题来实现。例如，红牛饮料的体验定位是"瓶里的能量"，体验价值承诺是"稳固心脏，加速新陈代谢，抵抗疲劳"。为了表现红牛饮料的体验定位和实现它的体验价值承诺，红牛饮料实施了一系列有趣的主题活动。如红牛音乐会、红牛高级团队、红牛雅马哈团队等。其中，红牛音乐会就很特别，它通过提供论坛，让全世界各地的音乐爱好者分享音乐、思想和知识。通过这一主题活动，加强了红牛与音乐的联系，从而为红牛饮料品牌的消费创造了理想的环境。又如，世界最具价值的品牌之一——迪斯尼，已经成为顾客体验神奇、梦幻和欢乐的象征，它就是通过一系列体验主题来实现的。例如，当顾客走进迪斯尼世界，在"冒险乐园"主题公园，可以感受到冒险的刺激；在"梦幻世界"主题公园，可以体验到卡通的可爱；在"未来世界"主题公园，可以触摸到未来世界的脉搏。

（三）设计品牌体验

设计品牌体验是具体实施顾客体验管理的第一步。品牌体验实际上在顾客接触品牌时就已经产生，为了让顾客的品牌体验变成难忘的记忆，在顾客体验管理过程中，需要精心地设计。顾客接触品牌，可以是静态的接触，也可以是动态的接触。这里，设计品牌体验主要是从静态的角度设计顾客的体验。构建顾客的接触面，是从动态的角度构建顾客的体验。无论是从静态还是动态的角度考虑顾客的体验，都应该依据事先建立起来的顾客体验平台。

从静态的角度设计顾客的体验，主要可以从以下 3 个方面着手：

1. 产品体验。产品是顾客体验的中心。设计产品体验，不仅应考虑到产品的特征与功能，而且还应考虑到产品的制作工艺、形状、颜色、包装、生产流程和创新性等，让顾客从不同的角度体验到产品的独到之处。

2. 品牌的符号识别体验。品牌的符号识别如品牌的名称、品牌的标识、品牌的象征物等，是顾客体验品牌的重要内容。如前所述，品牌的符号识别可以给顾客创造美好的感觉体验、情感体验和思考体验。因此，设计品牌体验，应该充分利用品牌的符号识别体验。

3. 沟通体验。我们在前面的内容中提到，品牌的沟通方式多种多样，顾客可以通过不同的沟通媒介与品牌发生关联。长期以来，在与顾客沟通的过程中，品牌经营者更多强调的是产品的卖点和信息的传播。随着产品同质化的日益突出和传播媒介的增多，这种传播方式的效果日益下降。因此，为了有效地加强品牌与顾客的沟通，应该充分利用沟通媒介为顾客创造美好的体验，让顾客在沟通体验中喜欢品牌、忠诚品牌。

（四）构建顾客的接触面

构建顾客的接触面，主要是从动态的角度构建顾客的体验。顾客从动态的角度接触品牌主要有3种形式：①面对面的接触。例如，在消费品市场上，消费者与店员在店内进行直接的沟通与互动；在产业市场上，销售人员进行面对面的谈判；在咨询现场，顾客与工作人员的交流；在促销活动的现场，顾客与服务人员的互动；在论坛上顾客与管理人员的探讨等；这些都是面对面的接触。②个人间有一定距离的接触。例如，顾客与服务人员通过电话、传真、信件而发生的接触。③电子化的接触。例如，顾客通过电子邮件、短信与公司发生接触。这些都是顾客体验品牌的接触点。

为了让这些接触点给顾客留下美好的体验，在构建顾客与品牌的接触面的过程中，可以采取以下4个方面的策略：

1. 设计人性化的空间。让顾客接触现场就觉得空间布局很自然、很得体、很有品位、很迷人。

2. 安排合理的时间。让顾客能够在需要的时候得到真诚的服务。日本7—11便利店之所以能够成为世界最大的便利店，就是以时间取胜，让早出晚归的年轻人随时能够得到所需要的服务。

3. 培养训练有素的员工。从顾客动态接触品牌的3种形式来看，顾客良好的接触，都离不开工作人员积极主动而熟练的服务。因此，要让顾客得到良好的接触，必须培养训练有素的员工。

4. 处理好接触的内容与形式的关系。顾客接触品牌，自然希望得到好的产品与服务，这些实质性的东西不能少，但是必要的形式也能够打动顾客的心。譬如，在商店，几句温馨的提示和微笑可以给顾客留下深刻的印象；在网页，添加几幅动漫有可能迷住顾客。这些提示、微笑、动漫虽然不是实质性的东西，但有时却很容易打动顾客，给顾客留下难忘的体验。

（五）致力于不断创新，将体验品牌化

创新是品牌的灵魂，是公司不断前进的动力。如前所述，体验是一种个性化的东西，它需要不断地更新。随着顾客对品牌使用和消费的增加，对体验需求的要求不断升级。对产品的需求是有限的，而对体验的需求是无限的。因此，公司和品牌必须才能满足顾客的体验需求，就必须致力于不断创新、全面创新。从顾客体验的角度看，公司和品牌必须进行产品创新、服务创新、营销创新、管理创新、组织机构变革的创新，并在此基础上，将体验品牌化，持续不断地满足顾客的需要。

案例 6-4

迪斯尼公司的品牌体验营销之道

迪斯尼公司创始于1923年，原名为“迪斯尼兄弟制作室”，由沃尔特·迪斯尼和其兄弟罗伊·迪斯尼共同创立。沃尔特·迪斯尼通过不断丰富卡通片的体验效应而声名大震，经过90多年的探索与成长，迪斯尼公司的业务已覆盖多迪斯尼领域，电影电视、主题公园、媒体网络、消费品、旅游业，成了一个庞大的娱乐王国。

1955年，沃尔特·迪斯尼在美国加利福尼亚州创办了第一座现代化的游乐园，取名迪斯尼乐园。这不仅是第一个迪斯尼乐园，同时也是世界上第一个现代意义上的主题公园。直至今天，迪斯尼在全球拥有加州洛杉矶迪斯尼乐园、奥兰多迪斯尼世界、东京迪斯尼乐园、巴黎迪斯尼乐园、香港迪斯尼乐园、东京迪斯尼海洋世界等多个主题公园，上海正在兴建我国的另一个迪斯尼乐园。

这些主题公园不仅提供精彩纷呈的娱乐项目，而且还带领游客们进入一系列的美妙故事当中。在迪斯尼的广阔园景内，处处散发着童话般的气息，让人仿佛置身于与世隔绝的童话世界。在时间和空间的不断变换中，人们抛却现实生活的喧嚣和烦恼，彻底释放平日掩藏在内心深处的童心，回归最简单快乐的体验。这些体验足以让游客们铭记终生，由此对迪斯尼自然形成了独特、持久、鲜明的品牌认知。

感官体验

迪斯尼首先给予顾客的是众多的感官体验。以位于美国佛罗里达州的奥兰多迪斯尼为例，该公园由未来世界中心、梦幻王国、电影城、快乐岛、台风湖、发现岛等组成。在迪斯尼世界的中央大街上，优美典雅的老式马车、古色古香的店铺、浪漫怀旧的餐厅茶室，让游客仿佛置身于19世纪和20世纪初的美国。在拓荒之地和自由广场上，游客又可重温当年各国移民在新大陆拓荒的种种情景以及英国殖民时期美洲大陆的状况。游客可以体验充满浓厚美国文化的园内布置。

然而，迪斯尼为游客提供的体验不仅限于这些园内布置，各项新奇刺激的机动游戏项目及三维电影才是其提供的感官体验的核心。迪斯尼世界设有数不胜数的感官刺激体验项目，如鲨鱼观赏、地震感应、动感电影、太空穿梭、雨林探险、史前探险、过山车等。这些体验均是游客在现实生活中难以经历的，迪斯尼抓住了人们体验新奇刺激的感官享受的心理需要，来让游客充分感受到迪斯尼所传递的“梦幻”和“快乐”。

情感体验

迪斯尼乐园的情感体验使它成为世界第一的主题公园，每年都吸引着数以百万计的游客从世界各地蜂拥而至。这种欢乐的情感体验，除了源于乐园提供的娱乐设施外，还源于优质的服务质量。

在迪斯尼主题公园中，员工们得到的不仅是一份工作，而且是一种角色。根据特定角色的要求，员工们必须热情、真诚、礼貌、周到，处处为客人的欢乐着想。迪斯尼员工们身着的不是制服，而是演出服装，他们仿佛不是为游客表演，而是在热情招待自己家庭的客人。与此同时，迪斯尼乐园在营造“享受工作、快乐工作”的企业工作氛围上不遗余力，让员工能在工作中感受到乐趣，促使员工满怀激情地、快乐地工作，从而为游客提供令人感到快乐的服务。

迪斯尼乐园的全体员工有一条共同的工作基准，即“S·C·S·E”基本行动准则（safety，courtesy，show，efficiency），它包含了游乐园营运工作中最重要的内容，是迪斯尼乐园营运工作中最基本的价值基准。这四个单词的排列也代表着其中的价值顺序，第一是保证安全，第二是注重礼仪，第三是贯穿主题的表演性，最后在满足以上三项基本行动准则的前提下提高工作效率。“S·C·S·E”的价值观被毫无保留地贯彻到每一位员工的日常工作中，成为他们在面对突发事件能够及时做出判断与行动，为丰富服务的内涵而恰当地融入个性化自我表演的基本价值准则。通过“S·C·S·E”基本行动准则，迪斯尼乐园赋予员工自主判断并采取行动的权力与责任，从而使迪斯尼乐园的服务呈现出更加丰富的人性化色彩。

思考体验

进入迪斯尼乐园之后，游客们能在游玩的过程中学习到各个领域的知识。对于少年儿童群体，迪斯尼根据不同的年龄和性别特点，设计差异化的文教活动，让孩子们在轻松活泼的游玩项目中开动脑筋，增进知识。

例如，香港迪斯尼乐园曾经举行了一个名为"迪斯尼公主梦幻世界"的活动，孩子们可以登录相关网站，学习待人接物、着装、餐饮、舞蹈、花卉等方面的知识。活动期间，迪斯尼还与知名的电视少儿节目《小神龙俱乐部》合作，播出《迪斯尼公主梦幻宝典》的系列节目，让孩子们在短片中学习小公主必备的素质。针对成年游客，迪斯尼的思考体验则主要体现在传播影视制作、地理环境、自然生物等方面的科普知识。

行动体验

迪斯尼乐园意识到，要让游客深刻地记住迪斯尼主题公园的"快乐"和"梦幻"，显然不能只满足于感官、情感和思考体验，还应该为游客提供亲身参与的机会，即行动体验。

在巴黎迪斯尼乐园，游客可以与由演员扮成的米老鼠、唐老鸭、白雪公主等童话人物一齐巡游，也有机会成为超级巨星并到电影制作馆中参与电影的拍摄工作。

洛杉矶迪斯尼乐园和奥兰多迪斯尼世界在20世纪90年代开发了一项新业务，就是为游客安排童话式的婚礼，让新人们尤其是女孩们有机会实现"灰姑娘"式婚礼的梦想。在迪斯尼乐园安排的"灰姑娘"婚礼中，新娘会被打扮成公主的模样，由一辆豪华的马车接到王子——新郎面前，而马夫们带着灰色的假发，穿着束裤管的裤子，一切就如童话中一样。接着，迪斯尼古典音乐作品《有一天我的王子将会来到》响起，新人在亲友的见证下交换誓约。在交换誓约之后，一位"公爵"穿过两侧站立着婚礼乐团的走廊，把一只水晶鞋放在天鹅绒的枕头上。最后，米奇和米妮一起破门而入，兴高采烈地拉起这对新人跳起舞来。此项业务推出后，很多国际游客均选择在美国迪斯尼乐园完成自己梦想中的婚礼，甚至有些结婚多年的夫妇也带着孩子来"补办"婚礼。现在，每年有大约2 000个婚礼在乐园里举行。

通过行动体验，迪斯尼主题公园让游客从自身行动中真切地感受到"快乐、梦幻"，从而对乐园的品牌定位产生高度的认同感。

关联体验

一提起迪斯尼，大家都会自然地联想起米老鼠、唐老鸭、狮子王等家喻户晓的卡通人物，迪斯尼乐园充分利用了这些迪斯尼独有的品牌资产，作为吸引游客的重要法宝。

童话故事和卡通片是每个小朋友重要的成长伙伴，从白雪公主、灰姑娘、米老鼠、唐老鸭等经久不衰的人物和故事中，小朋友们得到了无穷的快乐和想象空间，这些故事就像是他们内心中另外一个承载着纯真愿望的梦幻世界，女孩子们经常幻想自己是美丽幸福的白雪公主，而男孩子们则梦想能够去无人岛探险寻宝。但是在平日的生活中，孩子们却无法实现这些心愿。迪斯尼乐园让儿童们在宛如仙境的梦幻王国中畅游、探险，与栩栩如生的卡通人物零距离接触，甚至能随时随地扮演故事中的角色，亲身体验梦寐以求的奇妙感受。与米老鼠玩游戏、遇见白马王子或作为探险队队长带领队员登山寻宝，无论是什么样的心愿，在迪斯尼都有机会实现。

对于儿童来说，迪斯尼就像是个梦想成真的奇妙世界，他们可以无拘无束地施展丰富的想象力、创造性思维、好奇心和冒险精神，在故事和游戏中，孩子们还能在潜移默化中领悟到正义、邪恶等道德观念，这也是迪斯尼以外的其他主题公园无法媲美的品牌价值。

小　结

从美国加州第一间主题公园开业至今近60年间，迪斯尼不仅在美国深受民众和游客的欢迎，而且在其他文化背景的地区如日本、法国等也同样取得了不俗的成绩，坚实地奠定了全球游乐园行业难以撼动的霸主地位。其成功的最重要原因，就是为游客提供了多层次、全方位的难忘体验，让游客们在游玩过程中不知不觉地细细领会、品味并积淀迪斯尼品牌的核心内涵：对童真、梦想、快乐的美好追求。这是不同年龄、背景、地位的人们都普遍拥有的永恒信念，也正是迪斯尼主题公园品牌形象的灵魂所在。

案例思考题

迪斯尼公司的品牌体验营销有何特点？

复习思考题

1. 简述体验的含义和类型。
2. 简述体验营销的含义和类型。
3. 简述传统营销的特征。
4. 试述体验营销兴起的原因。
5. 试述体验营销对品牌创建的影响以及实施体验营销的主要工具。
6. 分别简述感觉营销、情感营销、思考营销的含义与目的。
7. 简述思考营销的主要策略。
8. 简述行动营销的含义与目的及其主要策略。
9. 简述关联营销的含义与目的。
10. 简述顾客体验管理的含义以及管理的步骤。
11. 简述如何分析顾客的体验世界及其顾客体验世界的层次。
12. 简述顾客体验平台的基本要素。
13. 简述静态设计品牌体验的要素与构建顾客体验接触面的策略。

第七章

品牌组合战略的规划与管理

本章学习要点

随着企业规模的不断扩大，产品种类和品牌的不断增多，公司内部各品牌之间的关系日益复杂。如何对公司管理的各种品牌进行有机的组合，如何处理好公司内部的品牌关系以及界定品牌组合的范围与角色日益重要。本章首先介绍品牌组合战略的规划，然后对品牌组合战略的运营与管理进行详细分析。

第一节 品牌组合战略的规划

20 世纪 70 年代以来，世界市场发生了重大的变化，即发达国家供过于求的买方市场日益成熟，市场竞争不断加剧。与此同时，产品的种类和品牌不断增多，消费者选择的余地不断增加。20 世纪 90 年代末以来，这种现象在我国也开始呈现出来。就品牌的多样化而言，据统计，目前美国、日本市场上有多达 220 万个产品品牌，欧盟有 300 万个产品品牌，中国市场上有 170 万个产品品牌。更令消费者和经营者迷茫的是，全球每年还以 60 万个新产品品牌的速度在递增。① 如此一来,昔日一个公司品牌仅仅代表一个产品或服务的局面发生了根本性的变化,很多公司拥有众多的产品品牌。例如,宝洁、联合利华公司各有300多个产品品牌。在我国,像海尔、联想、娃哈哈这样的大公司,虽然其旗下没有那么多的产品品牌,但由于其经营范围不断扩大,其产品品牌和副品牌近年也在大幅度地增加。随着产品品牌的不断增多,公司内部各品牌之间的关系也就变得越来越复杂。如何处理好公司内部的品牌关系,以及规划和管理好公司内部的品牌结构是国内外众多企业发展需要解决的重大问题。这个问题解决得好不好,直接影响到企业的品牌战略和公司业务战略的实施。解决得好,可以大大提高企业的竞争力,塑造出强势品牌;相反,就很容易被竞争对手超越。

以世界著名企业通用汽车公司为例。1904年,威廉·杜兰特(William Durant)创建了通用汽车公司。当时他的主要精力就是大量收购汽车公司。他认为,对于一个大公司来说,有的经营下滑,另外的经营应弥补上来,也就是人们常说的东方不亮西方亮,而且组合生产可以节省大量成本。到1910年,威廉·杜兰特已经收购了17家汽车公司,其中包括奥兹莫比尔(Oldsmobile)、别克(Buick)和卡迪拉克(Cadillac)。1918年著名企业家阿尔弗莱德·斯隆(Alfred Sloan)进入通用汽车公司,任生产部副总监。当时他看到的是被他称为"混乱的产品线"——没有统一的方针来管理公司旗下众多的汽车品牌,结果是公司内部各品牌自相残杀。品牌混乱的状况可以从1921年通用汽车公司的汽车产品线和价格上看出,具体情况见表7-1。

表7-1

雪佛莱(Chevrolet)	795~2 075美元
奥克兰(Oakland)	1 395~2 065美元
奥兹莫比尔(Oldsmobile)	1 445~3 330美元
斯克里普斯·布思(Scripps Booth)	1 545~2 295美元
谢里登(Sheridan)	1 685美元
别克(Buick)	1 795~3 295美元
卡迪拉克(Cadillac)	3 790~5 690美元

① 邓德隆著:《2小时品牌素养》,机械工业出版社,2005年版,第15页。

更糟糕的是，除了别克和卡迪拉克，其他汽车都是亏本经营。

阿尔弗莱德·斯隆分析了这种状况之后，得出的第一个结论是：车型过多，仿效太多。通用急需一个统一的产品政策（即今天所讲的“多品牌策略”）。于是他把车型定为5种类型，并以价格作为区分等级的依据。最后形成如表7－2所示的阵容。

表7－2

雪佛莱（Chevrolet）	450～600美元
庞帝克（Pontiac）	600～900美元
别克（Buick）	900～1 700美元
奥兹莫比尔（Oldsmobile）	1 700～2 500美元
卡迪拉克（Cadillac）	2 500～3 500美元

阿尔弗莱德·斯隆的基本政策是，大批量生产质量和价格依次提高的这5款车型，让人们认识通用汽车这个大家族，提高企业形象。不久，通用汽车5个强大并相互区分的品牌出现了：雪佛兰、庞帝克、别克、奥兹莫比尔和卡迪拉克。与此同时，通用汽车公司的地位大升，并占领了57%的美国汽车市场，超过了此前的霸主——福特汽车公司，成为美国第一大汽车公司。

令人遗憾的是，通用汽车公司本来非常清晰的品牌组合定位与多品牌策略，由于多种原因，在20世纪50年代后期发生了重大变化，到20世纪80年代其品牌混乱的状况几乎如同20世纪20年代以前，具体情况如表7－3所示。

表7－3

土星（Saturn）	10 570～21 360美元
雪佛莱（Chevrolet）	13 995～45 705美元
庞帝克（Pontiac）	16 295～32 415美元
奥兹莫比尔（Oldsmobile）	118 620～35 314美元
别克（Buick）	26 095～37 490美元
卡迪拉克（Cadillac）	31 305～48 045美元

不难看出，不同品牌之间的差异化模糊不清，必然互相争夺市场。据统计，在这期间，通用汽车公司的市场份额由鼎盛时期最高的57%跌至28%。这种混乱状况后来严重影响了通用汽车这一跨国大公司的发展。

从20世纪20年代美国通用汽车公司通过不同价位组合定位的多品牌策

略击败了福特汽车公司，以及20世纪50年代后期以来其品牌组合管理出现混乱局面这一案例可见，品牌组合战略对企业的生存和发展具有非常重要的价值。

一、品牌组合战略的内涵

品牌组合战略（Brand Portfolio Strategy），又称品牌系统（Brand Systems）或品牌架构（Brand Architecture）。简单而言，就是详细说明品牌组合的结构和组合品牌的范围、角色和相互间的关系①。进一步讲，品牌组合战略的内涵包括以下6个方面的维度②：

（一）品牌组合

品牌组合就是对公司管理的各种品牌进行有机地组合，它是品牌组合战略最基本的组成部分。品牌组合需要考虑公司管理的各种品牌，如主品牌、副品牌、担保品牌、公司品牌、品牌化的差异点、品牌化的活力以及联合品牌等。品牌组合中的品牌，有的是明确的品牌，如主品牌、副品牌、担保品牌等；有的是隐含在品牌之中的，如品牌化的差异点、品牌化的活力；有的是公司内部的品牌，如主品牌、副品牌、公司品牌等，有的是公司外部的，如外部品牌化的赞助、名人形象代言人等。

品牌组合最基本的问题是品牌构成问题，即是增加一个或多个品牌还是舍弃一个或多个品牌？不管是增加还是舍弃一个或多个品牌，品牌组合的目标应是以最少的相关品牌去实现公司的业务目标。

（二）定义产品时的角色

定义产品时的角色是指在供给品上市时具体说明各品牌所扮演的角色。供给品上市时，往往需要通过一个或多个品牌来向顾客表明它的身份。为了使身份明确化，需要具体说明相应的品牌所扮演的角色。品牌在供给品上市中所扮演的角色主要有以下几种：

① 戴维·阿克在其1996年出版的《创建强势品牌》一书中，将品牌组合战略（Brand Portfolio Strategy）称为品牌系统（Brand System）。在其2000年与人合著的《品牌领导》一书中，将品牌组合战略称为品牌架构（Brand Architecture）。对品牌组合战略的最新解释请参见David A. Aaker. Brand portfolio strategy：creating relevance，differentiation，energy，leverage，and clarity，Free Press，2004，P13.

② 2000年，戴维·阿克在其与人合著的《品牌领导》一书中，将品牌组合战略概括为5个方面的维度，而在其最新出版的《品牌组合战略》一书中，将品牌组合战略概括为6个方面的维度。本书采纳其最新的观点。

1. 主品牌(master brand)角色。主品牌,又称母品牌,是公司或产品的原品牌或核心品牌,其角色是充当供给品的主要指示器或参照点,同时也是促使消费者作出购买决策的主导因素。从视觉上看,它往往在广告、包装上占据最显著的位置。例如,"联想——昭阳"系列电脑在包装上"联想"主品牌就占据着最显眼的位置。

2. 担保品牌(endorser brand)角色。担保品牌是为供给品提供信誉与支持作用的品牌。例如,宝洁公司的品牌为宝洁公司生产的各种产品提供担保。担保品牌的角色是代表一个组织。担保品牌所提供的信誉和支持是基于该组织的战略、资源、价值和传统。

3. 副品牌(subbrand)角色。副品牌,有时也称子品牌,是指在某个特定的产品市场环境中增进或改善主品牌联想的品牌。其角色是创造一个在含义上与主品牌不同的品牌,它可以通过增加某种产品属性或品牌个性,使品牌更适合某个特定的产品或细分市场。

4. 描述性品牌(descriptors)角色。描述性品牌通常用功能性的术语来描述供给品。从本质上讲描述性品牌并非品牌,而是一种描述语,但是它在品牌组合战略中发挥着重要的作用。

5. 产品品牌(product brand)角色。产品品牌是指定义供给品的品牌,一般由主品牌 + 副品牌组成,如别克——君威;或由主品牌 + 描述性品牌组成,如佳洁士——防垢牙膏,佳洁士——小苏打牙膏。产品品牌的角色就是定义供给品。

6. 保护伞品牌(umbrella brand)角色。保护伞品牌即共有品牌(common brand)。保护伞品牌角色就是在同一品牌之下定义一系列产品,例如,微软公司在保护伞品牌 Microsoft Office 之下,定义有 Microsoft Office Word、Microsoft office Excel 等产品。由于保护伞品牌之下可以定义一系列产品,因此,保护伞品牌比单个产品品牌在赢得相关性、显著性和差异化方面更恰当和更有效。

7. 驱动角色(driver role)。驱动角色反映一个品牌促使购买者作出购买决策的程度和说明使用的经历。主品牌通常扮演主要的驱动角色,而其他品牌如担保品牌、副品牌、描述性品牌、次级的副品牌(即副品牌下的副品牌)往往只在一定程度上充当驱动角色。

8. 品牌化的差异点(branded differentiators)角色。品牌化的差异点是定义供给品的特征、成分、服务或相关活动的品牌或副品牌。例如，顾客想购买"联想"家用电脑，而"联想"家用电脑旗下简单、实用的"家悦"系列电脑，就是"联想"家用电脑品牌化的差异点。品牌化的差异点的角色就是要突出供给品的特色。为主品牌创造出品牌化的差异点，可以增强供给品提供的功能和利益，从而使供给品显得更加出众。对新品牌来讲，如果能够提供较多的品牌化的差异点，将非常有利于新品牌的成长。

9. 品牌联合——合作品牌（brand alliances—Co-branding）的角色。品牌联合就是将不同公司的品牌联合起来以实施有效的战略性或战术性的品牌计划，或者创造一种合作品牌的产品。例如，麦当劳与迪斯尼的合作对扩大麦当劳和迪斯尼品牌的影响都起到了非常大的促进作用。

当不同的组织或同一组织不同业务领域的品牌联合起来创造一种新产品时就形成了合作品牌。在合作品牌中，每个品牌都扮演着驱动角色。例如，国内开办的"银联"卡，中国工商银行、中国农业银行、中国建设银行、中国银行等几大银行品牌都扮演着驱动角色。

品牌联合或合作品牌的角色，就是要突出品牌的来源，发挥品牌的合力，增强消费者对品牌的信心。很显然，合作品牌的产品可以利用多种品牌资产，从而能够提升合作品牌产品的价值，增强其竞争优势，同时，还能够增强顾客对合作品牌的价值联想，提高合作品牌公司的竞争力。

（三）品牌范围

品牌范围就是规定品牌组合中每个品牌所跨越的领域。它反映了品牌跨越产品类别、子类别和市场的程度。因此，品牌范围，主要涉及品牌延伸问题。

每个品牌都应有一个范围空间，因此，对品牌组合中的每个品牌都要进行范围管理。其中，对主品牌的范围管理更为重要。因为主品牌往往是驱动消费者作出购买决定和引起品牌联想的首要因素，因此，对主品牌的范围管理如果不当，就会产生一系列的负面影响。尤其是一些业务范围非常专一的主品牌，往往与某个产品类别紧密相连，如果对其范围管理不当，任何品牌延伸都将冲淡这个品牌。

利用强势品牌的影响力进行品牌延伸，扩大品牌的范围是品牌组合战略的一个基本目标，也是目前国内外众多企业扩大品牌影响力采取的一个重要策略。但是必须注意到，任何品牌延伸都是有限度的，品牌过度延伸会导致品牌失去差异化优势和某些条件下的相关性。更糟糕的是，有些品牌延伸所产生的联想可能会弱化甚至损坏一个品牌。

一般而言，品牌范围的扩大一般是主品牌范围的扩大，由于品牌延伸的有限性，主品牌范围的扩大，既可以利用主品牌进行延伸，也可以利用副品牌、合作品牌或担保品牌来实现延伸。由于担保品牌要做的事情较少，承担的风险也较小，因此，担保品牌的延伸能力最强。

(四)品牌组合的角色

品牌组合的角色就是要对公司管理的各种品牌明确其地位和作用，从而实现对品牌建设资源和品牌管理资源的最优分配。品牌组合中品牌所扮演的角色主要有以下几种：

1. 战略性品牌(strategic brand)。战略性品牌是对组织战略具有重要意义的品牌。它必须是取得成功的品牌，可以得到所需的任何资源。公司要确保品牌建设资源分配到在战略上最重要的业务领域，就必须确认战略性品牌。

一般而言，战略性品牌有3种类型：

(1)现有实力型品牌或大品牌(current power brand or megabrand)。这是指目前能为公司带来最大销售额和利润的战略性品牌。这种战略性品牌一般是在市场上处于主导地位的大品牌，其目标是维持或继续扩大现有的地位，例如，微软公司的“微软视窗”就是这种战略性品牌。

(2)未来实力型品牌(future power brand)。这是指计划在未来创造重大销售额和利润的战略性品牌。这种战略性品牌目前可能很小，或者才刚刚兴起，但未来前景看好。

(3)关键品牌(linchpin brand)。这是指在公司主要业务领域或未来远景规划中充当关键或杠杆支点的战略性品牌。创建这种战略性品牌，主要是为了应对竞争的需要，而不仅是希望它未来创造多大的销售额和市场地位。

对待战略性品牌，公司在品牌管理的过程中要防止出现一种错误的倾向，即厚此薄彼。厚此薄彼主要表现在两个方面：一个方面是，由于未来实力型品牌和关键品牌在当前没有销售量，因此不给它们必要的建设资源，结果得不到应有的支持。与此同时，对现有实力型品牌或大品牌投资过多。另一个方面是，过多地关注未来实力型品牌和关键品牌，却忽视了现有的实力型大品牌。例如，20世纪90年代，宝洁公司对未来实力型品牌投入过大，而忽视了发挥现有的实力型大品牌的作用,结果造成很大的困难。2000 年 6 月,新任该公司 CEO 的雷富礼上任以后,在宝洁公司现有的品牌中,挑选出年销售额在 10 亿美元以上的品牌作为公司的战略品牌,集中精力发展大品牌。在全球范围内实施“抓大放小”的战略——抓大品牌、大品类、大客户以及大市场,放弃小品牌。通过实施抓大和瘦身战略之后,宝洁公司依然保持了它在日用品行业百年品牌的霸主地位。

战略性品牌的确认是一件重要而艰难的事情,公司必须进行认真的分析。总的原则是战略性品牌的确认必须服从于公司业务发展战略的需要。

2. 银弹品牌(silver brand)。银弹品牌是指正面影响其他品牌形象的品牌。它是创造、改变或维持品牌形象的力量,同时还可以起到改变或支持主品牌识别的作用。例如,IBM ThinkPad 曾经就是 IBM 公司的银弹品牌,对提升 IBM 公司品牌形象起到了很重要的推动作用。又如,索尼随身听(Walkman)就支持了索尼在小型化创新品牌中的核心识别。由于银弹品牌所扮演的角色不仅限于支持自身的发展,因此,在分配品牌建设资源时要注意向银弹品牌作适当的倾斜。

3. 侧翼品牌(flanker brand)。侧翼品牌是从竞争品牌的定位点入手与之争夺市场同时起到保护主品牌作用的品牌。侧翼品牌的名称来自战争的比喻。当一支前进中的部队迎面遇到了敌军,可以让一部分兵力从侧翼出击以保护大部队。同样,当竞争品牌对主品牌进行攻击但并不直接针对主品牌已经培育起来的特性和优势展开竞争时,就可以利用侧翼品牌或攻击型品牌从竞争品牌的定位点入手与之争夺市场,同时保护主品牌,使主品牌不会因此而改变它的关注点。例如,百事可乐曾经推出一种清爽可乐想与可口可乐竞争,可口可乐不想冒险用主品牌来与之竞争,但同时又不想让百事可乐搅乱可乐市场,于是推出了一个与清爽可乐类似的侧翼品牌 TabClear。结果,一方面阻止了百事可乐的进攻,另一方面又保护了可口可乐这一主品牌。

通常地,当竞争对手以低价作为切入点对主品牌发动进攻并企图缩小溢价空间时,可以利用侧翼品牌来阻止其进攻和保护主品牌,而不应该通过主品牌的降价来保护市场份额,以免影响主品牌的形象和地位。

4. 现金牛品牌(cash cow brand)。现金牛品牌是指已经在市场上确立了强有力的市场地位不再需要多大投资的品牌。现金牛品牌一般是公司目前的主导品牌,能够带来较多的利润,不需要再占用公司太多的资源。例如,Microsoft

Office 就是微软公司的现金牛品牌。现金牛品牌的销售额可能停滞不前甚至缓慢下滑,但它仍然会拥有一批忠实的顾客,因此,能够在相当长的一段时间内创造较多的利润。现金牛品牌的作用是创造富余的资源,以确保这些资源可以被投入到战略性品牌、银弹品牌或侧翼品牌当中去,从而为公司未来的发展和保持品牌组合的生命力奠定基础。

5. 品牌化的活力点(branded energizer)。品牌化的活力点是指品牌化的产品、促销活动、赞助活动、标识、项目或其他事物。通过它与目标品牌的联系能够大大提高和激活目标品牌。品牌化的活力点与品牌化的差异点不同,前者是在产品及其用途之外能够独立存在的实体,例如,蒙牛所赞助的超级女声比赛,超女比赛独立于蒙牛产品之外,但它为蒙牛品牌增添了不少兴趣和活力;而后者是通过使产品更好或者扩大产品的功能来为品牌提供支持,例如,远大中央空调强调部分原件选自国际知名品牌,如松下、欧姆龙等,有效地提升了其品牌的品质。

品牌化的活力点可以是本公司所有并由其管理,例如,海尔小兄弟是海尔品牌一个品牌化的符号,为海尔品牌增添了不少兴趣和活力,海尔小兄弟这一品牌化的活力点由海尔公司所有和管理;它也可以归其他公司所有和管理,例如,范冰冰是多个品牌的代言人,她并不属于某个被代言的公司,但是对于她与目标品牌的关系,被代言的公司就应该进行积极的管理,以发挥代言人的联想作用。

综上所述,在品牌组合中,品牌所扮演的角色是多样的。值得指出的是,品牌组合中品牌所扮演的角色并不是一成不变的,是可以相互转化的,例如,今天的战略性品牌,明天可能成为现金牛品牌。同时,一个品牌所扮演的角色不一定是唯一的,可以是多重的,例如,一个品牌可能同时既是战略性品牌又是银弹品牌,譬如,“联想”笔记本电脑品牌,既是联想公司的战略性品牌,又是其银弹品牌。此外,品牌组合中品牌所扮演的角色在不同的市场环境中也可能不一样,例如,海尔电器目前在国内是现金牛品牌,在国外则是战略性品牌。

(五)品牌组合结构

品牌组合结构是指反映组合中的品牌相互之间的关系。品牌组合结构应该按照一定的方法和逻辑进行构建,以便为公司业务发展提供一种秩序感、目的感和方向感，同时也可以提高品牌组合的协同效应和杠杆效应。否则，品牌组合杂乱无章或漫无目的地发展，就会造成品牌组合结构的混乱，从而导致企业战略的偏离和品牌条理的混乱。

品牌组合结构的合理构建，可以按以下3种方法中的某一种方法进行，关键是要选择最合适的一种方法。这3种方法分别是：

1. 品牌分组法。品牌分组，也称为品牌配置，是指根据品牌共有的意义特征进行逻辑分组。品牌分组可以为品牌组合理清逻辑关系，从而有助于指导品牌组合的发展。

品牌分组所依据的有意义的特征，一般采纳细分产品市场的基本指标，如市场细分、产品、质量水平等。这种做法很容易得到消费者的认可，因为人们熟悉的产品市场常常就是这样划分的。例如，酒店业国际著名的品牌“万豪(Marriott)”集团，根据市场细分特征，将其旗下的 Fairfield lnn 品牌定义为休闲旅行者品牌，而将 Courtyard lnn 品牌定义为商业旅行者品牌；根据产品特征，将其旗下的 Marriott Residence lnn 品牌定义为常住旅客品牌，而将 Marriott 品牌定义为单晚旅客住宿品牌；根据质量水平，将其旗下的 Marriott 品牌定义为豪华型品牌，而将 Fairfield lnn 品牌定义为经济型品牌。又如，世界著名的服装品牌波罗·拉尔夫·劳伦(Polo Ralph Laburen)品牌，根据市场细分特征，将其旗下的产品品牌波罗(Polo，带有马球运动员的标志)定义为男士服装品牌，而其旗下的产品品牌拉尔夫·劳伦(Ralph Lauren)定义为女士时装品牌；根据产品特征，将其旗下的产品品牌分为 Ralph Lauren Home Collection、Ralph Lauren White Linen 和 Ralph Lauren Paint Collection 几大类；根据质量水平，将其旗下的产品品牌 Chaps by Ralph Lauren 定义为中等价位的品牌，而将拉尔夫(Ralph)和劳伦(Lauren)定义为低价品牌，将 Ralph Lauren Collection 定义为高价品牌。

此外，品牌分组所依据的特征，也可以是产品利益、产品应用、产品技术和分销渠道等。例如，王子(Prince)网球拍根据产品利益对品牌进行分组，将力量型的网球拍称为 Thunder，而将用于发球定位的网球拍称为 Precision；耐克根据产品的应用对品牌进行分组，将品牌分为个人体育运动产品系列和个人活动产品系列两大类；惠普公司根据产品技术对打印机品牌进行分组，将其分为 LaserJet、InkJet 和 ScanJet 在内的 Jet 系列打印机；欧莱雅(L’Oréal)根据分销渠道对品牌进行分组，将兰蔻(Lancôme)和碧欧泉(Biotherm)品牌在百货商店和专卖店销售，而将欧莱雅和美宝莲(Maybelline)品牌在杂货店和折扣商店销售，其他的品牌则在美容店销售。

2. 品牌层次树法。品牌层次树，也称为品牌家谱，即公司品牌发展的广度和深度。品牌层次树法是指用公司品牌发展的广度和深度来描述品牌组合结构，以反映品牌层次关系，它是构建品牌组合结构最常用的方法。品牌层次树可以用一个组织结构图来表示，用横轴代表保护伞品牌下的品牌范围，表示保护伞品牌下存在有多大范围或类别的品牌；用纵轴代表品牌组合的深度，表示一个类别品牌下延伸的品牌的数量。例如，丰田公司旗下有丰田保护伞品牌之下的丰田轿车、丰田卡车、丰田多功能运动车、丰田金融服务和凌志轿车等产品类别品牌，其中，丰田轿车品牌旗下有卡罗拉(Corolla)、皇冠(Crown)、凯美瑞(Camry)、锐志(Reiz)、普锐斯(Prius)、威驰(Vios)等多个轿车品牌，丰田卡罗拉轿车品牌旗下又有CE、S、LE等系列。与丰田轿车平行的雷克萨斯(Lexus)品牌轿车旗下有LS、GS、ES、SC等系列，其中，雷克萨斯LS品牌旗下有雷克萨斯LS400型号，雷克萨斯GS品牌旗下有雷克萨斯GS300、雷克萨斯GS400型号，雷克萨斯ES品牌旗下有雷克萨斯ES 300型号，雷克萨斯SC品牌旗下有雷克萨斯SC300、雷克萨斯SC400型号。如果把丰田公司旗下的品牌组合结构用品牌层次树加以描述，其结构如图7－1所示。

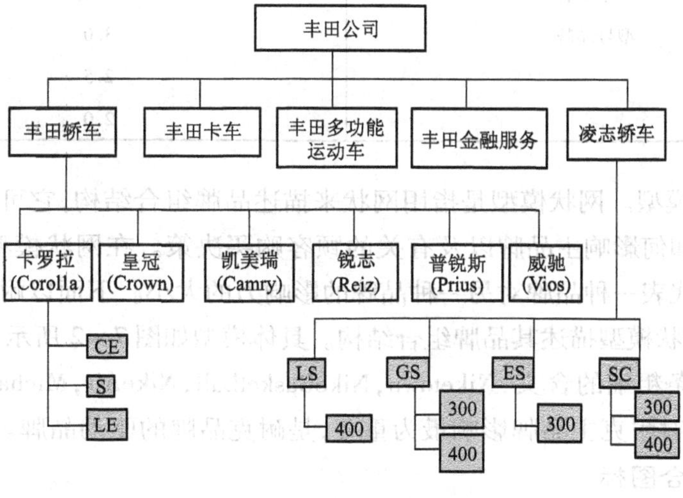

图7－1 丰田公司品牌层次树

在构建品牌层次树时,对品牌层次的排列可以采取多种方法。其中最基本的方法就是从公司品牌到单个产品型号品牌排序。不同的企业,由于其规模大小不一,产品规格、种类多少不同,因此,其品牌层次多少也不一样。从大企业来看,品牌一般有4个层次,其品牌排序一般为:公司品牌→家族品牌→单个产品品牌→型号品牌。具体情况大致如下:

第一个层次:公司品牌。如通用公司、可口可乐公司、西门子公司等公司品牌。

第二个层次:家族品牌。例如,丰田公司的"丰田"轿车与"凌志"轿车就是两个家族品牌。

第三个层次:单个产品品牌。如丰田公司的"丰田—皇冠"轿车品牌就是单个产品品牌,通用汽车公司的"别克—君威"轿车品牌也是单个产品品牌。单个产品品牌一般以主品牌+副品牌或主品牌+描述性品牌模式构成。

第四个层次:规格、型号品牌。如"别克—君威3.0"、"别克—君威2.5"、"别克—君威2.0"品牌,君威3.0、君威2.5和君威2.0就是规格、型号品牌。

以通用汽车为例,其品牌层次排列如表7-4所示。

表7-4 通用汽车公司的品牌层次

公司品牌	通用汽车
家族品牌	别克
单个品牌	君威
型号品牌	3.0
	2.5
	2.0

3. 网状模型。网状模型是指用网状来描述品牌组合结构,它可以直观地显示组合品牌如何影响主品牌以及有关的顾客购买决策。在网状模型中,可以用线条的粗细代表一种品牌对另一种品牌的影响力的大小。下面以耐克(Nike)品牌为例,用网状模型描述其品牌组合结构。具体模型如图7-2所示。

根据线条粗细的含义,Niketown,NikeBasketball,NikeAir,Michael Jordan和Tiger Woods对耐克主品牌影响最为重要,是耐克品牌的驱动品牌。

(六)组合图标

组合图标是指跨品牌和不同环境条件下的品牌视觉展示形式。通常最直

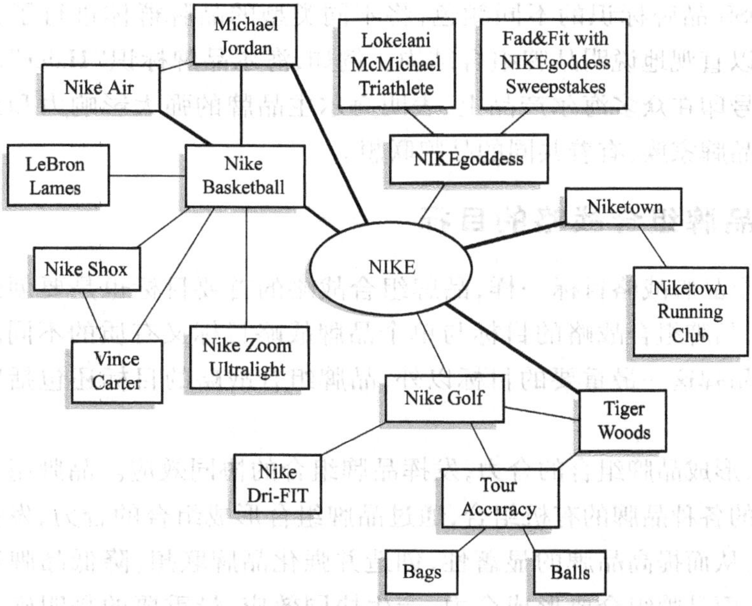

图 7－2　耐克品牌组合结构网状模型

观和最核心的品牌组合图标是品牌标识，几乎在各种角色和环境中都代表着该品牌。而且品牌标识的构成要素如颜色、布局和字体可以进行适当变化，以反映在不同的环境中品牌所表达的意义以及该品牌与其他品牌的关系。除品牌标识以外，品牌的包装、符号、产品设计、印刷广告的版面设计、广告语等其他视觉展示形式也可以作为品牌的组合图标。

品牌的组合图标主要有 3 个方面的作用：①可以指示在众多品牌中哪个品牌处于相对驱动者的角色。例如，图标上两个品牌字体的相对大小和相对位置就可以反映出它们的相对重要性和驱动者的角色，譬如，IBM 的 ThinkPad 笔记本电脑，在产品包装上，IBM 的字体就比 ThinkPad 大，这表明 IBM 是该笔记本电脑的主要驱动者。②可以指示品牌的分离状况。例如，世界著名的服装品牌 HUGO BOSS 男装系列有 3 种不同颜色的标识，不同的标志所代表的风格迥异。其中，黑色标志代表着自信、品位。这种颜色的男装不论是在办公、外出及正式场合都适用；橘色标志代表着新鲜的、不经意的、非传统的含义，这种颜色的男装适合于追求独特的个人风格；绿色标志代表着智慧、追求完美，这种颜色的男装适合于优秀的运动员及活跃的户外运动爱好者。这样一来，HUGO BOSS 品牌标识的不同颜色，将不同类型的品牌群体进行了很好的区隔。③可以直观地说明品牌组合结构。例如，海尔品牌标识“Haier”和海尔小兄弟的符号印在众多海尔产品上，表明海尔主品牌的强大影响力和众多产品同出一个品牌家族，有着共同的品牌联想。

二、品牌组合战略的目标

与单个品牌战略目标一样，品牌组合战略的首要目标也是要创建强势品牌。但是，品牌组合战略的目标与单个品牌战略目标又有质的不同。除了要创建强势品牌这一最重要的目标以外，品牌组合战略的目标还包括以下几个方面：

第一，形成品牌组合的合力，发挥品牌组合的协同效应。品牌组合应该是公司管理的各种品牌的有机组合，通过品牌组合形成组合的合力，发挥组合的协同效应，从而提高品牌的显著性，创造并强化品牌联想，降低品牌运营的成本，等等。而品牌组合要形成合力，产生协同效应，最重要的是明确品牌组合的角色，给不同角色的品牌分配相应的资源。同时，品牌组合的结构要清晰，品牌之间的关系要理顺。品牌组合要避免出现不协调的情况，否则，不但不能形成合力，而且还会扭曲品牌形象，给顾客造成混乱的印象。

第二，利用品牌资产，发挥品牌组合的杠杆作用。这主要指的是要规划和管理好品牌组合的范围，充分发挥主品牌或担保品牌的延伸作用。这样，通过利用品牌资产，以发挥品牌组合的杠杆作用。

第三，实现所提供产品的清晰度。品牌组合的目标之一应当是减少混乱，实现所提供产品的清晰度，使顾客、员工、合作伙伴及其他相关利益者对产品都有清楚的认识。为此，要使员工和合作伙伴了解每个品牌所扮演的角色，并鼓励他们帮助实现品牌组合的目标。同时，要避免因品牌组合过于复杂而使顾客对品牌感到厌烦或反感。

第四，创造和保持相关性。随着市场环境的变化，品牌组合要进行适当的调整。譬如，要适时增加或删减产品品牌，将品牌延伸到高端市场或低端市场，将公司品牌当作担保品牌使用等等。这些调整不应只是随意性的，而应该创造和保持相关性，使各种品牌相互支持，让顾客对各种品牌都有一种认同感。

第五,创造和保持差异化与活力。差异化与活力是强势品牌必须具备的基本条件。品牌组合的首要和最终目标就是要创建强势品牌。为此,品牌组合必须创造和保持差异化与活力,否则,品牌组合就失去很重要的价值。品牌组合如何创造和保持差异化与活力,后文将进行介绍。

三、品牌关系谱与定义产品时的品牌战略

如前所述,品牌组合战略的一个关键问题是,在产品上市时要具体说明各品牌所扮演的角色。不管是并购过来的还是新开发出来的产品,只有在上市时有明确的品牌身份才有可能创建强势品牌。如何在产品上市时给予恰当的品牌身份呢?品牌关系谱为帮助我们理解和选择产品上市时确定品牌身份提供了一个有用的工具。

(一)定义产品时的品牌关系

为了在产品上市时赋予其恰当的品牌身份,首先有必要了解定义产品时的品牌关系。通常讲,定义产品时所包含的品牌关系主要有4种:

1. 多品牌组合(A house of brands)关系。多品牌组合关系意味着并购过来或新开发出来的产品上市时拥有独立的新品牌,新产品品牌与现有产品品牌以及公司品牌之间几乎没有多大的关系。也就是说,如果新产品上市时,不想与现有产品品牌或公司品牌之间发生联系,不想让其受到现有产品品牌或公司品牌的约束,就可以采取多品牌组合战略,为新产品创建一个独立的新品牌。由此可见,在多品牌组合关系中,新产品与现有产品各自拥有独立的品牌,互相保持独立的关系,新产品不希望分享到品牌组合中现有产品品牌或公司品牌的益处。在多品牌组合关系中,意味着公司有多个品牌。在公司多个品牌组合中,有的产品可能是一品一牌,即一个类别的产品只拥有一个品牌,例如,宝洁公司在生产婴儿纸尿裤产品时就只推出"帮宝适"这一个品牌;而有的产品可能是一品多牌,即一个类别的产品拥有多个品牌,例如,宝洁公司在生产洗发水产品时,就先后推出了潘婷、海飞丝、飘柔、沙宣、润妍5个品牌。由此可见,在多品牌组合关系中,不仅不同类别的产品拥有各自独立的品牌,而且,同一类别的产品也可拥有各自独立的品牌。这就意味着,在多品牌组合关系中,不同类别的产品品牌实质上没有任何关系,而同一类别的产品品牌之间存在着激烈的竞争关系。

在快速消费品行业，由于市场容量比较大，需求档次比较多，市场变化比较快，因此，在新产品开发和企业并购的过程中，就比较适合采取多品牌策略，像世界两大日用品公司——宝洁公司和联合利华公司旗下都拥有众多的品牌。国内一些著名的日用品公司，也采取了多品牌战略以壮大公司的实力。例如，青岛啤酒集团公司就是通过多品牌战略赢得了行业的领导地位。具体可参见案例7－1。

案例7-1

青岛啤酒集团通过多品牌组合管理不断壮大实力

成立于1903年的青岛啤酒厂，如今已成为一个百年老字号品牌。但从成立之初到20世纪90年代，青岛啤酒还只是少数人可以消费的对象，具有一种“贵族的象征”和神秘的色彩，在百姓的眼里，知之者不多。

从1993年起，青岛啤酒公司决定走扩张之路。于1994年和1995年分别收购了扬州啤酒厂和西安啤酒厂。当收购扬州啤酒厂之后，在青岛啤酒的技术、工艺、管理等方面尚未完全到位的情况下，就把产品换上了“青岛”品牌，本想借此缓解产量不足的问题，满足市场需求。但由于忽视了产品质量这一市场竞争的关键因素，结果因产品质量没有得到消费者的认可，扬州啤酒厂贴上的“青岛”啤酒品牌并未因“青岛”品牌而名扬天下、叫响扬州，反而使“青岛”品牌形象在当地受到了严重损害。由于缺乏品牌的战略规划和管理，因此，青岛啤酒早期的扩展没有取得预期的效果，直到3年后收购过来两个工厂才逐渐发展起来。

尔后，青岛啤酒集团继续坚持扩张之路，先后收购了西安、平度、日照、鸡西、马鞍山、上海、珠海、芜湖等地50多家啤酒企业。同时，还与日本朝日啤酒公司联合组建了深圳青岛啤酒朝日有限公司。

在青岛啤酒集团大量收购国内啤酒企业和与外商合资的过程中，青岛啤酒集团旗下的品牌也大量增加，最多时高达50多个。这众多品牌的存在，一方面给集团管理造成了很大的难度，同时，给消费者造成了一定的混乱。

从世界许多国家的经验和发展趋势来看，一个国家的啤酒行业不可能有这么多的品牌。作为啤酒行业中的一员，青岛啤酒集团自然更不需要这么多的啤酒品牌。纵观国际著名啤酒公司，品牌最多不过四五个，有的甚至实行单一品牌战略。因此，如何将收购过来的众多品牌进行整合就成了青岛啤酒集团需要解决的重大问题。

经过客观的分析之后，青岛啤酒集团按照"有限品牌互补"原则，确定了品牌金字塔理念。它们将品牌金字塔从上至下分为三层：塔顶部分为高档市场，塔中为中档市场，塔基为低档市场。这样，青岛啤酒集团就将品牌定位在三种不同的消费层次上，用不同档次的产品品牌去满足不同层次的市场需要。其中，青岛品牌与各种外资品牌位于高档市场，青岛品牌与国产名牌啤酒位于中档市场，地产地销的国产品牌啤酒位于低档市场，从而形成了青岛啤酒集团品牌的金字塔。具体情形如图 7－3 所示。

图 7－3　青岛啤酒集团品牌的金字塔

如今，青岛啤酒集团通过多品牌组合管理，在中国的啤酒行业影响进一步扩大，在国际化的道路上越走越开阔。

2. 被担保品牌（Endorsed brands）关系。被担保品牌关系意味着新产品上市拥有自己独立的品牌，但现有的品牌为新产品上市时起到了担保作用，即提供了一定的信誉与支持。一般来讲，提供担保作用的品牌为公司品牌或主品牌，例如，别克轿车上市时通用汽车公司品牌就为别克轿车品牌起到了担保作用，通用汽车公司品牌与别克轿车品牌之间就是担保与被担保的关系。由此可见，如果新产品上市时，既想让其拥有独立的品牌并希望其自身成长壮大，同时又希望母公司品牌或主品牌对其起到一定的信誉与支持作用，就可以采取被担保品牌的战略。

3. 主副品牌（Subbrands under a master brand）关系。主副品牌关系意味着新产品在现有主品牌之下建立一个副品牌，让现有主品牌在顾客购买产品时充当主要驱动者的角色，副品牌只起到补充作用。例如，“联想—家悦”这一家用电脑产品上市时，消费者在购买时主要看中的是“联想”这一主品牌，而“家悦”这一副品牌只起到很少的驱动作用；或者让现有主品牌与建立的副品牌在顾客购买产品时共同充当主要驱动者的角色。例如，“索尼—随身听”录音机，消费者在购买录音机时，不仅看中“索尼”这一主品牌，而且关注“随身听”这一副品牌。又如，“TCL 王牌”电视机，消费者在购买电视机时，不仅看中“TCL”这一主品牌，而且关注“王牌”这一副品牌。由此可见，如果新产品上市时，不想让其拥有独立的品牌，希望现有主品牌对其销售时充当主要驱动者的角色，同时又希望有一个副品牌对产品的特性能够起到画龙点睛的作用，就可以采取主副品牌战略。

4. 品牌化组合（A branded house）关系。品牌化组合关系意味着任何新产品上市时都是在现有主品牌之下进行销售。例如，宝马公司旗下的产品都是在宝马品牌之下进行销售。当然，有时一些新产品上市时也可以在现有主品牌之下增加一个描述性的品牌对产品起到一定的描述性作用，例如，海信变频空调就是在“海信”主品牌之下增加了“变频空调”这一描述性品牌，对海信变频空调的特性进行了一定的描述。由此可见，如果新产品上市时，只希望在现有的主品牌之下进行销售，不想让其拥有独立的品牌，就可以采取品牌化组合战略。

（二）品牌关系谱与定义产品时的品牌战略

上述定义产品时所包含的品牌关系不是孤立存在的，而是一个连续体，共同构成定义产品时的品牌关系谱。这个品牌关系谱不仅包括前述 4 种相互关联的定义产品时的基本品牌战略，而且还包括定义产品时的 9 种具体品牌战略。品牌关系图谱如图 7－4 所示。

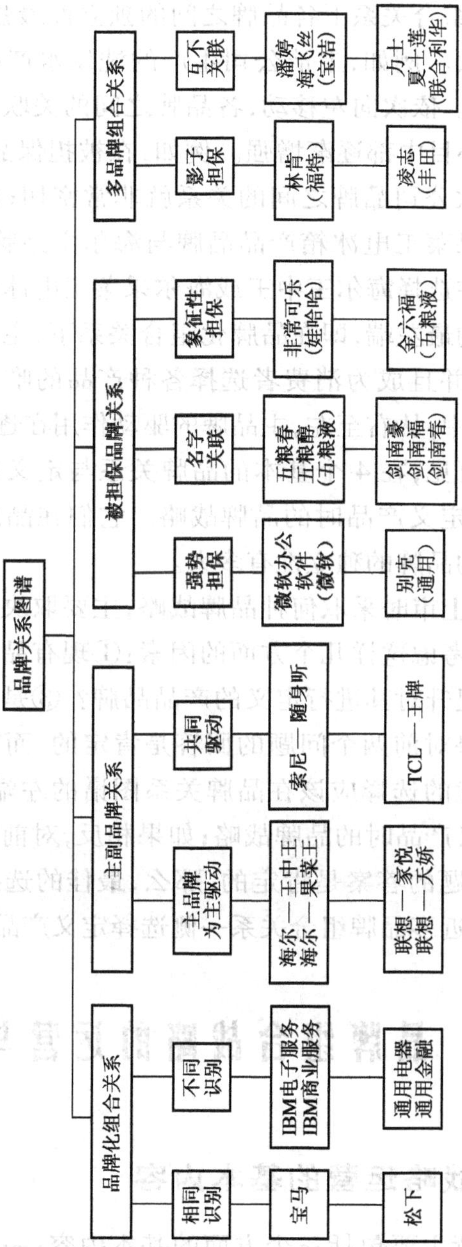
品牌关系图谱
品牌化组合关系
相同识别
宝马
松下
不同识别
IBM电子服务
IBM商业服务
通用电器
通用金融
主副品牌关系
主品牌为主驱动
海尔—王中王
海尔—果菜王
联想—家悦
联想—天娇
共同驱动
索尼—随身听
TCL—王牌
被担保品牌关系
强势担保
微软办公软件（微软）
别克（通用）
名字关联
五粮春
五粮醇（五粮液）
剑南豪
剑南福（剑南春）
象征性担保
非常可乐（娃哈哈）
金六福（五粮液）
多品牌组合关系
影子担保
林肯（福特）
凌志（丰田）
互不关联
潘婷
海飞丝（宝洁）
力士
夏士莲（联合利华）

图 7-4　品牌关系图谱

图7－4上的4种品牌关系所处的位置反映了各种品牌在战略执行方面和最终在消费者心目中相互分离的程度。分离程度最大的发生在品牌关系图谱的最右端,即在多品牌组合关系下各品牌之间的独立性最强,各品牌在消费者心目中分离的程度最大。例如,宝洁公司生产的洗发水产品品牌潘婷和海飞丝各自独立,互不相干。依次向左移动,各品牌之间的关联性无论在战略执行方面还是在消费者的心目中都逐渐增强。例如,在被担保品牌关系下,微软办公软件产品品牌与微软公司品牌之间的关系就非常密切;而在主副品牌关系下,海尔王中王、海尔果莱王电冰箱产品品牌与海尔主品牌的关系密不可分,海尔主品牌是消费者在选择海尔王中王或海尔果莱王电冰箱中的主要驱动因素。在品牌关系图谱的最左端,即在品牌化组合关系下,主品牌已与旗下的各种产品没有任何分离,并且成为消费者选择各种产品的唯一驱动因素。由此可见,在品牌关系图谱中,从右至左,主品牌的驱动作用在逐步增强。

从品牌关系图谱可见,在4个基本的品牌关系与定义产品时的品牌战略之下,又有9个具体的定义产品时的品牌战略。它们在品牌关系图谱上的位置取决于它们所表达的品牌的独立性有多大。

如前所述,新产品上市时采取何种品牌战略,主要取决于品牌经营者的意图。除此之外,还应该考虑这样几个方面的因素:①现有品牌是否会提升该产品?②该产品是否会提升对其进行定义的产品品牌?③是否有充足的理由来创造一个新品牌?如果对前两个问题的回答是肯定的,而对第三个问题的答案是否定的,那么,最优的选择应该在品牌关系图谱的左端,即在接近品牌化组合关系一侧选择定义产品时的品牌战略;如果相反,对前两个问题的答案是否定的,而对第三个问题的答案是肯定的,那么,最佳的选择应该接近品牌关系图谱的右端,即在接近多品牌组合关系一侧选择定义产品时的品牌战略。

第二节　品牌组合战略的运营与管理

一、品牌组合战略运营的基本内容

品牌组合战略运营主要包括三个方面的基本内容:一是在品牌组合战略运营的过程中,如何通过为品牌创造相关性、差别化与活力以帮助公司建设和积累品牌资产；二是在品牌组合战略运营的过程中，如何利用品牌资产促进公司的发展，也就是说如何通过品牌的横向和纵向延伸促进公司的发展；三是在品牌组合战略运营的过程中，如何利用公司品牌实现品牌组合的清晰度以及发挥公司品牌的核心作用。通过这三个方面的运作，最终实现公司的发展战略和品牌战略。下面对这三个方面的具体运作情况进行阐述。

二、品牌组合战略运营与品牌的相关性

随着经济的全球化与信息技术的发展，今天的市场比以往任何一个时候的变化都快得多，而且竞争激烈。这种情况随处可见。无论是传统的产业领域还是现代产业领域莫不如此。面对瞬息万变的市场，如何应对这些变化是每个公司必须面对的严峻的挑战。毫无疑问，公司要想在这方面取得成功，就必须能够面对这些变化作出快速反应，这就要求公司实现战略上的灵活性。而要作出快速反应并实现战略上的灵活性，可以充分利用品牌组合战略的作用。这是因为，在今天竞争激烈的市场上，不管是进入一个已经存在的产品类别市场，还是开创一个新产品类别或者子类别市场，充当不同角色的品牌是连接产品与消费者最好的媒介。同时，通过品牌组合战略，例如，利用副品牌或者被担保品牌进行品牌延伸，一方面可以使企业在动态变化的市场中保持或创造品牌的相关性，从而让消费者继续选购本公司的品牌，另一方面还可以扩大品牌的范围，壮大企业的规模和实力。因此，面对瞬息万变的市场，应当充分发挥品牌组合战略的作用。

而要发挥品牌组合战略的作用，一个很重要的方面就是如何使充当不同角色的品牌能够与产品类别紧密结合起来。因为，公司进入一个已经存在的产品类别市场，或者开创一个新产品类别或者子类别市场，如果不能把充当不同角色的品牌与产品类别紧密结合起来，消费者就很难选择你的品牌。因此，如何创建和保持品牌的相关性，是品牌组合战略运营过程中需要解决的一个重大问题。

（一）品牌的相关性

按照戴维·阿克的观点，品牌要具有相关性，必须同时满足以下两个方面的条件：①顾客对某个产品类别或者子类别有一种感知的需要或愿望；②品牌处于顾客认定的与某个产品类别或子类别相联系的品牌系列之中。也就是

说，顾客在想到某个产品类别和子类别时，该品牌在可供选择之列。

从品牌与顾客的互动关系来看，我们不难理解这两个方面的条件。通常地，顾客只有对某类产品产生兴趣和需求时，才会去了解和熟悉某种产品，否则，再好的产品对他来讲也没有多大的价值。例如，对喜欢喝酒的人来讲，他就会经常去关注各种啤酒、白酒和红酒，并从中挑选出自己最喜欢的品牌。而对于一个不喝酒的人来讲，再好的啤酒、白酒和红酒也与他无关。当然，要使品牌具有相关性，在顾客产生某种需求之后，还应该让该品牌成为顾客想得起、记得住的对象。

(二)如何创造和保持品牌的相关性

戴维·阿克认为，由于公司能力方面的差异，不同的公司在创造和保持品牌的相关性方面具有很大的不同。有鉴于此，可以把公司分为三大类：

1."对趋势视而不见型"公司。这类公司通常觉察不到或者忽视市场趋势的变化，等到它们觉醒的时候发现自己的品牌已经与一个重要的细分市场不再相关了。

这种类型的公司又有3种具体的表现形式：①"埋头走自己的路"，专心做好某种产品，没有动力去了解市场趋势，并且认为追逐潮流是对宝贵资源的浪费，结果失去了品牌的相关性，丢掉了宝贵的市场。例如，福特公司在20世纪20年代提出，不管市场如何，福特只生产黑色轿车。由于忽视了市场需求的多样化的趋势，结果使福特公司丢掉了很大的一块汽车市场。②看到了趋势，但认为这种趋势不过是一时的狂热而已。例如，美国的数字设备公司注意到了计算机小型化这一趋势，但是没想到计算机会走进每个家庭，结果错失了拥有个人或家用电脑强势品牌的发财的良机。③愿意识别、评价和应对市场的变化趋势，但苦于无能为力。譬如，有些公司缺少足够的外部感应系统，组织结构上缺乏灵活性等等，结果想跟上市场的变化但无力而为。

对于上述"对趋势视而不见型"公司而言，要想创造和保持品牌的相关性，应该改变自己的思维，适时地审查自己所存在的问题，争取成为"应趋势而动型"公司。

2."应趋势而动型"公司。这类公司密切跟踪市场趋势的变化和产品类别的演进，并且采取相应的措施使它们的产品跟上潮流，创造和保持品牌相关性。

要成为“应趋势而动型”公司以创造和保持品牌的相关性并非易事。公司要想做到应趋势而动，必须要做好两件事情：一是要认清和评估趋势。为此，公司要建立起以外部为导向和以市场为核心的企业文化，管理层要非常关注市场动态的变化，企业要拥有捕捉和提取情报的信息系统；二是要对产品要进行改进、重新定位或重塑品牌，从而提高产品与动态变化市场的相关性。对产品进行改进，要开发出不同于竞争对手的差异点，以便在产品类别或者子类别中有独特之处。对产品进行重新定位或重塑品牌，要注意尊重原有品牌的传统，同时还要考虑到公司的能力。

进一步来讲，面对市场的变化，“应趋势而动型”公司可以采取如下几种策略以创造和保持品牌的相关性。

(1)继续坚持原有的经营范围保持品牌的相关性。即在坚持原有经营范围的基础上，通过改进产品和服务质量，提高顾客的满意度，使公司原有品牌继续与产品类别相联系，让顾客在消费时仍然能够想起该品牌。如果某品牌已经是某类产品的代名词，长期拥有固定的顾客，当市场需求发生变化时，就可以采取这种策略，而不要轻易改变原有的经营范围。但可以通过提高产品和服务的质量来增强品牌的竞争力。

(2)改变现有的品牌形象以创造和保持品牌的相关性。即面对市场需求的变化，适当改变现有的品牌形象，如开发新的产品或服务，以创造和保持品牌的相关性，从而保留和吸引新顾客。例如，肯德基快餐店在中国市场上根据市场需求的变化，在消费者越来越重视健康饮食的情况下，开始注重树立新快餐店的形象，以争取注重健康饮食的新顾客。

(3)在主品牌不变的情况下，创建副品牌以创造和保持品牌的相关性。即面对市场的变化，公司利用自己的强势品牌创造出有竞争力的产品，同时，创建副品牌使之具有很强的吸引力。这样，既可以通过创建副品牌来创造和保持品牌的相关性，同时又可以使主品牌不会受到创新产品的干扰而得到保护。例如，海尔随着市场的变化，开发出很多的新产品，主要是通过副品牌来创造和保持品牌的相关性，以吸引新顾客。

(4)通过品牌联合以创造和保持品牌的相关性。即面对市场的变化，在企业资源有限的情况下，通过品牌联合以创造和保持品牌的相关性，从而保留和吸引新顾客。例如，国际著名家电品牌飞利浦公司，在进军中国市场的过程中，在渠道资源有限的情况下，与我国家电企业著名品牌 TCL 合作，有效地打开了市场。品牌联合是一种强有力的工具,既能够对相关性问题作出快速、有效的反应,又可以减轻企业创建新品牌的负担。

(5)创造或购买一个新项目,形成一个新的品牌平台以创造和保持品牌的相关性。例如,面对经济的全球化和激烈的国际竞争,海尔在品牌国际化的过程中,通过在国外投资设厂,建立研发基地,铺设流通渠道,逐步建立起了全球化品牌形象。

3."潮流驱动型"公司。这类公司领先于潮流,并驱动潮流,而这些潮流可能代表着新的产品类别,因此,这类公司在创造和保持品牌相关性方面最具影响力。但由于领先潮流、驱动潮流实属不易,因此,只有很少的公司能够有条件或机会成为潮流驱动者。而且,要成为潮流驱动者还必须把握时机,过早的努力会因为技术不成熟,或因为市场规模还没有达到驱动潮流的要求而引致失败。

实践经验表明,要成为潮流驱动者,公司必须具有真正的进攻武器,同时还必须能够把先发优势做到具有可持续性。为此,公司必须积极提高新产品类别或子类别在顾客心目中的知名度和认可度,并将其品牌推向该领域的领导地位。例如,20 世纪 90 年代中后期,很多公司试图创建与互联网及新兴的商业网络世界的相关性以引导潮流,但都没有成功。1996 年,IBM 引入电子商务之后,花费了 50 多亿美元提高了电子商务的认知度,定义了电子商务这个新类别,IBM 公司因此成了电子商务领域的潮流驱动者,并塑造了电子商务这一新"标识",将公司所有的业务单元都与电子商务这个背景相联系,从而使 IBM 品牌拥有了电子商务这一领域的领导地位。2003 年,IBM 公司又开始尝试创造另外一个子类别——"随需应变的电子商务"。这是一套把供应商、顾客以及合伙人全部包含在内的 IT 系统,并在需要的时候即时提供信息和计算机资源。IBM 随即开发了相应的产品和服务以满足顾客这种需求,继续保持了 IBM 品牌在电子商务领域的领导地位。

作为"潮流驱动型"公司往往意味着引领潮流,开创新的产品类别。这个新的产品类别可以与原有的品牌相关,通过扩大品牌的范围,使原有的品牌变得更加丰富和深入;也可以在原有主品牌不变的情况下创建一个副品牌或一个描述性品牌来定义新的产品类别,从而使主品牌保持更大的灵活性,避免被禁锢起来;当然也可以创造出一个新的品牌来定义新的产品类别,如果运用得当,可以大大增强企业的竞争力和树立强势品牌。

三、品牌组合战略运营与品牌的差异化和活力

随着国内外市场竞争的不断加剧，越来越多的消费者感觉到，在产品同质化的同时，品牌的同质化现象也日益突出，很多品牌缺乏差异化和活力。其中，一些缺乏创新意识的老字号品牌表现得尤为突出。因此，如何增强品牌的差异化和活力，创造和保持品牌的强势地位是品牌组合战略运营需要解决的又一个重大问题。

（一）品牌组合战略运营与品牌的差异化

理论与实践经验表明，品牌的差异化是品牌健康成长的重要源泉。那么，在品牌组合战略运营的过程中，如何增强品牌的差异化呢？这里十分重要的工作就是要为主品牌提供一系列品牌化的差异点，使得品牌产品与众不同。

1. 品牌差异化的作用。也许人们会问，一个品牌如果具有与众不同且有价值的产品特性、成分、服务或者活动，不是已经具有很大的差异化了吗？不是已经很有竞争力了吗？为什么还要对那些有价值的产品特性、成分、服务或者活动进行品牌化呢？简单而言，这是由品牌的基本功能和影响力所决定的。进一步讲，这是因为：

（1）已有的研究表明，如果对品牌产品的某个特性进行品牌化，可以显著地增加消费者对品牌的可信度。例如，时装品牌，如果加上“巴黎的设计”，皮革品牌加上“意大利的制作”，顾客就会增加对这些时装、皮革品牌的可信度，而且觉得高价格也可以接受。

（2）产品的特性、成分、服务或活动进行品牌化后有助于消费者记忆、联想和品牌的宣传。例如，“乐百氏——健康快车”是今日集团在一般 AD 钙奶的基础上推出的新一代乳酸奶产品，1998 年初一经问世便大获全胜，全年的销售额超过 4 亿元。与原产品相比，“乐百氏——健康快车”在一般 AD 钙奶的基础上加入了采用尖端生化科技制成的双歧因子，通过促进人体内双歧杆菌的迅速增殖，增强人体肠道功能，提高人体的免疫力。如果不把“乐百氏”新一代乳酸奶产品中的产品特性“双歧因子”品牌化，给其取上一个“健康快车”的美名，而是直接就用“乐百氏——双歧因子”的名称来推广，其市场业绩一定会逊色很多。因为，首先，“双歧因子”是一个专业词汇，枯燥无味，冷冰冰地缺乏亲和力、人性味和童趣，而品牌名称的童趣对一种儿童饮料的销售往往起到非常重

要的作用;其次,“双歧因子”识记困难、不易传播。一个难以广为传播的名称在营销中是低效或无效的。而“健康快车”则焕然一新、明快而且朗朗上口,使人过目入耳就难以忘怀,妙趣横生而联想丰富,生动地展现了全新一代保健乳酸奶的产品特质和利益点。同时,“健康快车”也很容易与主品牌“乐百氏”联系起来。由此可见,对产品的特性、成分、服务或活动进行恰当的品牌化有助于消费者记忆、联想和宣传。

(3)产品的特性、成分、服务或活动进行品牌化后,可以创造持续的竞争优势。这是因为,如果不对产品的特性、成分、服务或活动进行品牌化,很快就会被竞争对手模仿,成为大众化的供给品。例如,亚马逊网站开发了一种非常有特性的产品——即根据顾客的购买经历以及购买类似产品的其他人的购买经历来推测顾客的兴趣,然后根据顾客的兴趣推荐书籍和其他商品。这一产品特性对网络品牌来讲很有价值,但是亚马逊网站没有对这个产品特性进行品牌命名将其品牌化,结果,这个特性基本成为一种大众商品,人们认为电子商务网站都应该提供这种功能。对顾客来讲,这一特性大众化是好事,但是对亚马逊网站来讲是一个很大的损失。如果当初亚马逊网站对这一特性进行品牌化,然后对其进行积极的管理,并随着时间的推移改进这个特性,它就会成为一个持久的、直到今天仍然是宝贵的产品差异点。然而,亚马逊公司错失了这样一个良机。后来,亚马逊公司在开发“一点击(One—Click)”这一品牌化的服务上没有再犯同样的错误,这个品牌化的服务为亚马逊网站在激烈竞争的市场中脱颖而出充当了非常关键的角色。

由此可见,一个品牌如果有了与众不同且有价值的产品特性、成分、服务或者活动,要善于将其品牌化,使之成为主品牌品牌化的差异点。

2.品牌化差异点的内容。

(1)品牌化的特性。品牌化的特性是就是对品牌产品所特有的、能够为顾客带来某种利益的属性进行品牌命名,以突出主品牌的差异化。通过对主品牌产品的某种特性进行品牌命名,可以明确地说明主品牌产品的优良特性。例如,现今的宝马汽车大多装有电脑仪表盘,这种仪表盘能够有效地控制汽车内的所有设备,包括移动电话和导航系统,从而减少驾驶者注意力的分散,使驾驶过程更加安全,降低了疲劳程度。为了突出宝马汽车的这一特性,宝马公司为这种电脑仪表盘取了一个副品牌名称 iDrive。iDrive 这一副品牌名称形象生动地突出了宝马主品牌的差异化。又如,海尔电冰箱产品中的王系列产品,其中,为了突出电冰箱"人工智慧,自动调温,全新外观,节能设计,抗菌保健康"等特性,并且易于让消费者记忆,将其命名为"太空王"电冰箱;为了突出电冰箱"超大容积,豪华组合,人工智慧,无霜保鲜,先进控制,变频节能"等特性,并且易于让消费者记忆,将其命名为"王中王"电冰箱;为了突出电冰箱"豪华美观,人工智能,外取冷饮,速冻功能,能够根据存放水果、蔬菜的不同,选择合适的贮存湿度,使其保存质量更高,期限更长"等特性,并且易于让消费者记忆,将其命名为"果菜王"电冰箱。海尔电冰箱的这些副品牌充分体现了海尔电冰箱的品牌化特性。很显然,品牌化的特性不但与众不同,而且对顾客很有价值,当然,它还要与主品牌相联系。

在一般情况下,对于快速消费品和高科技产品而言,由于产品更新速度较快,因此,为了防止品牌老化,增强品牌的新鲜感,要注意突出和适当增强品牌化的特性。

(2)品牌化的成分。品牌化的成分就是对品牌产品的某个成分、部件或技术进行品牌命名以突出主品牌的差异化。例如,佳能(Canon)数码相机为了提高信号处理能力和延长电池寿命以赢得消费者的喜爱,在数码相机中采用了"数字成像集成电路"技术。对于消费者来讲,记住"数字成像集成电路"这一技术名称比较困难。为了让消费者记住佳能数码相机采用了"数字成像集成电路"技术,佳能公司给佳能数码相机采用的"数字成像集成电路"技术进行了品牌化,将其命名为 Digic。Digic 这一副品牌的命名,有效地突出了佳能数码相机的差异化。

(3)品牌化的服务。品牌化的服务就是对品牌产品所提供的服务进行品牌命名以突出主品牌的差异化。通常地,在成熟的产品市场中,为了使品牌与众不同,更好地激起消费者的兴趣和购买的欲望,最有效的方法之一就是增加品牌化的服务,并对其进行有效的管理。例如,在竞争激烈的洗涤用品市场上,宝洁公司旗下的汰渍洗衣粉就是通过品牌化服务赢得了竞争的优势。汰渍洗衣粉推出了一种品牌化的服务——"汰渍污渍侦探",顾客登陆汰渍网站后,"汰渍污渍侦探"可以对顾客如何去除他们所遇到的污渍问题得到合理化的建议。这项品牌化的服务展示了汰渍洗衣粉在去污方面的能力,提高了汰渍洗衣粉的可信度,同时,还突出了汰渍洗衣粉的差异化。自"汰渍污渍侦探"推出以来,宝洁公司对这项品牌化服务一直进行积极有效的管理,使越来越多的顾客认知了这项服务,从而大大提高了汰渍品牌的影响力。

(4)品牌化的活动。品牌化的活动就是对品牌产品所开展的活动进行品牌命名以突出主品牌的差异化。品牌化的活动是提高品牌差异化的有效途径。通过品牌化的活动,可以增强品牌与顾客之间的联系。例如,宝洁公司旗下的婴儿用品品牌"帮宝适",是一个世界知名的消费品品牌,为了创造和保持品牌的差异化,"帮宝适"推出了一系列品牌化的活动,其中,"帮宝适"育儿网站所开展的品牌化活动,就大大提高了"帮宝适"儿童用品的差异化和竞争力。"帮宝适"所建立的育儿网站,为儿童保育、健康和发展提供权威性的建议,同时,还提供了儿童养育的时事通讯,并以定制化电子邮件的形式发送给订阅者。这些活动深受顾客的欢迎,使那些访问了"帮宝适"网站和接触了这些品牌化活动的顾客购买"帮宝适"产品的可能性大大增加。据统计,有时 1 个月可以增加 30% 的销量。又如,世界著名的酒店公司——希尔顿酒店推出的"希尔顿荣誉贵宾奖励计划"活动,已经成为希尔顿酒店品牌的关键资产。品牌化的贵宾奖励计划活动,如今已经在许多服务业中广泛使用。

当然,公司产品品牌化的差异点是否需要品牌化,需要具体问题具体分析。一般来讲,当品牌的产品特性、成分、服务或者活动具有很大的差异点并且影响到人们对其认知或评价时,可以采取品牌化的策略,对其进行品牌命名,以提高品牌的可信度,增强消费者的记忆和联想,为品牌竞争创造持续的竞争优势。此外,品牌化的差异点可以是公司自主品牌创造的,如上面提到的品牌化的差异点都是公司自主品牌创造的,也可以通过品牌联合的方法来实现。对此,后文将有介绍。

(二)品牌组合战略的运营与品牌的活力

对于任何品牌来讲,无论是新品牌还是老品牌,创造更多的活力都是非常必要的。新品牌如果能够活力登场,自然容易赢得消费者的青睐;老品牌如果能够创新不止,活力不减,自然能够长盛不衰。但是,对任何品牌来讲,要始终保持品牌的活力是一件非常艰巨的任务。事实上,很多老字号品牌就是因为活力不够而成了墓地品牌,即成了在没有提示的情况下被回想起来的程度很低,而在有提示的情况下被回想起来的程度较高的品牌。因此,创造和保持品牌的活力是品牌基业长青的重要内容。

创造和保持品牌的活力有两种主要的策略:一是在现有的品牌运营中,增加一些品牌活力的内容,激发消费者的热情和购买的兴趣,例如,不断地推出新的产品，适时地变换品牌的标识，不断地推出诱人的广告，有计划地开展品牌促销活动等，通过这些活动增强品牌的活力；二是通过品牌组合战略的运营，利用"品牌化的活力点"来给主品牌或子品牌注入活力。

如前所述，品牌化的活力点是指品牌化的产品、促销活动、赞助活动、标识、项目或其他事物，通过它与目标品牌的联系能够大大提高和激活目标品牌。

1.品牌化活力点的特征。从品牌化的活力点的定义来看，品牌化的活力点的内涵是非常广泛的，品牌化的任何事物都可能成为品牌化的活力点。但是要使品牌化的活力点发挥作用，品牌化的活力必须具备这样几个方面的特征：

(1)品牌化的活力点本身应当有活力。例如，娃哈哈集团公司推出的"非常可乐"饮料，这种品牌化的产品推出来之后就很有活力，从而在相当大的程度上提高了娃哈哈品牌的影响力。

(2)品牌化的活力点必须与主品牌相联系。这样做，可以利用品牌化的活力点提高和激活主品牌。通常，将品牌化的活力点与主品牌相联系有两种主要途径：①利用子品牌与主品牌相联系，例如，麦当劳公司建立的罗纳德·麦当劳之屋这一子品牌就体现了与主品牌麦当劳的联系；②选择一个与主品牌明确相关的项目或活动建立起二者之间的联系，例如，阿迪达斯公司每年举办的阿迪达斯街头篮球挑战赛就与阿迪达斯主品牌密切相连。

(3)品牌化的活力点要能够大大提升目标品牌。品牌化的活力点如果本身拥有活力，并且建立了与主品牌的联系，但是，如果活力被导向了错误的方向，或者与主品牌建立了不好的联想，品牌化的活力点就不能发挥应有的作用。例如，"活力二八"洗衣粉，在成功地创建了强势品牌之后推出"活力二八"矿泉水，这一品牌化的产品推出之后有一定的活力，同时与主品牌"活力二八"也相关联，但是"活力二八"矿泉水推出来之后，人们总是存在与"活力二八"洗衣粉的不好的联想。如此一来，这种品牌化的产品就没能发挥提升主品牌的作用。因此，品牌化的活力点要以提升目标品牌为己任。

与品牌化的差异点一样，品牌化的活力点可以是公司自主品牌创造的，也可以通过品牌联合的方法来实现。这里，先介绍公司自主品牌如何创造品牌化的活力点，而通过品牌联合的方法创造外部品牌化的活力点将在后文进行介绍。

2. 公司自主品牌创造的品牌化的活力点一般可以考虑以下几个方面：

(1)推出新的品牌化的产品。创造品牌化的活力点的最基本做法是不断推出新的品牌化的产品。通常,公司为了自身品牌的发展和满足顾客的需要,同时给顾客一种活力感,往往注重不断地开发和推出与众不同的新产品,以免被竞争对手超过和惨遭淘汰。这无疑是一种很好的品牌发展思路。但是,从品牌组合战略运营来看,公司要想让目标品牌给顾客一种活力感,可以采取新的品牌化的产品策略,即对开发和推向市场的与众不同的新产品进行品牌化,也就是对新产品进行新的品牌命名,进而为目标品牌增加品牌化的活力点。这样做的好处,除了可以给目标品牌增加活力以外,还可以有效防止竞争对手模仿本公司推出的新产品。以近年市场上流行的美国苹果公司推出的 iPod 数字音乐播放器为例,该播放器携带方便,储存容量很大,外观时尚,用起来手感舒服,深得很多音乐爱好者的欢迎。在此前后,不少公司也推出了数字音乐播放器这一新产品,但是大多都没有将其进行品牌化,而苹果公司利用品牌组合战略将数字音乐播放器品牌化为 iPod,然后对其进行大力宣传,一方面使得新产品品牌 iPod 名扬天下,另一方面 iPod 新产品品牌对苹果公司的主品牌又起到了很大的扩展和激活作用,iPod 成为苹果公司典型的品牌化的活力点。

对老品牌和以年轻人为目标市场的品牌来讲,适时地推出品牌化的新产品,是增强品牌活力的基本策略。当然,并非公司推出的任何新产品都有条件和有必要进行品牌化。公司推出的新产品是否需要品牌化,最终还要考虑到成本与收益的比较。

(2)开展品牌化的促销活动。如今,随着市场竞争的不断加剧,企业为了争得一席之地,不断开展各种各样的促销活动。但是,各种促销活动大多集中于价格促销,打价格战,很少有企业将促销活动品牌化,使之成为公司品牌化的活力点。其结果,通常造成品牌促销活动不断,而品牌形象却不升反降或品牌资产不增而减的局面。从品牌组合战略运营来看,要想使品牌促销活动发挥最佳的效果,增强品牌的活力,一个有效的策略就是将促销活动品牌化,久而久之,一方面不但促销活动可以成为品牌,另一方面还可以对公司品牌起到很好的支撑作用。例如,华菱电冰箱将夏日促销活动命名为“夏日鲜锋行”,年复一年,“夏日鲜锋行”已经成为华菱电冰箱品牌化的活力点,同时使得华菱电冰箱“专业制冷 无霜先锋”的形象深入人心。

(3)提供品牌化的赞助活动。如前所述,赞助是品牌营销传播的重要工具,越来越多的企业在创建品牌的过程中开始重视品牌赞助活动。从品牌组合战略运营的角度来讲,要使赞助发挥应有的作用,一个有效的策略就是将赞助活动品牌化。这样,一方面可以树立赞助活动这一子品牌,另一方面还可以激活和扩展公司目标品牌。例如,德国著名的运动产品品牌阿迪达斯是当今世界最具价值的品牌之一,多年来一直活力不减,给无数消费者带来欢乐。1992 年,阿迪达斯公司赞助的阿迪达斯街头篮球挑战赛在关键时期为阿迪达斯这一品牌获得新生作出了巨大的贡献。在连续 20 多年的赞助活动中,有 200 多万人次参加了阿迪达斯街头篮球挑战赛。如今,阿迪达斯街头篮球挑战赛已经成为阿迪达斯公司一项品牌化的赞助活动而闻名于世。

(4)制作充满活力的品牌象征物。制作充满活力的品牌象征物也是增强品牌活力点的重要手段,例如,迪斯尼公司制作的米老鼠为迪斯尼品牌增添了不少活力,米其林公司设计的米其林巨人为米其林轮胎品牌增添了不少活力,海尔公司推出的海尔小兄弟为海尔品牌增添了不少活力,凡此等等。制作具有个性、充满活力的品牌象征物是激活品牌的一条有效途径。

(5)利用公司领袖人物。公司领袖人物作为公司的领导者和品牌的经营者,完全可以作为品牌活生生的代表和品牌活力点的重要载体。事实上,很多著名的品牌充满活力往往与其公司领袖人物密不可分。例如,韦尔奇与通用、比尔·盖茨与微软、理查德·布兰森与维珍、史蒂夫·乔布斯与苹果、张瑞敏与海尔、柳传志与联想,等等,这些公司领袖人物为公司品牌注入了非凡的活力。所以,如果公司领袖人物具有很强的个性、魅力和良好的形象,公司就应该充分利用其角色,发挥其创造性的作用,为品牌增添活力。

(三)管理品牌化的差异点和活力点

如前所述,品牌化的差异点和活力点是增强品牌功能性利益和激活品牌的有效手段。但是,能否使品牌化的差异点和活力点发挥应有的作用,还必须对品牌化的差异点和活力点,进行有效的管理。

一般而言,对品牌化的差异点和活力点进行有效的管理,应该考虑以下几个方面:

1. 品牌化的差异点与活力点必须与目标品牌联系起来。也就是说,品牌化的差异点与活力点应该与品牌的相关性结合起来才有真正的价值。否则,单纯的标新立异和漫无目的的活动,不会引起消费者的兴趣,同时,也是公司资源的浪费,对品牌建设无益。

2. 要使品牌化的差异点和活力点能够在较长时间内发挥作用。品牌化的差异点和活力点与一般的差异点和活力点不同,它们有相对较长的寿命,否则也就用不着对它们进行品牌化了。因此,就要对它们进行积极的管理,使它们能够在较长时间内发挥作用。简单而言,要像对待公司品牌一样对品牌化的差异点和活力点进行积极的管理,使其发挥品牌组合的作用。

3. 当公司品牌存在多个品牌化的差异点和活力点时,必须对品牌化的差异点和活力点进行优先排序。在排序时,主要考虑两个方面:①它们对目标品牌的影响,影响大的优先支持;②品牌化建设所需投入的资源数量。一些品牌化的差异点和活力点对目标品牌影响力虽然不大,但其实施和对其管理所花费的成本很少,就可以优先考虑发展;反之,一些品牌化的差异点和活力点对目标品牌影响力较大,但其实施和对其管理所花费的成本很高,则可以等条件成熟时再发展。此外,对品牌化的差异点和活力点进行优先排序时,还可以根据细分市场来确定。一旦具有最高优先性的品牌化的差异点或活力点确定下来之后,就应赋予银弹品牌的地位给予重点发展。

四、品牌组合战略的运营与品牌联合

20 世纪 90 年代以来,随着经济全球化与一体化的不断加强,企业之间的商业合作日益增多,合作的形式多种多样。品牌联合就是其中新兴起来的一种重要商业合作形式。如今已经成为品牌组合战略运营的主要组成部分。

(一)品牌联合的含义

关于品牌联合,人们对它有不同的认识。其中最具代表性的观点有两种:一种是戴维·阿克的观点,他认为,品牌联合就是将不同公司的品牌联合起来以实施有效的战略性或战术性的品牌计划,或者创造一种合作品牌的产品;另一种是世界著名的品牌咨询与评估机构 Interbrand 公司的观点,该公司认为,品牌联合是两个或两个以上的消费者高度认可的品牌进行商业合作的一种方式,其中所有参与的品牌名字都被保留。它的合作期限通常是中期到远期,但它创造共有价值的潜力并不一定很大,因而不值得去建立一个新的品牌或法定的合资企业[1]。Interbrand 公司还认为,任何商业合作的基础都是期望企业合并后的协力优势为双方创造价值并超过它们自己能够创造的价值。但是这一合作的基础不能作为判定合作的性质或种类的依据。决定一种商业合作的性质或种类主要有两条标准:一是合作关系预期的持续时间;二是通过合作能够创造的潜在价值的性质和数量。

据此,Interbrand 公司认为,品牌联合的合作期限通常较长,属中远期合作,但品牌联合所创造的纯粹价值的潜力较小,因此,合作双方没有必要去建立一个新品牌,或者去建立一个合资企业。与品牌联合密切相关但又有所不同的商业合作形式主要有以下几种:

1. 联合促销。联合促销是两个或多个知名品牌之间的短期合作,这种合作所创造的共有价值潜力较小。例如,柯达与可口可乐在我国一度推出"巨星联手、精彩连环送"的促销活动,即"消费者购买 6 罐装的可口可乐,可免费享受冲 1 卷柯达胶卷的优惠;同时,消费者在柯达快速彩色连锁店冲印 1 整卷胶卷,可赠送可口可乐 1 罐"。这一联合促销活动吸引了很多的消费者。又如,联想与可口可乐曾一度合作在全国很多城市举行现场促销活动,也属于联合促销。联合促销运用得好,对宣传合作方品牌和促进产品销售都能够起到一定的积极作用。

为了让联合促销达到理想的效果,一般要遵循两大原则:一是互惠互利;二是尽可能做到促销活动的目标市场相同或相近。

联合促销的期限,一般在半年之内。联合促销最常见的形式是不同行业之间两个或多个知名品牌之间的短期合作。因为不同行业之间不存在竞争关系,而且还可以优势互补,发挥品牌之间的协力作用。经验表明,联合促销最好是知名品牌之间的强强联合,如果是强弱联合或弱弱联合,则这种商业合作的效果往往是负面的。

2. 商业联盟。商业联盟是多个知名品牌企业之间的长期合作,这种合作所创造的共有价值潜力也较小。例如,美国联合航空公司、加拿大航空公司、德国汉莎航空公司、北欧航空公司、泰国航空公司、巴西航空公司为了在航线、航班和客户营销上的长期合作,签约加盟成立明星联盟就属于商业联盟性质。这种合作使各家航空公司的客户可以在联盟内部的航班之间签转,从而提高

① [英]汤姆·布莱科特、鲍勃·博德著,于珺译:《品牌联合》,中国铁道出版社,2006 年版,第 10 页。

了航空公司的上座率和利润，同时也潜在地提高了它们的客户忠诚度。但这种合作所创造的共有价值潜力并不大。与联合促销的短期合作不同，商业联盟是知名品牌企业之间的长期合作；与品牌联合不同，商业联盟经常会创建出一个新的“主导”品牌。

3. 合资企业。合资企业是合资方为了经营上的需要而建立的一种长期合作关系。合资企业的建立是为了使两家公司能够进入新的市场，或者推出两个公司合作生产的新产品。因此，在合资企业中，经营上的需要比创建品牌更重要。

成功的合资企业的基础是互补的技术或市场通道，使得参与方在推出新的产品或服务时能够减少自己的投资和面临的竞争。合资企业通常设立一个管理小组，人员从合资方公司中调派，资金由合资方投入。合资企业通常不包括母公司的股份交换，而是建立一个新公司，股份由合资方共有。合资企业的合作关系一般要持续很长时间，因此，合资方所创造的共有价值一般较大。但由于合资企业的目的是为了开拓市场，推销新产品，因此，对品牌的建设往往关注不够。

（二）品牌联合的类型

品牌联合的类型通常根据品牌联合创造共有价值的机会和等级来划分。品牌联合创造共有价值的机会主要体现在 7 个方面：①可以生产性能更好的产品；②可以满足消费者多方面的心理需要；③可以共同提高产品的销售额；④可以提高产品的售价；⑤可以提高市场需求，扩大经营规模，降低经营成本；⑥可以降低营销成本；⑦可以降低品牌经营风险。一般来说，品牌联合的产品的风险比单个品牌名下出售产品的风险要低。

当然，不同类型的品牌联合创造共有价值的机会和等级的高低是不同的。根据品牌联合创造共有价值的机会和等级由低到高的不同，可以将品牌联合分为 4 种类型，它们分别是：接触/认知型品牌联合、价值认可型品牌联合、元素组成型品牌联合和能力互补型品牌联合。具体情形如图 7－5 所示。①

下面对这 4 种类型的品牌联合分别进行介绍。

1. 接触/认知型品牌联合。接触/认知型品牌联合是品牌联合方创造共有

① ［英］汤姆·布莱科特、鲍勃·博德著，于瑞译：《品牌联合》，中国铁道出版社，2006 年版，第 11～20 页。

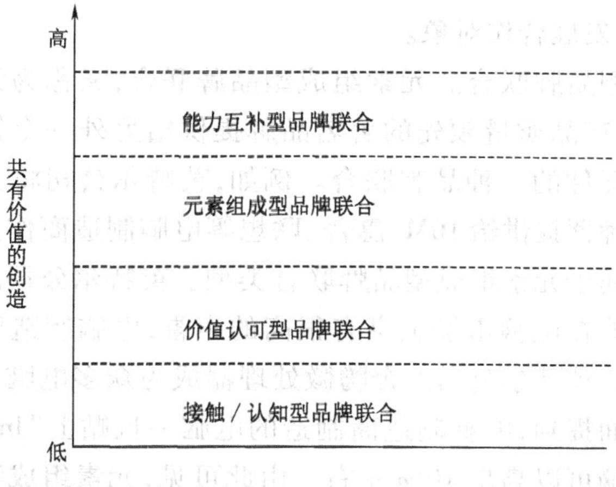

图7－5　品牌联合创造共有价值的等级及其相应类型

价值最低的一种品牌联合形式。在这种品牌联合中，合作方的品牌之间没有内在的或本质的联系，它们在品牌战略、品牌价值和品牌定位等方面都不需要协调一致，它们联合的目的就是合作方希望通过合作迅速提高公众对它们品牌的认知。因此，把这种品牌联合称为接触/认知型品牌联合。例如，银行与一些销售公司合作发行的消费信用卡，如人们熟识的维萨卡、万事达卡、银联卡等就是这种合作的产物，合作方的品牌之间本身并没有内在的或本质的联系。由于这种品牌联合的目的主要是提高合作方品牌的认知度，而不需要在品牌战略、品牌价值和品牌定位等方面有共同的要求，因此，接触/认知型品牌联合的合作对象可以非常广泛。

2. 价值认可型品牌联合。价值认可型品牌联合是合作方在品牌价值等方面具有共同特性而建立的一种合作关系。例如，“法国蓝带烹饪学院”与烹饪用具制造商“特福”公司之间的合作就属这种类型。法国蓝带烹饪学院是法国一家高水平的烹饪学府，它的品牌几乎是法国最高水平烹饪的代名词，而特福公司是法国一家著名的烹饪用具制造商，其品牌“整体”是高质量炊具的代名词。这两个品牌之间有着紧密的核心特性和价值上的联系，因此，合作的结果是提高了它们的品牌声誉，增加了产品的销售收入，提升了双方共同创造价值的潜力。不难看出，与接触/认知型品牌联合相比，价值认可型品牌联合在创造共有价值方面有所提高。由于价值认可型品牌联合要求合作方在品牌特性、品牌价值等方面具有共同点，因此，采用价值认可型品牌联合要选择好合作伙伴，不能盲目发展合作对象。

3. 元素组成型品牌联合。元素组成型品牌联合，又称为元件组成型品牌联合，是把市场上产品质量领先的著名品牌提供给另外一个知名产品作为其产品组成元素或元件的一种品牌联合。例如，英特尔公司将其生产的高质量的芯片奔腾微处理器提供给 IBM、惠普、联想等电脑制造商作为其产品组成元素的一种合作就属于元素组成型品牌联合类型。英特尔公司的奔腾微处理器的产品质量和性能在电脑市场上享有很高的声誉，电脑制造商制造电脑需要这样的芯片，因此，英特尔公司的奔腾微处理器成为众多电脑制造商产品品牌的重要元素。前面提到，电脑制造商制造的电脑一旦贴上“Intel Inside”标签，其售价比一般电脑可以高出 10% 左右。由此可见，元素组成型品牌联合可以使品牌联合创造的共有价值进一步提高。

一般来讲，当产品或服务的质量和功能是消费者关注的重点时，可以通过元素组成型品牌联合来增强品牌的差异化，提高品牌的吸引力。当然，其前提条件是，作为产品组成元素的品牌必须是强势品牌，同时，产品的组成元素还必须是消费者关注的重心。

也许有人会问，许多强势的产品元素或元件品牌（如英特尔的奔腾微处理器、微软的视窗等）是多个竞争对手共同使用的品牌，而不是独家授权使用，在市场竞争中，产品元素品牌并不具有差异化，为什么还有那么多竞争对手愿意与产品元素品牌进行合作呢？这是因为：

第一，由于技术和相关专利权问题，公司可能必须使用某个元素或元件品牌。微软营造了这样的环境，英特尔营造了这样的环境，但现在遭到了很大的挑战。显然，对于必须使用的元素或元件品牌来讲，意味着它在市场中处于垄断地位，而品牌合作方没有更好的选择。这就可能使合作关系变得不平等和专断，于是，被迫参与的合作方就会另找出路以便从这种权力结构中脱身，从而使合作关系不健康和非常脆弱。因此，对于强势地位的元素或元件品牌来讲，为了确保合作关系保持健康，为合作伙伴创造权力结构之外的利益，具有相当客观的长期价值。例如，英特尔公司为了让众多电脑制造商使用其元件品牌，保持长期的合作关系，与电脑制造商达成协议，只要电脑制造商在其产品和广告中打上“Intel Inside”标识，就可以得到 6% 的回扣。这些资金存放于一个市场开发账户，用以支付合作伙伴广告费用的 50%。在一个竞争激烈、利润微薄的行业，这一举措确实具有相当大的诱惑力。

第二，强势元素或元件品牌已经建立了巨大的品牌资产价值，如果不使用它，产品在市场竞争中就会处于非常不利的地位。因为，在市场上消费者对强势元素或元件品牌已经非常注意，如果产品构成中忽略强势元素或元件品牌，顾客在购买该产品时就会将没有强势元素或元件品牌的产品排除在选择之外。

因此，对于经营者来讲，在没有选择的情况下，利用强势元素品牌开展合作也不失为一种明智的选择。

4. 能力互补型品牌联合。能力互补型品牌联合是指两个强大的互补品牌结合在一起来共同生产产品。生产出来的产品更新与发展状况取决于各自的核心技术和资源的投入。与元素组成型品牌联合相比，能力互补型品牌联合不是一种元素的投入与合作，而是多种元素的投入与合作。例如，索尼与爱立信的品牌联合就是典型的能力互补型品牌联合。在双方的合作中，它们共同推出了索爱手机和 CommuniCam Mobile 相机。这一联合发挥了爱立信在通信技术方面的优势和索尼在照相技术方面以及个人创造力、自我表现方面的优势。在诺基亚作为市场领导品牌的情况下，如果没有这种合作，单靠索尼或爱立信各自的力量要赢得在手机市场上的竞争优势是非常困难的。

能力互补型的品牌联合往往是强强联合，在这种联合中，主要表现为主品牌的联合，品牌合作双方扮演着并行的主品牌的角色，即两个品牌都占据显著的地位，发挥着主要驱动者的作用。如前面提到的索尼与爱立信的品牌联合，在推出索爱手机产品中，索尼与爱立信两个主品牌都发挥了主要驱动者的作用，即消费者在选择索爱手机的过程中，索尼与爱立信两个主品牌都是驱动他们作出购买决定的主要因素。

理论与实践经验表明，能力互补型主品牌的联合具有如下方面的作用：

第一，可以创造更具有竞争力的差异化的产品。这是因为，在能力互补的情况下，主品牌的联合创造出来的产品要优于任何一方独自开发的产品。与此同时，消费者也愿意选择能力互补型的主品牌联合的产品。柯达曾做过一项研究：设计一个虚构的娱乐设备，让消费者进行选择。在该娱乐设备只标有柯达品牌的情况下，只有20%的潜在顾客表示愿意购买柯达的产品；在该娱乐设备只标有索尼品牌的情况下，也只有20%的潜在顾客表示愿意购买索尼的产品；但是，在该娱乐设备标有柯达和索尼两个品牌的情况下，则有80%的潜在顾客表示愿意购买同时标有两个品牌名字的产品。

第二,可以提高品牌的延伸能力。能力互补型主品牌的联合比单一品牌有更多的延伸自由,这犹如把两个橡皮筋绑在一起,合并以后能够比单个的拉得更长。主品牌的联合实际上代表了一种进入新产品市场的途径。在一般情况下,新产品进入市场,要么创造出一个新品牌,要么是将现有成功品牌进行延伸。然而,创造一个新品牌,常常代价很大,将现有品牌进行延伸,常常存在品牌延伸的风险,有可能将现有品牌拉伸出产品边界。而将主品牌进行联合,这样的风险却非常小。因为合作的每个品牌都可以忠实于它的传统和形象,例如,前面提到的索尼与爱立信的联合,两个主品牌都无须让自己的品牌做出什么让步,改变自己的传统和形象,相反,通过合作,可以使两个主品牌都得到增强。

第三,可以减少品牌建设投资。能力互补型主品牌联合可以借用现有主品牌的资产价值,只需要很少的投资就可以支持新品牌的发展。

第四,可以提高共同创造的品牌价值。能力互补型主品牌的联合一方面可以生产功能更好的产品,满足消费者对产品功能性的需要,另一方面又可以满足消费者对两个主品牌的心理方面的需要。因此,通过能力互补型主品牌的联合,可以提高双方共同创造的价值。从已有的研究成果来看,能力互补型的品牌联合,尤其是其中的主品牌的联合,创造的共有价值最大。

(三)品牌联合不断兴起的原因

随着人们对品牌联合创造的共有价值的不断挖掘,品牌联合的重要性日益显露出来。与此同时,品牌联合也就日益成为一种重要的商业合作模式。在品牌组合战略运营的过程中,越来越多的企业开始利用品牌联合策略以积累品牌资产。

在通常情况下,企业是通过发展自主品牌积累品牌资产,以实现企业的战略目标。为什么现在越来越多的企业开始重视品牌联合呢?简单而言,除了品牌联合可以创造一系列共有的价值以外,还有如下几个方面的原因。

1. 任何企业的资源和能力都是有限的。在激烈竞争的市场中,单个企业依靠自身的力量保持品牌的相关性、差异性和活力是非常困难的。因为,任何企业的资源和能力都是有限的。因此,为了克服资源和能力上的局限性,保持品牌的相关性、差异性和活力,进行品牌联合是一种很好的选择。

2. 单个品牌的延伸能力是有限的。为了发挥品牌资产的作用，很多大企业利用成功的品牌进行品牌延伸以推出新产品、开辟新市场，以节省经营成本和营销成本。然而，任何单个品牌的延伸能力都是有限的，同时也是有风险的。为了克服单个品牌延伸能力的有限性，同时，又可以发挥品牌资产的杠杆作用，进行品牌联合是一种很好的选择。因为品牌联合的延伸能力比单个品牌的延伸能力要强。

3. 在企业内部品牌化的差异点难以建立起来的情况下，通过品牌联合可以为自主品牌建立外部品牌化的差异点，从而提高品牌的竞争力。

4. 在企业内部品牌化的活力点难以建立起来的情况下，通过品牌联合可以为自主品牌建立外部品牌化的活力点，从而增强自主品牌的吸引力，尤其是对一些实用性比较突出但缺乏活力点的品牌来讲，通过品牌联合，借助外部品牌化的活力点增强品牌的吸引力是一种很好的选择。例如，润滑油产品比较实用，对消费者来讲，普遍对其缺乏兴趣，因而润滑油品牌本身很难有活力。但是如果某润滑油品牌长期赞助某项重大的汽车赛事，并且这种汽车赛事已经成为一大品牌，则这一赛事就可以成为该润滑油品牌外部品牌化的活力点，增强消费者对它的兴趣和吸引力。因为，消费者虽然对实用的润滑油产品本身并不感兴趣，但一旦与其感兴趣的汽车赛事联系起来，消费者就容易改变对该润滑油品牌的态度，进而喜欢购买该品牌润滑油。这就是为什么一些润滑油品牌愿意赞助汽车赛事的主要原因。

五、品牌组合战略运营与品牌延伸

品牌组合战略的一个基本内容就是定义品牌范围，即规定品牌组合中每个品牌所跨越的领域。而定义品牌范围最核心的问题就是如何进行品牌延伸。因此，搞好品牌延伸是品牌组合战略运营的重要内容。

（一）品牌延伸的含义与目的

1. 品牌延伸的含义。品牌延伸是指将现有品牌扩张至其他产品族中去。进一步讲，就是将已经建立起品牌地位的现有品牌，扩张到新产品和新市场当中，达到以更少的营销成本占领更大市场份额的基本目的。理论与实践经验表明，品牌延伸是发挥品牌资产杠杆作用的有效途径。

无论在西方国家还是在我国国内，品牌延伸已经成为众多企业进行品牌扩张的重要途径。据尼尔森公司所作的调查，在1977～1984年间，在每年导入超市的新产品中，约40%运用了品牌延伸策略；20世纪80年代，一半以上的新产品是通过品牌延伸导入的；近20年，美国市场成功的新产品2/3是通过品牌延伸导入市场的。在我国，由于市场竞争没有欧美国家那样激烈，品牌延伸成功的机会较大，因此，品牌延伸的范围更广。例如，海尔品牌从电冰箱起家，曾经将"海尔"品牌延伸至空调、洗衣机、电视机、手机、电脑、家居产品等90多个门类17 000多种产品上；"娃哈哈"品牌从奶品饮料起家，曾经将"娃哈哈"品牌延伸到饮用水、碳酸饮料、果汁饮料、茶饮料、罐头食品、运动饮料、医药保健品和童装8大类50多种主打产品上。

2. 品牌延伸的目的。如前所述，品牌延伸已经成为一种趋势。为什么越来越多的企业开发新产品、占领新市场采用品牌延伸的策略呢？简单而言，就是为了以较低的成本占领更大的市场以实现扩张的需要。进一步讲，主要是为了达到以下几方面的目的：

（1）降低新产品导入市场的风险与成本。对企业来讲，导入新产品既是成长的策略和机会，也是一种挑战和风险。在如今激烈竞争的市场上，如果新产品导入市场采用新品牌，会有很大的风险和需要高昂的费用。据估计，在西方国家，新产品采用新品牌导入市场成功的机会大约20%，也就是说，新产品采用新品牌导入市场绝大部分以失败而告终。在美国，新产品采用新品牌导入市场所需的费用大致在5 000万～1.5亿美元之间。在我国，由于市场发育还不成熟，竞争没有西方国家激烈，新产品采用新品牌导入市场成功的机会可能要多一些，所需的费用可能要少一些，这也说明在我国品牌延伸的成功机会更多一些。国内外研究表明，通过品牌延伸导入新产品，可以降低风险和成本。从消费者的角度来讲，品牌延伸还可以降低消费者搜寻信息的成本。因此，无论国内还是国外，利用现有的品牌导入新产品是一种很好的选择。

（2）扩大市场覆盖面，占领更多的细分市场。通过品牌延伸，无论是在现有的产品市场进行品牌延伸，还是跨产品市场进行品牌延伸，都会扩大现有品牌的市场覆盖面，占领更多的细分市场，从而达到规模经济和范围经济的效果。

（3）进一步积累品牌资产。通过品牌延伸，在现有品牌的旗下不断增加新产品，一方面可以进一步提高品牌的知名度，另一方面可以拓宽或改变品牌联想与形象，从而为现有品牌不断积累品牌资产。

(4)可以有效阻止竞争对手的进攻。通过品牌延伸,将现有品牌导入到多个产品领域,可以有效阻止竞争对手的进攻。例如,微软进入到IT行业的各个不同领域,其主要的目的就是想限制竞争对手侵占核心业务领域。

(5)可以为现有品牌增添活力。通过品牌延伸,扩展品牌的范围,可以给消费者带来一种新鲜感和活力感,从而为现有品牌尤其是老品牌增添活力。例如,索尼自1995年以来,在美国的民意测验中,一直被认为是最棒的3大品牌之一,其中索尼品牌的活力得分起到了关键性的作用。而索尼品牌的活力一方面源于索尼的创新精神和品牌联想,另一方面源于索尼品牌在一个很宽的产品类别范围内进行延伸。索尼品牌旗下的产品覆盖了包括民用电子、电子游戏、电影、剧院、保险和银行业等。这些产品类别大多加强和拓宽了索尼品牌的识别,增添了索尼品牌的活力。因此,通过品牌延伸是增强品牌活力的重要途径。

(二)现有产品类别中的品牌延伸

现有产品类别中的品牌延伸是指利用现有品牌在同一产品市场范围内所进行的品牌延伸。现有产品类别中的品牌延伸有两种形式:一是垂直延伸,又称纵向品牌延伸,即在现有品牌产品市场的基础上进入高于当前位置(高端)或低于当前位置(低端/经济型)的市场;二是产品线延伸,即通过改变风格、样式、包装或者尺寸等方式,让现有品牌延伸到同一个产品市场的不同位置。下面分别加以介绍。

1.垂直延伸。随着市场竞争的不断加剧和各种促销活动的不断增多,消费者对价格的敏感性大大增强,普遍存在着追逐低价的倾向,结果造成许多中档品牌的忠诚度大大下降。于是一些中档品牌不得不进行垂直延伸,开始从两个方向寻找新的细分市场:①在现有品牌产品市场的基础上进入高于当前位置的市场,即高端或高档市场,向上进行品牌延伸;②在现有品牌产品市场的基础上进入低于当前位置的市场,即低端市场或经济型市场,向下进行品牌延伸。

垂直延伸虽然可以开拓市场,但同时也面临着很大的风险。因此,在现有品牌产品市场的基础上进行垂直延伸必须慎重作出决策。

(1)垂直延伸决策。垂直延伸决策需要考虑以下3个方面的问题:

第一,是否存在足够的市场机会。垂直延伸无论是向上品牌延伸进入高端市场，还是向下品牌延伸进入低端或经济型市场，首先必须考虑到市场机会有多少，即进入市场的前景如何、市场的容量和吸引力有多大。过高地估计市场机会而进行品牌延伸容易招致失败。

第二，公司的竞争力。无论是进入高端市场还是低端市场，要想取得成功，必须要有足够的企业资源和竞争力。只有这样，才能把市场机会变成企业机会，否则，即使存在市场机会，也无力进入。

从实践经验来看，公司在现有品牌产品市场的基础上进入高端市场要想获得成功，要注意3个方面的问题：①要确保公司拥有足够的资源和竞争力，能够提供一个或多个可持续的差异化产品。品牌延伸进入高端市场，如果公司不能提供与竞争对手明显差异化的产品，就很难使消费者感觉得到公司的竞争力；②要注意增强差异化产品的相关性，使消费者感觉得到高端品牌属于自己；③要有效地传递顾客期望的质量水平，使消费者感觉得到高端品牌的高品质。

公司要想在现有品牌产品市场的基础上进入低端市场获得成功，必须拥有可持续发展的成本优势，否则将会不堪一击。

第三，选择何种品牌战略。任何品牌进入新的领域要想获得成功，必须要有良好的可信度。为了实现这个目标，垂直延伸也必须提高品牌的可信度。而要提高品牌的可信度，关键在于选择恰当的品牌战略。从前面介绍的品牌关系谱来看，通常可供选择的品牌战略有4种：①品牌化组合战略，也称综合品牌战略或大品牌战略。如果采取此种战略，就是无论经营现有品牌产品，还是进入高端或低端市场，都要采用同一主品牌。②主副品牌战略。如果采取此种战略，即在主品牌不变的情况下，利用副品牌进入高端或低端市场。③担保品牌战略。如果采取此种战略，即通过创建新品牌或购买在市场上有地位的强势品牌进入高端或低端市场，同时让主品牌为新品牌或购买过来的品牌提供担保，充当担保者角色。在这种情况下，进行广告宣传时，应着重宣传被担保品牌，而不宜宣传担保品牌。④多品牌组合战略。如果采取此种战略，即通过创建独立的新品牌或购买在市场上有地位的强势品牌进入高端或低端市场。

从品牌延伸的含义可知，除了多品牌组合战略不能作为品牌延伸的品牌战略以外，其他3种品牌战略均可作为品牌延伸的品牌战略选择。

在可供选择的3种品牌战略中，究竟选择何种战略，一方面取决于主品牌对产品的影响力，即如果主品牌能够提升产品，而且它的品牌联想不会受到干扰或妨碍，就可以选择品牌化组合战略，直接利用主品牌延伸到高端或低端市场；另一方面取决于延伸产品对主品牌资产的影响。如果延伸产品能够对主品牌起到提升作用，不会产生与主品牌不协调的联想，就可以采用品牌化组合战略或主副品牌战略进行延伸。

(2)品牌向上延伸。随着社会经济的发展和收入水平的增长，人们的消费水平不断提高。尤其是随着高收入阶层的形成和不断增多，他们需要通过一些高档品牌甚至顶级品牌或奢侈品牌如名车、名表、名鞋、豪宅、名酒、名烟、高档化妆品等来表现自我。与此同时，对企业经营者来说，经营高端市场虽然销量有限，但利润往往十分诱人。而且，通过经营高端市场，往往可以增强品牌的活力，提升品牌的形象。因此，在现有品牌产品市场的基础上向上延伸开发高端市场既是市场的需要，也是企业的需要。

但是，品牌向上延伸存在着一定的损害公司品牌或主品牌的风险。虽然人们普遍认为，品牌向上延伸存在的风险比向下延伸的风险要小一些，但毕竟都存在风险。一般来看，品牌向上延伸的风险主要源于公司缺乏在高端市场经营的经验和不能提供高品质、高品位的产品或服务，从而得不到消费者的认可。为了减少品牌向上延伸的风险，可以采取以下几种策略：

第一，提炼品牌的核心识别，使现有品牌能够在不同档次的市场上共同发挥作用。即通过提炼品牌的核心识别，使现有品牌能够在高端、中档和低端市场上都能发挥作用。例如，英国维珍品牌所具有的反传统的核心识别，使之能够在众多产品市场以及不同档次的市场上都能发挥作用，从而使得维珍品牌能够成功地延伸到众多领域。

第二，采用主副品牌战略进入高端市场。即一方面利用主品牌的优势和联想，开发高端市场，另一方面利用副品牌的作用突出高档产品的特性进入高端市场。这样，可以减少单独利用主品牌进入高端市场的风险。

第三，采用品牌化组合战略中的主品牌+描述性品牌的战略进入高端市场。描述性品牌可以向人们传递高端产品的信息，从而将其与一般品牌区别开来。例如，代表高档产品的描述性品牌有特别版、高级版、专业版、限量版、特选、金牌、私人珍藏、馆藏等。

第四，通过与有声望的品牌进行合作，增加高端产品的品牌可信度进入高端市场，从而减少自主品牌进入高端市场的风险。

第五,如果现有主品牌是强势品牌或领导品牌,要进入高端市场,可以割断现有主品牌与低端产品的联系,重新命名低端产品品牌,从而将现有主品牌定位于高端产品市场。例如,索尼公司通过品牌组合战略,将索尼品牌定位于高端产品市场,而把低端产品市场转移到爱华品牌上,从而改变了索尼品牌的形象。

第六,创建或购买独立的新品牌。如果现有品牌过于拖后腿,不能延伸到高端市场,唯一可行的办法就是创建或购买独立的新品牌。例如,丰田汽车品牌代表着经济、简洁而不是社会地位和舒适的象征,曾严重妨碍了它进入高档汽车市场,后来丰田公司通过创建凌志品牌成功地进入了高档汽车市场。

(3)品牌向下延伸。随着市场竞争的不断加剧和各种促销活动的此起彼伏,以及多种以低价经营为特色的零售业态和低价新产品的不断出现,使得越来越多的消费者从购买高档、中档品牌产品转向购买低档但质量和特性能够为人们接受的品牌产品。于是,出于规模经济和市场需要的考虑,很多企业开始在经营现有品牌产品市场的基础上,大量地向低端市场或经济型市场迈进,出现了品牌向下延伸的态势。

一般来说,品牌向下延伸比向上延伸要容易得多,犹如骑车走下坡路要比走上坡路容易得多一样。但同时,品牌向下延伸比向上延伸的风险也大得多。因为,品牌向下延伸容易给消费者造成品牌品质下降和品牌自我表现型利益降低的印象。中高档品牌往往具有自我表现型利益,具有独特的品牌个性,且与高品质相连。一旦它被用在低档市场并被一般的大众使用时,中高档品牌拥有的声望就会大大下降。例如,通用汽车的中高档品牌别克在中国市场推出的低档产品别克赛欧,就严重影响了别克品牌的形象。很多国内外中高档品牌在向下延伸的过程中都曾遇到过很大风险或遭受过失败。

此外,品牌向下延伸还很容易陷入低价竞争的困境。如果延伸战略采取不当,还很容易造成比现有竞争对手提供的产品价格偏高的印象,例如,世界著名酒店品牌——万豪曾经利用万豪品牌而不是后来采用的担保品牌 Fairfield lnn 进入经济型市场,结果顾客还是认为万豪经济型酒店比竞争对手的价格偏高。

因此,中高档品牌向下延伸必须慎之又慎。为了减少品牌向下延伸的风险,可以采取以下几种策略:

一是离开中档或高档市场,把现有地位已经不牢固的品牌重新定位为经济型品牌,从而避免风险。譬如,在市场上处于弱势地位的高档品牌,向上发展几乎没有什么空间,就可以对品牌进行重新定位,让它转到经济型市场上,也许能有更好的发展潜力。同样的,如果高档品牌遇到了形象退步的问题,也可以放弃原有的市场,对品牌进行重新定位,让它转到经济型市场上来。

二是提炼品牌的核心识别,使现有品牌能够在不同档次的市场上共同发挥作用。例如,宝马品牌所具有的"驾驶者的乐趣"的核心识别,是所有价位的宝马汽车所共有的识别,因此,无论是大型的宝马 7 系列、中型的宝马 5 系列,还是小型的宝马 3 系列,都使用宝马这一主品牌并未受到影响。与此相反,奔驰品牌的核心识别是高贵和名望,奔驰品牌曾经利用它的品牌推出低档轿车就出了问题。因为,高贵和名望不可能是所有档次的轿车所共有的品牌识别。

值得指出的是,在各个档次上使用现有品牌,必须保证各个档次的产品质量都比较优良,而不能出现劣质的产品。否则,品牌延伸进入低档市场必然损害现有品牌的形象。

三是将进入低端市场与中高端市场的品牌分离开来。具体可以采取主副品牌或担保品牌战略的形式将其分离开来。例如,前面提到的万豪酒店后来就是利用被担保品牌 Fairfield lnn 进入经济型市场而获得成功。

四是为低端市场创建或购买独立的新品牌。这种策略直接割断了现有品牌与新品牌的关系,对现有品牌来讲,公司业务领域的扩大对它的影响几乎很少。但是,在低端市场创建或购买独立的新品牌成本比较大,因此,在低端市场创建或购买独立的新品牌需要好好进行成本与收益的比较,否则将得不偿失。

2. 产品线延伸。与垂直延伸一样,产品线延伸有利也有弊。

(1)产品线延伸的益处。产品线延伸的益处主要表现为:

第一,可以扩大用户基础。忠诚于某一品牌的顾客会认为,产品线延伸是为了满足他们的需要,是专门为满足他们独特的需要而设计的,因而,产品线延伸有可能增加顾客对该品牌的忠诚度。当然,也可能排斥一部分不忠诚的顾客,他们会认为产品线延伸不是为他们服务的。但对于强势品牌来讲,产品线延伸往往能够扩大用户基础。为了使产品线延伸达到扩大用户基础的目标,可以通过增加产品的功能性利益,从而增强该品牌对新顾客的吸引力。

第二,提供多样化的产品选择。产品线延伸可以为顾客提供多样化的选择,使忠诚顾客不必求助于其他品牌,例如,别克君威推出的 2.0,2.5 和 3.0

版,就可以满足别克君威购买者多样化的选择。

第三,增强品牌的活力和知名度。产品线延伸还可以使品牌更富有活力、更贴近大众、更富有情趣和更具知名度。例如,海尔品牌提供的王系列、金王子系列、王子系列、统帅系列、喜系列、福系列、旅游冰箱系列等电冰箱产品为海尔品牌注入了朝气、活力,增强了海尔品牌的知名度。值得指出的是,对于老品牌来讲,利用产品线延伸来增强品牌的活力有特别重要的意义。

第四,体现产品创新性。产品线延伸为产品创新提供了一条可以体现的途径。例如,为了满足消费者多样化的需要,海尔品牌提供了系列电冰箱、彩电和空调,等等。如果没有产品线延伸,这些创新可能根本体现不出来。此外,通过产品线延伸带动产品创新,必然还会带动管理创新,激发企业的活力。

第五,阻击竞争对手。产品线延伸可能并不一定获得很高的收益和回报率,但是从战略的角度考虑,通过产品线延伸,可以占领更多的市场空间,从而阻击竞争对手的进入。这就是为什么很多强势品牌不计较财务回报而致力于产品线延伸的重要原因。

(2)产品线延伸的风险。产品线延伸在带来多方面利益的同时,也需要付出一定的代价和面临着一些风险。主要表现在3个方面:

第一,会增加品牌运营的成本。毫无疑问,产品线的延伸自然会增加品牌运营的成本,但是不一定增加品牌的销量。如果这样,从经济的角度来讲,就很不值得。

第二,可能会造成品牌管理和选择的混乱,分散品牌的集中度,从而使该品牌难以沟通。如前所述,产品线延伸可以增强顾客品牌选择的多样性,但同时也会带来顾客选择的难度。我们在第一章中提到,现在的消费者选择的余地不是少,而是实在太多了,以至于很多产品在消费者面前被视而不见。如果品牌管理不力、分销不当,就会造成顾客对品牌选择的混乱。如果这样,就会分散品牌的集中度,使品牌难以有效地与顾客进行沟通,反而影响品牌的发展。一旦出现这种局面,就必须削减延伸产品,提高品牌的清晰度。

第三,冲淡品牌的核心识别。品牌的产品线延伸不当,很容易冲淡品牌的核心识别,从而动摇品牌的地位。例如,世界最具价值的品牌之一万宝路,其牛仔的形象和男子汉的气概非常突出。后来,为了维持增长和发展,万宝路品牌先后推出了淡烟型、柔和型、薄荷型和超淡烟型香烟。结果,万宝路品牌的核心识别被逐渐稀释。万宝路品牌的产品线虽然增多了,但是万宝路品牌的销售额却出现历史上的第一次下滑。问题的症结很明显:真正的牛仔是不会抽淡烟型、柔和型、薄荷型和超淡烟型香烟的。这一延伸冲淡了万宝路品牌的牛仔形象和男子汉气概的品牌联想。因此,品牌的产品线延伸一定要慎重,不能随意扩展。

(3)产品线延伸成功的主要因素。从国内外大量的实证研究结果来看,产品线延伸成功的因素主要有以下几个方面:

第一,现有品牌的地位。强势品牌比弱势品牌进行产品线延伸的成功概率更大。

第二,现有品牌的联想。具有象征意义联想的品牌比具有功能意义联想的品牌进行产品线延伸的成功机会更多。

第三,公司资源的支持。得到有力广告和促销支持的品牌比支持不力的品牌进行产品线延伸的成功机会更多。

第四,延伸的时机。较早进行产品线延伸的品牌比后进行产品线延伸的品牌获胜的机会大一些。

第五,公司的规模和营销能力。公司规模大和营销能力强的品牌比公司规模小和营销能力弱的品牌进行产品线延伸成功的机会更多。

(三)不同产品类别的品牌延伸

不同产品类别的品牌延伸是指利用现有品牌在现有产品类别之外所进行的品牌延伸。毫无疑问,这种品牌延伸所进行的跨度较大,更需要认真作好不同产品类别中的品牌延伸决策。不同产品类别的品牌延伸决策就是要对现有品牌是否要进入新产品市场以及如何进入新产品市场进行决策。具体来说,主要包括三个方面的内容:一是现有品牌是否要延伸到新产品市场;二是如果可以进行延伸,品牌延伸到哪里;三是延伸方向决定之后,采取何种品牌延伸战略。下面分别进行阐述。

1.现有品牌是否要延伸到新产品市场。在考虑现有品牌是否要延伸到新产品市场时,应主要考虑3个方面的问题:①现有品牌是否有助于它的延伸?②品牌延伸是否能够提升现有品牌?③是否有充分的理由创造一个新品牌?对前两个问题的肯定回答和对第三个问题的否定回答,意味着可以进行品牌延伸;对前两个问题的否定回答和对第三个问题的肯定回答,意味着不应该进行品牌延伸,而应该创建一个新品牌。

关于现有品牌是否有助于延伸,需要考虑这样几个方面的因素:

(1)现有品牌的知名度。一般来说,现有品牌的知名度越高,就越有利于它的延伸。研究表明,人们对熟悉的事物往往有一种亲近感和好感。同样的,对知名度高的品牌也就有了一种喜好和亲和力。因此,知名度高的品牌有助于它的延伸。

(2)现有品牌与新产品的相关性。一般来说,现有品牌与新产品的相关性越强,就越有利于它的延伸。例如,佳洁士品牌从牙膏延伸到牙刷就很成功。海尔品牌从电冰箱起家,延伸到洗衣机、空调、电视等其他家电产品就很成功。因为,这些品牌与新产品都有很强的相关性。

(3)现有品牌的认知品质。理论与实践经验表明,现有品牌的认知品质对品牌延伸起到非常重要的影响作用,在某些情况下,甚至起到关键性的作用。这就意味着,现有品牌的高品质形象非常有利于品牌延伸,而品质一般的品牌,几乎没有多大的延伸价值。

(4)现有品牌的信任感。现有品牌的信任感越强,越有利于品牌延伸。品牌信任感代表着品牌承诺,代表着品牌地位,意味着可以减少消费者的购买风险,意味着公司不会推销有缺陷的产品,意味着公司对新产品可以提供支持。因此,信任感强的品牌有利于它的延伸。

(5)现有品牌的联想。强有力的品牌联想有助于新产品的宣传。一般来说,具有抽象意义的品牌联想比具有功能意义的品牌联想更有利于品牌延伸。这就是为什么维珍、索尼、迪斯尼、海尔、联想等品牌延伸得比较远的重要原因。

(6)现有品牌的忠诚度。现有品牌的忠诚度越高,拥有一大批忠诚的顾客群,有利于品牌延伸。

(7)现有品牌与延伸的匹配性。匹配性是指顾客对现有品牌出现在新的市场环境中是否认同。衡量匹配性的指标是现有品牌与新产品之间是否存在一种互补关系或存在某种合理的逻辑。如果存在一种互补关系或某种合理的逻辑,意味着现有品牌具有很好的延伸的匹配性,也就意味着现有品牌有利于延伸;反之,就不利于品牌延伸。例如,耐克品牌从运动鞋延伸到服装,就具有很好的匹配性,消费者都愿意接受。而红塔品牌从香烟延伸到地板,就缺乏足够的匹配性,消费者难以相信香烟企业可以去生产地板,结果红塔地板没有获得成功。

(8)现有品牌与延伸的可信度。可信度是指人们认为现有品牌是否有能力在新领域中进行销售。衡量可信度的指标是拥有现有品牌的公司是否具备必要的资产和能力来生产高质量的延伸产品。如果公司拥有很高的可信度,即拥有现有品牌的公司具备较好的资产和能力来生产高质量的延伸产品,则有利于品牌延伸;反之,就不利于品牌延伸。例如,海尔从电冰箱起家,由于具有很高的可信度,今天已成功地跨越多个产品领域。而著名空调品牌企业奥克斯进军汽车行业,就缺乏很高的品牌可信度,结果品牌延伸到汽车业惨遭失败。

关于品牌延伸是否有助于提升现有品牌,需要考虑品牌延伸对现有品牌资产会产生何种影响。一般来说,品牌延伸对品牌资产的4个维度,即品牌的知名度、感知质量、品牌联想与品牌忠诚都会产生影响。因此,品牌延伸应有利于提高现有品牌的知名度,增强现有品牌的感知质量,丰富现有品牌的联想和提高现有品牌的忠诚度。要避免品牌延伸的负面影响。譬如,前面提到的通用汽车公司生产的雪佛兰汽车,曾经一度是高品质的家庭轿车,在美国销量第一。后来雪佛兰品牌延伸到运动车、卡车和厢式货车,结果变得“四不像”:可便宜,也可贵;可以是私家轿车,也可以是运动车,还可以是卡车。这种延伸就大大影响了现有品牌的资产。

关于是否有必要创造一个新品牌,需要考虑以下几个方面的问题:

第一,新产品是否新到必须启用新品牌不可?

如果新产品与原有的产品迥然不同,具有很明显的新颖性,可以考虑为新产品启用新的品牌名称。这个新的品牌名称,可以是独立的,也可以是主品牌之后加上的一个新的副品牌。最终如何决定,取决于主品牌的延伸能力和公司的品牌决策。需要指出的是,如果原品牌已陷入困境,公司没有新产品,想启用一个新的品牌名称来解决存在的问题是不可取的。如果这样,启用一个新的品牌名称,一方面会造成资源浪费,另一方面还可能授人以笑柄。

第二,新的品牌名称会带来价值增加吗?

一些公司在业务发展的过程中,由于品牌管理不力,没有很好地发挥原有核心品牌的作用,结果虽然拥有了众多的品牌,但造成了品牌管理的混乱。如今一些多品牌策略的公司进行的品牌瘦身活动就是很好的例证。因此,在公司业务发展和增加新品牌之前,一定要分析新的品牌名称能够带来价值增加吗?如果是,则应增加;否则,就不应该随便增加新品牌。这里有一个问题值得指出，当公司业务发展时，培育一个新品牌虽然不值得，但如果不把新业务与公司其他业务区别开来则不利于公司发展时该怎么办？一种可行的策略就是利用主品牌+描述性品牌的办法来实现公司业务扩张的需要。例如，联想生产的税控专供电脑，这一市场相对有限，没有必要培育一个新品牌，于是该公司就没有像生产家用和商用电脑那样采取主品牌+副品牌命名的策略来满足市场的需要，而是采用了主品牌+描述性品牌的策略来满足市场的需要，即采用联想——国税专供机和联想——地税专供机的命名方式来满足市场的需要。

第三，在新产品上利用已有的成功品牌名称会带来品牌延伸的风险吗？

如果公司开发的新产品使用已有的品牌名称会损害或混淆已有的品牌识别或品牌形象，那么，就可以考虑启用新的品牌名称。否则，就可以利用已有的成功品牌名称进行品牌延伸而没有必要增加一个新品牌。

第四，公司业务是否支持建立一个新品牌？

如果公司新的业务足够强大，能够提供创建新品牌所必需的投资，同时，该品牌的预期存续时间能够足够长，则可以考虑建立一个新的品牌；否则，就没有必要创建一个新品牌而进行品牌延伸。因为，无论过去还是现在或将来，打造并维持一个品牌的代价是十分昂贵的。

第五，现有品牌所具有的品牌联想是否与新产品相协调？

如果现有品牌具有的品牌联想是与新产品相协调的，就没有必要增加一个新的品牌；反之，则可以考虑建立一个新的品牌。

第六，对购买来的品牌是放弃还是使用新品牌名称？

对于购买来的品牌往往存在这样的问题：是保留该品牌还是启用新品牌？对于这个问题的决策，需要考虑3个方面：①要考虑到出售方品牌的强度。②要考虑到购买方品牌的强度。即两方品牌的知名度、联想以及顾客忠诚度，等等。其中，顾客与购买方品牌之间的关系是关键。如果这种关系非常密切，并且难以转移，那么，保留出售方的品牌名称可能是一个比较好的决策。③出售方品牌与购买方品牌之间的品牌关系。如果保持品牌化组合关系，就得统一使用购买方品牌；如果保持担保品牌或多品牌关系，就可以保留出售方品牌。通常在大多数情况下，将品牌购买过来之后，往往统一改用购买方品牌名称。对于强势品牌或领导品牌来讲，更应如此。例如，惠普这些年来购买过几百个品牌，一直坚持统一使用惠普自己的品牌名称，即使购买过来的品牌拥有强大的知名度、品牌联想和顾客忠诚度也不保留。

第七，新产品与现有品牌的渠道是否存在冲突？

如果新产品与现有品牌的渠道存在冲突，就应该考虑使用新品牌。新产品与现有品牌的渠道之间存在冲突，一般有两种情况：一是现有品牌的渠道具有排他性。如果打破这种排他性，新产品使用现有品牌渠道，现有品牌的形象就会受到损害。如果这样，就应该使用新品牌。二是现有品牌渠道支持较高的价格，提供高水平的服务。如果该品牌在低价格的渠道中出现，就会影响它在高利润渠道中的生存能力。如果这样，通过新产品开辟低价市场，就不应该使用现有品牌，而应创建一个新品牌。

2. 向哪里延伸。如果通过多方面的分析，作出了现有品牌可以在新产品市场进行延伸的决策，那么，接下来的问题就是如何进行品牌延伸。而要解决这个问题，首先必须解决向哪里进行延伸的问题。要确定向哪里进行品牌延伸，需要做好4个方面的工作：

(1)通过延伸调查，找到可以利用的主要品牌联想。在第一章中，我们详细介绍过品牌联想的来源。按照戴维·阿克的观点，品牌联想主要有11大来源，包括产品属性或特性、产品无形性、产品的利益点、产品的相对价格、产品的使用/应用场合、产品的使用者/顾客类型、产品的代言人、生活方式与品牌个性、产品的类别、竞争对手、产品的产地11个方面。在这众多的品牌联想中，关键的问题是通过延伸调查找到哪些品牌联想可以利用，从而进行相应的品牌延伸。

(2)找到可以利用的主要品牌联想之后，据此确定相关的产品类别，其目的是使可供选择的产品类别能够与品牌联想相匹配，以确保品牌延伸成功。例如，市场调研机构通过对娃哈哈品牌延伸的市场调查，发现娃哈哈品牌可以利用的主要品牌联想是儿童、健康、食品和饮料。据此，娃哈哈品牌延伸的产品类别适合于食品、饮料和儿童市场。事实上，娃哈哈品牌延伸的产品基本上主要集中在食品、饮料和儿童市场上。娃哈哈品牌在成功推出儿童营养口服液之后，推出的娃哈哈罐头食品、娃哈哈乳品、娃哈哈饮用水、娃哈哈碳酸饮料、娃哈哈果汁饮料、娃哈哈茶饮料、娃哈哈运动饮料以及近年推出的娃哈哈童装系列，基本上与娃哈哈品牌的主要联想相匹配，因此，娃哈哈品牌在这些产品类别上的延伸是比较成功的。

(3)评估延伸调查所建议的产品类别。为了使品牌延伸获得成功，对延伸调查所建议的产品类别进行评估是非常必要的。评估的内容主要包括这样几个方面:延伸调查所建议的产品类别目前和将来是否有发展前景?其利润空间是不断扩大还是不断萎缩?现在和未来的竞争情况如何?其他细分市场是否存在与该品牌相匹配的机会?延伸该产品类别是否还有其他战略目标?

(4)对评估的产品类别进行选择和定位,即对最终向哪里进行品牌延伸作出决策。品牌延伸最终必须用一种具体的产品和定位策略走向市场。很多研究表明,新产品的好坏直接影响到品牌延伸的效果。因为品牌的优势可以帮助一个好的产品获得成功,但却无法改变一个衰落的产品的命运。因此,对品牌延伸的产品类别进行选择和定位非常重要。当然,对品牌延伸产品进行选择和定位要以品牌联想和顾客需求为导向。

3. 品牌延伸战略。在作出向哪里进行品牌延伸的决策之后,接下来的工作就是采取何种品牌延伸战略。

从前面介绍的品牌关系谱来看,品牌延伸战略可供选择的方案有三种:一是采取现有主品牌 + 描述性品牌的战略;二是采取现有主品牌 + 副品牌的战略;三是采取新品牌 + 现有担保品牌的战略。究竟采取何种品牌延伸战略,主要取决于现有品牌的强度、现有品牌的驱动作用、现有品牌与新产品的关系程度、新产品的特性、创建新品牌的代价以及新品牌是来自于公司内部还是购买于公司外部等方面。

六、品牌组合战略的运营与公司品牌的利用

如前所述,实施品牌组合战略的目标之一就是要形成品牌的合力和实现清晰度。而要达此目的,利用公司品牌则是最有效的工具之一。

(一)品牌组合战略中公司品牌的角色

公司品牌,顾名思义是指提供产品或服务的公司自身所拥有的品牌。在品牌组合战略中,公司品牌可以充当非常重要的角色。

1. 可以充当驱动者的角色。当公司品牌与产品的主品牌同名时,公司品牌可以充当很重要的驱动者的角色。例如,海尔、联想既是公司品牌,也是产品的主品牌,消费者在购买海尔、联想产品时,海尔、联想这些公司品牌就充当了很重要的驱动者的角色。对于公司品牌与产品的主品牌同名的公司来讲,公司品牌可以被看作是一个最终的品牌化集合体,其旗下的产品品牌大部分

是由公司品牌+副品牌或者公司品牌+描述性品牌组成的。在这种情况下，公司品牌作为产品的主品牌能最大限度地实现品牌组合的目标。如果能够充分利用公司品牌，可以形成品牌的合力和实现品牌的清晰度。同时，还能够激发公司的活力，为产品品牌带来差异性。

2. 可以充当担保者的角色。由于公司品牌代表着一个组织，拥有自己的文化，尤其是历史悠久和居于领导地位的公司拥有丰富的历史传统和经营规模，无论在物质上还是在精神上都可以支持它的产品。因此，公司品牌能够作为一个可靠的担保者，在产品功能和情感层面充当担保者的角色。当然，由于不同的公司及其品牌的影响力和地位有所不同，与产品品牌的联系程度或分离程度也不一样，因此，公司品牌在充当担保者的角色过程中，既可以充当强势担保者的角色，也可以充当影子担保者的角色。例如，通用汽车公司品牌对别克产品品牌就起着强势担保者的角色，而丰田汽车公司品牌对凌志产品品牌就起着影子担保者的角色。此外，值得指出的是，即便是同一公司品牌，在品牌组合中同样既可以成为产品品牌的强势担保者，也可以成为产品品牌的影子担保者。

需要指出的是，公司品牌充当的上述两个方面的角色，在品牌组合战略中，可以是单独充当其中的某一角色，也可以是同时充当上述两个方面的角色。例如，卡夫公司品牌作为奶酪、烧烤调味料、沙拉酱和蛋黄酱产品的主品牌，充当了驱动者的角色；与此同时，对卡夫公司的其他产品，卡夫公司品牌还充当了担保品牌的角色。

（二）品牌组合战略中公司品牌的作用

不管公司品牌是作为驱动者还是作为担保者，都可以对品牌建设起到重要的推动作用。具体来讲，公司品牌对品牌建设可以起到如下方面的推动作用：

第一，公司品牌能在组织联想中找到差异点。现实的情况是，随着竞争的加剧和时间的推移，产品和服务的同质化日益突出，但公司却可以千差万别。其主要原因在于公司可以有多种办法使自己与众不同，例如，公司可以在价值观、办事风格、经营技能、办公地点、办公设施、历史传统等方面寻找自己的特色，并使自己的特色与顾客密切相连，从而使顾客愿意消费自己公司的产品或服务。

第二,公司品牌可以利用组织所举办的各种活动提供品牌化的活力点。比起产品品牌,公司品牌能更好地利用组织所举办的各种活动。因为公司所举办的各种活动如促销、赞助等通常是跨越整个组织的,而产品品牌与它们的联系就非常薄弱。横跨不同产品类别的公司活动比起单个领域的产品活动效率一般会更高,影响一般会更大,活力一般会更加突出,从而使得公司品牌所开展的各种活动更能激发公司的活力。

第三,公司品牌可以提供更高的可信度。与产品品牌相比,公司品牌往往更加可信。因为公司品牌代表一个组织,拥有相应的资源和实力,具有一定的担保作用,因此,比单个的产品品牌,更能使顾客产生信任和喜爱。因此,强势品牌和领导品牌往往来自实力强大的企业。从这个意义上来讲,要做强品牌,应该先做大做强企业。

第四,利用公司品牌可以使产品的跨越范围和空间变得相对容易和有效。如果进入新的产品领域,或跨越不同地区或国度,采用不同的产品品牌,会使品牌管理变得非常繁杂,这样将不利于创造品牌的核心和实现品牌的清晰度。而公司开发新的产品进入不同的市场,利用公司品牌可以使产品跨越范围和空间变得相对容易和有效。因为这样做可以集中精力管理好公司品牌,而不需要去管理众多的产品品牌。

第五,利用公司品牌可以形成品牌的合力。如前所述,当公司品牌又是产品的主品牌时,公司品牌相当于品牌化的集合体,可以实现利用单个品牌的最大效率,即使产品线较长、产品范围较宽,也可以形成品牌的合力,把有限的资源集中到建设公司品牌这一主品牌上去。

第六,利用公司品牌可以推动产品品牌的传播。通常情况下,消费者在购买产品的过程中,往往首先关注公司品牌,然后选择产品品牌。因此,为了创建产品品牌,应充分利用公司品牌。在公司品牌可以成为品牌化集合体的情况下,最好的战略是利用公司品牌推广新的产品。

总之,在品牌建设的过程中,要充分发挥公司品牌的驱动作用、担保作用、联想作用、合力作用和推动作用,使公司品牌成为品牌建设的支点。

(三)品牌组合战略中公司品牌的管理

由于公司品牌在品牌组合战略中可以充当很重要的角色,对公司品牌建设具有多方面的作用,因此,为了发挥公司品牌的作用,有必要加强对品牌组合战略中公司品牌的管理。品牌组合战略中对公司品牌的管理主要应注意以下几个方面：

1. 界定公司品牌的边界，保持公司品牌的相关性。也就是说，公司品牌虽然能够充当一定的角色和具有一定的作用，但都是有条件和有界限的。这个条件和界限取决于该公司品牌的历史传承和公司的业务发展战略。

当公司品牌具有某种历史传统与某些产品类别有着很强的联系时，就会影响其相关性的范围和其延伸进入新的产品市场的潜力。例如，施乐公司品牌与复印机之间有着强劲的纽带关系，当它想进入一个更广阔的领域，想在数码成像技术方面占据主导地位时，就遭受到了挫折。因此，界定公司品牌的边界首先要考虑公司品牌的历史。

与此同时，还要考虑公司的业务发展战略。当公司的业务发展战略发生变化时，公司品牌本身也需要随之变化。例如，当 IBM 从一个电子商务公司转变为一个随需而变的电子商务企业时，IBM 公司品牌的识别和形象都发生了相应的变化，从而使得 IBM 公司品牌发挥了主要驱动者的作用。

2. 提供有效的价值主张。一个强势品牌应该能够提供有效的价值主张。与产品品牌相比，公司品牌更具有提供有效价值主张的条件。当公司品牌能够提供功能性利益的价值主张时，它将发挥巨大的驱动和担保作用。例如，戴尔公司品牌通过它的直销运行模式带来了显著的好处，如顾客定制、减少成本、配置最新的技术、与顾客互动等，结果使得戴尔公司品牌脱颖而出，成为众多消费者的首选。

同样的，当公司品牌能够提供情感上的或自我表现型利益时，也可以发挥巨大的驱动和担保作用。

3. 善于对危机进行管理。利用公司品牌的风险在于，容易使最终形成的品牌资产及其赖以存在的业务受到负面因素的影响。例如，菲利普·莫里斯公司几次遇到销售香烟危害健康问题的起诉，这对菲利普·莫里斯公司造成了很大的负面影响。又如，2005 年 8 月，光明公司牛奶事件对光明公司品牌造成了很大的负面影响。公司品牌一旦出现危机事件时，必须采取强有力的措施及时进行危机处理。在品牌激烈竞争时代，如果对危机处理不当，将有可能使一流的公司品牌走向消亡。

4. 提炼公司品牌的核心识别，使之适应不同的市场环境。公司品牌代表组织面向不同的利益相关者，同时，还可能涉及大量的产品品牌。这些产品品牌可能由公司品牌+副品牌或者由公司品牌+描述性品牌组成。当公司品牌涉足多个产品领域,如何发挥公司品牌的作用呢?答案就是,提炼公司品牌的核心识别,使之适应不同的产品领域和市场。只有这样,才能发挥公司品牌的协调作用和品牌合力。

案例 7-2

全聚德集团需要加强品牌组合战略管理

"全聚德"始创于清同治三年(1864),当时创始人杨全仁买下了位于老北京前门一家叫"德聚全"的干鲜果铺,将旧字号颠倒,聘请了京城秀才钱子龙写下"全聚德"三字制成牌匾,并把宫廷御膳"挂炉烤鸭"这一名肴引入民间,创立全聚德烤鸭店,距今已有近150年的历史。

如今全聚德集团已经发展成为拥有一批老字号品牌的全方位的餐饮集团,每个老字号品牌都极具特色,个性分明。除了全聚德烤鸭之外,仿膳饭庄以经营宫廷风味菜点和满汉全席而驰名中外;丰泽园饭店、四川饭店、鸿宾楼饭庄等都是以经营地方风味菜肴和特色面点著称;南宛北季人人皆知,烤肉季的烤羊肉、烤肉宛的烤牛肉,各有各的立身之道;砂锅居以满族特有的手法做出了飘香三百年的砂锅白肉,京风、京味十足。这些老字号品牌在广大消费者中拥有广泛的知名度,大都具有50年以上的历史,烤肉宛的品牌历史甚至达到300多年。其中极具开发价值的品牌有仿膳饭庄、丰泽园饭店、四川饭店、鸿宾楼、烤肉季、烤肉宛、砂锅居、护国寺小吃等不下10个,极大丰富了全聚德的品牌大家族。

全聚德集团各品牌在组合中的角色

全聚德餐饮集团按照市场细分的方式对品牌进行分组,各品牌有着不同的定位,覆盖低中高不同档次消费群体,在品牌组合中担当了不同的角色。

"全聚德"这个拥有近150年历史的中国老字号无疑在全聚德集团的品牌

组合中担当了战略品牌的角色。它是当前的实力型品牌，是为公司带来重要销售额和利润的品牌。因此，其目标就是继续扩大品牌现在的地位，并且为确立公司在餐饮领域的市场地位提供基础。“全聚德”品牌的经营范围涵盖了餐饮、面食品加工、熟肉制品加工等方面，主要产品有全聚德烤鸭店、全聚德品牌的真空烤鸭和各种鸭类熟肉制品，以及甜面酱、荷叶饼和月饼等。

“聚德华天”在全聚德集团的品牌组合战略中担当了银弹品牌的角色，旗下拥有20余个餐饮品牌。长期以来消费者已经将“全聚德”品牌划归为中高档品牌，需要有一定收入水平支撑，“聚德华天”刚好为“全聚德”这个品牌做了良好的补充。“民以食为天，放心就餐到华天”是华天集团的经营理念，两个品牌互为补充，形成了全聚德集团基本的品牌组合战略。

“丰泽园饭店”“四川饭店”“仿膳饭庄”是全聚德集团品牌组合战略中的侧翼品牌。丰泽园饭店是以海参为代表的中高档鲁菜，范围主要涵盖了餐饮、面食品加工、熟肉制品加工等方面。仿膳饭庄是以满汉全席为代表的宫廷菜，四川饭店则是中高档京味川菜。这几个品牌均为中高档正餐，但菜系定位各不相同、特点突出，在这个细分定位的市场中对战略品牌起到补充和保护的作用。

全聚德集团品牌组合战略存在的问题

全聚德品牌虽然已经拥有近150年的历史，但是全聚德集团作为一个多品牌的餐饮集团只有很短的时间，品牌组合战略更是处于起步阶段。作为中式正餐的品牌组合管理没有更多的成功经验可以借鉴，只能摸着石头过河。全聚德集团品牌在组合过程中还是出现了不少问题：

一是各品牌的经营范围有所重叠。由于餐饮业向食品加工业延伸最为便利，因此各品牌基本都涉猎到该领域。以“仿膳”“全聚德”“丰泽园”三个品牌的月饼为例，虽然在生产方面三家进行了整合，但容易使消费者的品牌认识发生混淆，宣传、销售成本同时加大。

二是品牌的清晰度需进一步加强。丰泽园和全聚德同时定位为中高档鲁菜，虽然一个以海参为代表、一个以烤鸭为代表，但其他菜品的重合度较高，品牌的清晰度不够。

三是品牌与市场趋势的相关性有待加强。虽然全聚德集团现拥有的品牌基本为老字号，有着各自的品牌文化和历史，具有民族特色，也被视为市场的发展趋势之一。但随着餐饮行业竞争的日益激烈，在外就餐成了一种生活方式，全聚德现有品牌的中高端定位与市场发展不完全相符，略显陈旧的品牌文化不被成长起来的"80后""90后"所广泛接受。

四是强势品牌的作用不明显和差异化不够。近年来从在外地拟开设全聚德直营店的城市进行的市场调查结果来看，"全聚德"品牌的知名度在62.8%到75%之间，而且当被访者被问及提到"烤鸭"想到的品牌是什么，60%以上的非北京受访者回答的是"北京烤鸭"。这种问题一是在20世纪70年代的"全聚德"确实更名为"北京烤鸭店"；二是改革开放以后，尤其是近些年广告的宣传力度不够，多以软文式宣传为主，虽然也起到了较好的效果，但并未造成声势效应。另外，"全聚德"作为强势品牌已拥有较高的知名度，收入和利润连年增加，但面对北京市场上2 000余家烤鸭店，差异化不够明显，面对近些年来兴起的烤鸭餐饮新贵，显得活力不足。

五是没有起到品牌组合对市场应有的控制。近些年来以海参为主打的中高档餐饮发展迅速，不断挤占该部分市场份额，而丰泽园的销售水平却没有明显增长。仿膳在高档旅游餐饮市场中也没有得到发展，四川饭店在时下流行的川菜市场中也没有分得一杯羹。以上这三个侧翼品牌在市场上的表现并未对"全聚德"品牌起到应有的保护作用。

六是品牌价值未得到充分利用。全聚德作为战略性品牌未充分发挥其作用，虽然重组整合各品牌已有多年的时间，但大部分消费者仍然将"全聚德"单纯地看作一个烤鸭店的品牌，而不是一个公司性的品牌。全聚德对旗下的"丰泽园""仿膳""四川饭店"品牌基本无担保和驱动作用。虽然"聚德华天"这一联合品牌中出现了"聚德"二字，但其代表的含义并不是所有消费者都知晓的，尤其是"华天"作为北京的老字号品牌，并未因全国性乃至世界性品牌"全聚德"的加入而有效地扩大其知名度。

七是银弹品牌的支持和管理不足。"聚德华天"作为全聚德集团内的银弹品牌，得到的资源有限，该品牌知名度的局限较大，绝大部分店面只是集中在西城区，近几年"庆丰包子""护国寺小吃"两个品牌的加盟在北京市发展较快，但品牌的宣传力度、加盟店质量有待提高。如果得到战略管理，品牌资源的充分支撑，"聚德华天"旗下品牌有能力发展成为"现金牛"品牌。全聚德在其他品牌的管理方面也存在不足，如在快餐发展方面，虽然运用了"阿德鸭"这个品牌，但过分强调了"全聚德"品牌的担保作用。"全聚德"已在消费者心目中形成了“中式正餐”“价格较高”的概念，其担保的品牌也让顾客产生了相似的联想，从而对被担保品牌造成了损害，反过来也使“全聚德”品牌受到了伤害。

案例思考题

如何解决全聚德集团品牌组合战略发展中存在的问题？

复习思考题

1. 阐述品牌组合战略的内涵。
2. 新产品上市时品牌可以扮演哪些角色？
3. 品牌组合中品牌所扮演的角色是什么？
4. 阐述品牌组合结构合理构建的主要方法。
5. 简述品牌组合图标的主要作用及品牌组合战略的主要目标。
6. 新产品上市时可供选择的品牌关系有哪些？
7. 什么是多品牌组合关系？并举例加以说明。
8. 什么是被担保品牌关系？并举例加以说明。
9. 什么是主副品牌关系？并举例加以说明。
10. 什么是品牌化组合关系？并举例加以说明。
11. 分别举例说明多品牌组合、被担保品牌、主副品牌、品牌化组合关系下定义产品时的品牌战略。
12. 品牌相关性的条件有哪些？
13. “应趋势而动型”公司应如何创造和保持品牌的相关性？
14. 在品牌组合战略运营过程中，为什么要创造品牌化的差异点？
15. 品牌化差异点的主要来源是什么？
16. 品牌化活力的主要特征是什么？
17. 品牌化活力点的主要来源是什么？
18. 如何管理品牌化的差异点和活力点？
19. 品牌联合与商业合作的关系是什么？

20. 品牌联合可能创造的机会与价值有哪些？
21. 简述品牌联合的主要类型及品牌联合不断兴起的原因。
22. 品牌延伸的目的是什么？
23. 简述垂直延伸决策的主要内容。
24. 简述减少品牌向上延伸以及向下延伸风险的主要策略。
25. 简述产品线延伸的风险与收益。
26. 现有品牌是否应延伸到新产品市场需要考虑的主要因素是什么？
27. 是否需要创造一个新品牌需要考虑的主要因素有哪些？
28. 简述公司品牌对企业品牌建设所起的作用。
29. 如何管理公司品牌？

第八章

品牌资产的测量与评估

本章学习要点

对品牌资产进行测量与评估是加强品牌管理的重要手段。由于品牌资产包括基于顾客层面的品牌资产、基于产品市场产出的品牌资产和基于金融市场产出的品牌资产3个方面，因此，品牌资产的测量与评估实质上就是对这3个方面所做出的测量与评估。本章首先介绍品牌资产测量与评估的基本目的、标准与基本内容，然后再详细介绍品牌资产测量与评估的5种模式和具体方法。

第一节　品牌资产测量与评估的基本目的与标准

一、品牌资产测量与评估的基本目的

1999年，在美国营销科学研究院主持的品牌资产计量研讨会上，理论界和实业界总结了品牌资产测量与评估的基本目的。概括起来，主要有5个方面：①指导营销战略及战术决策；②评估品牌的可延伸性；③评估营销决策的效

果;④通过与竞争者横向比较,或与自身的纵向比较,监控和跟踪品牌的健康状况;⑤在公司财务报告和金融交易中,给品牌赋予财务价值。

近年来,随着品牌兼并、收购的不断发生,越来越多的企业意识到了品牌资产价值的重要性,于是掀起了一股品牌资产价值评估的热潮。

二、品牌资产测量与评估的标准

1999年,在美国营销科学研究院主持的品牌资产计量研讨会上,理论界和实业界就理想的品牌资产测量需要达到的标准,形成了如下共识:①有充分的理论依据;②尽可能完善,涵盖品牌资产的所有维度,并且这些维度应有其明确的含义;③具有诊断力,能够反映出品牌价值的兴衰或涨落;④就收入流量和品牌可延伸性而言,能够反映品牌的未来走势;⑤客观性,以便不同的人使用测量工具能够得到同样的品牌资产测量结果;⑥数据容易获取,以便测量能够定期监测众多产品品类中多个品牌的价值;⑦结果为单一数据,便于跟踪研究,并传播品牌价值;⑧对高层管理而言,直观、可信;⑨说服力强、可靠和稳定,同时能够反映品牌健康状况的变化;⑩与其他相关的资产测量指标(如会计上的)存在关联效度。

可以说,1999年美国营销科学研究院主持的品牌资产计量研讨会,为理论界和实业界开展品牌资产的测量与评估提供了理想的思路。

三、品牌资产测量与评估的基本内容

在第一章中,我们对品牌资产概念进行了详细的分析,并指出品牌资产具有三种不同的概念模型,即基于顾客层面的品牌资产概念模型、基于产品市场产出的品牌资产概念模型和基于金融市场产出的品牌资产概念模型。因此,品牌资产的测量与评估实质就是基于这样3个基本要素所做出的测量与评估:①消费者要素;②品牌力要素;③财务要素。事实上,目前理论界与实业界所开展的品牌资产的测量与评估,就是建立在这3种基本要素中的一种或两种要素的组合上来进行的。

从品牌资产的测量与评估所考虑的上述3个基本要素来看,目前理论界与实业界所开展的品牌资产的测量与评估大致有5种模式:①消费者要素品牌资产测量与评估模式;②消费者要素+品牌力要素品牌资产测量与评估模式;③品牌力要素+财务要素品牌资产测量与评估模式;④消费者要素+财务要素品牌资产测量与评估模式；⑤财务要素品牌资产测量与评估模式。后面我们将对这5种模式及其代表性方法进行详细的介绍。

由于目前理论界与实业界所进行的品牌资产的测量与评估，只是建立在上述3种基本要素中的一种或两种要素的基础上进行的，因此，目前还没有一种测量与评估模式能够完全达到1999年美国营销科学研究院主持的品牌资产计量研讨会所提出的理想的品牌资产测量与评估标准。因此，如何更加科学合理地进行品牌资产的测量与评估还是今后理论界与实业界需要认真解决的重大问题。

从上面的分析可见，品牌资产的测量与评估包含丰富的内容，它不只是对品牌资产的财务价值的评估，我们不能把对品牌资产的测量与评估与对品牌资产的财务价值的评估等同起来。

第二节　品牌资产测量与评估的主要模式

我们前面已经提到，品牌资产的测量与评估主要有五种模式，下面分别加以阐述。

一、消费者要素品牌资产测量与评估模式

消费者要素品牌资产测量与评估模式，是指仅从顾客或消费者层面测量与评估顾客或消费者对品牌认知与反映的情况。该模式主要测量与评估顾客或消费者对品牌的知名度、认可度、忠诚度和联想度的有关情况。自凯文·莱恩·凯勒教授（1993）明确提出“基于顾客的品牌资产”概念模型之后，基于顾客或消费者的品牌资产测评模型不断涌现，并且一直成为理论界研究的重心。目前已产生了一些具有可操作性的品牌资产测评模型和方法，如Park和Srinivasan的两维度品牌资产测评模型、Yoo和Donthu的多维度品牌资产测评模型、比较法等。与此同时，一些国际品牌咨询公司也开展了这方面的品牌资产的测评服务，并提出了在国际上有影响力的品牌资产测评模型。如美国浪涛公司（Landor Associates）推出的品牌“形象力”（Image Power）测评模型和美国整体研究（Total Research）公司推出的“品牌资产趋势”（EquiTrend）测评模型。下面对理论界和实业界提出的这几个有代表性的测评模型进行简略的介绍。

（一）Park 和 Srinivasan 的两维度品牌资产测评模型

Park 和 Srinivasan（1994）较早从消费者的角度提出了品牌资产测量模型。他们提出可以通过消费者调查的方式来测量和理解品牌资产。他们认为，品牌资产就是因消费者感知而使品牌赋予给产品的附加价值。品牌资产可以分解为产品物理属性和非物理属性两个维度。从这两个维度出发，通过对消费者的调查，可以测量品牌资产。品牌资产的测量结果表现为消费者对品牌的总体偏好与因产品具体属性而形成的品牌偏好之间的差。研究结果表明：

1. 与产品物理属性无关的品牌联想比由产品物理属性形成的品牌认知对品牌资产具有更大的贡献率。这意味着，抽象层次的公司或品牌联想对品牌资产具有重要意义，这为品牌管理者制定营销策略提供了指南。

2. 基于顾客的品牌资产能够产生品牌溢价和占有率盈余。这就意味着基于顾客的品牌资产与品牌在产品市场上的表现之间存在着一定的逻辑关联。

（二）Yoo 和 Donthu 的多维度品牌资产测评模型

Yoo 和 Donthu（2001）在前人研究的基础上提出了基于消费者的多维度品牌资产（multidimensional consumer—based brand equity）测评模型。他们通过调查 3 种不同文化背景下的消费者（美国人、美籍韩国人、韩国人）对 3 类产品（运动鞋、胶卷和彩色电视机）共 12 个品牌的评价，建立了一个基于消费心理、跨文化的多维度品牌资产测评模型。他们发现，品牌资产由 3 个维度构成，即品牌忠诚度、感知质量、品牌联想/知名度。其中，品牌联想与品牌知名度为不可分的同一维度。值得指出的是，该模型所指的品牌知名度，相当于前面提到的凯文·莱恩·凯勒教授所提出的品牌知名度的两个亚维度，即品牌确认与品牌回忆。这一点可以从他们所做的测项语句中得到证实。在他们测量品牌联想/知名度的 5 个测项语句中，涉及品牌知名度的两个测项语句分别是：①“我能在其他竞争品牌中认出某品牌”；②“我知道某品牌”。涉及品牌联想的 3 个测项语句是：①“我能很快想起某品牌的一些特征”；②“我能很快想起某品牌的符号或标识”；③“我能在心中毫不费力地想象某品牌是什么样子”。不难看出，对照凯文·莱恩·凯勒教授所提出的品牌资产概念模型，该模型涉及品牌知名度的两个测项语句所反映的内容相当于凯文·莱恩·凯勒教授所提出的品牌确认的含义；涉及品牌联想的 3 个测项语句所反映的内容相当于凯文·莱恩·凯勒教授所提出的品牌回忆的含义。

通过研究该模型发现，品牌忠诚度与品牌资产之间的路径系数为：0.69，t = 15.46，感知质量与品牌资产间的路径系数为：0.10，t = 2.72，品牌联想/知名度与品牌资产的路径系数：0.07，t = 2.06。这就意味着，品牌忠诚度对品牌资产的影响分别大于感知质量与品牌联想/知名度对品牌资产的影响。与此同时，人们还发现，感知质量、品牌联想/知名度与品牌忠诚度之间又都存在着显著的关联性，即感知质量、品牌联想/知名度先影响品牌忠诚度，进而经由品牌忠诚度影响到品牌资产。

（三）比较法

比较法主要用来测试消费者对一个品牌的态度和行为。它能更直接地测量高知名度与高联想度品牌所产生的效益。比较法有两种基本类型：一种是以品牌为基础的比较法，它使用的实验方法是让一组消费者对目标品牌的营销方案的一部分或某些营销活动作出反应，让另一组消费者对竞争品牌或虚拟品牌的同一组成部分或营销活动作出反应，再将两种结果进行对比；另一种是以营销为基础的比较法，它让消费者对目标品牌、竞争品牌营销方案的各个组成部分或营销活动的变化作出反应，再将两种结果进行对比。也就是说，在以品牌为基础的比较法中，营销方案固定不变，着重测试消费者对品牌识别变化的反应；而以营销为基础的比较法则固定品牌，测试消费者对营销方案变动所引起的反应。此外，还有一种将这二者结合起来的方法——联合分析法。

1. 以品牌为基础的比较法。这种测量法通常是：实验时让一组消费者回答关于某个品牌的产品或营销方案中的一些问题，另一组（或几组）消费者回答关于另外一种或多种品牌的相同产品或营销方面的问题，典型的“其他品牌”通常是一些虚拟的已命名或未命名的某种产品、服务或竞争品牌。比较这两组的答案，以便对品牌资产进行深入的了解。

以品牌为基础的比较法最典型的方法是“盲目测试”法，即消费者在不知道品牌的前提下检验或使用某产品。研究结果表明，消费者在已知品牌和未知品牌的不同前提下得出的感觉明显不同。以品牌为基础的比较法也可用来确定有关价格边际和溢价的品牌资产利益。

2. 以营销为基础的比较法。以营销为基础的比较法是使品牌保持不变，检验由于营销方案变动引起的消费者的反应。以营销为基础的比较法可以测量品牌价格溢价问题,也可用于测量消费者对不同的广告策略执行情况或媒体计划的反应,等等。

3. 联合分析法。联合分析法是一种以调查为基础的多变量方法,它使营销者能够描绘出与产品和品牌相关的消费者购买决策过程。具体地说,就是要求消费者从许多精心设计的不同产品形象中作出选择,表明他们的偏好,研究者可以据此确定消费者在不同的品牌属性间的权衡,以及消费者对某种属性的重要程度的看法。

(四)浪涛公司的品牌"形象力"测评模型

浪涛公司是世界著名的品牌标识设计与品牌战略咨询公司。1988 年,该公司首次推出品牌"形象力"测评模型。

浪涛公司认为,影响品牌力的因素是多方面和复杂的,它要受品牌所经营的产品类别、品牌目标群的文化和态度、竞争的组合、品牌定位以及产品的功能品质等多方面的影响。因此,很难找出一种模型能够测量品牌的方方面面。为此,不如建立一个最简单明确的品牌测评模型。这个模型就是品牌"形象力"测评模型。

品牌形象力模型假定,要建立一个强大的品牌,该品牌必须为广大消费者所认知和尊重,即人们必须熟悉该品牌并且对它产生良好的感觉。尽管熟悉和尊重这两方面要受多种因素的影响,但是它们可以看做是对品牌多方面有效管理的结果。品牌形象力测评模型可以用来衡量品牌熟悉和品牌尊敬情况。为了反映这一情况,可选取这样两个指标:一是顾客"心智占有率"(Share of Mind,SOM),即人们对品牌的认知度(how well a brand is known)或了解程度;二是"尊重"(Esteem),即人们如何评价品牌(how well a brand is regarded)。

浪涛公司推出的品牌形象力测评是通过问卷调查来进行的。它要求每位受访者根据顾客心智占有率和尊重两个测试量表来评定品牌。评定等级采用5 点量表和多步骤询问法来进行;评定之后各自得出顾客心智占有率和尊重两个指标的积分;在计算品牌形象力的总分时,顾客心智占有率和尊重两个指标赋予相同的权重,即两个指标的得分通过简单加权平均即为品牌形象力的最后得分。然后根据这 3 个方面的得分分别排出品牌的不同排名。

下面是 1990 年该公司推出的美国、欧洲和全球前 25 名品牌的品牌形象力排名。具体情况如表 8-1 所示。

表 8－1 1990 年美国、欧洲和全球前 25 名品牌的品牌形象力排名

	美国			欧洲			全球		
综合排名	公司名称	心智占有率排名	尊重排名	公司名称	心智占有率排名	尊重排名	公司名称	心智占有率排名	尊重排名
1	可口可乐	1	5	可口可乐	1	10	可口可乐	1	6
2	坎贝尔	6	1	索尼	3	1	索尼	4	1
3	迪斯尼	10	2	奔驰	8	3	奔驰	12	2
4	百事可乐	4	11	宝马	11	2	柯达	5	9
5	柯达	8	4	飞利浦	2	6	迪斯尼	8	5
6	NBC	3	16	大众	4	7	雀巢	7	14
7	百得	15	3	阿迪达斯	6	9	丰田	6	23
8	家乐氏	9	7	柯达	7	8	麦当劳	2	85
9	麦当劳	2	84	妮维雅	5	14	IBM	20	4
10	好时	22	6	保时捷	18	4	百事可乐	3	92
11	李维	18	10	沃尔沃	16	12	劳斯莱斯	23	3
12	通用电器	14	14	高露洁	9	24	本田	9	22
13	西尔斯	5	79	劳斯莱斯	28	5	松下	17	10
14	贺曼	32	9	李维	21	13	李维	16	8
15	强生	35	8	福特	15	31	舒洁	13	16
16	Betty Crocker	26	12	猎豹	38	11	福特	10	24
17	卡夫	24	13	芬达	10	51	大众	11	26
18	舒洁	20	19	雀巢咖啡	13	56	家乐氏	14	30
19	Jell－O	16	26	百得	25	20	保时捷	27	11
20	泰诺	28	18	埃索	17	42	宝丽来	15	44
21	AT&T	12	62	米其林	29	21	宝马	32	12
22	佳洁士	31	28	乐高	41	15	高露洁	21	51
23	金霸王	39	20	博世	43	16	精工	33	15
24	IBM	46	17	标致	19	50	雀巢咖啡	19	64
25	织机之果	25	41	奥迪	36	22	佳能	35	17

注：上述排名，美国市场是从 2 000 个品牌中选出来的，欧洲和全球市场各选定了 800 个品牌。
资料来源：David A. Aaker, etc：“*Brand Equity & Advertising*”, Lawrence Erlbaum Associates, Inc. 1993.

从调查研究和品牌的排名情况来看,浪涛公司的品牌形象力测评模型反映了品牌资产具有这样两个方面突出的特点:①没有一个强势品牌能够在顾客“心智占有率”和“尊重”两个方面都做到并驾齐驱。例如,可口可乐在世界范围内获得了最高的“顾客心智占有率”,而在“尊重”方面却位居第6;索尼在“尊重”方面位居第1,但在“顾客心智占有率”方面却位居第4;奔驰在“尊重”方面位居第2,但在“顾客心智占有率”方面却位居第12。②处于不同国家和细分市场的品牌,其品牌形象迥然不同。例如,在美国,具有较高地位的是那些消费品行业的品牌;而在日本和欧洲,则是一些汽车品牌具有较高的地位;在日本,零售商的品牌地位也很高。从细分市场来看,以年龄为例,18~29岁年龄段的消费群体对麦当劳的打分要明显高于其他年龄段的消费群体;以性别为例,像欧莱雅、新自由主义(New Freedom)等品牌在女性当中有较高的评价,而像花花公子、福特福宝(Motorcraft)等则在男士们当中有较高的名气。

浪涛公司通过对品牌形象力的研究还发现,影响品牌形象力的因素主要有8个方面,它们分别是:①品牌寿命。品牌是长期建立起来的,品牌力的建立是一个长期的投资过程。②品类。品牌经营的产品或服务类别会成为影响品牌形象力等级的强有力的帮助或障碍,例如,娱乐、食品、软饮料和汽车品牌,其品牌形象力都整体位居前列。③质量。品牌质量和可靠性是每个品牌赢得公众可信度的基础。质量最好是能够长期不断地满足消费者的期望。④媒体支持。在“顾客心智占有率”排名最高的品牌大都得到媒体的大力支持,但花费颇高。⑤个性和形象。强势品牌几乎都拥有清晰的品牌形象。⑥连贯性。保持传统和连贯性是一个品牌获得消费者年复一年的肯定的重要条件。其中连贯性的关键是信息的连贯性而不是执行上的千篇一律。⑦更新。强势品牌必须经常更新自己,使它们与新一代的消费者保持相关性。⑧效率。经营多品类的品牌比经营单品类的品牌其品牌形象力要大一些,因此,经营多品类的品牌在形象力排名中要靠前一些。

(五)整体研究公司的“品牌资产趋势”测评模型

美国整体研究公司“品牌资产趋势”测评模型认为,品牌资产的测评可以使用“感知质量”(Perceived Quality)、品牌“显著性”(Salience)和“用户满意度”(User Satisfaction)3个指标。其中最能反映品牌资产的测量指标是消费者对品牌的“感知质量”(Perceived Quality)。因为该公司研究发现,消费者对品牌的感知质量与消费者对品牌的喜好程度、信任程度、自豪感和口碑传播等高度相关,因此,"感知质量"成为该模型评价的核心。

为评价消费者对品牌的"感知质量"情况,该公司设计了一个11分制的测量表,按照从"杰出的"到"令人无法接受的"顺序进行评分。在该测量表中,"0"表示"质量很糟糕或质量令人无法接受的","5"表示"可接受的质量","10"表示"杰出的或超乎一般的质量"。该模型研究发现,消费者对品牌的感知质量状况与品牌的档次及市场占有率高度正相关。

品牌的"显著性"指标主要测量受访者对品牌发表意见的百分比。该指标在调查时要求受访者发表对品牌的看法。

"用户满意度"指标主要测评最经常使用某品牌的消费者对该品牌质量的满意度。通过这一指标可以了解某一品牌在用户群里所具有的优势,例如,根据1995年的调查研究,MTV在感知质量指标上的排名是第100(得分5.2),而在用户满意度指标上的排名却是第2(得分9.3);丰田在感知质量指标上的排名是第62(得分6.7),而在用户满意度指标上的排名却是第4(得分9.19);雅诗兰黛在感知质量指标上的排名是第38(得分7.0),而在用户满意度指标上的排名第5(得分9.1)。衡量用户满意度常常遇到的问题是,有些品牌如梅塞德斯—奔驰在使用时发生故障的概率非常少,因此,仅仅采用一个区域内的样本不足以评价用户满意度指标。

上述3个指标共同构成"品牌资产趋势"测评模型的品牌资产评价体系。表8-2是美国整体研究公司1990~1995年调查排列出来的全美前6名品牌的排名情况。

表8-2 排名靠前的品牌资产趋势的一致性

品牌	品牌排名					
	1990年	1991年	1992年	1993年	1994年	1995年
柯达	3	2	2	3	3	1
迪斯尼世界	—	1	1	1	1	2
梅塞德斯	2	3	8	8	5	3
迪斯尼乐园	—	1	1	1	2	4
贺曼	6	5	4	4	4	5
快思	5	6	5	5	6	6

资料来源:David A. Aaker:"*Building Strong Brands*",Free Press,1996,P311.

从表8－2的排名情况可见，排名靠前的美国领导品牌，多年来其排名次序基本上比较稳定。这说明，强势品牌往往具有高度的稳定性，而强势品牌所具有的这种高度稳定性，主要得益于其清晰的品牌定位。

美国整体研究公司在美国每年调查2 000个受访者，1990年开展了第一期“品牌资产趋势”研究，测量了100个品牌的资产；1991年第二期研究测量了131个品牌。至1995年，该公司测量了100个产品类别的700多个品牌。该模型所选取的样本虽然较小，但却提供了长期的数据，因此，能够较好地判别品牌资产的动态发展情况。

人们通过对美国整体研究公司品牌资产趋势模型的数据进行深入分析，发现品牌资产还具有这样几个方面的特征：

1. 品牌的感知质量高可以与高价位相联系，例如，柯达、奔驰、李维、贺曼与其竞争对手富士、别克、Lee和问候（Greetings）相比，消费者对其感知质量高，因此，它们被视为高价品牌。反过来，品牌的高价位又使得其高品质得到消费者的认可。于是，当品牌的高品质感知产生之后，提高价格不但能够带来收益，而且还能够支撑品牌的高感知质量。

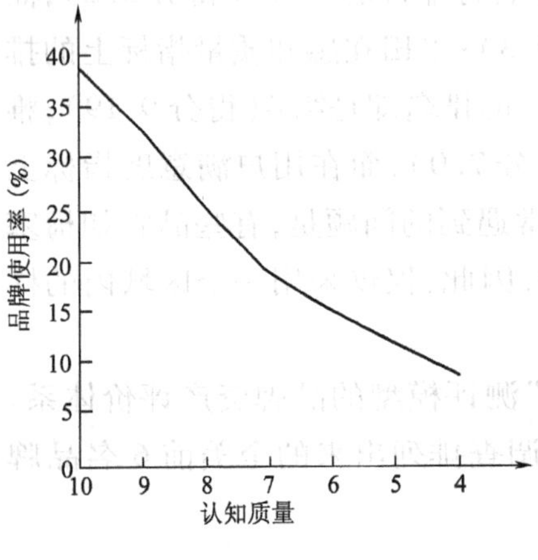

图8－1　品牌资产/销售关系图

2. 最常使用某一品牌的消费者的百分比与他们对该品牌的感知质量的打分之间存在一种直接的线性关系，例如，39%的消费者对某一品牌的质量打分为10，同时表示该品牌是他们最常使用的品牌。当感知质量的评分下降时，消费者对该品牌的使用率也就下降了。这种线性关系如图8－1所示。

不过，上述线性关系在高端市场上有些失灵，例如，在那些对梅赛德斯—奔驰打了满分10的消费者中，只有2%的人经常开奔驰，而开过奔驰的人当中80%的消费者对其评价是很高的。

3. 高品质的品牌其价格弹性低于一般品质品牌的价格弹性。在研究中发现，当价格上涨10%时，高品质品牌的销售额比一般品质品牌的销售额下降的幅度要小得多。

4. 在与股票回报的有关的品牌中，品牌资产状况与股票回报密切相关，例如，品牌资产稳定增长，股票投资回报就有保障。

二、消费者要素+品牌力要素品牌资产测量与评估模式

消费者要素+品牌力要素品牌资产测量与评估模式是指，在考察消费者对品牌认知与反应的基础上，结合品牌在产品市场上的表现来测量与评估品牌资产。该模式的代表性测评模型有杨·鲁比肯（Young & Rubicam）公司的"品牌资产评价"（Brand Asset Valuator）模型和戴维·阿克的品牌资产十要素评价模型。

（一）杨·鲁比肯公司的"品牌资产评价"模型

杨·鲁比肯公司是一家大型的跨国广告公司，与前面提到的浪涛公司一样，同属于英国最大的广告与传播 WPP 集团。杨·鲁比肯广告公司在借鉴其姊妹公司浪涛公司品牌形象力模型的基础上，发展并建立了品牌资产评价模型。该模型认为，"品牌是连接产品与消费者的一系列差异化的承诺"，而这些承诺又是建立在消费者头脑中对品牌的"差异性"（differentiation）、"关联性"（relevance）、"尊重"（esteem）和"知识"（knowledge）4 个具体层级的理解基础之上。该公司已对全球35 万多个消费者进行了55 个题项的消费者理解方面的测量，涉及品牌达20 000 多个。通过测量表明，不论品牌经营的产品类别如何，国别有何差异，品牌寿命有何不同，上述4 个层级方面的测量可以评估品牌目前的成绩与地位，同时还可以预测品牌未来的潜力。因此，借助该模型，管理者们可以有效地发现市场机会和管理品牌风险。

杨·鲁比肯公司认为，目前品牌分析与评价存在的普遍现象是，当品牌在消费者的心目中出现问题之后，才会有一些滞后的分析，但这时再挽救品牌往往来不及了。因此，评估品牌目前的成绩与地位十分重要，预测品牌未来的潜力则更加重要。而该公司推出的品牌资产评价模型，不仅关注对滞后指标的分析，更关注对先行指标的分析，因此，该模型可以达此目的，具有革新性。

杨·鲁比肯公司的品牌资产评价模型发现，品牌是建立在消费者头脑中对品牌的"差异性"、"相关性"、"尊重"和"知识"4 个具体层级的理解基础之上，这4 个层级的递进过程实质上反映了品牌关系的建立过程。具体情况如图8－2 所示。

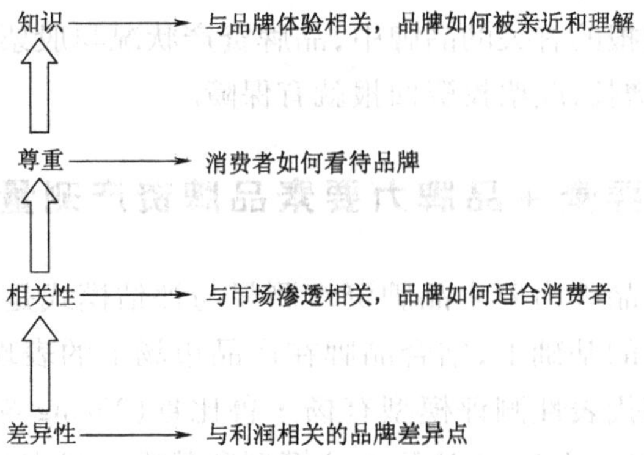

图8－2　杨·鲁比肯公司的品牌动态创建模型

杨·鲁比肯公司认为，品牌资产评价模型之所以选择品牌的“差异性”、“相关性”、“尊重”和“知识”4大支柱进行评价，是因为从动态的角度来看，它们可以解释品牌如何成长、品牌为何出现问题，并帮助品牌回到健康成长的道路上来。

在上述4大评价指标中，品牌的“差异性”是品牌成功的关键。也就是说，品牌要成功地建立，首先必须建立品牌的差异性。正如WPP集团首席执行管马丁·索内尔（Martin Sorrell）所言：“在生产能力过剩的产业竞争中，制造和销售差别化至关重要。”

品牌的“差异性”，主要衡量与市场上的其他品牌相比，该品牌有什么特色。它包括3个方面的要素：①与众不同（Different）；②唯一性（Unique）；③特色（Distinctive）。与众不同就是要赢得与竞争对手不同的供给能力。与众不同可以是正面的，也可以是负面的；可以是喜欢的，也可以是不喜欢的。唯一性主要体现品牌的本质、信仰和个性。唯一性与品牌的创造性与真实性高度相关。特色包括品牌的声誉和定价能力，主要反映品牌的溢价能力。通过分析发现，新创建的成功品牌在品牌差异性方面的排名都高于其他3大评价指标的排名。这就意味着，新创建的成功品牌首先应该创造品牌的差异性。当然，对任何品牌而言，品牌的差异性都非常重要。品牌资产评价模型分析发现，随着品牌的成熟，品牌的差异性常常具有下降的趋势。品牌差异性的降低是一个明确的危险警告，并且往往是第一危险警告，因为，品牌差异性下降往往先于其他指标。品牌差异性的降低意味着品牌在逐渐走向消亡。因此，成熟的品牌要铸就百年品牌一定要保持品牌的差异性。可以说,品牌的差异性是驱动品牌火车前进的引擎。

品牌的“相关性”是品牌发展的第二步,它主要衡量一个品牌是否与消费者个人有关。对于消费者来说,该品牌是否有意义?就个人而言,该品牌是否合适?品牌如果与消费者不具有相关性,或者品牌个性与消费者不相宜,品牌便不能吸引消费者,也不能保留消费者。例如,法拉利与美洲豹在差异性方面做到了极致,但在相关性方面却很低,结果是很少有人会认真考虑购买一辆法拉利或美洲豹,主要原因是这些汽车在日常生活中不实用,或者是实在太贵了。如前所述,品牌的差异性是品牌成功的关键,但当品牌的差异性建立起来之后,品牌的“相关性”就是品牌保持竞争力的重要源泉。

品牌的“差异性”与“相关性”之间的关系,在不同的国家呈现出很大的差异。一般而言,在发达国家,品牌的差异性要求更加突出,因为那里产品大量过剩,品牌众多,品牌没有差异性就很难立足。因此,在发达国家,品牌的“差异性”与“相关性”之间关联性较低,品牌的“差异性”建立起来之后,品牌的“相关性”并非自然而然就能够建立起来。例如,在美国,品牌的“差异性”与“相关性”之间的关联性就很低。

品牌的“差异性”与“相关性”是构成“品牌实力”(Brand Strength)的关键因素。“差异性”是品牌成长的关键,“相关性”是品牌壮大的基础。尤其是在日用消费品市场,品牌的“相关性”是市场渗透的关键。例如,柯达、AT&T、坎贝尔等,在美国就有很高的相关性和市场渗透力。一般说来,利基品牌(Niche Brand)在一般消费者心中常常具有高度的差异性和较少的相关性,但在特殊消费者心中也具有高度的相关性。在高利润的品牌中,品牌的“差异性”与“相关性”非常密切。品牌的“差异性”与“相关性”之间的关系,可以创造出一个很大的商机。高价的化妆品、香水、时装品牌就属于这一类型。因此,创造与消费者相关的差异性是所有品牌成功的关键。

品牌“尊重”是品牌资产评价模型的第三个关键测量指标,它主要衡量一个品牌是否得到很好的评价,以及是否被认为是所在产品大类中最好的。品牌“尊重”程度与品牌的认知品质和品牌实现它的承诺状况密切相关,它可以反映消费者喜好品牌的广度和受欢迎的程度。没有品牌的“差异性”与“相关性”,就没有品牌“尊重”。但建立在品牌的“差异性”与“相关性”基础之上的品牌“尊重”,比前二者持续得更久。

品牌"尊重"受两个方面因素的影响:①认知质量;②受欢迎程度。认知质量与品牌"尊重"极为密切,当品牌受到广泛欢迎后,认知质量与品牌"尊重"的关系更加密切。从一定意义上来讲,质量代表着对品牌的自身体验,受欢迎程度代表着对品牌其他方面的体验。

品牌"知识"是品牌资产评价模型的第四个测量指标,它主要衡量人们对该品牌所代表的内涵的理解。当一个品牌建立了相关的差异性,并且受到了消费者的尊重时,消费者的品牌知识将接踵而至。消费者对品牌的充分理解意味着消费者对品牌的内涵十分熟悉。消费者对品牌的充分理解并非建立在媒体的大肆宣传上,品牌被理解需要时间,但必须要做到,因为消费者对品牌的理解是市场营销与沟通以及消费者对品牌体验的最终结果。因此,可以说消费者的品牌知识是建立在亲近与理解的基础之上。

值得指出的是,上述4大指标的得分排名,是一个百分比的排名。例如,2003年上半年,易趣(eBay)网在杨·鲁比肯公司评价的全美2 340个品牌中,品牌"差异性"百分比排名是第97,这意味着易趣网品牌的"差异性"排名居97%的品牌排名之上。具体情况见图8-3。

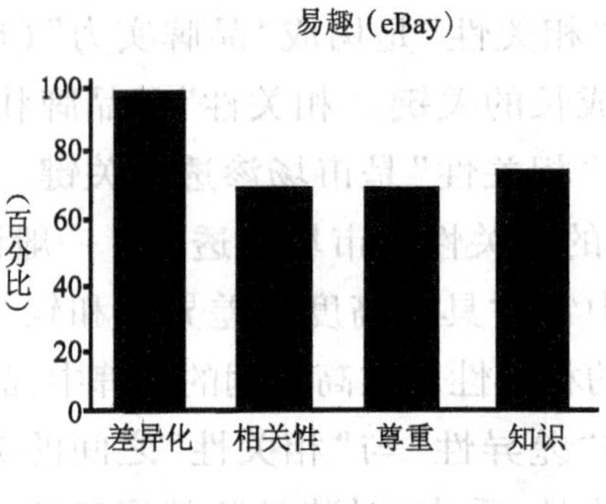

图8-3 易趣(eBay)网百分比的排名

测量4大支柱之间的品牌关系是诊断品牌健康状况的关键。健康品牌有两种模式:

第一,当"差异性"大于"相关性"时,意味着品牌还有成长的空间。如2005年之前,哈雷-戴维森(Harley Davidson)、宜家(Ikea)、雅虎(Yahoo!)等等就属这一类;而当"相关性"大于"差异性"时,品牌便走向商业化。这时品牌的唯一性在逐渐消失,品牌的价格成为影响消费者购买的主要因素。像今天的麦当劳、佳洁士、美汁源（Minute Maid）、埃克森等就属这一类。这两种情况如图8－4所示。

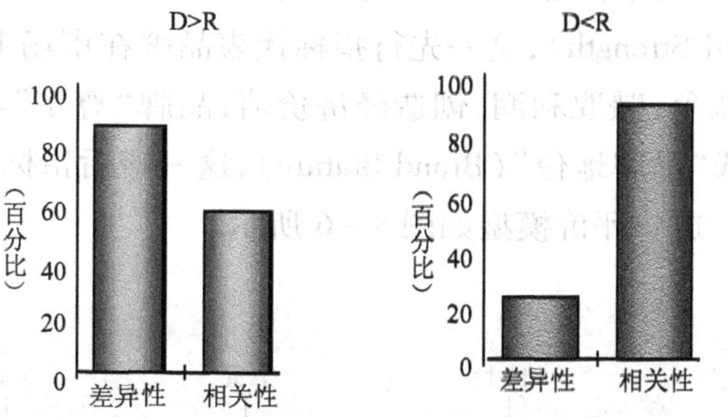

注：D——Differentiate,差异性；R——Relevance,相关性。

图8－4　品牌差异性与相关性的关系及品牌发展

第二，当"尊重"高于品牌"知识"时，消费者更有兴趣想了解品牌。这就意味着，消费者喜爱品牌胜于了解品牌，因而想进一步了解品牌，如2005年之前，豪雅（TAG Heuer）表、卡佛龙（Calphalon）锅具、摩凡陀（Movado）表、蓝宝（Blaupunkt）音响、奔迈（Palm）掌上电脑等就属这一类；当品牌"知识"多于"尊重"时，消费者对品牌非常熟悉，了解品牌胜于喜爱品牌，因此，消费者没有想进一步了解品牌的动机，如今天的克莱斯勒（Chrysler）、麦斯威尔焙烤咖啡（Maxwell House）、雀巢咖啡（Nestle）就属这一类。值得一提的是，消费者对品牌的过分了解，对品牌经营是一件危险的事情。这两种情况如图8－5所示。

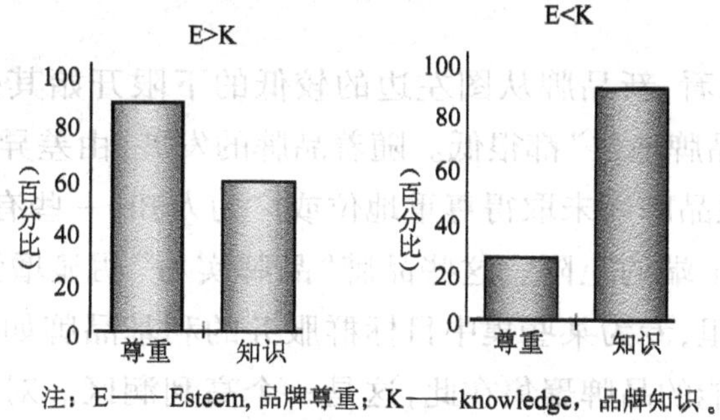

注：E——Esteem，品牌尊重；K——knowledge，品牌知识。

图8－5　品牌尊重与品牌知识的关系及品牌发展

杨·鲁比肯公司的"品牌资产评价"模型在以上4大支柱评价因素的基础

上，将品牌“差异性”与“关联性”结合而成的先行指标和品牌“尊重”与品牌“知识”结合而成的滞后指标组合起来，组成品牌的两大支柱。这两大支柱构成品牌生命的基础。其中，品牌“差异性”与“关联性”两个方面的结合构成“品牌实力”（Brand Strength），这一先行指标代表品牌在市场上的生存能力，它可以使品牌抵御竞争，赚取利润，创造经济价值；品牌“尊重”与品牌“知识”两个方面的结合构成“品牌地位”（Brand Stature），这一滞后指标代表品牌在市场上受欢迎的程度。这一评价模型如图 8－6 所示。

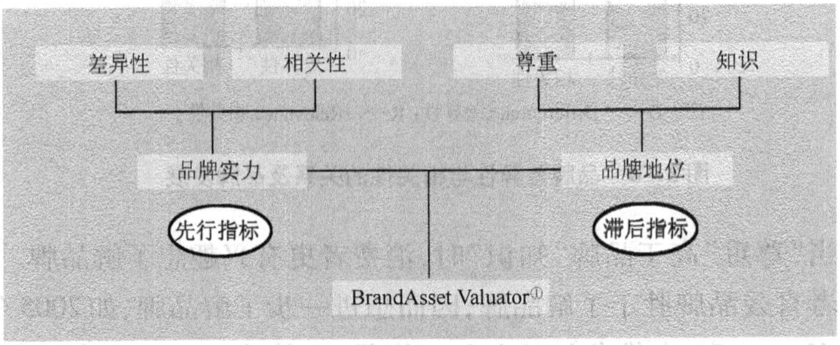

图 8－6　杨·鲁比肯公司的品牌资产评价模型

在上述评价模型的基础上，该模型用两维图来衡量“品牌实力”和“品牌地位”。这个两维图构成品牌力量矩阵（The Power Grid）（参见图 8－7），纵轴代表“品牌实力”，反映品牌的“差异性”与“相关性”；横轴代表“品牌地位”，反映品牌的“尊重”与“知识”。这个力量矩阵提供了一个发现和诊断品牌生命的模型。

从图 8－7 来看，新品牌从图左边的较低的下限开始其生命历程，最初其“品牌实力”和“品牌地位”都很低。随着品牌的发展，由差异化启动品牌成长，而后是相关性，但品牌尚未取得尊重地位或广为人知，一些有“品牌实力”的品牌会上升到左边上端的上限。这些品牌“品牌实力”明显增强，但“品牌地位”相对较低。在这里，专为某些集中目标群服务的利基品牌如星巴克、斯沃琪等和还没有实现潜能的品牌聚集在此，这是一个高利润区。对这类品牌来讲，其面临的挑战是如何巩固品牌实力，提高品牌地位。为了使投资者价值最大化，品牌应该通过杠杆交易移动到图 8－7 右边上端的上限，这是强势领导品牌阵地。它们的品牌实力很强，同时品牌地位很高。这些强势领导品牌，可能是老品牌，如可口可乐、奔驰，也可能是相对年轻的品牌，如微软、耐克。在这里，品牌如果管理得当，可以长期保持其强势地位；如果不再保持其品牌实力，品牌将走向衰落。一般地说，品牌走向衰落，首先遇到的麻烦是品牌"差异性"的降低，品牌实力下降，从而导致品牌地位下降。品牌"差异性"降低还将造成品牌延伸能力的减退和巨大无形资产的损失。在图 8－7 右边下端的下限，该领域的品牌是品牌实力大大下降但品牌地位还较高的品牌，即这些品牌已经衰退但仍获得消费者某种程度的认识与尊敬。在这些品牌中，2/3 的品牌"尊重"低于品牌"知识"，90% 的品牌"相关性"高于"差异性"。品牌生命历程的具体情况如图 8－7 所示。

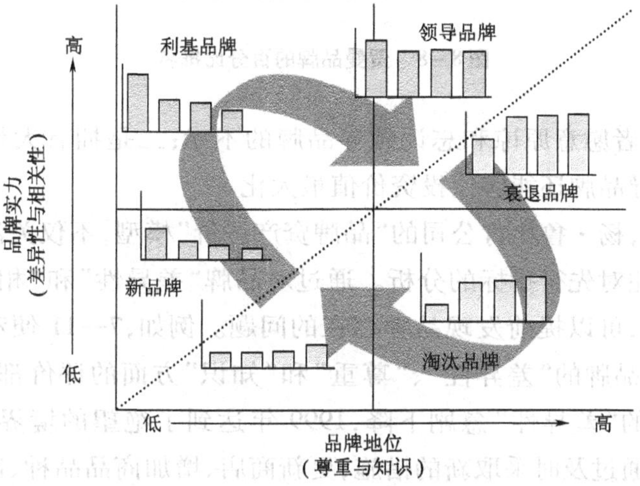

图 8－7　杨・鲁比肯公司的力量矩阵图

在杨・鲁比肯公司测评的品牌中，只有 2% 的品牌达到领导品牌的地位，即只有 2% 的领导品牌在品牌"差异性"、"相关性"、"尊重"和"知识"4 大指标方面都比 80% 的其他品牌强。如 2003 年上半年，杨・鲁比肯公司调查发现，贺曼（Hallmark）品牌就是如此（见图 8－8）。这就意味着，要成为强势品牌必须同时具备多方面的优势。然而，要同时兼备多方面的优势并不是一件容易的事，只有很少的品牌能够同时达到很高的水平。

通过研究发现，领导品牌有两大好处：一是波动性小，如图 8－8 贺曼品牌，从 1993～2003 年的 10 年间，品牌的百分比排名几乎没有发生什么变化。

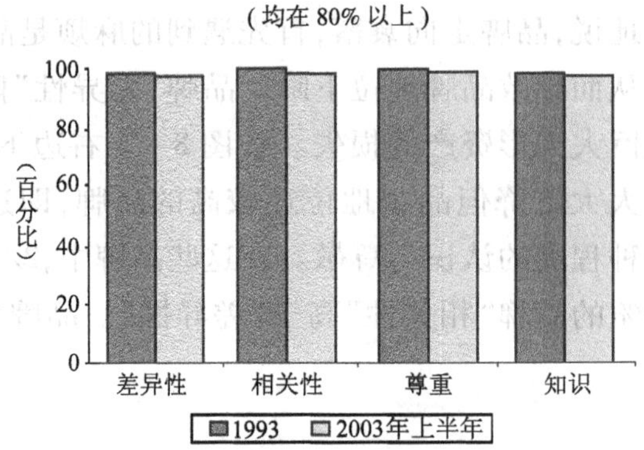

图 8－8　贺曼品牌的百分比排名

这意味着消费者愿意原谅和忘记领导品牌的不幸；二是拥有大量忠诚的消费者。此外，领导品牌还能够使投资价值最大化。

如前所述，杨·鲁比肯公司的“品牌资产评价”模型，不仅关注对滞后指标的分析，更关注对先行指标的分析。通过对品牌“差异性”和“相关性”两个先行指标的分析，可以提前发现品牌存在的问题。例如，7—11 便利店，在 20 世纪 90 年代初，品牌的“差异性”、“尊重”和“知识”方面的评价都很高，但到了 1993 年，品牌的“差异性”急剧下降，1999 年达到了绝望的境界。幸好，此时 7—11 便利店通过及时采取新的措施，更新商店、增加商品品种、制定新的价格供应新鲜食品等，使品牌的“差异性”得以提高。这些努力，使消费者对其质量、服务、价值、信任、创新等认知得以恢复，于是 7—11 便利店又逐渐回到了领导品牌的地位。具体过程如图 8－9 所示。

杨·鲁比肯公司的“品牌资产评价”模型发现，品牌“差异性”是获取利润的驱动器，品牌“差异性”越大，获取利润的潜力就越大；品牌的“相关性”是市场渗透的关键，具有“差异性”和“相关性”的品牌可以成为领导品牌，只有“相关性”而无“差异性”的品牌将难有收获。

通过对全球 44 个国家品牌资产的测量，杨·鲁比肯公司的“品牌资产评价”模型还发现，品牌的跨文化发展比人们的想象得要复杂。走向全球化的品牌要注意两个方面：一是品牌实力与品牌地位的一致性；二是品牌意义（Brand

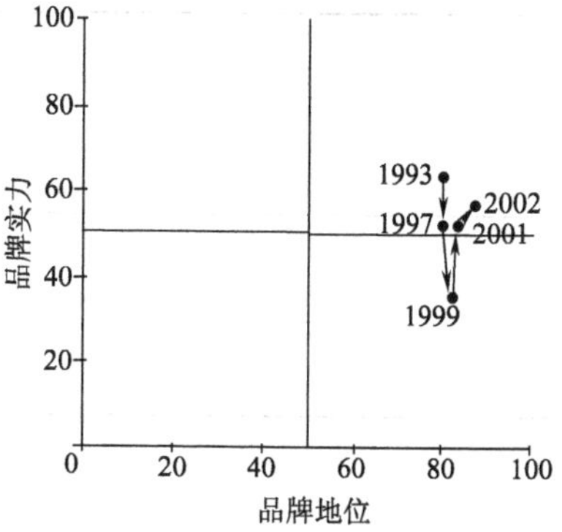

图 8－9　7—11 便利店的品牌重生

Meaning）的一致性，例如，迪斯尼，无论在哪一个国家，品牌意义高度一致，迪斯尼代表着“欢乐”。

（二）戴维·阿克的品牌资产十要素模型

戴维·阿克认为，一种好的品牌资产衡量方法非常有助于品牌管理。品牌如果只侧重于财务方面的衡量，如侧重于销售额、经营成本、边际收益、利润与资产回报等方面的考核，往往会使企业经营出现短期行为，从而限制品牌的发展。因此，为了企业的平衡发展，有必要开发一套具有很高的可信度与灵敏度的品牌资产衡量指标，使之成为各种财务衡量指标的补充。

戴维·阿克认为，一种品牌资产衡量方法在跨产品与市场间进行评估和跟踪品牌资产方面要有效，应该遵循 4 条标准：①这种衡量方法要能反映被衡量品牌资产的结构，即品牌资产的结构要指导衡量指标的制定过程；②衡量指标要能反映真正推动市场的结构，即衡量指标的变动最终会引起价格水平、销售、利润等方面指标的变动；③选定的衡量指标要具有灵敏性，即当品牌资产发生变化时，衡量指标能够反映这种变化，例如，由于战术失误或竞争对手的动作而导致品牌资产的下降，衡量的指标要能及时作出反应，如果品牌资产的构成要素是稳定的，衡量指标应该反映这种稳定性，品牌的真正价值不应被不相关的因素所掩盖；④衡量指标能够在跨品牌、跨品类和跨市场中得到运用。

戴维·阿克根据上述标准及其提出的品牌资产结构，借鉴前人的研究成果，建立了品牌资产十要素测评模型。该模型将品牌资产衡量分为 5 类 10 大指标。具体分类如表 8－3 所示。

表 8－3　戴维·阿克的品牌资产测量十要素分类

忠诚度测量 1. 溢价 2. 满意度/忠诚度
感知质量/领导力测量 3. 感知质量 4. 领导力/声望
联想/差异性测量 5. 价值 6. 品牌个性 7. 组织联想
知名度测量 8. 品牌知名度
市场行为测量 9. 市场占有率 10. 市场相对价格与渠道覆盖率

如表 8－3 所示，前 4 类测量代表了顾客对品牌的认知，反映了品牌资产结构的 4 个维度：品牌忠诚、认知品质、品牌联想和品牌知名度。第五类测量包含了两套市场行为指标，这些信息的获得来自于市场而不是直接来源于顾客。

下面对这 5 类 10 大指标的测量进行简略的介绍。

1. 忠诚度测量。如前所述，品牌忠诚是品牌资产的核心要素。拥有一批忠诚的顾客，可以为企业创造多方面的战略价值，如降低营销成本、溢价销售、提高品牌的知名度、吸引新顾客、面对竞争对手威胁有时间作出反应、抵制恶性价格竞争等。为了发挥品牌忠诚的战略价值，测量品牌忠诚度很有必要。

品牌忠诚度的测量可以通过“溢价”和“满意度/忠诚度”两大指标来反映。①

① 戴维·阿克在其 1991 年所著的《管理品牌资产》一书中提出，测量品牌忠诚度有两种方法：一是行为测量法，即考察消费者的实际购买行为。测量指标包括：重复购买率、购买比率、购买品牌的数量 3 个方面；二是根据品牌忠诚度所形成的转换成本、满意度、喜欢程度和效忠程度进行测量。而在其 1996 年所著的《创建强势品牌》中提出，测量品牌忠诚度可以采用“溢价”和“满意度/忠诚度”两大指标。

(1)“溢价”。溢价是指与提供类似或较少功能的其他品牌相比,顾客愿意为某一品牌多支付多少。例如,顾客即使比购买百事可乐多花15%的价钱,也宁愿购买可口可乐。可口可乐就属于溢价品牌。这是衡量顾客忠诚度的一项基本指标。与品牌忠诚相关的溢价,是高还是低,是正面的还是负面的,取决于进行相比较的两个品牌。

如果一个品牌是与一个高价位的品牌相比,那么,该品牌的溢价可能是负面的。例如,假定沃尔玛的购买者期望沃尔玛的价格比京客隆商店便宜20%,那么,当沃尔玛的价格优势达不到20%时,购买者就会在京客隆商店购买而不去沃尔玛。如果沃尔玛的价格实际上比京客隆商店的价格便宜25%,那么,这种负面的溢价效果说明沃尔玛具有丰厚的品牌资产。

在衡量溢价时,可以按顾客忠诚的高低细分市场来进行,例如,可以把市场细分为品牌忠诚者、品牌观望者与非购买者3个群体,这3个群体对品牌资产的看法是大不一样的。如果只考察品牌忠诚者,则测量出来的结果将会缺乏灵敏性,而且据此作出的有关品牌资产特征的战略分析还会掩盖某些真相。

在衡量溢价时还要考虑到竞争对手,并且要非常明确竞争对手是谁。究竟考虑一个还是多个,可以视需要而定,最好是考虑多个竞争对手。如果只分析一个竞争对手,假如其品牌资产在下降,而其他竞争对手的品牌资产却很稳定,这样一来,以一个品牌资产处于下降趋势的竞争对手来进行比较,将会对健康的品牌作出错误的诊断。此外,如果对竞争对手考虑不够,尤其是将一些刚出现的重要竞争对手忽视了,将会造成严重的后果,例如,当戴尔和Gateway这类品牌以低价挤占市场份额时,康柏公司仍然把IBM当作主要竞争对手,从而高估了其品牌资产的价值,结果造成了巨大麻烦。

当一个品牌在不同的市场上有不同的竞争对手时,可以根据处于不同市场的领导品牌,如自有领导品牌、地区性领导品牌、公众领导品牌的地位来评估平均的溢价能力。

溢价测量可以通过简单询问顾客愿意为某品牌多支付多少价钱来得到,例如,可以询问顾客:“你愿意花多少钱购买一辆丰田佳美而不是本田雅阁呢?”英特尔就是一家不断跟踪品牌溢价的公司,每个星期都会派访问者到计算机商店里去调查,询问顾客需要提供多大的折扣才能吸引他们购买那些没有贴上“Intel Inside”标志的个人电脑。这样一来,英特尔公司就可以不间断地对其溢价作出评估，不断调整市场营销方案，并对品牌的整体健康状况进行监控。

当然，溢价测量更灵敏、更可靠的方法是利用联合或权衡分析法。这套成熟的市场调查方法通过设计几道简单的选择题供消费者回答，然后对选择的结果一并加以分析，以确定不同的维度对消费者的重要性。例如，可以这样询问消费者："丰田锐志2.5L售价27万元，本田雅阁2.4L售价24万元，帕萨特1.8T售价23万元，别克君威2.5L售价21万元，你愿意购买哪款车?"如果消费者选择别克君威，则把别克君威的价格提高到23万元，重复刚才的问题让消费者回答，看其选择结果。通过这样的调查分析，品牌的价值就会逐渐显现出来。

戴维·阿克认为，溢价是衡量品牌资产最好的单个衡量指标。这是因为它用一种最强的关联性方法直接捕捉到了顾客的忠诚度。如果顾客是忠诚的，那么，从逻辑上讲他们愿意支付高价；如果他们不愿意支付更多，则说明他们的忠诚度水平较低。

(2)满意度/忠诚度。顾客满意(或喜爱)可以直接衡量顾客在多大程度上愿意坚持购买某一品牌。衡量顾客的满意度，可以通过直接询问与忠诚有关的问题来测量，例如，可以直接询问下列问题：

- 你忠诚于该品牌吗?
- 你满意吗?
- 在最近的5次购买中，你选择了哪些品牌?
- 你对体验该品牌感到愉快吗?
- 这种品牌的产品或服务能达到你的期望值吗?
- 下次有机会，你还会继续购买该品牌吗?
- 你会向别人推荐该产品或服务吗?
- 该品牌是我愿意购买并使用的(唯一、两个中的一个、三个中的一个、多于三个中的一个)品牌。
- 你在使用该产品或服务的时候存在什么问题和不便之处?

2.感知质量/领导力测量。品牌的感知质量是消费者购买产品或服务的关键因素，是品牌定位的有效方法之一，是顾客满意度的主要驱动因素。好的感知质量是品牌溢价销售的资本，是赢得分销渠道的砝码，还有利于品牌延伸。已有的研究成果表明，感知质量能够提高财务绩效。1987年，戴维·阿克等通过对 3 000 多个行业 100 多个变量的数据进行分析发现，感知质量是影响投资收益率（ROI）最为重要的因素。由此可见，感知质量能够创造巨大的商业价值。

感知质量可以通过以下对比来测量。与其他品牌相比，该品牌具有：

- 高品质还是劣质？
- 产品类别里最好的还是最差的？
- 持续一致的品质还是反复无常的品质？
- 最好的品质还是一般的品质，甚至低劣的品质？

在具体测量感知质量时，还要考虑到参照物和品牌忠诚度的不同层次。否则会影响测量效果。

由于感知质量测量对竞争对手的创新活动特别缺乏敏感性，例如，佳洁士因感知质量好在美国牙膏市场上一直处于强势领导地位，但是当竞争对手推出新功能与创新型包装的牙膏时，使佳洁士失去了一块市场。尽管佳洁士品牌的感知质量仍然很高，但是它的品牌资产却受到了损害。因此，有必要对感知质量的框架作一补充，使之能真正捕捉到市场的动态变化情况。这一补充结构就是领导力。

领导力有 3 方面的属性：①领导力品牌可以部分反映"No. 1"效应。品牌成为 No. 1，必定有它值得称道之处；②领导力品牌能捕捉到顾客接受程度的动态变化，反映人们愿意顺时而动还是逆时而动的事实。该品牌是不是越来越受欢迎？一直使用该品牌的用户能否代表流行的趋势？③领导力品牌可以反映产品类别的创新趋势，该品牌是否始终站在技术的前沿。

领导力可以通过下列问题来测量。与其他品牌相比，该品牌是：

- 产品类别领导？
- 越来越受欢迎？
- 因创新而受到尊重？

3. 联想/差异性测量。品牌联想可以为企业和顾客创造多方面的价值，例如，品牌联想可以帮助顾客获得和处理相关信息，作出购买决定，对品牌产生好的感觉等，可以为企业进行品牌定位提供思路与品牌延伸提供条件。因此，品牌联想具有重要的价值。

品牌联想的测量可以从价值、品牌个性和组织联想 3 个方面来考察。

（1）价值。品牌联想的重要作用是提倡一种价值主张，而价值主张对品牌来讲非常重要。品牌价值可以通过回答以下问题来测量：

● 品牌所提供的价值是否物有所值？

● 在购买时是否有足够的理由说明为什么购买该品牌而不购买其他品牌？

(2)品牌个性。对某些品牌来说，品牌个性是通向品牌的情感利益与自我表达利益的纽带，同时也是奠定品牌与消费者之间联系以及差异化的基础。因此，品牌个性非常重要。从大的方面来讲，品牌个性可选下列问题来测量：

● 该品牌有个性吗？

● 该品牌很有意思吗？

● 我非常清楚使用该品牌的人的形象

● 该品牌有着悠久的历史

需要指出的是，并不是所有的品牌都有个性，例如，一些定位于功能利益的品牌就可能缺乏个性。对这类品牌的联想测量就不要考虑品牌个性。

(3)组织联想。当品牌在多方面非常相似时，就要发挥组织联想的作用，它是品牌差异化的重要驱动因素。测量组织联想可以思考这样的问题：

● 该品牌是由一家我信赖的组织生产的

● 我推崇某品牌组织

● 能与某品牌的公司开展业务我感到很自豪

上面3个测量指标从不同的侧面测量了品牌联想，涉及应如何将品牌与其竞争对手区分开来。作为品牌联想的总测量指标，可以使用差异性这一指标，因为差异性是一个品牌应具有的最起码的品质特征。差异性测量包括以下两个方面：

● 该品牌与其他品牌不同

● 该品牌与其他品牌基本上是一样的

4. 知名度测量。品牌知名度是影响消费者选购品牌的重要因素，好的品牌知名度能够使消费者喜欢品牌、信赖品牌。同时，也能够提高品牌的市场绩效。对某些行业来讲，如软件行业，品牌知名度非常重要。品牌知名度的衡量可以在下列不同层次水平进行：

● 认知(如“你听说过别克君威这个品牌吗？”)

● 回想(“你能回想起哪些汽车的品牌？”)

- 墓地统计①(能回想起该品牌的人数占认识该品牌的人数的比例)
- 首选品牌(能回想起来的第一个品牌)
- 品牌主导(能回想的唯一品牌)
- 品牌熟悉度(感到很熟悉的品牌)
- 品牌知识或品牌特色(对某个品牌发表自己的见解)

5. 市场行为测量。品牌资产在产品市场上的表现,可以通过市场占有率、市场价格和渠道覆盖率来测量。

(1)市场占有率。市场占有率通常可以有效而灵敏地反映出该品牌在消费者心目中的地位。当品牌在消费者心目中地位比较有利时,该品牌的市场占有率应该上升或至少不会下降;反之,当竞争对手提高了他们的品牌资产价值时,他们的市场占有率会随之上升。因此,市场占有率是一个衡量品牌资产价值的好指标。市场占有率的数据可以从多方面获得。

(2)市场价格。当市场占有率是通过降价或价格促销获得的时候,用市场占有率作为衡量品牌资产的指标就存在严重的欺骗性。为此,可以增加品牌销售时的市场价格这一重要指标。为了真实反映品牌价格水平,这里使用相对市场价格。相对市场价格的测量,是指该品牌当月的平均销售价格除以所有品牌出售时的平均价格。

(3)渠道覆盖率。市场占有率或销售额对分销渠道铺设也异常敏感。主渠道是盈利还是亏损,或者是迁入一个新的地理区域,都会极大地影响销售额。因此,非常有必要将因分销渠道改变而产生的品牌资产与通过加强品牌感知质量或品牌识别而产生的品牌资产区分开来。于是,渠道覆盖率也成为衡量品牌实力的重要指标,这一指标可以用以下的数据来衡量:

- 销售该品牌的商场所占的百分比
- 接触和使用过该品牌的人在人群中的百分比

为了对戴维·阿克品牌资产十要素测评模型有更清晰的了解,下面列举其制定的样表,见表8-4。

---

① 所谓墓地品牌是指品牌认知度高而消费者回想不起来的品牌。表明该品牌处于衰竭之中。

表 8－4　戴维·阿克品牌资产十要素测评模型的测量样表

品牌忠诚度测量 1. 溢价 • 1 盒 17 盎司重的巧克力饼干，纳贝斯克的定价是 2.16 美元，如果换成佩珀里奇农场牌的，你愿多付多少钱？ • Y 品牌要比 X 品牌的价格低______ % 我才愿意更换品牌？ • 同样是 1 盒 16 盎司重的巧克力饼干，你愿意花 2.16 美元买纳贝斯克牌的呢，还是愿意花 2.29 美元买佩珀里奇农场牌的？ 2. 满意度／忠诚度测量（在使用过该品牌的人中） • 想到我最近的使用经验，我会说我感到很（失望、满意、愉快） • 在上次使用时，该品牌满足了我的期望 • 下次你还会购买该品牌吗？ • 该品牌是我愿意购买并使用的（唯一、两个中的一个、三个中的一个、多于三个中的一个）品牌
感知质量／领导力测量 3. 感知质量 同其他替代品牌相比，该品牌具有： • 非常高的品质 • 一贯的高品质 • （最好的、最好中的一个、最差中的一个、最差的） 4. 领导力／声望 同其他替代品牌相比，该品牌： • 声望正处于上升之中 • 该产品领域中的领导者 • 由于创新而备受尊重
尊敬 同其他替代品牌相比，我 • 高度尊重该品牌 • 比较尊重该品牌
联想／差异性测量 5. 价值 • 购买该品牌确实是物有所值 • 更有理由购买该品牌而不是其他品牌的产品 6. 品牌个性 • 该品牌具有自己的个性 • 该品牌很有意思 • 我很清楚什么样的人会使用该品牌 • 该品牌有着悠久的历史 7. 组织联想 • 这是一个值得我信赖的品牌 • 我推崇某品牌的组织 • 能与某品牌的公司发生业务往来我感到很自豪

续表

差异性 ● 该品牌与其他品牌不同 ● 该品牌与其他品牌基本上是一样的
知名度测量 8. 品牌知名度 ● 用该品牌为产品类别命名 ● 你听说过该品牌吗？ ● 你对该品牌有什么个人见解吗？ ● 你熟悉该品牌吗？
市场行为测量 9. 市场占有率 ● 通过使用者问卷调查或行业协会获得市场占有率的数据 10. 市场相对价格和渠道覆盖率 ● 相对市场价格——一个品牌当月的平均销售价格除以所有品牌的平均销售价所得的值 ● 销售该品牌的商店占所有商店的百分比 ● 接触和使用过该品牌的人在总人群中的百分比

三、品牌力要素 + 财务要素品牌资产测量与评估模式

品牌力要素 + 财务要素品牌资产测量与评估模式，是指从品牌在产品市场和金融市场的表现来测量与评估品牌资产。该模式的代表性测评模型有：英国 Interbrand 公司的品牌资产评估模型和美国《金融世界》(Financial World)杂志的品牌资产评估模型。

（一）英国 Interbrand 公司的品牌资产评估模型

英国的 Interbrand 公司（国内有学者译为英特品公司）被公认是世界上最著名的品牌资产评估公司。Interbrand 公司的品牌资产评估模型认为，品牌是企业最重要的是无形资产，具有重要的价值。品牌之所以有价值，不全在于创建品牌所付出了多少成本，也不全在于在市场交易时有品牌产品较无品牌产品可以获得更高的溢价，而在于品牌可以使其所有者在未来获得较稳定的收益。就短期而言，品牌对公司的总体收益影响可能并不很大，但从长期来看，有品牌产品与无品牌产品，强势品牌产品与一般品牌产品，在公司收益上会存在明显的差异。因此，Interbrand 公司对品牌的评估主要是基于品牌可以在未来带来收益而进行的评估。品牌能够在未来带来收益，必定在产品市场上有

好的表现。事实上，Interbrand 公司评估品牌价值所使用的“品牌实力”，在很大程度上是衡量品牌在产品市场上的表现，因此，我们把 Interbrand 公司的品牌评估模型归为品牌力要素 + 财务要素品牌资产测量与评估模式范畴。

Interbrand 公司开展两种品牌价值评估方面的业务。一方面是每年在全球和一些国家、地区推出的最有价值的品牌排名。Interbrand 公司除了对全球范围内进行的“全球最有价值 100 品牌”排名外，还在法国、西班牙、澳大利亚、新加坡、墨西哥和巴西等国家和中国台湾地区进行了当地最有价值的品牌排名。其中，“全球最有价值 100 品牌”排名，要求入选的全球品牌，销售收入原则上有 1/3 来自海外市场，必须有可公开获得的营销和财务数据等。为了保证评选的客观性和权威性，这些可公开的数据主要来源于花旗银行、摩根大通和摩根斯坦利的第三方数据。由于这一部分业务所作的品牌价值评估不具有商业性，不用做品牌交易所用，主要用于品牌价值的排名，因此，这一部分品牌价值评估是 Interbrand 公司非商业性的评估，不收取业务费用。由于评估结果要具有可比性，因此，要求选择同一标准、方法、基准日进行统一评估。Interbrand 公司评估品牌价值的标准、方法都是一样的。其中，全球最具价值 100 品牌评估的基准日为上一年的 7 月 1 日至公布年的 7 月 30 日。1990 年 Interbrand 公司公布了第一份《世界顶级品牌》（“World’s Top Brand”）报告，此后每年发表一份。从 2001 年开始，美国《商业周刊》与 Interbrand 公司合作，共同发表《全球最具价值 100 品牌》排名，在全球产生了很大的影响。

另一类业务就是受企业委托所进行的品牌价值评估。这部分评估是出于企业自身产权变动或使用权拓展而进行的品牌价值评估，具有商业性，因此，这部分评估是 Interbrand 公司评估业务的主要组成部分和收入来源之一。它是在专用数据基础上有目的性的评估。目前，该公司已对全球 50 多个行业、4 000多个品牌进行了个案评估。这类评估数据来自于品牌历年的发展数据和一些公开的财务报表。

无论是品牌价值排名评估，还是商业性的品牌价值评估，Interbrand 公司评估品牌价值的方法基本上都是一样的。Interbrand 公司认为，品牌的价值如同其他经济资产的价值一样，是未来所有权收益的现值。因此，要计算品牌价值，必须明确界定两个基本概念，即“未来所有权的实际收益”和“乘数或折扣率”。“未来所有权的实际收益”是指品牌的现在和未来收益或现金流；“乘数或折扣率”是考虑品牌实力、通货膨胀和风险后所给予的乘数或折扣率。品牌价值的计算公式是：

品牌价值＝品牌收益×乘数(或折扣率)

式中，用“乘数”评估品牌价值时，称为“收益乘数评估法”；用“折扣率”评估品牌价值时，称为“收益现值评估法”。乘数与折扣率互为倒数关系。

从品牌价值的计算公式来看，在Interbrand公司评估品牌价值的方法中，乘数或折扣率是影响品牌价值大小的重要变量。那么，这个变量如何决定呢？Interbrand公司认为，它应该由品牌实力来决定。因此，强势品牌能够提供未来品牌收益强有力的保证，于是乘数就高或折扣率低；反之，弱势品牌对未来收益的保证能力低，于是乘数就低或折扣率高。

由此可见，Interbrand公司品牌评估方法是以品牌收益和品牌实力为核心来进行的。为了评估品牌收益和品牌实力，Interbrand公司品牌评估方法分为3个部分：

1. 财务分析(Financial Analysis)。财务分析是指要测定品牌产品或服务的未来收益扣除有形资产创造的收益后的余额，亦即无形资产(包括品牌)创造的未来收益。为此，首先要预测品牌产品或服务未来的总收益和有形资产创造的收益。Interbrand公司预测品牌未来收益一般以6年为限，然后得出品牌产品或服务中无形资产创造的收益。

2. 品牌的作用分析(Role of Brand Analysis)。品牌的作用分析是指要确定在无形资产创造的收益中品牌所起的作用，即多大部分收益应归功于品牌，多大部分应归功于其他无形资产。

对上述两个部分的分析，实际上就是要计算出品牌收益。在实际操作过程中，计算品牌收益，就是从销售利润中扣除分摊的营业费用、利息、税收、自有品牌所创造的利润和企业其他资产所创造的利润。

3. 品牌实力分析(Brand Strength Analysis)。品牌实力分析，国内也有人称为品牌强度分析，是指确定被评估的品牌较之同行业其他品牌的相对地位，其目的是衡量品牌未来的收益能力。为了测量品牌实力，需要对品牌进行深入的分析，包括它的定位、竞争状况、过去的业绩、将来的计划、风险及其他因素。Interbrand公司提出了确定品牌实力的7个指标作为评估的基础。由于每个指标影响力度不一，因此，每个指标赋予的权重也就有所不同(总分为100)。

(1)领导力(Leadership)：指品牌影响市场、占有市场并成为主导市场力量的能力，如确定价位、控制分销和抵御竞争者入侵的能力。它反映品牌在同行业中所处的竞争地位。这一因素的具体属性包括：市场占有率、知名度、定位、竞争者状况。由于领导力因素在各因素中的作用较大，因此，这一因素被赋予较高的权重，最高分值为25。由于各品牌在所在行业的位置不同，影响力不一样，因此，排名靠前的品牌在确定领导力强度系数时应赋予较大的权重，但最大的分值不能超过25。一个在本产品市场或细分市场起领导作用的品牌，与排名较低的品牌相比，具有更稳定、更好的价值。

（2）稳定性（Stability）：指品牌建立在消费者忠诚和历史基础上的长期生存的能力。它反映品牌在市场上生存能力的大小。这一因素的具体属性包括：品牌寿命、连续性、一致性、品牌识别和风险。该因素被赋予的权重最高分值为15。由于长寿的品牌，存在的时间较长，比新品牌拥有更多的忠诚消费者，因此，在确定其稳定性时应赋予较高的分值。

（3）市场（Market）：指品牌交易的环境，如增长前景、变动性、进入壁垒等。它反映品牌目标市场状况。这一因素的具体属性包括：市场类型（如是饮料市场，还是服装市场等）、市场特性（如是市场饱和，还是波动等）、市场容量、市场动态性和进入壁垒。该因素被赋予的权重最高分值为10。例如，当品牌所处的目标市场处于增长或稳定状态，成功的公司便有利可图，品牌的价值就会更高；当品牌所处的目标市场已趋于饱和，到处都充斥着一损俱损的价格竞争，在这样的市场中，任何营利性的品牌都将前景暗淡。又如，食品、饮料市场上的品牌，比高科技、服装等市场上的品牌更有价值，因为后一种市场更容易受技术、潮流变化的影响。因此，根据品牌市场的状况不同，赋予评估的品牌相应的权重。

（4）国际性（International）：指品牌超越地理和文化障碍的国际化能力。它反映了品牌蕴含的文化包容性。这一因素的具体属性包括：地理扩散、国际定位、相对市场占有率、品牌声誉和品牌雄心。品牌的国际化在各因素中影响比较大，因此，该因素与领导力因素一样被赋予较高的权重，最高分值为25。一般地说，品牌所处的市场范围越广，其价值越高，全国性的品牌要比地区性的品牌价值更高。

（5）趋势（Trend）：指品牌正在发展的方向和品牌保持时代感及与顾客保持一致的能力。它反映品牌在什么程度上与社会发展趋势相一致。这一因素的具体属性包括：长期市场占有率表现、预计品牌表现、品牌计划的敏感性、竞争者行动。该因素被赋予的权重最高分值为10。品牌的发展趋势可以反映品牌的未来发展前景。一个健康的、成长中的品牌表明其具有时代性，与消费者关系密切。

(6)支持(Support):指营销宣传活动的数量和频率。它反映品牌与社会公众,特别是与目标市场群体沟通的有效程度。这一因素的具体属性包括:信息的一致性、资金支持的一致性、高于或低于基准水平、品牌特许。该因素被赋予的权重最高分值为10。那些得到经常性投资和集中支持的品牌比那些得不到这些支持的品牌更具强势。支持某一品牌的投入很重要,同时这种支持活动的质量也很重要。

(7)保护(Protection):指品牌所有者的合法权利。它反映品牌的合法性与受保护的程度。注册商标是对品牌名称、标识或二者综合的法定独占权,在某些国家还有保护品牌的其他法律。这一因素的具体属性包括:商标注册与可注册性、普通法律保护、争议或诉讼。该因素被赋予的权重最高分值为5。品牌合法保护的力度和广度对提高品牌的价值也很重要。如果品牌合法性受到怀疑,品牌不可能有价值。

为了对Interbrand公司的品牌实力分析有更清晰的了解,表8-5简单地列示了品牌实力的评价指标、含义与各指标被赋予的最高权重。

表8-5 Interbrand公司品牌实力分析表

评价指标及其属性	品牌实力评价指标的含义	权重
领导力(Leadership) 1. 市场占有率 2. 品牌知名度 3. 品牌定位 4. 竞争者状况	指品牌影响市场、占有市场份额,并成为主导市场力量的能力。它反映品牌在同行业中所处的竞争地位	25
稳定性(Stability) 1. 品牌寿命 2. 连续性 3. 一致性 4. 品牌识别 5. 风险	指品牌建立在消费者忠诚和历史基础上的长期生存的能力。它反映品牌在市场上生存能力的大小	15
市场(Market) 1. 市场类型 2. 市场特性 3. 市场容量 4. 市场动态性 5. 进入壁垒	指品牌交易的环境,如增长前景、变动性、进入壁垒等。它反映品牌目标市场状况	10

续表

评价指标及其属性	品牌实力评价指标的含义	权重
国际性(International) 1. 地理扩散 2. 国际定位 3. 相对市场占有率 4. 品牌声誉 5. 品牌雄心	指品牌超越地理和文化障碍的国际化能力。它反映品牌蕴意的文化包容性	25
趋势(Trend) 1. 长期市场占有率表现 2. 预计品牌表现 3. 品牌计划的敏感性 4. 竞争者行动	指品牌正在发展的方向和品牌保持时代感及与顾客保持一致的能力。它反映品牌在什么程度上与社会发展趋势相一致	10
支持(Support) 1. 信息的一致性 2. 开支的一致性 3. 高于或低于基准水平 4. 品牌特许	指营销宣传活动的数量和频率。它反映品牌与社会公众,特别是与目标市场群体沟通的有效程度	10
保护(Protection) 1. 商标注册与可注册性 2. 普通法律保护 3. 争议或诉讼	指品牌所有者的合法权利。它反映品牌的合法性与受保护的程度	5

注:表中所列的权重分值,是"理想品牌"所获得的最高分值。实际上,现实中的品牌很难达到"理想品牌"的状态。因此,在评价其品牌实力时,品牌实力的得分需要具体而定。

下面以4个品牌为例,简单说明如何运用上述7项指标评价品牌实力:①

品牌A:国际领先的男用化妆品品牌,在"主流"及稳定的细分市场中运作。该品牌已有多年历史,并在所有主要国际市场中居领导地位,或者是2号强大品牌。

品牌B:是传统的稳定市场中领先的食品品牌,但市场的口味正在发生变化,逐渐从传统食品转向方便食品。该品牌出口量有限,虽然它的商标保护较强,但这种保护主要来自普通法,而不是注册权益。

品牌C:是一个二流的但正向上发展的国内软饮料品牌,仅有5年历史。该市场十分有活力且增长迅速。该品牌支持力度大,且获得了许多成功,但它目前仍处于起步阶段。尽管它的出口量很小,但该品牌名称的"崛起"和定位都与国际市场同步。该品牌在本地市场上的商标注册方面还有些问题。

---

① [英]保罗·斯图伯特主编,尹英等译:《品牌的力量》,中信出版社,2000年版,第199~200页。

品牌D:一个已确立的但仍局限于地区的品牌,它的市场稳定,但极度细分。

按照以上情况,经过仔细分析,这些品牌的得分如表8-6所示。

表8-6

品牌实力指标	满分	品牌A	品牌B	品牌C	品牌D
领导力	25	18	19	9	6
稳定性	15	11	10	7	11
市场	10	7	6	8	6
国际性	25	17	5	2	0
趋势	10	6	6	7	5
支持	10	8	7	7	4
保护	5	5	3	4	3
总分	100	72	56	44	35

如前所述,品牌实力决定品牌收益的乘数或折扣率。品牌实力越强,乘数越大或折扣率越低,品牌价值也就越大;反之,乘数越小或折扣率越高,品牌价值也就越小。品牌实力与品牌价值的关系是:①新出现的品牌或品牌从不知名成长为国内市场排名第三、四位品牌的过程中,品牌价值从零开始缓慢增长;②当品牌在国内市场上位居第一、二位或成长为国际知名品牌时,品牌价值呈指数增长;③一旦品牌确立了强有力的世界名牌地位,品牌价值就进入基本稳定期,即使其国际市场份额增长,品牌价值也不会增长很快。

品牌实力与品牌价值的关系如果用图形来表示,犹如一条典型的"S"形曲线。具体图形如8-10所示。

图8-10表明,如果品牌位于曲线最低点,该品牌无品牌实力,则乘数为零或折扣率无穷大。如果品牌位于曲线最高点,该品牌为强势领导品牌,属于最完美的品牌。从理论上来讲,其品牌实力为满分100分,可将其视为无风险投资。但即使是最完美的品牌也不可能是无风险投资,因此,其乘数最大值应低于无风险投资的乘数,且因行业而异。同样的,最

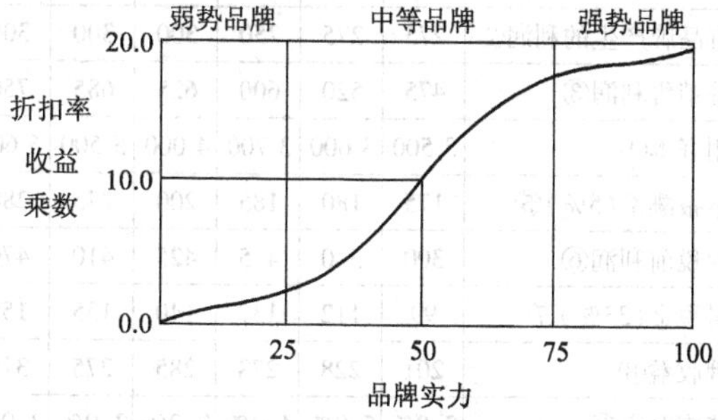

图8-10　品牌实力与品牌价值的关系

完美的品牌折扣率最小值也应高于无风险投资(如国债)的平均折扣率。

介于以上两种情况之间的品牌,可参照消费品公司的股票市盈率(P/E比)来确定乘数。譬如,全球食品制造商过去5年的P/E比在10~16之间,那么,食品行业中品牌实力最强者的乘数应大于P/E比的平均值,而品牌实力最弱者的乘数应小于此平均值。

将无风险投资分析、P/E比、利息率、消费品市场的多变性等因素全部考虑在内,Interbrand公司认为,如果使用收益乘数法评估品牌价值,乘数最大值(即理论上的完美品牌的乘数)宜为20,其他品牌根据其品牌实力得分来推算其乘数;如果使用收益现值法评估品牌价值,由于折扣率是乘数的倒数,因此,折扣率的最小值(即理论上的完美品牌的折扣率)应为5%。

Interbrand公司还认为,如果使用收益乘数法评估品牌价值,为确定品牌适当的持续营利能力,应对品牌历史收益进行加权,然后得出最终的品牌收益。那么,如何加权呢?在一般情况下,当年品牌收益的权数为3,之前第一年品牌收益的权数是2,之前第二年品牌收益的权数是1,3年品牌收益乘以各自权数并相加后,再除以3年权数之和得出最终的品牌收益值。即最终的品牌收益=(当年品牌收益×3+前第一年收益×2+前第二年收益×1)÷(3+2+1)。

下面以前面提到的4个品牌A,B,C,D为例,品牌实力已知,乘数或折扣率因此而定,品牌收益假定相同,看如何计算品牌价值。具体过程如表8-7所示。

表8-7 品牌价值的计算:收益乘数法与收益现值法 单位:千美元

	前第2年	前第1年	当年	未来第1年	未来第2年	未来第3年	未来第4年	未来第5年	未来第6年	未来第7年	未来第8年	未来第9年	未来第10年
销售利润①	750	795	850	925	985	1 050	1 060	1 100	1 150	1 150	1 150	1 150	1 150
自有品牌产生的利润②	275	275	250	300	300	300	300	300	300	300	300	300	300
品牌销售利润③	475	520	600	625	685	750	760	800	850	850	850	850	850
使用资本④	3 500	3 600	3 700	4 000	5 500	5 600	5 700	5 700	5 700	6 000	6 000	6 250	6 250
资本报酬率(5%)⑤	175	180	185	200	275	280	280	285	285	300	300	313	313
品牌税前利润⑥	300	340	415	425	410	470	480	515	565	550	550	537	537
应付税金(33%)⑦	99	112	137	140	135	155	158	170	186	182	182	177	177
品牌收益⑧	201	228	278	285	275	315	322	345	379	369	369	360	360
通货膨胀率⑨	8.0%	5.0%	4.0%	3.0%	3.0%	3.0%	3.0%	3.0%	3.0%	3.0%	3.0%	3.0%	3.0%
可比的年品牌收益⑩	228	239	278	277	259	288	286	298	317	300	291	276	268

续表

	前第2年	前第1年	当年	未来第1年	未来第2年	未来第3年	未来第4年	未来第5年	未来第6年	未来第7年	未来第8年	未来第9年	未来第10年
收益乘数法计算:													
各年品牌收益	228	239	278										
权数	1	2	3										
加权平均值			257										
为衰退作准备			0										
品牌收益			257										
	品牌实力得分	乘数	品牌价值										
品牌 A	72	16.37	4 207										
B	56	11.87	3 050										
C	44	8.13	2 089										
D	35	5.46	1 403										
收益折现法计算:													
各年品牌收益				277	259	288	286	298	317	300	291	276	268
品牌 A:折扣率			1.000	6.11%	6.11%	6.11%	6.11%	6.11%	6.11%	6.11%	6.11%	6.11%	6.11%
折扣系数				1.061	1.126	1.195	1.268	1.345	1.427	1.515	1.607	1.705	1.810
各年收益折现值			2 090	261	230	241	226	221	222	198	181	162	148
10年收益现值			2 283										
10年后收益现值			4 373										
收益现值之和													
	品牌实力得分	折扣率	品牌价值										
品牌 A	72	6.11%	4 373										
B	56	8.42%	3 186										
C	44	12.3%	2 198										
D	35	18.32%	1 492										

注:③=①-②,⑤=④×5%,⑥=③-⑤,⑦=⑥×33%,⑧=⑥-⑦。⑩是在考虑通货膨胀因素的条件下,将各年收益折现。"为衰退作准备"是指如果品牌历史收益的加权平均值明显高于品牌未来几年的预期收益,预示品牌盈利能力衰退,需要为品牌衰退作准备。反之,则无须做准备。

(二)《金融世界》杂志的品牌资产评估模型

美国《金融世界》(《Financial World》)杂志从1992年起进行品牌资产价值的评估,此后每年度公布世界领导品牌的品牌资产评估报告。该杂志所进行的品牌资产价值评估分三步进行。下面以假定万宝路品牌当年在全世界的销售额为200亿美元、税前营业利润为40亿美元为例,说明《金融世界》杂志品牌资产价值评估过程。

第一步:计算品牌的营业利润。为此,首先要确定品牌所在行业的资本—产出比率,从而得出品牌销售收入中所花费的资本。假定烟草行业资本—产出比率为50%,即投资5美元可以销售10美元的香烟。这样一来,当年万宝路品牌200亿美元的销售额需要花费资本100亿美元;然后计算与品牌相联系的税前营业利润。现假定一般的品牌能获得5%的资产回报(也可称资本净利润率),与万宝路品牌联系的税前营业利润需要从税前总营业利润40亿美元中扣除5亿美元(100亿×5%),即与万宝路品牌相联系的税前营业利润实际为35亿美元。

第二步:计算品牌的净收益。品牌的净收益=与品牌相关的税前营业利润-应征的税收。假定按照税率规定,烟草行业的税收为40%,则万宝路品牌的净收益为21亿美元(35亿-35亿×40%)。

第三步:确定品牌强度系数。根据英国的规定,品牌资产的价值要显示在资产负债表上,因此,《金融世界》杂志在确定品牌强度乘数时,参照了英国Interbrand公司的品牌实力评价方法,从领导力、稳定性、市场状况、国际性、趋势、支持和保护7个方面评价品牌实力。然后,根据品牌实力决定强度乘数。《金融世界》杂志确定品牌强度乘数的取值范围为6~20之间。品牌越强,品牌强度乘数就越大。由于万宝路品牌是国际知名品牌,其品牌强度乘数应该较高。

假定确定其品牌强度乘数为18,在以上基础上,得出品牌资产的价值。品牌资产的价值=品牌的净收益×品牌强度乘数。如此一来,万宝路品牌资产价值为378亿美元(21亿×18)。

四、消费者要素+财务要素品牌资产测量与评估模式

消费者要素+财务要素品牌资产测量与评估模式,是指从消费者层面与

品牌资产财务价值相结合的角度测量和评价品牌资产。该模式比较有代表性的评估方法有溢价法、消费者偏好法以及前面提到的比较法。

（一）溢价法

按照戴维·阿克的观点，品牌资产包括品牌知名度、品牌忠诚、感知质量、品牌联想及其他品牌专有资产，它们都具有使品牌获得溢价的潜力，并且由溢价所获得的额外收入又可以用来增加利润，或者进行再投资以创建更多的品牌资产。溢价法就是根据品牌名称能够支持的溢价水平来确定品牌资产的价值。

如何测量品牌所获得的溢价水平呢？主要有以下两种方法：

1. 市场价格观察法。即通过观察品牌价格与市场价格存在的差别及其变化来确定品牌资产的价值。例如，同类汽车的价格水平如何？当企业自身的价格发生变化时该品牌如何作出反应？当竞争对手的价格发生变化时该品牌如何作出反应？

2. 消费者调查法。即询问消费者愿意为该品牌和其他不同特性的品牌支付多少钱。在计价单位相同的条件下，这种调查方式可以直接测量该品牌资产的价值。

采用消费者调查法测量品牌资产的价值，可以借鉴前面提到的比较法。

（二）消费者偏好法

消费者偏好法是指根据消费者对品牌的偏好、态度或购买意愿等来确定品牌资产的价值。对于价格比较接近的商品，可以运用这种方法测量品牌资产的价值。例如，一项研究表明，当告知消费者品牌名称时，消费者对乐氏（Kellogg's）玉米片的认同率从47%提高到了59%。在告知品牌名称后，根据品牌名称所增加的销售额（或市场占有率）带来的边际价值确定品牌的价值。

五、财务要素品牌资产测量与评估模式

财务要素品牌资产测量与评估模式，是指仅从品牌资产财务价值的角度评估品牌资产的价值。该模式代表性的方法有：历史成本估价法、重置成本估价法、股票市值评估法。

（一）历史成本估价法

历史成本评估法是依据品牌资产的购置或开发的全部原始价值估价。最

直接的做法是计算对该品牌的投资，包括：设计、创意、广告、促销、研究、开发和分销等。

（二）重置成本估价法

重置成本评估法是按品牌的现实地位评估重新开发一个新品牌所需要付出的代价，即计算如果建立一个类似的品牌，究竟要花多少钱才能做到。这个代价可以当作品牌的价值。其基本计算公式为：

品牌价值 = 新品牌开发的平均成本 ÷ 成功率

例如，假如某新产品成功建立品牌平均所需投入为 100 亿元，成功的机会是 25%，则该品牌的资产可视为 400 亿元。

（三）股票市值评估法

股票市值评估法是美国芝加哥大学教授卡罗尔·西蒙（Carol J. Simon）与玛丽·沙利文（Mary W. Sullivan）根据财务理论开发的一种以股票价格为基础评价品牌资产价值的方法。其理论依据是股票市场将按照品牌的未来前景调整股票的价格。

股票市值评估法以公司的市场价值为起点研究品牌价值，其中公司的市价是股票价格与股份数量的函数。公司的市价减去有形资产（如厂房与设备、存货与现金）的成本，余额为无形资产的价值。其中无形资产的价值分为三部分：品牌资产的价值、非品牌因素（如研发、专利权等）的价值和行业因素（如管制与集中度等）的价值。

股票市值评估模型认为，品牌资产的价值是企业拥有品牌的时间与品牌进入市场的顺序、累积广告支出以及现有的广告市场份额的函数。品牌存续的时间越长，品牌价值越高。由于广告可以创造资产，因此，该模型认为，测量品牌资产的价值要计算累积广告支出。由于目前所占有的广告市场份额与定位优势有关，而准确的定位可以创造品牌价值，因此，测量品牌资产的价值还要考虑现有的广告市场份额。

对于上市公司的品牌来讲，该方法具有一定的测评价值。

六、总结

以上介绍了品牌资产测量与评估的 5 种模式和代表性方法。其中，有些属于定性测量，有些属于定量评估。在实际的品牌资产价值评估中，使用较多

的是品牌力要素 + 财务要素品牌资产测量与评估模式。

从20世纪90年代中期开始，我国也开始了品牌资产价值评估的实践，1994年，北京名牌资产评估有限公司（前身为北京名牌资产评估事务所）借鉴世界通行的品牌评估方法，开创了我国品牌资产评估的先河，从1995年起它们每年公布一次中国品牌价值评估报告。下面简单介绍北京名牌资产评估有限公司的品牌评估法。

（一）评估对象的选择

北京名牌资产评估有限公司评估的主体是企业产品的主商标，或者与公司名称一致的商标。这样做的理由：一是我国的统计方法还没有细化到按照每个产品品牌来进行；二是该公司认为主商标与公司名称一致，更有利于企业品牌形象的形成。因此，在评价中所采用的数据，包括集团所有品牌指标。

近几年，企业在进行全国战略性资产重组过程中，逐步摸索出以分品牌来进行产品区分，或者实施区域策略的经验。为此，该公司也推出比较成功的分品牌，促进总品牌与分品牌之间的互动，最终使得总品牌或者公司品牌有更大的发展。总品牌与分品牌关系见表8－8。

表8－8　总品牌与分品牌的关系

总品牌及价值（亿元）	分品牌	品牌价值（亿元）	企业名称	主要产品
第一汽车 337.10	解放	113.67	中国第一汽车集团公司	载重汽车
	红旗	57.57	一汽轿车股份有限公司	轿车
五粮液 338.03	五粮春	26.65	四川省宜宾五粮液集团有限公司	白酒
青岛啤酒 125.77	汉斯	19.56	青岛啤酒西安有限责任公司	啤酒
	崂山	12.21	青岛啤酒股份有限公司销售分公司	啤酒
燕京 111.72	惠泉	21.92	福建省燕京惠泉啤酒股份有限公司	啤酒
	漓泉	18.80	燕京啤酒（桂林漓泉）股份有限公司	啤酒
波司登 70.21	雪中飞	26.36	波司登股份有限公司	羽绒制品

（二）评价方法

中国最有价值品牌评价公式可以简单表述为：

$$P = M + S + D$$

式中：P——品牌的综合价值；

M——品牌的市场占有能力；

S——品牌的超值创利能力；

D——品牌的发展潜力。

在这个评价体系里，不考虑企业的资产收益、资金利用、投资收益等情况。指标的选取主要考虑品牌是否具有：较大的市场份额；较高的超值创利能力；较强的出口能力；商标是否具有较广泛的法律效力和不断投资的支持、是否具有较强的超越地理和文化边界的能力。关键的指标是销售收入、利润额这些已经实现了的指标。

该公司认为，这个评价方法充分考虑了我国企业的特点，并对其他方法做了折中。简单地说：在 M 部分，是取企业的销售收入指标进行折算的；在 S 部分借鉴了一般商标评估中的收益法；在 D 部分借鉴了世界最有价值品牌评价中的收益乘数法。最后将三个部分相加。

复习思考题

1. 简述品牌资产测量与评估的基本目的、标准及主要模式。

2. 简述消费者要素品牌资产测量与评估模式的含义。

3. 简述 Park 和 Srinivasan 的两维度品牌资产测评模型的主要内容。

4. 简述 Yoo 和 Donthu 的多维度品牌资产测评模型的主要内容。

5. 简述浪涛公司的品牌形象力测评模型的主要内容。

6. 从浪涛公司的品牌形象力测评模型看，影响品牌形象力的因素主要有哪些？

7. 简述整体研究公司的品牌资产趋势测评模型的主要内容。

8. 简述消费者要素 + 品牌力要素品牌资产测量与评估模式的含义。

9. 试述杨 · 鲁比肯公司品牌资产评价模型的主要内容。

10. 图示杨 · 鲁比肯公司的品牌资产评价模型的品牌生命历程。

11. 简述戴维·阿克品牌资产十要素模型的主要内容。

12. 简述品牌力要素+财务要素品牌资产测量与评估模式的含义。

13. 简述英国 Interbrand 公司品牌评估模型的主要内容。

14. 简述英国 Interbrand 公司品牌评估模型中品牌实力分析的指标、含义及品牌实力与品牌价值的关系。

15. 简述《金融世界》杂志的品牌资产评估模型的主要内容。

16. 简述消费者要素+财务要素品牌资产测量与评估模式的含义及其代表性方法。

17. 简述财务要素品牌资产测量与评估模式的含义及其代表性方法。

附　录

驰名商标认定和保护规定

中华人民共和国国家工商行政管理总局第5号令发布

（2003年4月17日）

第一条　根据《中华人民共和国商标法》（以下简称商标法）、《中华人民共和国商标法实施条例》（以下简称实施条例），制定本规定。

第二条　本规定中的驰名商标是指在中国为相关公众广为知晓并享有较高声誉的商标。

相关公众包括与使用商标所标示的某类商品或者服务有关的消费者，生产前述商品或者提供服务的其他经营者以及经销渠道中所涉及的销售者和相关人员等。

第三条　以下材料可以作为证明商标驰名的证据材料：

（一）证明相关公众对该商标知晓程度的有关材料；

（二）证明该商标使用持续时间的有关材料，包括该商标使用、注册的历史和范围的有关材料；

（三）证明该商标的任何宣传工作的持续时间、程度和地理范围的有关材料，包括广告宣传和促销活动的方式、地域范围、宣传媒体的种类以及广告投放量等有关材料；

（四）证明该商标作为驰名商标受保护记录的有关材料，包括该商标曾在中国或者其他国家和地区作为驰名商标受保护的有关材料；

（五）证明该商标驰名的其他证据材料，包括使用该商标的主要商品近三年的产量、销售量、销售收入、利税、销售区域等有关材料。

第四条　当事人认为他人经初步审定并公告的商标违反商标法第十三条规定的，可以依据商标法及其实施条例的规定向商标局提出异议，并提交证明其商标驰名的有关材料。

当事人认为他人已经注册的商标违反商标法第十三条规定的，可以依据商标法及其实施条例的规定向商标评审委员会请求裁定撤销该注册商标，并提交证明其商标驰名的有关材料。

第五条　在商标管理工作中，当事人认为他人使用的商标属于商标法第十三条规定的情形，请求保护其驰名商标的，可以向案件发生地的市（地、州）以上工商行政管理部门提出禁止使用的书面请求，并提交证明其商标驰名的有关材料。同时，抄报其所在地省级工商行政管理部门。

第六条　工商行政管理部门在商标管理工作中收到保护驰名商标的申请后，应当对案件是否属于商标法第十三条规定的下列情形进行审查：

（一）他人在相同或者类似商品上擅自使用与当事人未在中国注册的驰名商标相同或者近似的商标，容易导致混淆的；

（二）他人在不相同或者不类似的商品上擅自使用与当事人已经在中国注册的驰名商标相同或

者近似的商标，容易误导公众，致使该驰名商标注册人的利益可能受到损害的。

对认为属于上述情形的案件，市(地、州)工商行政管理部门应当自受理当事人请求之日起十五个工作日内，将全部案件材料报送所在地省(自治区、直辖市)工商行政管理部门，并向当事人出具受理案件通知书；省(自治区、直辖市)工商行政管理部门应当自受理当事人请求之日起十五个工作日内，将全部案件材料报送商标局。当事人所在地省级工商行政管理部门认为所发生的案件属于上述情形的，也可以报送商标局。

对认为不属于上述情形的案件，应当依据商标法及实施条例的有关规定及时作出处理。

第七条　省(自治区、直辖市)工商行政管理部门应当对本辖区内市(地、州)工商行政管理部门报送的有关驰名商标保护的案件材料进行审查。

对认为属于本规定第六条第一款情形的案件，应当自收到本辖区内市(地、州)工商行政管理部门报送的案件材料之日起十五个工作日内报送商标局。

对认为不属于本规定第六条第一款情形的案件，应当将有关材料退回原受案机关，由其依据商标法及实施条例的有关规定及时作出处理。

第八条　商标局应当自收到有关案件材料之日起六个月内作出认定，并将认定结果通知案件发生地的省(自治区、直辖市)工商行政管理部门，抄送当事人所在地的省(自治区、直辖市)工商行政管理部门。

除有关证明商标驰名的材料外，商标局应当将其他案件材料退回案件发生地所在省(自治区、直辖市)工商行政管理部门。

第九条　未被认定为驰名商标的，自认定结果作出之日起一年内，当事人不得以同一商标就相同事实和理由再次提出认定请求。

第十条　商标局、商标评审委员会在认定驰名商标时，应当综合考虑商标法第十四条规定的各项因素，但不以该商标必须满足该条规定的全部因素为前提。

第十一条　商标局、商标评审委员会以及地方工商行政管理部门在保护驰名商标时，应当考虑该商标的显著性和驰名程度。

第十二条　当事人要求依据商标法第十三条对其商标予以保护时，可以提供该商标曾被我国有关主管机关作为驰名商标予以保护的记录。

所受理的案件与已被作为驰名商标予以保护的案件的保护范围基本相同，且对方当事人对该商标驰名无异议，或者虽有异议，但不能提供该商标不驰名的证据材料的，受理案件的工商行政管理部门可以依据该保护记录的结论，对案件作出裁定或者处理。

所受理的案件与已被作为驰名商标予以保护的案件的保护范围不同，或者对方当事人对该商标驰名有异议，且提供该商标不驰名的证据材料的，应当由商标局或者商标评审委员会对该驰名商标材料重新进行审查并作出认定。

第十三条　当事人认为他人将其驰名商标作为企业名称登记，可能欺骗公众或者对公众造成误解的，可以向企业名称登记主管机关申请撤销该企业名称登记，企业名称登记主管机关应当依照《企业名称登记管理规定》处理。

第十四条　各级工商行政管理部门应当对驰名商标加强保护，对涉嫌假冒商标犯罪的案件，应当及时向有关部门移送。

第十五条　保护驰名商标的处理决定，处理机关所在省（自治区、直辖市）工商行政管理部门应当抄报商标局。

第十六条　各级工商行政管理部门要建立相应的监督机制，制定相应的监督制约措施，加强对驰名商标认定工作全过程的监督检查。

参与驰名商标认定工作的有关人员，滥用职权、徇私舞弊、牟取不正当利益，违法办理驰名商标认定有关事项，依法给予行政处分；构成犯罪的，依法追究刑事责任。

第十七条　本规定自 2003 年 6 月 1 日起施行。1996 年 8 月 14 日国家工商行政管理局颁布的《驰名商标认定和管理暂行规定》同时废止。

国家工商行政管理总局

参考文献

[1]戴维·阿克,乔基姆塞勒.品牌领导[M].欧帅,译.北京:机械工业出版社,2012.

[2]戴维·阿克.创建强势品牌[M].李兆丰,译.北京:机械工业出版社,2012.

[3]戴维·阿克.管理品牌资产[M].吴进操,常小虹,译.北京:机械工业出版社,2012.

[4]戴维·阿克.品牌组合战略[M].雷丽华,译.北京:中国劳动社会保障出版社,2005.

[5]阿尔·里斯,劳拉·里斯.品牌的起源[M].寿雯,译.太原:山西人民出版社,2010.

[6]埃里克·罗斯坎·阿冰.品牌驱动创新[M].吴雪松,译.长沙:湖南大学出版社,2012.

[7]斯登格.增长力:如何打造世界顶级品牌[M].王幸,谭北平,译.北京:机械工业出版社,2012.

[8]亚恩·凯露.缔造一线品牌[M].张俊丰,译.南京:江苏人民出版社,2012.

[9]舍瓦利耶,马扎罗夫.奢侈品品牌管理[M].卢晓,编译.上海:格致出版社,2008.

[10]富尔贝格.声音品牌化[M].潘建杰,等译.北京:经济管理出版社,2008.

[11]乔恩·米勒,等.强势品牌的商业价值[M].叶华,等译.北京:中国人民大学出版社,2007.

[12]苏珊娜·哈特,约翰·莫非.品牌圣经[M].高丽新,译.北京:中国铁道出版社,2006.

[13]斯科特·戴维斯.品牌资产管理[M].刘莹,等译.北京:中国财政经

济出版社,2006.

[14]汤姆·布莱科特,鲍勃·博德.品牌联合[M].于珕,译.北京:中国铁道出版社,2006.

[15]迈克·莫泽.品牌路线图[M].于洪彦,等译.北京:商务印书馆,2005.

[16]麦克尔·佩恩.奥林匹克大逆转[M].郭先春,译.北京:学林出版社,2005.

[17]唐·舒尔茨,海蒂·舒尔茨.唐·舒尔茨论品牌[M].高增安,等译.北京:人民邮电出版社,2005.

[18]杰克·特劳特,史蒂夫·里夫金.与众不同——极度竞争时代的生存[M].屈陆民,译.北京:华夏出版社,2005.

[19]唐·舒尔茨,海蒂·舒尔茨.整合营销传播——创造企业价值的五大关键步骤[M].何西军,等译.北京:中国财政经济出版社,2005.

[20]爱莉西亚·佩里,大卫·威斯诺姆Ⅲ.品牌创立的第一本书[M].段晓雁,等译.北京:中国财政经济出版社,2005.

[21]汤姆·邓肯.整合营销传播——利用广告和促销建树品牌[M].周洁如,译.北京:中国财政经济出版社,2004.

[22]马特·黑格.品牌失败[M].战凤梅,译.北京:机械工业出版社,2004.

[23]杰克·特劳特.大品牌 大麻烦[M].莫竹琴,译.海口:海南出版社,三环出版社,2004.

[24]肖恩·史密斯,乔·慧勒.顾客体验品牌化——体验经济中营销的应用[M].韩顺平,等译.北京:机械工业出版社,2004.

[25]马克·戈贝.情感品牌[M].向桢,译.海南:海南出版社,三环出版社,2004.

[26]唐·E.舒尔茨,菲利普·J.凯奇.全球整合营销传播[M].何西军,等译.北京:中国财政经济出版社,2004.

[27] Bernd H. Schmitt.体验营销——如何增强公司及品牌的亲和力[M].刘银娜,等译.北京:清华大学出版社,2004.

[28]贝恩特·施密特.顾客体验管理——实施体验经济的工具[M].冯玲,等译.北京:机械工业出版社,2004.